Chronique
de l'année 2012

Rédaction Michel Marmin et Laurent Palet
Index Laure Tattevin

ISBN 979-10-90871-57-1
Dépôt légal : 1er trimestre 2013
Achevé d'imprimer en janvier 2013
sur les presses de PPO Graphic, Palaiseau, France

Éditions Chronique
Mediatoon Licensing
15/27 rue Moussorgski
75018 Paris

Tel +33 1 53 26 32 20
Fax +33 1 53 26 32 30

www.editions-chronique.com
contact@editions-chronique.com

Chronique
de l'année 2012

CHRONIQUE
ÉDITIONS

Janvier

LU	MA	ME	JE	VE	SA	DI
						1
2	3	4	5	6	7	8
9	10	11	12	13	14	15
16	17	18	19	20	21	22
23	24	25	26	27	28	29
30	31					

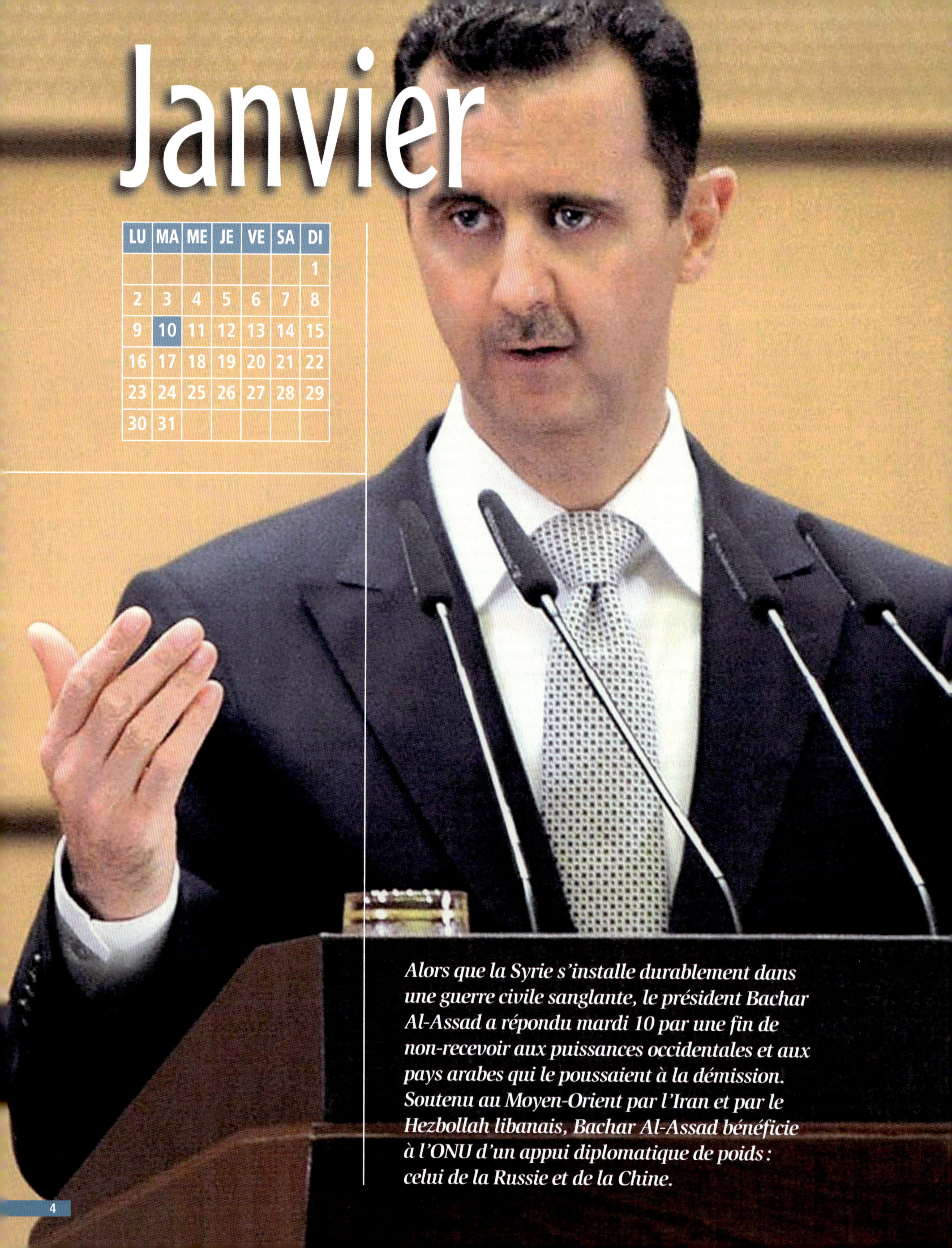

Alors que la Syrie s'installe durablement dans une guerre civile sanglante, le président Bachar Al-Assad a répondu mardi 10 par une fin de non-recevoir aux puissances occidentales et aux pays arabes qui le poussaient à la démission. Soutenu au Moyen-Orient par l'Iran et par le Hezbollah libanais, Bachar Al-Assad bénéficie à l'ONU d'un appui diplomatique de poids : celui de la Russie et de la Chine.

Nouveau massacre antichrétien au nord du Nigeria

NIGERIA, VENDREDI 6 Le porte-parole de Boko Haram, Abul Qaqa, avait donné trois jours aux chrétiens pour quitter les douze États à majorité musulmane du nord du Nigeria. Faute d'être entendue, la milice islamiste a frappé à Mubi (20 morts) et a attaqué les églises de Yola (10 morts) et de Gombe (7 morts). Rappelons qu'il y a deux semaines, le jour de Noël, une cinquantaine de chrétiens avaient été massacrés par cette même milice dont le nom (en haoussa pour le premier mot et en arabe pour le second) signifie que l'éducation à l'occidentale est un péché… Fondée en 2002, Boko Haram, dont certains membres ont été formés en Afghanistan par les talibans ou Al-Qaida, exige l'application de la charia et l'éradication du christianisme dans les États où elle est le plus solidement établie (le Nigeria est une république fédérale). L'organisation réclame aussi le départ du président Goodluck Jonathan, un chrétien de religion baptiste, élu il y a deux ans. De son côté, le président nigérian accuse les gouverneurs des États du Nord d'être complices de Boko Haram.

Le Trophée Jules-Verne pour Loïck Peyron

OUESSANT (29), VENDREDI 6 En franchissant à 23 h 14, à bord du *Banque Populaire V*, la ligne d'arrivée au large d'Ouessant, le Français Loïck Peyron s'est emparé haut la main du Trophée Jules-Verne, qui récompense le plus rapide tour du monde à la voile en équipage, sans escale et sans assistance. Établi le 20 mars 2010 par Franck Cammas sur le *Groupama 3*, le précédent record (48 jours, 7 heures et 44 minutes) a été pulvérisé : c'est en 45 jours 13 heures et 42 minutes que Loïck Peyron et ses treize hommes d'équipage, qui s'étaient élancés d'Ouessant le 22 novembre dernier, ont bouclé leur circumnavigation à une vitesse moyenne de 26,5 nœuds (48 km/h). La météo ayant été plutôt favorable, la difficulté majeure, expliquera le skipper breton, aura été de maîtriser la puissance phénoménale du maxi-trimaran de 40 mètres de longueur sur 23 de large (ce qui en fait le plus grand trimaran de course du monde). Bruno Peyron, frère aîné de Loïck, avait été en 1993 le premier détenteur de ce trophée imaginé comme un défi par des marins : boucler le tour du monde en moins de 80 jours (Jules Verne oblige) en laissant à bâbord les trois grands caps de la navigation autour du monde (cap de Bonne-Espérance, cap Horn et cap Leeuwin, au sud de l'Australie).

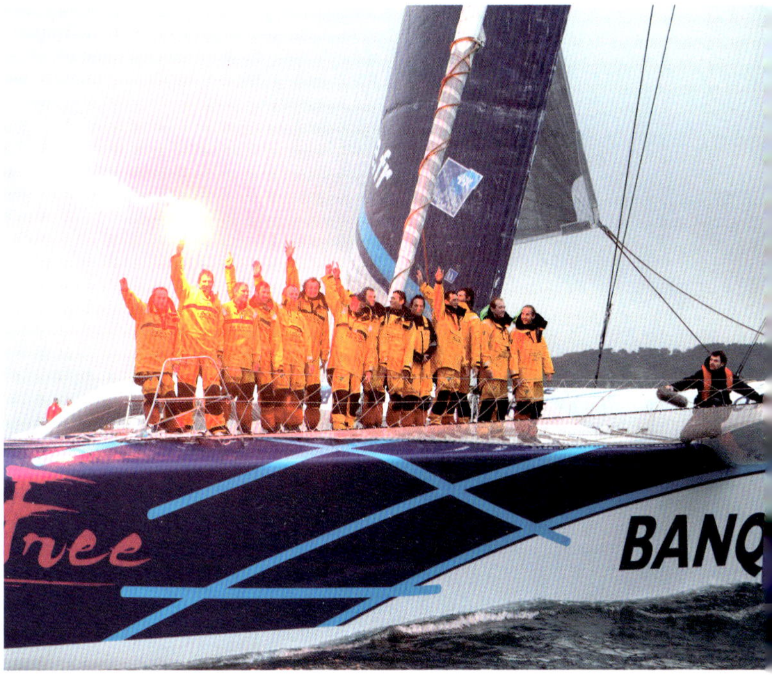

Après une dernière nuit passée en mer, Loïck Peyron et son équipage ont fait une entrée triomphale dans la baie de Brest le samedi 7 au matin.

Free lance en fanfare son offre de téléphonie mobile

PARIS, MARDI 10 Après de longs mois d'un suspense savamment orchestré, Free a enfin lancé son offre de téléphonie mobile. Dans un véritable show à l'américaine, Xavier Niel, président-fondateur de l'entreprise, a dévoilé ce matin ses deux armes fatales (selon lui) pour une concurrence qui, accuse-t-il, prend ses clients pour « des pigeons » : un forfait tout illimité à 19,99 euros, présenté comme le moins cher du marché, et un forfait dit « social » (mais sans conditions d'attribution) de 2 euros par mois pour 60 minutes de communication et 60 SMS mensuels. Mais les abonnés à l'offre Freebox Triple Play ne paieront que 15,99 euros pour le premier forfait, et le second sera pour eux gratuit ! Le ministre de l'Industrie Éric Besson s'est félicité de cet « engagement en faveur des plus défavorisés ». Hostiles dès le départ à l'attribution d'une licence à Free, les trois autres opérateurs français (Orange, SFR, Bouygues Telecom) redoutent de voir leur clientèle les quitter pour le nouveau venu, et l'avenir leur donnera raison. Pour enrayer l'hémorragie, Orange et Bouygues vont mettre l'accent sur la diversité de leurs formules et présenter en hâte des offres low cost.

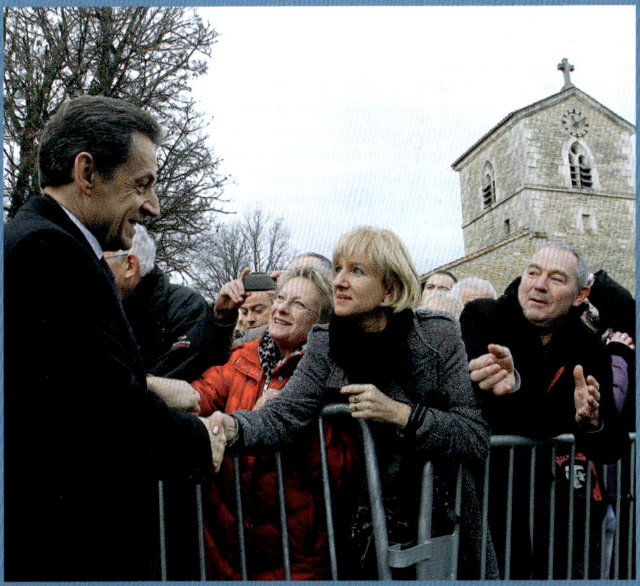

Vendredi 6, Nicolas Sarkozy s'est rendu à Domrémy-la-Pucelle (88) où naquit Jeanne d'Arc il y a 600 ans. Le président de la République était accompagné de Nadine Morano, ministre chargée de l'Apprentissage, de Gérard Longuet, ministre de la Défense, de Frédéric Mitterrand, ministre de la Culture, et de son conseiller Patrick Buisson. Tenant à préciser que Jeanne n'appartenait « à aucun parti, à aucune faction, à aucun clan », il a notamment déclaré : « En tant que chef de l'État, je me devais de rendre aujourd'hui, sur sa terre de naissance, cet hommage solennel que la France rend à ceux auxquels elle doit sa liberté et sa grandeur. » En arrière-plan, l'église Saint-Remy où fut baptisée l'héroïne lorraine.

Bachar Al-Assad ne démissionnera pas !

HOMS (SYRIE), MERCREDI 11 Grand reporter pour France 2, Gilles Jacquier, 43 ans, a été tué par un obus dont on ignore s'il a été tiré par des soldats fidèles au président Bachar Al-Assad ou par les groupes rebelles de l'Armée syrienne libre (ASL). Cette incertitude illustre la confusion qui règne en Syrie, le dernier État laïque à ne pas avoir été emporté par le « printemps arabe » de 2011. Ici, la contestation, ancrée dans la majorité sunnite, a débouché sur une guerre civile opposant les forces gouvernementales contrôlées par le Baas (le parti multiconfessionnel dominé par la minorité alaouite d'où est issu Bachar Al-Assad) aux islamistes sunnites de l'ASL. Si l'ASL bénéficie du soutien matériel du Qatar et de la Turquie, si ses rangs sont grossis de déserteurs et de djihadistes, et si les services secrets occidentaux lui apportent une aide en matière de renseignement, Damas peut compter sur la Russie et sur la Chine qui ont jusqu'à présent bloqué au Conseil de sécurité de l'ONU toute condamnation de la répression gouvernementale qui aurait fait à ce jour près de 6 000 morts. Hier, à ceux qui exigeaient sa démission, le président syrien a répondu qu'il ne renoncera pas à un pouvoir qu'il détient de par « la volonté du peuple ». (→ 12.2)

Eva Joly lance une idée très controversée

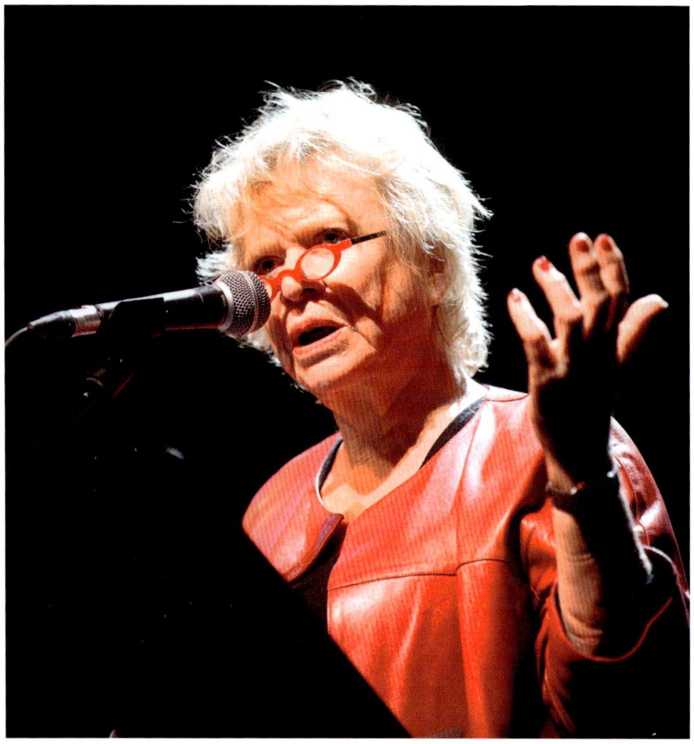

PARIS, MERCREDI 11 Créditée de 3 % d'intentions de vote à l'élection présidentielle selon le dernier sondage, Eva Joly, c'est le moins que l'on puisse dire, peine à susciter l'enthousiasme. Et l'idée qu'elle a lancée hier soir au Bataclan lors d'une Nuit de l'Égalité a peu de chances de faire décoller sa campagne au vu de la polémique qui en a résulté. La candidate d'Europe Écologie-Les Verts (EELV) a en effet proposé d'instituer des jours fériés pour les fêtes juive et musulmane de Yom Kippour et de l'Aïd el-Kébir, afin que « chaque religion ait un égal traitement dans l'espace public ». Une initiative fustigée tous azimuts. Au nom (principalement) des racines chrétiennes de la France du côté du Front national, de l'UMP et de Christine Boutin (la candidate à la présidentielle du Parti chrétien-démocrate). Au nom du principe de laïcité du côté de la gauche, en particulier du socialiste Michel Sapin, porte-parole de François Hollande. Et même Pascal Durand, le porte-parole d'EELV, se dira opposé « à titre personnel » à cette proposition. (→ 12)

Malgré ses mauvais scores dans les sondages, Eva Joly, ici au Bataclan, avait réaffirmé le 9 qu'elle ne renoncerait pas à se présenter à la présidentielle.

Des Marines qui profanent des cadavres afghans

KABOUL, MERCREDI 11 Le président afghan Hamid Karzaï exige « le châtiment le plus sévère » pour les coupables. Il s'agit des quatre Marines américains qui ont été filmés urinant sur des cadavres de présumés talibans et les insultant. La vidéo de cette profanation, dont la date n'a pas été déterminée, a été mise en ligne ce mercredi sur Internet, déchaînant l'indignation dans le monde musulman. Tout en condamnant cet acte « inhumain », les talibans ont paradoxalement fait preuve de modération en estimant que cela n'affecterait pas les négociations qu'ils doivent engager prochainement avec les Américains. Pour sa part, le Pentagone n'a pas de mots assez durs pour fustiger cette violation de la Convention de Genève sur le droit de la guerre. « Cela m'a retourné l'estomac, a déclaré le capitaine de vaisseau John Kirby, porte-parole du secrétariat à la Défense. Quelles que soient les circonstances ou les personnes dans cette vidéo, c'est un comportement dégoûtant, monstrueux et inacceptable pour toute personne en uniforme. » Une enquête a d'ores et déjà été ouverte. (→ 20)

Victoire électorale des islamistes en Égypte

LE CAIRE, MERCREDI 11 Quelques incidents et l'annulation de scrutins dans plusieurs circonscriptions n'ont pas empêché les élections législatives égyptiennes de s'achever aujourd'hui dans des conditions somme toute satisfaisantes. Elles se sont déroulées en trois étapes successives, par groupes de neuf gouvernorats. Avec un scrutin de listes pour les deux tiers des sièges à pourvoir à l'Assemblée du peuple et un scrutin uninominal pour le troisième tiers, réservé aux candidats indépendants. Les Égyptiens ont voté successivement du 28 novembre au 6 décembre 2011, du 14 au 22 décembre 2011, et du 3 au 11 janvier 2012. Ces premières élections libres depuis la chute d'Hosni Moubarak étaient un test tant pour les islamistes que pour le Conseil suprême des forces armées (CSFA) au pouvoir. Le triomphe des islamistes est indiscutable, avec 235 élus (sur 508) pour les Frères musulmans du Parti de la liberté et de la justice (PLJ) et 124 pour leurs rivaux salafistes d'Al-Nour. Les partis progressistes ou libéraux sont laminés, de même que les tenants de l'ancien régime. L'homme fort face au CSFA s'appelle Mohamed Morsi : il est le président du PLJ. (→ 24.6)

La cote du Front national à la hausse

PARIS, JEUDI 12 Marine Le Pen pourra-t-elle se présenter à la présidentielle ? À ce jour, rien n'est fait, semble-t-il : Florian Philippot, le directeur stratégique de sa campagne, a annoncé que la présidente du Front national disposait pour l'heure de « moins de 300 » promesses de signatures d'élus, sur les 500 qui sont nécessaires pour être officiellement candidat. Pour autant, Marine Le Pen ne manque pas de raisons de se réjouir. Car selon un sondage réalisé entre le 6 et le 9 janvier par TNS Sofres, 31 % des Français sont « d'accord avec les idées du FN », contre 22 % en janvier 2011. Ce même sondage précise que 62 % des personnes interrogées se disent « en désaccord » avec les idées du FN, soit 10 % de moins qu'il y a un an. Ces chiffres confirment si besoin était « l'effet Marine Le Pen ». Depuis qu'elle a succédé à son père Jean-Marie en janvier 2011, la patronne du FN s'est évertuée à « lisser » l'image du parti d'extrême droite. Reste à savoir comment cette progression se traduira dans les urnes en avril prochain, si toutefois elle parvient à faire valider sa candidature. (→ 22)

Marine Le Pen, ici avec Florian Philippot, a présenté le 12 le chiffrage de son projet présidentiel, qu'elle a qualifié de « complet, cohérent, fourni ». S'en prenant au « flou » de ses adversaires, elle a promis de désendetter la France grâce au protectionnisme et à la sortie de l'euro.

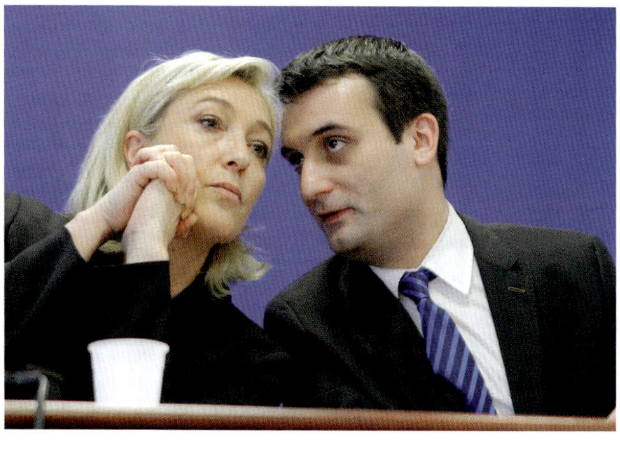

Une agence retire à la France son précieux AAA

NEW YORK, VENDREDI 13 Standard & Poor's a confirmé ce soir avoir abaissé d'un cran la note financière de la France, qui passe ainsi de AAA, la note maximale, à AA+. L'agence de notation a aussi précisé que la perspective attachée à cette note restait négative, indiquant ainsi que la France avait une chance sur trois d'être à nouveau dégradée en 2012 ou 2013. « Ce n'est pas une bonne nouvelle, [mais] ce n'est pas une catastrophe », a voulu relativiser le ministre des Finances François Baroin, venu au 20 heures de France 2 annoncer la décision de Standard & Poor's avant même qu'elle ne soit rendue officielle. À cent jours de l'élection présidentielle, cette dégradation est néanmoins un coup dur pour Nicolas Sarkozy. D'autant que si neuf pays de l'Union européenne ont vu jusqu'ici leur note abaissée, l'Allemagne a conservé son triple A. Le rapport de force au sein du couple franco-allemand s'en trouve donc déséquilibré, comme n'a pas manqué de le faire remarquer le président du Modem François Bayrou. Pour les socialistes, la perte par la France de son triple A symbolise l'échec de la politique menée par Nicolas Sarkozy depuis 2007.

Il y avait 4 239 personnes à bord du navire naufragé

GIGLIO (ITALIE), VENDREDI 13 Il est 21 h 45 environ, lorsque le *Costa Concordia* heurte un rocher en passant tous feux allumés devant l'île de Giglio, en mer Tyrrhénienne, au large de la Toscane. Sa coque déchirée sur une centaine de mètres et prenant l'eau, le navire de croisière italien s'échouera au bout d'une heure à 50 m de l'île, dont les habitants se sont mobilisés pour secourir les 4 239 passagers et membres d'équipage. Lorsque l'ordre d'évacuation a été donné, le commandant du *Costa Concordia*, Francesco Schettino, avait, lui, déjà gagné la terre ferme… Brièvement incarcéré, il sera finalement inculpé pour homicides multiples, naufrage, abandon de navire et non-révélation aux autorités maritimes italiennes de la gravité de l'accident. Le bilan final du naufrage sera en effet de 30 morts et 2 disparus. Le drame s'est produit alors que le *Costa Concordia* obéissait à la coutume dite de l'*inchino*, qui consiste à saluer les habitants d'un port en passant au plus près de la côte… Quant au rocher qui a eu raison du fleuron de la compagnie Costa Croisières, Schettino semble être le seul à en avoir ignoré l'existence.

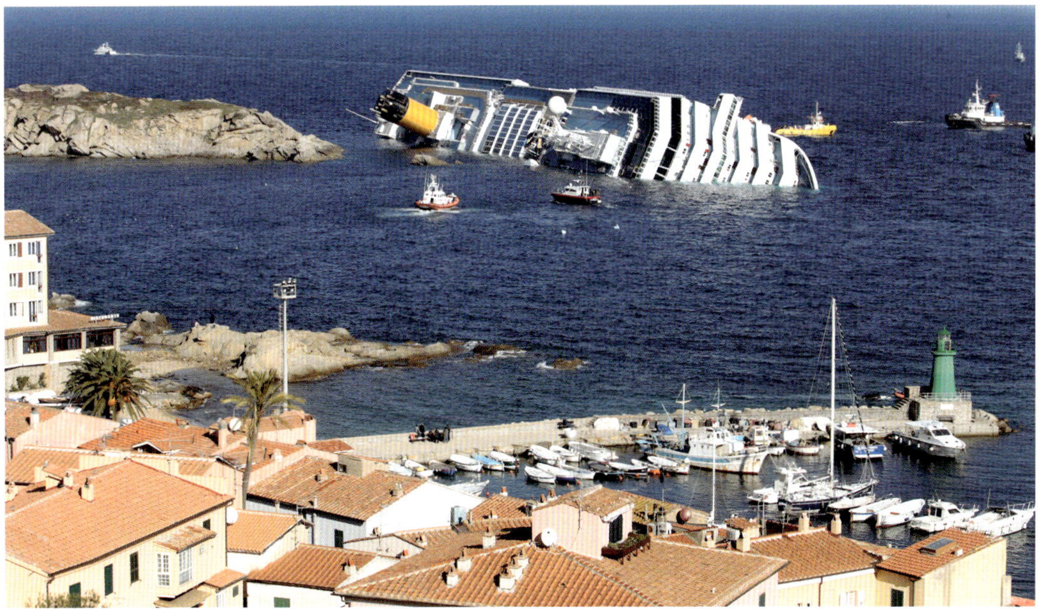

Le spectacle qu'offrait le samedi 14 le petit port de Giglio. Le Costa Concordia *était connu des cinéphiles : c'est en effet à bord de ce navire que Jean-Luc Godard a tourné sa dernière œuvre, intitulée* Film Socialisme *(2010).*

Un plan social brutal pour Lejaby

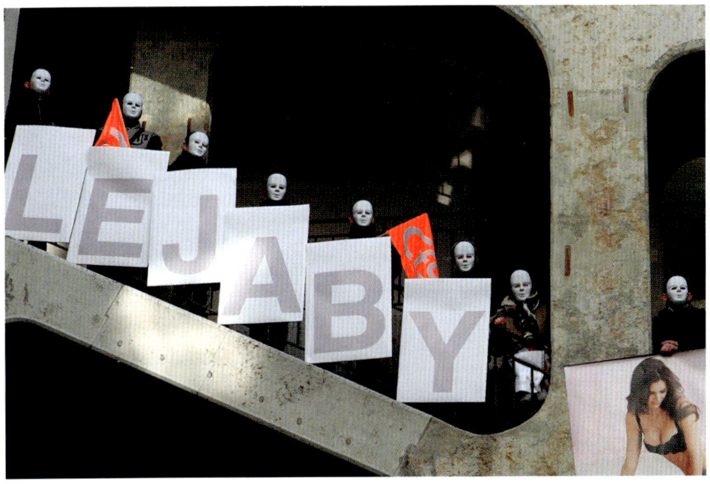

Des ouvrières d'Yssingeaux exprimaient leur désespoir à Lyon le mardi 17.

LYON (69), JEUDI 19 « Il faut à tout prix enrayer le déclin industriel. Il faut à tout prix garrotter la perte du sang industriel de la France. » C'est en ces termes que Nicolas Sarkozy, dans la capitale des Gaules, a présenté ses vœux au monde économique. Des vœux qui malheureusement ne changeront pas le sort des 450 salariés de Lejaby, l'entreprise de lingerie française dont le tribunal de commerce de Lyon a accepté hier la reprise par l'ancien directeur général de Chantelle, Alain Prost. Pour 255 d'entre eux, le plan social présenté par Prost se traduit par un licenciement sec. Les 195 autres devraient retrouver un emploi sur le dernier site Lejaby encore actif en France, à Rillieux-la-Pape (Rhône) – et parmi eux les 93 salariés du site d'Yssingeaux (Haute-Loire), qui a été définitivement fermé. Jusqu'à hier, ils s'étaient battus pour éviter la délocalisation programmée de toute la production en Tunisie.

La justice met fin aux activités du site Megaupload

ÉTATS-UNIS, JEUDI 19 À la demande de la justice américaine, le FBI a procédé à la fermeture de megaupload.com et de 18 sites web plus ou moins affiliés en bloquant les noms de domaine correspondants. Et cela sans attendre l'issue de la procédure engagée contre cette plate-forme emblématique (et controversée) de téléchargement direct, l'un des cent sites les plus visités du monde qui aurait généré 175 millions de dollars de profit grâce aux abonnements et à la publicité. Quelque 50 millions de dollars d'actifs ont d'ores et déjà été saisis, tandis que plusieurs dizaines de mandats d'arrêt ont été lancés, tant aux États-Unis qu'à l'étranger. Dans le cadre de cette opération coup de poing de grande envergure, la police néo-zélandaise arrêtera demain matin dans sa luxueuse propriété d'Auckland le fondateur de Megaupload, Kim Schmitz, qui s'est lui-même rebaptisé Kim Dotcom (autrement dit Kim « point.com »). La liberté sous caution sera dans un premier temps refusée à cet Allemand de 37 ans et aux trois personnes qui ont été interpellées avec lui. Selon le FBI, Megaupload serait à l'origine de plus de 500 millions de dollars de pertes pour les ayants droit. Ses responsables encourent jusqu'à 20 ans de prison pour « conspiration en vue de violer le droit d'auteur » et blanchiment d'argent.

L'armée française frappée dans le dos

AFGHANISTAN, VENDREDI 20 Encore un coup de poignard des talibans dans le dos de l'armée française. À la base de Gwan, en Kapisa, quatre de nos soldats ont été froidement abattus par un soldat afghan « retourné » par les islamistes, à moins que ce ne fût un taliban infiltré… Les militaires assassinés n'étaient nullement des « bleus », et pour trois d'entre eux on peut même parler de vétérans. L'adjudant-chef Denis Estin, 45 ans, appartenait au 93e régiment d'artillerie de montagne et avait été déjà déployé en Afghanistan à deux reprises (2004 et 2009). Le sergent-chef Svilen Simeonov, 34 ans, servait au 2e régiment étranger de génie où il était sapeur de montagne et démineur ; il avait opéré une première fois en Afghanistan en 2007. L'adjudant-chef Fabien Willm, 43 ans, lui aussi au 93e RAM, était un habitué des opérations extérieures, en Afrique, dans les Balkans et en Afghanistan où il était revenu en septembre dernier avec la quatrième victime du guet-apens, le brigadier-chef Geoffrey Baumela (27 ans). Alors que des questions sont posées sur les règles de sécurité appliquées par les militaires français, jugées moins sûres que celles des Américains, le président de la République Nicolas Sarkozy a suspendu « toutes les opérations de formation » et d'« aide au combat » des militaires français auprès de l'armée afghane. (→ 22.5)

Le gigantisme des paquebots en question

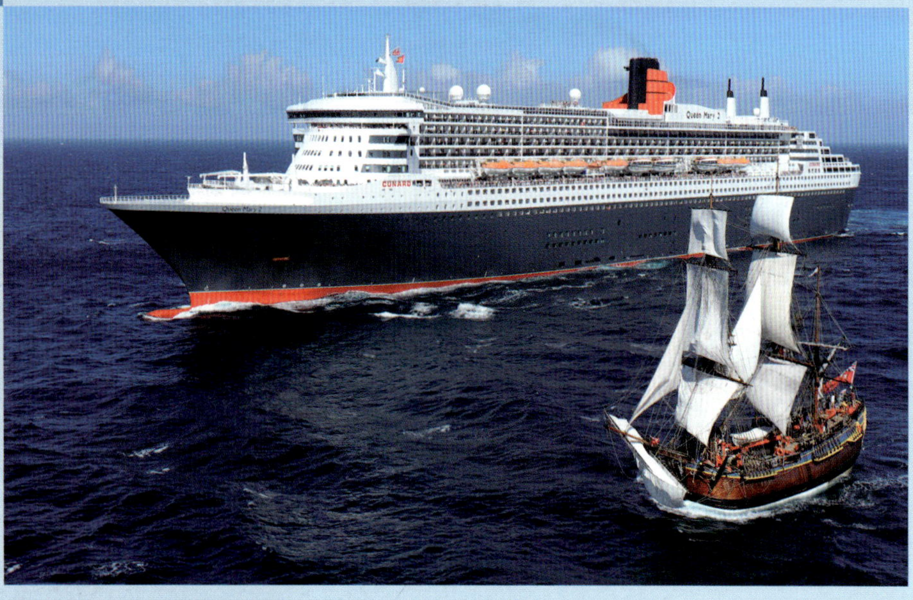

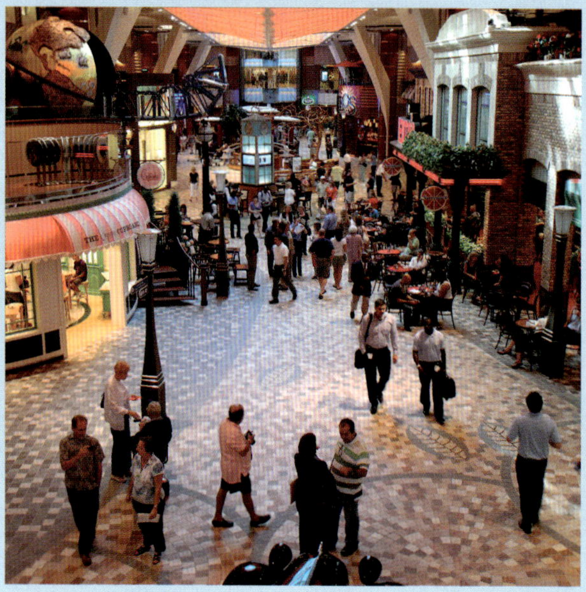

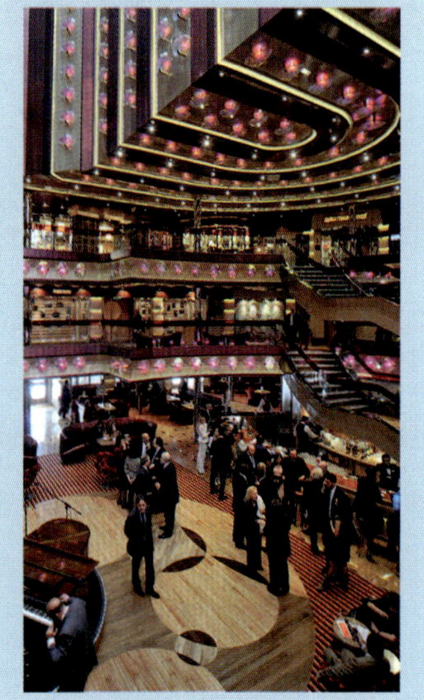

Les navires de croisière sont-ils devenus trop grands ? La catastrophe du *Costa Concordia*, qui résulte d'un concours de circonstances heureusement exceptionnel, semble surtout due à une série d'erreurs humaines. Mais elle n'en a pas moins suscité bien des interrogations quant au gigantisme des paquebots actuels. Si l'accroissement des navires est un phénomène constant, deux secteurs ont été particulièrement touchés, comme le soulignait l'Institut français de la mer (IFM) dans un rapport publié dès avril 2009 : les porte-conteneurs et les paquebots de croisière, pour lesquels les dimensions « absolues » semblent bien avoir été atteintes.

Pour s'en tenir aux paquebots, les chiffres donnent effectivement le tournis. À la fin du XXe siècle, rares étaient les bâtiments capables d'accueillir 2 000 passagers, et ils faisaient à l'époque figure de géants. Mais aujourd'hui, près d'un tiers des quelque 500 navires affrétés par les organisateurs de croisières maritimes offrent au minimum cette capacité. La palme revient pour l'heure aux paquebots « jumeaux » *Allure of the Seas* et *Oasis of the Seas*, qui peuvent embarquer chacun 6 300 passagers et 2 100 membres d'équipage.

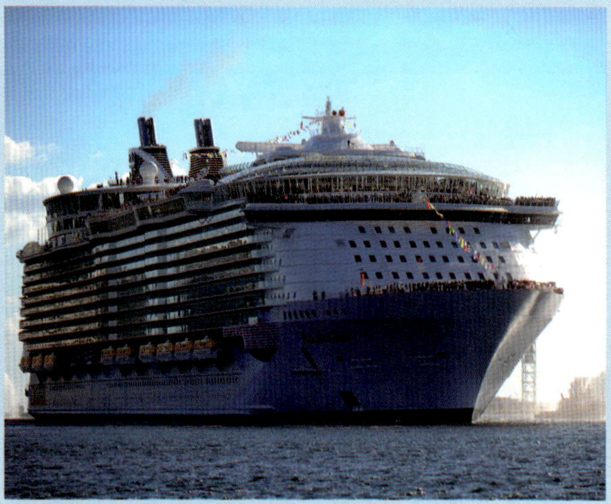

*Ci-contre : lancé en 2010 par la Royal Caribbean Cruise Line Company, l'*Allure of the Seas *restait en 2012 le plus grand paquebot du monde. En haut, à droite : la galerie marchande de son « sister-ship » l'*Oasis of the Seas, *qui est lui aussi une véritable ville flottante. Ci-dessus : au cœur du* Costa Fascinosa, *le nouveau fleuron de la compagnie italienne Costa Croisières lancé en mai 2012. En haut : le* Queen Mary II *salué par la réplique de l'*Endeavour *du capitaine Cook ! Lancé en 2004, ce paquebot ne peut accueillir « que » 3 000 passagers.*

Les géants des mers sont-ils dangereux ?

En permettant de réaliser des économies d'échelle, cette course au gigantisme a permis une spectaculaire démocratisation des croisières, désormais accessibles à un large public. Les paquebots n'offrent pas seulement un confort accru, mais répondent à des normes de sécurité drastiques, en constante évolution. En théorie, leur taille ne semble donc pas poser problème – du moins tant que tout se passe bien. Hélas, un accident reste toujours possible, et c'est précisément là que l'organisation des croisières montre ses limites, car les moyens dont disposent les sauveteurs reposent pour une bonne part sur l'hélitreuillage, aux capacités somme toute réduites. Comment alors réussir à secourir à temps les milliers de personnes hébergées sur ces « villes flottantes » ?

Aucune réponse satisfaisante n'a été apportée à ce jour. En cas de sinistre, « l'évacuation et la récupération des passagers deviennent des opérations d'une grande complexité avec un risque très important de pertes humaines ». Telle était la peu rassurante conclusion du dossier de présentation de Guardex, un exercice international de secours organisé dans la Manche en septembre 2011. On y avait simulé un incendie sur un ferry transportant 5 000 personnes, et force avait été de constater que la multiplicité des langues parlées à bord était un facteur aggravant en cas de sinistre – car susceptible, la panique aidant, de faire obstacle à la plus indispensable communication. Or, sur le *Concordia*, sans même parler des passagers, on dénombrait pas moins de 40 nationalités différentes au sein de l'équipage.

François Hollande se jette dans la bataille

LE BOURGET (93), DIMANCHE 22 Bien sûr, il y a déjà près de neuf mois que François Hollande s'est lancé dans la course à l'Élysée. Et plus de trois mois qu'il a remporté l'investiture socialiste. Mais avec le premier grand meeting qu'il a tenu cet après-midi devant les 10 000 personnes réunies au Parc des expositions du Bourget, sa campagne a incontestablement franchi un cap. À trois mois jour pour jour du scrutin, l'objectif était de se donner une stature présidentielle et de susciter un grand élan populaire autour de sa candidature. Donnant un ton très personnel à son long discours et revendiquant «une simplicité qui n'est pas une retenue, mais la marque de l'authentique autorité», François Hollande s'est donc logiquement posé en héritier et défenseur des valeurs de la gauche. Il a également rejeté, mais sans jamais le nommer, le mode de gouvernance de Nicolas Sarkozy et il a présenté quelques mesures de son propre programme. Un programme résolument orienté à gauche, qui sera publié le 26. (→29)

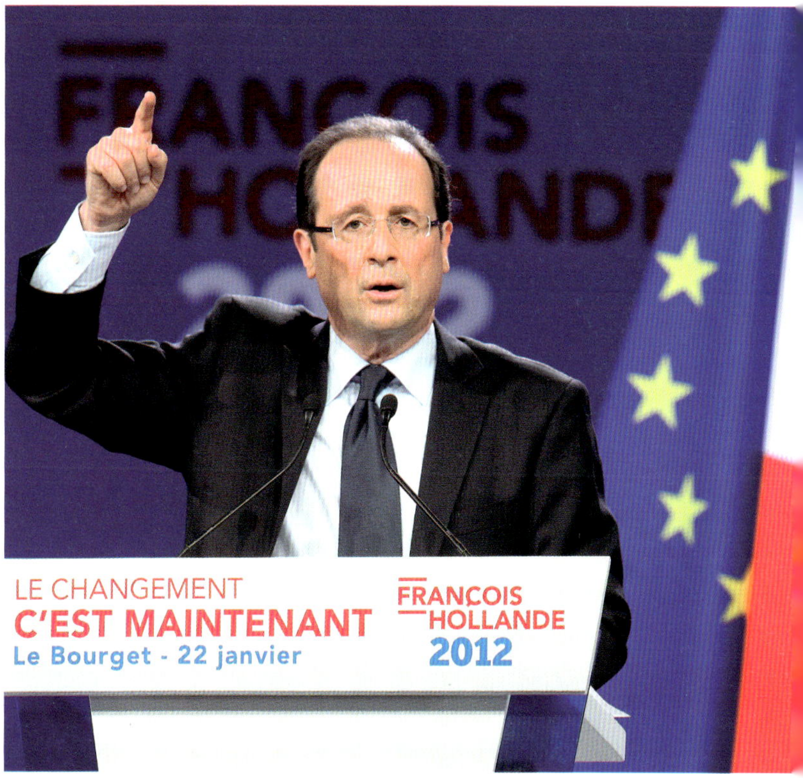

« Mon véritable adversaire, c'est le monde de la finance » restera une des phrases marquantes du long et solennel discours de François Hollande.

Les Hongrois dans la rue en soutien à Viktor Orbán

BUDAPEST, SAMEDI 21 Ce n'est pas un plébiscite, mais ça y ressemble fort. Plus de 100 000 Hongrois, dont certains venus des pays limitrophes abritant des minorités magyares, ont bravé le froid dans les rues de la capitale pour afficher leur soutien au ministre-président Viktor Orbán. Ils étaient plus nombreux que les opposants qui, de leur côté, avaient manifesté le 2 janvier et n'étaient que 70 000. Président du parti de droite Fidesz-Union civique hongroise et au pouvoir depuis le 29 mai 2010, Viktor Orbán est contesté sur deux fronts. Sur le front européen d'abord, où Bruxelles lui reproche une politique économique très éloignée de la doxa libérale: ayant hérité d'un pays en ruines, Orbán a choisi de le relever par la relance et non par la rigueur. Sur le front intérieur, on dénonce la concentration des pouvoirs que lui permet une large majorité au Parlement, son parti n'y ayant guère pour concurrent que le parti d'extrême droite Jobbik... Dans *Le Monde* du 5 mars prochain, le journaliste et opposant Attila Mong dira cependant que «qualifier Orbán de fasciste, d'antisémite ou de nazi est une absurdité».

Plus de pétrole iranien pour l'Europe

BRUXELLES, LUNDI 23 Le problème posé est le suivant: comment contraindre la République islamique d'Iran à fournir la preuve qu'elle ne cherche pas à se doter de l'arme atomique et qu'elle respecte par conséquent le traité de non-prolifération qu'elle a signé? Prenant acte de l'impasse dans laquelle sont entrées les négociations entre l'Agence internationale de l'énergie atomique (AIEA) et Téhéran, redoutant aussi une action militaire d'Israël dont les répercussions seraient imprévisibles, les membres de l'Union européenne ont arrêté tout un train de sanctions économiques dont la plus spectaculaire est un embargo sur le pétrole iranien à partir du 1er juillet prochain. Cette mesure, destinée à faire plier le président Ahmadinejad, n'a pas été facile à prendre: l'Italie, l'Espagne et la Grèce dépendent en effet de l'Iran pour leur approvisionnement, et Téhéran accorde en outre à Athènes de très larges facilités financières.

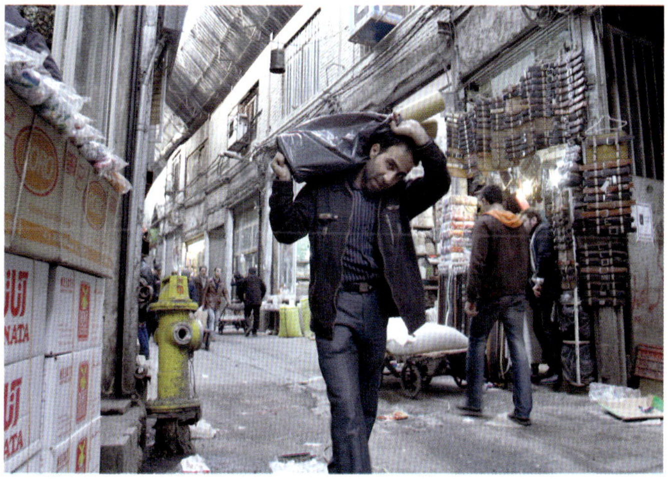

Une rue de Téhéran, trois jours après que l'Union européenne a décidé un embargo sur le pétrole iranien. Selon le pouvoir, cet embargo ne devrait avoir aucun effet sur la vie quotidienne des Iraniens.

Les Croates disent oui à l'Europe, mais à reculons

ZAGREB, DIMANCHE 22 Un peu plus de vingt ans après leur indépendance (proclamée en 1991), les Croates ont décidé par référendum d'entrer dans l'Union européenne. Ce vote était l'ultime étape d'un processus d'adhésion entamé en 2003. Après ratification par les autres États membres, simple formalité *a priori*, la Croatie deviendra le 28e membre de l'UE le 1er juillet 2013. La victoire écrasante du oui (66,27 % contre 33,13 % pour le non) est toutefois une victoire en trompe-l'œil, la participation se réduisant à 43,51 % des votants. C'est une déception, comme le reconnaît le Premier ministre Zoran Milanovic. Ce résultat est en partie dû à une certaine incurie dans la gestion des listes électorales, mais en partie seulement. Car cette forte abstention pourrait aussi être l'expression de la défiance des Croates envers une Europe que la crise rend nettement moins attirante qu'en 2003. Toujours est-il que la République de Croatie sera le deuxième pays de l'ancienne Yougoslavie à rejoindre l'Union européenne, après la Slovénie en 2004. Le chemin de la Serbie sera beaucoup plus long: le statut de candidat ne lui a été accordé que le 12 octobre 2011.

La raffinerie de Petit-Couronne dans la tourmente

ROUEN (76), MARDI 24 Peut-on encore sauver la raffinerie de Petit-Couronne? C'est la question que se posent les 550 salariés du site normand de Petroplus, ainsi que le ministre de l'Industrie Éric Besson. Si tous veulent y croire, force est de reconnaître que l'avenir du site apparaît problématique. Le groupe pétrolier suisse Petroplus, dont Petroplus Raffinage Petit-Couronne est la filiale, s'est dit incapable de rembourser une dette de 1,34 milliard d'euros après que les banques lui ont refusé les crédits qui, selon ses dirigeants, auraient seuls permis d'en relancer l'activité. En conséquence, le tribunal de commerce de Rouen a placé la filiale en redressement judiciaire, une solution qui, de l'aveu même des syndicats, a l'avantage de laisser six mois pour trouver un repreneur et ainsi éviter une liquidation. Toutefois, les conditions dans lesquelles Petroplus a déposé son bilan ne laissent pas d'intriguer. Dès cette semaine, le parquet de Nanterre ouvrira une enquête préliminaire pour faillite frauduleuse. Vendredi, Éric Besson confirmera: «Oui, nous avons des suspicions sur les conditions de cette faillite, sur les flux financiers qui l'ont précédée la veille et l'avant-veille.»

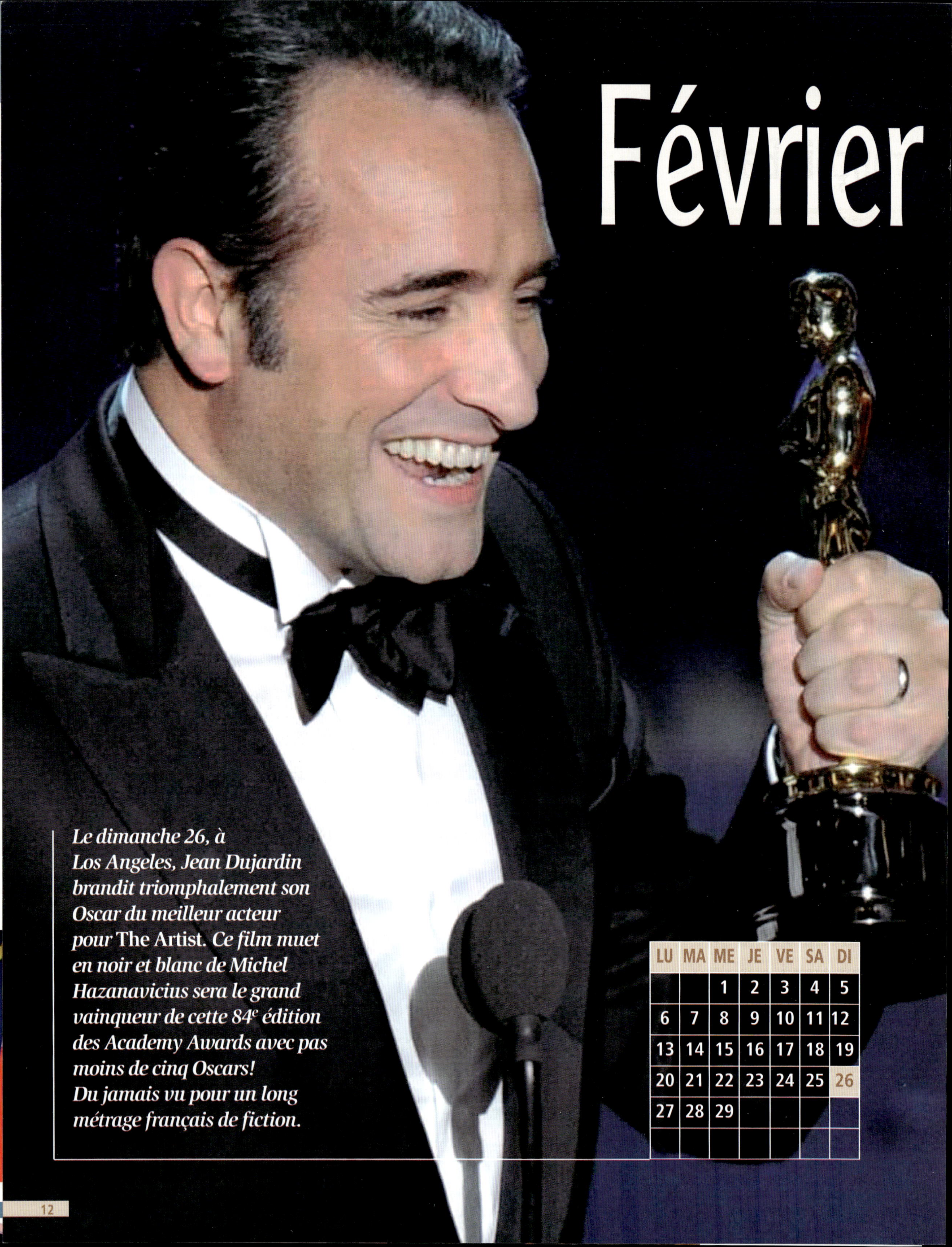

Février

Le dimanche 26, à Los Angeles, Jean Dujardin brandit triomphalement son Oscar du meilleur acteur pour The Artist*. Ce film muet en noir et blanc de Michel Hazanavicius sera le grand vainqueur de cette 84e édition des Academy Awards avec pas moins de cinq Oscars! Du jamais vu pour un long métrage français de fiction.*

LU	MA	ME	JE	VE	SA	DI
		1	2	3	4	5
6	7	8	9	10	11	12
13	14	15	16	17	18	19
20	21	22	23	24	25	26
27	28	29				

François Bayrou prône une cure d'austérité

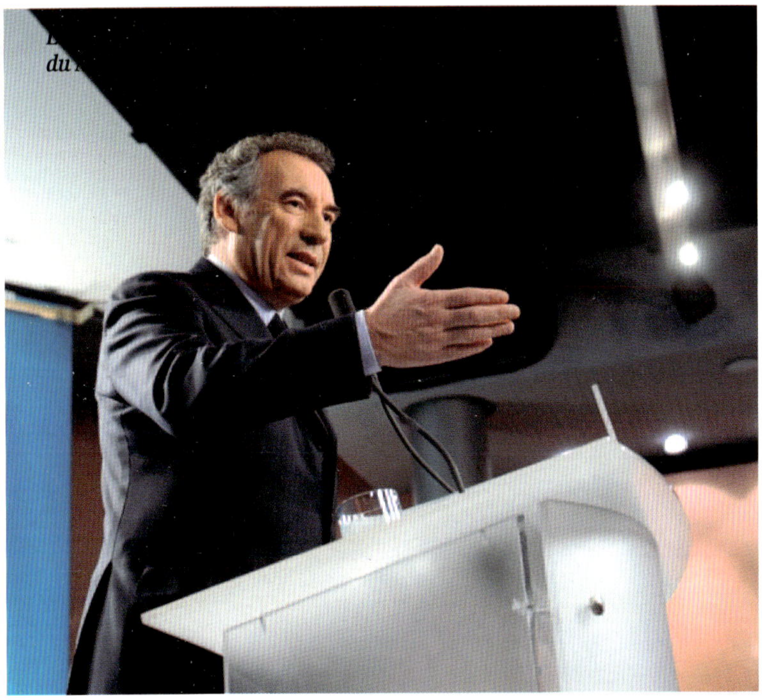

La conférence de presse du président du Modem.

PARIS, MERCREDI 1er En très net recul dans les sondages après une forte poussée en décembre (avec pour l'instant 12 % d'intentions de vote selon l'Ifop, et 11,5 % selon BVA), François Bayrou se devait de réoccuper le devant de la scène. Et il l'a fait en se livrant à son tour à l'exercice de « chiffrage » de son projet, destiné à « remettre en ordre les finances de la France » et à « réarmer la production française ». Renvoyant dos à dos le chef de l'État et le candidat socialiste, qui à ses yeux sont coupables de « mensonges », le président du Modem, partisan de l'inscription de la règle d'or dans la Constitution, a présenté vingt mesures qui selon lui conduiront à une hausse de 50 milliards d'euros des recettes et à une baisse des dépenses d'un montant équivalent, permettant ainsi un retour à l'équilibre des finances publiques en 2016. Chantre du « produire en France » et de la réindustrialisation, le candidat centriste a aussi promis, entre autres, la création d'un « Commissariat aux stratégies » sur le modèle de l'ancien Commissariat au plan. (→ 26)

Les hommes politiques ont une mauvaise image

PARIS, MERCREDI 1er De quoi faire réfléchir les candidats à la présidentielle ? Si l'on en croit les résultats d'un sondage réalisé par Ipsos et Logica Business Consulting pour *Le Monde* et l'association Lire la société, l'image que les Français se font de leurs hommes et femmes politiques n'est guère flatteuse. Seuls 22 % des sondés considèrent que tous les politiques, ou la plupart d'entre eux, respectent les grandes règles de la morale. Ils sont 20 % à penser qu'aucun ne le fait, la grande majorité des personnes interrogées (57 %) estimant qu'un petit nombre seulement respecte ces règles. Constat d'autant plus sévère que les Français sont nombreux à penser que les choses ont empiré ces vingt dernières années. En matière de financement de la vie politique, notamment, la situation est pire qu'il y a vingt ans selon 45 % des personnes interrogées. Plus inquiétant, 50 % des sondés estiment que les politiques sont moins sincères, et ils sont 58 % à penser que les élus et les gouvernants confondent davantage qu'auparavant leurs responsabilités publiques et leurs intérêts personnels.

Le match de la mort à Port-Saïd

PORT-SAÏD (ÉGYPTE), MERCREDI 1er C'était le match de tous les dangers : le club de football de Port-Saïd, le Masry SC, recevait le Ahly, le très prestigieux club du Caire. Or, si les bagarres entre supporteurs sont courantes en Égypte, elles ont pris un tour de plus en plus politique. Les supporteurs du Ahly ont en effet été à la pointe du combat contre le régime d'Hosni Moubarak l'année dernière et, à l'instar de beaucoup de révolutionnaires égyptiens, ils estiment que leur révolution leur a été confisquée par les militaires – alors que ceux du Masry sont considérés comme favorables à l'armée… Au coup de sifflet final, qui consacrait la victoire du Masry (3-1), les supporteurs de l'équipe de Port-Saïd se sont rués sur ceux du Ahly, sans en être sérieusement empêchés par les forces de l'ordre. Bilan : 74 morts et plusieurs centaines de blessés.

Le glaive de la justice française s'abat sur l'Église de scientologie

PARIS, JEUDI 2 Grave revers pour l'Église de scientologie. Ses deux principales structures françaises, le Celebrity Centre et la librairie SEL, ont en effet été condamnées en appel à 400 000 et 200 000 euros d'amende pour « escroquerie en bande organisée », confirmant un jugement de première instance prononcé le 27 octobre 2009. Confirmation également pour la condamnation à deux années de prison avec sursis et à 30 000 euros d'amende pour celui qui est considéré comme le dirigeant de l'Église de scientologie en France, Alain Rosenberg, et pour Sabine Jacquart, ancienne présidente du Celebrity Centre. Confirmation enfin pour trois autres responsables (peines de prison avec sursis et un minimum de 10 000 euros d'amende). Les avocats des condamnés ont déclaré leur intention de se pourvoir devant la Cour de cassation.

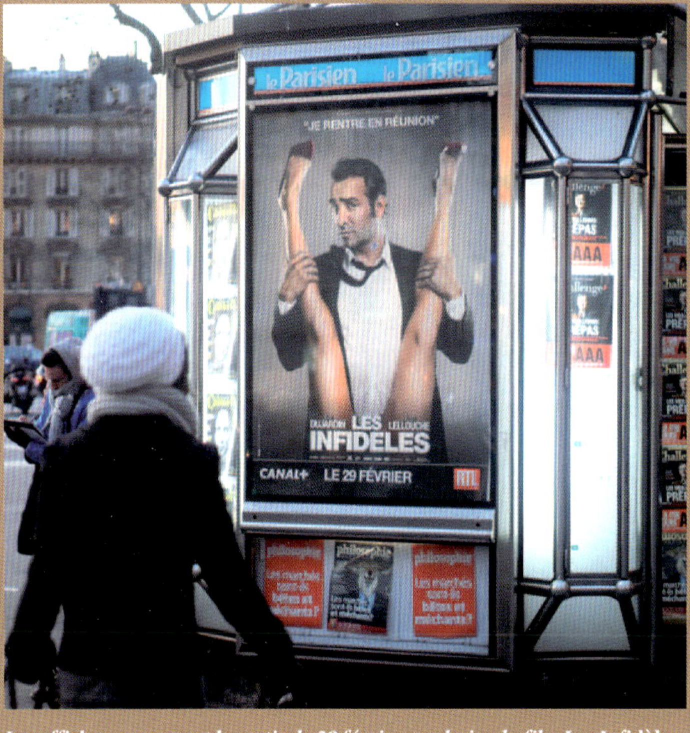

Les affiches annonçant la sortie, le 29 février prochain, du film Les Infidèles, *avec Jean Dujardin et Gilles Lellouche, ne sont pas passées inaperçues… Au point que, ce vendredi 3, elles ont été retirées à la demande de l'Autorité de régulation professionnelle de la publicité (ARPP), car contraires « au respect de la décence et de l'image de la personne humaine en publicité ». L'ARPP avait reçu plusieurs plaintes indignées d'associations féministes.*

La scientologie est-elle une religion ?

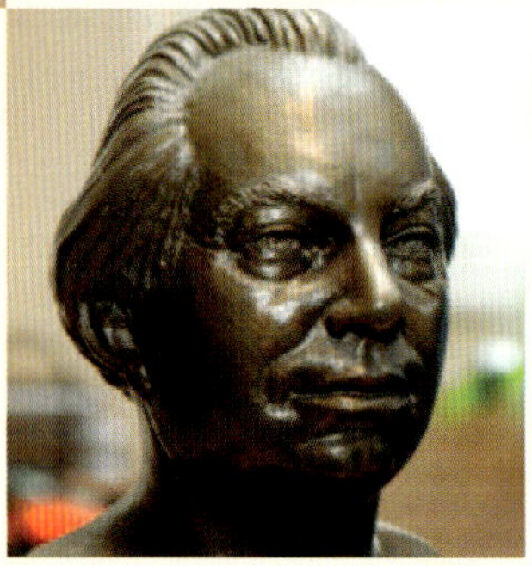

Ci-dessus : buste de L. Ron Hubbard photographié en 2005 à l'église de scientologie de Paris.
Ci-dessous : l'église de scientologie de Manhattan, à New York, en 2008.

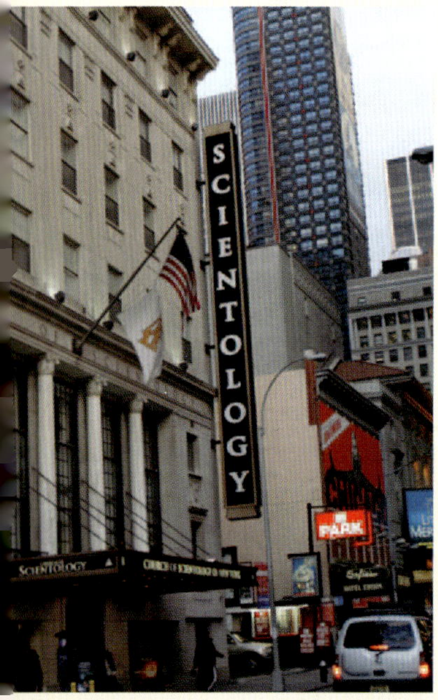

Au début était Lafayette Ronald Hubbard (1911-1986), un Américain qui se fit connaître dès les années 1930 comme auteur de romans et nouvelles de science-fiction qu'il signait de pseudonymes, puis de son nom simplifié en L. Ron Hubbard. L'importance de son apport au genre est très discutée, mais nul ne lui dénie sa fécondité. Il aurait ainsi publié près de 350 titres vendus à 146 millions d'exemplaires dans 56 langues différentes, son best-seller demeurant les dix volumes de *Mission Terre* (1985-1987), dont seul le premier parut de son vivant. Leur lecture est considérée comme une bonne introduction aux idées de l'inventeur de la dianétique et de la scientologie, qui n'y sont cependant jamais explicitement mentionnées. Quant à sa notoriété d'écrivain, elle est attestée par le fait que sa nouvelle *Quand montent les ombres* a été incluse dans *Histoires galactiques* (1974), le septième volume de l'exigeante « Grande Anthologie de la science-fiction » du Livre de Poche.

Mais le livre qui va changer la vie de L. Ron Hubbard est celui qui paraît le 9 mai 1950 aux États-Unis sous le titre de *Dianetics. The Modern Science of Mental Health* (et ultérieurement en France sous celui de *La Dianétique. La science moderne de la santé mentale*, puis de *La Dianétique. La puissance de la pensée sur le corps*). L'auteur y développe une doctrine de santé physique et mentale où se conjuguent les influences de la psychanalyse et du spiritisme, avec en arrière-plan une vision du monde qui, elle, relève de la pure science-fiction. Mais personne n'aurait songé à lui chercher noise si L. Ron Hubbard n'avait eu la prétention de faire de ses élucubrations (dont toutes ne sont d'ailleurs pas délirantes) le fondement d'une entreprise lucrative : ce sera l'Église de scientologie, dont la première pierre sera posée en 1953. Sous prétexte de « libération » personnelle, la scientologie maintiendrait ses adeptes sous son emprise, contrôlerait leur vie privée… et viderait leur portefeuille ! Autant d'accusations qui ont entraîné les poursuites judiciaires dont l'Église de scientologie a été l'objet, notamment en France où elle a été classée comme secte en 1995 dans un rapport du Parlement.

Une Église comme les autres en Espagne

Ce n'est pas le cas partout. Forte de la présence en son sein de « scientologues » tels que Tom Cruise ou John Travolta, l'Église de scientologie a pignon sur rue aux États-Unis, où elle est considérée comme une Église comme les autres, mais aussi dans d'autres pays, par exemple l'Espagne où, après un dur combat juridique, elle a obtenu en 2007 d'être inscrite au registre des entités religieuses, au même titre que l'Église catholique. La France pourra-t-elle maintenir sa position ? En 2009, la Cour européenne des droits de l'homme a condamné la Russie qui avait refusé d'enregistrer l'Église de scientologie en tant qu'organisation religieuse.

Ci-contre : l'inauguration d'une église de scientologie à Berlin, le 13 janvier 2007. Mais l'État fédéral allemand refuse le statut d'Église à l'Église de scientologie.
Ci-dessous : la scientologie au secours des Haïtiens après le séisme de janvier 2010.
À droite : John Travolta plaide pour la scientologie dans une conférence (1997).
À l'extrême droite : Tom Cruise et son épouse Katie Holmes, qui demandera le divorce pour échapper, ainsi que leur fille, à l'emprise de l'Église de scientologie.

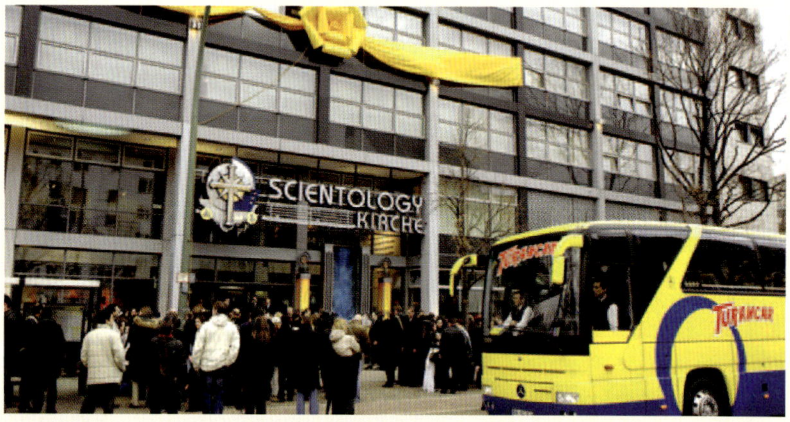

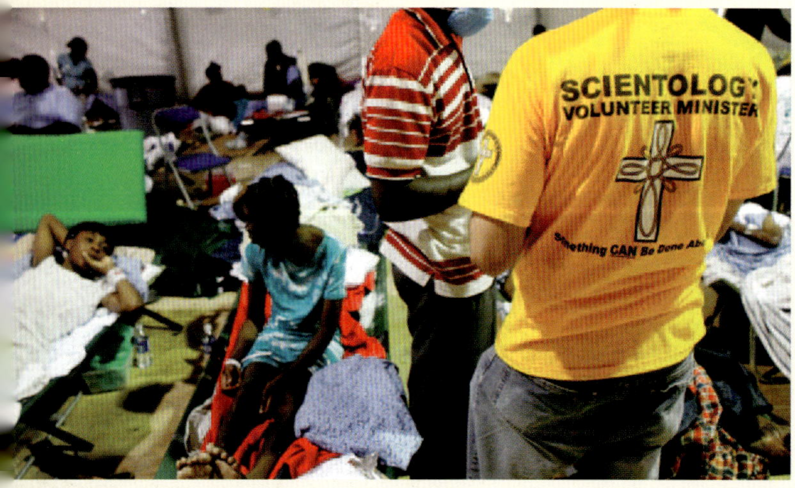

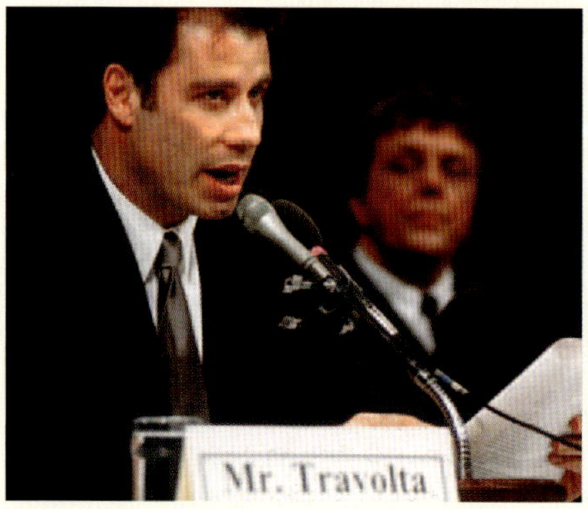

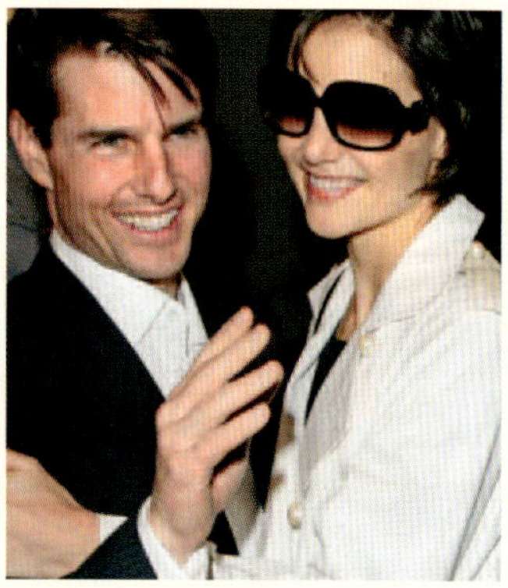

Pour ou contre Vladimir Poutine

MOSCOU, SAMEDI 4 Deux Russie face à face, tel est le spectacle qu'offrait Moscou en ce samedi glacial. Face à face n'est d'ailleurs pas le mot juste, car plusieurs kilomètres séparaient la manifestation des partisans de Vladimir Poutine et celle de ses adversaires. À un petit mois de l'élection présidentielle, les positions sont les suivantes. Pour ses partisans, le retour de Poutine au Kremlin est la seule alternative au chaos qui, sinon, ne manquerait pas de s'installer dans un pays dont l'identité historique est gravement menacée : c'est notamment le thème que le philosophe Alexandre Douguine a développé devant la foule de gens modestes et disciplinés qui s'était massée devant le monument célébrant la victoire de l'Armée rouge sur l'Allemagne nazie. En revanche, pour ses adversaires, l'élection de Poutine consacrerait la promesse d'une dictature policière : un rassemblement bariolé, allant des néocommunistes aux militants gays ! Les chiffres ? Plus ou moins 100 000 des deux côtés.

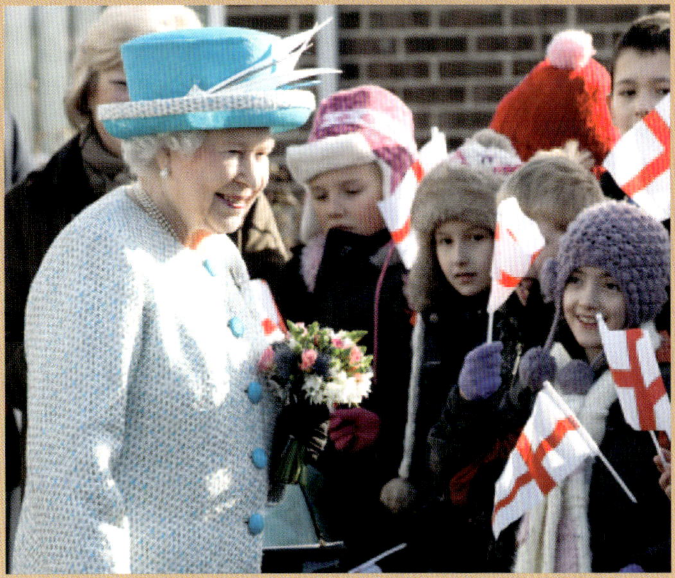

Lundi 6, Élisabeth II est accueillie par les élèves d'une école de Dersingham, une commune du Norfolk où elle réside fréquemment dans son château de Sandringham. Ce 6 février n'était pas un jour comme les autres puisqu'il y a soixante ans jour pour jour, à la mort de son père George VI, elle était devenue à 25 ans reine du Royaume-Uni de Grande-Bretagne et d'Irlande du Nord. Ce jubilé a été célébré non seulement outre-Manche, mais encore dans les seize États dont elle est la souveraine, comme le Canada, l'Australie ou la Nouvelle-Zélande. Les festivités culmineront toutefois du 2 au 5 juin prochains, avec notamment une grande revue navale sur la Tamise.

Alberto Contador ne participera pas au Tour de France

LAUSANNE (SUISSE), LUNDI 6 Le Tribunal arbitral du sport (TAS) a condamné à deux ans de suspension le coureur cycliste espagnol Alberto Contador, pour dopage au clenbutérol pendant le Tour de France de 2010, qu'il a remporté. Dopage qu'il a nié, affirmant avoir été simplement victime d'une intoxication alimentaire. Le soutien marqué que lui ont apporté la Fédération royale espagnole de cyclisme et le Premier ministre espagnol José Luis Zapatero n'a pas convaincu les juges du TAS, lesquels ne pouvaient manquer de se rappeler que Contador avait été cité en 2006 dans une autre affaire de dopage, l'affaire Puerto, dont il était sorti toutefois indemne, à la surprise de nombre d'observateurs. Cette fois, le champion espagnol n'est pas passé entre les mailles du filet… Sa suspension, en partie rétroactive, prendra fin le 6 août prochain, ce qui l'empêchera de participer au Tour de France 2012. Et Contador se voit automatiquement dépossédé de ses victoires acquises dans le Tour de France 2010 et dans le Tour d'Italie 2011.

La consommation d'électricité bat des records en France

FRANCE, MERCREDI 8 Le nouveau record de consommation de gaz naturel établi hier n'a pas été battu aujourd'hui, mais pour la deuxième fois en deux jours la consommation d'électricité a atteint un sommet historique. Selon le Réseau de transport d'électricité (RTE), la filiale d'Électricité de France qui gère le réseau des lignes à haute tension, cette consommation s'est en effet élevée à 101 700 mégawatts à 19 heures, contre 100 500 hier à cette même heure de pointe où les travailleurs rentrent à leur domicile, montent le chauffage et allument leurs appareils électroménagers… Ces pics successifs (le précédent record avait été enregistré le 15 décembre 2010) sont liés à la vague de froid qui sévit depuis le 27 janvier en Europe, où elle a déjà fait près de 500 morts. C'est ainsi, par exemple, qu'on a enregistré hier la température de -16,3 °C à Orléans, dans le Loiret (un record dans cette ville pour un mois de février), et de -24 °C à Maîche, dans le Doubs. Pour être en mesure de répondre à la demande, RTE a principalement sollicité les centrales nucléaires, mais aussi des barrages hydrauliques et des centrales thermiques. La France a en outre importé de l'électricité de tous les pays voisins.

Un nouveau plan d'austérité pour la Grèce

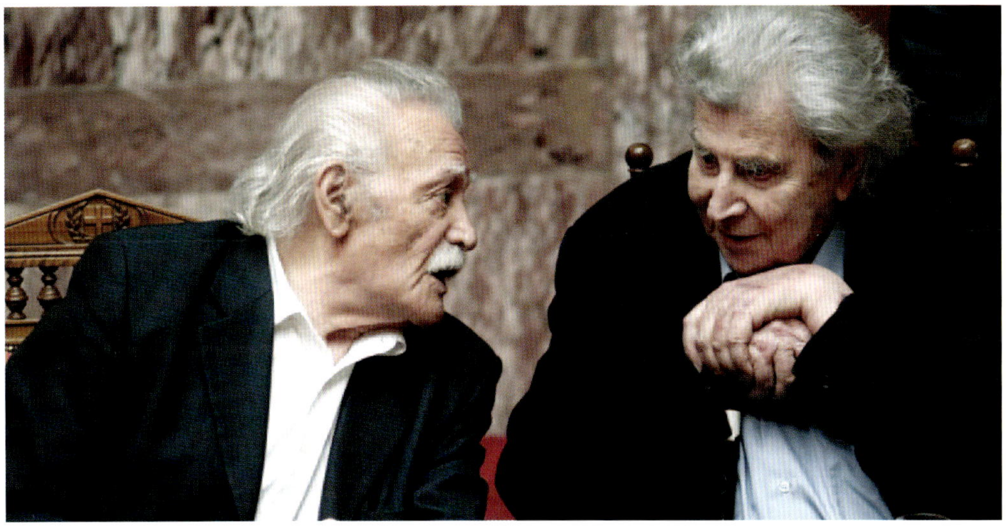

Farouches opposants au plan de rigueur, le compositeur grec Mikis Theodorakis (à droite.) et Manolis Glezos, héros de la résistance à l'occupation nazie et grande figure de l'extrême gauche, ont tous deux assisté aux débats du Parlement.

ATHÈNES, DIMANCHE 12 Quelque 80 000 personnes s'étaient rassemblées aujourd'hui devant le Parlement – à l'appel notamment du Parti communiste et des principaux syndicats du pays – pour manifester contre le nouveau plan de rigueur. Mais cela n'a pas suffi. Pas plus que les heurts très violents qui ont opposé des groupes de protestataires aux forces de l'ordre ! À minuit, ce plan a été adopté en procédure d'urgence : 199 des 278 députés présents (sur 300) ont voté pour, 74 contre, et 5 se sont abstenus. Exigé par les bailleurs de fonds de la Grèce (l'Union européenne, le Fonds monétaire international et la Banque centrale européenne) en échange d'une aide supplémentaire de 130 milliards destinée à lui éviter la faillite, ce programme avait été adopté vendredi 10 à l'unanimité par le gouvernement de Loukas Papademos. Durcissant encore les mesures d'austérité prises en Grèce depuis deux ans, il prévoit un abaissement de 22 % du salaire minimum, ramené à 586 euros, et de nouvelles coupes dans certaines retraites. En outre, quelque 15 000 fonctionnaires seront placés dans une « réserve de main-d'œuvre » et payés seulement à 60 % de leur salaire. (→ 20.6)

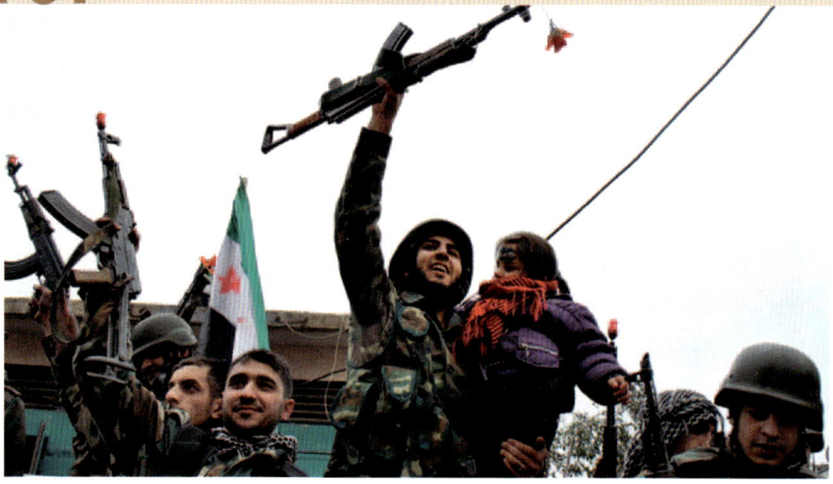

Des déserteurs de l'armée syrienne fêtent leur ralliement à l'Armée syrienne libre à Khaldiyeh, un quartier nord d'Homs, qui a été violemment bombardé le samedi 4 février par les forces de Bachar Al-Assad.

La Ligue arabe a rompu avec la Syrie

LE CAIRE, DIMANCHE 12 Est-ce un tournant dans la crise syrienne ? La Ligue arabe, sur l'impulsion du Qatar, a mis fin à la mission de ses observateurs en Syrie et annoncé qu'elle allait « ouvrir des canaux de communication avec l'opposition syrienne et lui fournir toutes les formes de soutien politique et matériel ». Et elle demande au Conseil de sécurité d'adopter une résolution « pour la formation d'une force de maintien de la paix » arabo-onusienne. Ce qui risque de rester lettre morte, compte tenu de l'opposition de la Russie et de la Chine à toute espèce d'ingérence dans les affaires intérieures syriennes. Mais la déclaration de la Ligue arabe a pour mérite de clarifier la situation : le président Bachar Al-Assad se retrouve sans autre appui régional que celui de l'Iran. Sur le terrain, les forces gouvernementales ont entrepris il y a huit jours la reconquête de Homs, troisième ville du pays, en partie tenue par l'Armée syrienne libre (ASL). Les combats y auraient déjà fait quelque 500 victimes, principalement des civils. (→ 27.3)

Les salaires des patrons du CAC 40

PARIS, MERCREDI 15 En pleine période d'austérité et de montée du chômage, la publication de ces chiffres va soulever un tollé. Selon Proxinvest, une société de conseil aux investisseurs dont l'étude annuelle a été rendue publique aujourd'hui, les rémunérations des dirigeants du CAC 40 (les quarante plus grosses sociétés cotées à Paris) sont reparties résolument à la hausse après avoir baissé en 2007, 2008 et 2009 du fait de la crise financière : en 2010, le salaire moyen des dirigeants a enregistré un bond de + 34 % et s'est élevé à 4,11 millions d'euros (alors que pour cette même année la progression du salaire moyen des Français était de + 2,10 %). Sans surprise, les trois patrons les mieux payés ont été Jean-Paul Agon (L'Oréal, 10,7 millions), Bernard Arnault (LVMH, 9,7 millions) et Carlos Ghosn (Renault, 9,7 millions également). Le socialiste Jean-Marc Ayrault qualifiera ces salaires d'indécents et indiquera qu'en cas de victoire de François Hollande le 6 mai, une réflexion serait menée pour qu'ils soient plafonnés.

Les Français ont dit adieu au franc

FRANCE, VENDREDI 17 Cette fois, c'en est bien fini du franc : dès demain, seuls les billets libellés en euros, introduits le 1er janvier 2002, auront une valeur monétaire en France. Les particuliers ont jusqu'à ce soir minuit pour échanger contre des euros les derniers billets en francs toujours en leur possession. Encore cette opération ne concerne-t-elle que les billets « Pierre et Marie Curie » (500 francs), « Gustave Eiffel » (200 francs), « Cézanne » (100 francs), « Saint-Exupéry » (50 francs) et « Debussy » (20 francs), toutes les autres coupures ayant disparu entre 2007 et 2009. Cette date du 17 février 2012, soit dix ans jour pour jour après la fin du cours légal du franc, avait été fixée depuis longtemps. Malgré cela, de longues files d'attente se sont formées ces derniers jours devant les succursales de la Banque de France, où l'échange était possible. Il faut dire qu'en décembre 2011, quelque 500 millions de coupures en francs échangeables étaient encore « dans la nature », pour une valeur de 600 millions d'euros. Des coupures que l'État n'a d'ailleurs pas intérêt à voir réapparaître, chaque billet non échangé devant faire l'objet d'un reversement à son profit de la part de la Banque de France, au titre de la règle dite du « culot d'émission ». De fait, la fin du franc devrait lui rapporter quelque 500 millions d'euros.

DSK en garde à vue

LILLE (59), MERCREDI 22 L'ancien président du Fonds monétaire international (FMI) est sorti libre de la caserne de gendarmerie de Lille, après trente-deux heures d'une garde à vue qui, d'après son avocate, Me Frédérique Baulieu, s'est « parfaitement bien déroulée ». Il n'en reste pas moins que Dominique Strauss-Kahn est d'ores et déjà convoqué le 28 mars prochain afin de se voir signifier sa mise en examen pour « complicité de proxénétisme aggravé en bande organisée » et « recel d'abus de biens sociaux ». DSK est impliqué dans l'affaire dite du Carlton, du nom de l'hôtel lillois dont le directeur, Francis Henrion, a été mis en examen en octobre 2011 dans une affaire de prostitution. Sept autres personnes se trouvent dans le même cas actuellement, dont le commissaire Jean-Christophe Lagarde et deux entrepreneurs de la région, Fabrice Paszkowski et David Roquet. Cette fine équipe organisait des soirées libertines en France, en Belgique et à Washington, où des dames de petite vertu – le « matériel » comme on les appelle dans ce milieu – étaient envoyées pour grossir les rangs de la participation féminine. La question est de savoir si DSK, habitué des soirées de Washington et d'ailleurs, savait que ces dames étaient des prostituées et, surtout, s'il peut être lui-même considéré comme leur employeur et pas seulement leur client. Lagarde et Paszkowski, dans leurs dépositions, ont tenté de le disculper : selon Paszkowski, DSK n'avait pas besoin de payer pour ses « relations sexuelles ».

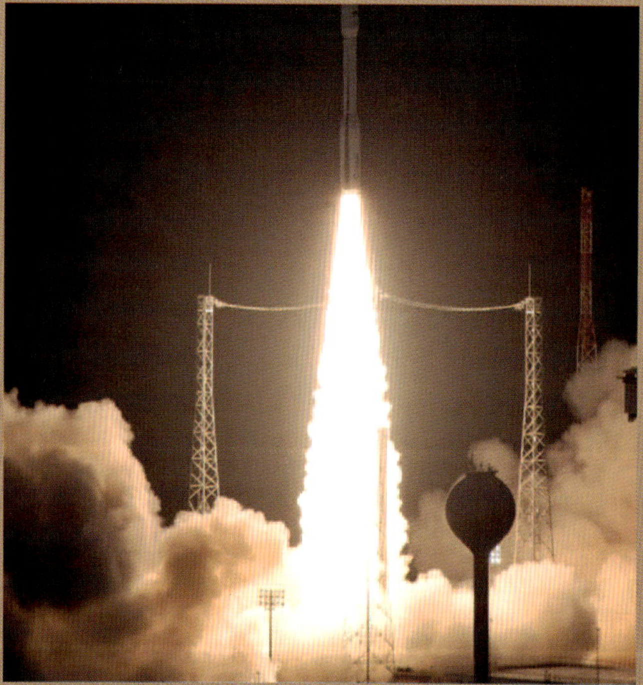

Premier tir réussi lundi 13 au centre spatial de Kourou, en Guyane, du petit lanceur européen Vega, conçu pour mettre sur orbite basse des satellites de 300 kg à 1,5 tonne. Le nom de cette fusée à quatre étages évoque certes celui d'une célèbre étoile, mais c'est également l'acronyme de sa dénomination italienne de « Vettore Europeo di Generazione Avanzata ». Pourquoi italienne ? Parce que le développement de Vega a été confié par l'Agence spatiale européenne (ESA) au groupe italien European Launch Vehicle (ELV S.p.A.).

Le film qui fait pleuvoir Oscars et Césars

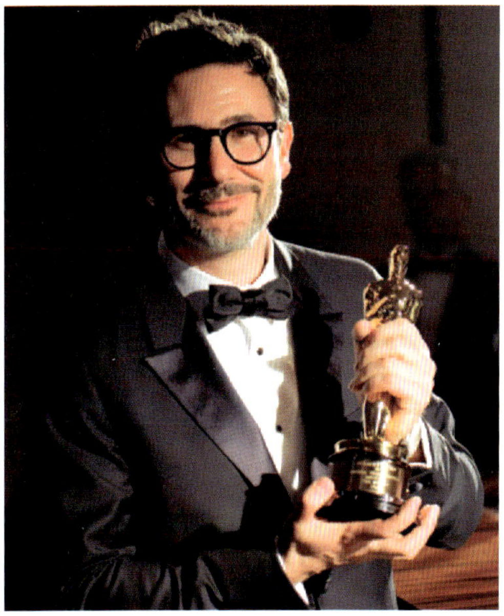

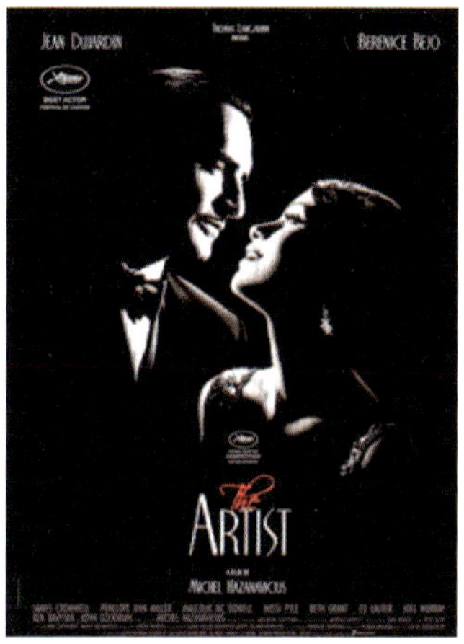

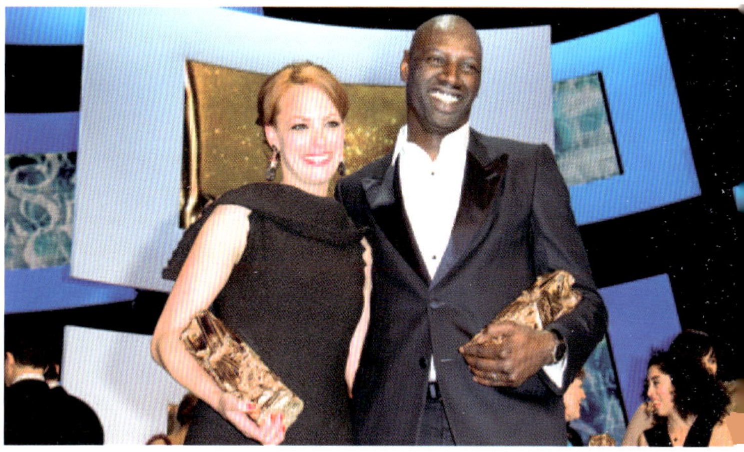

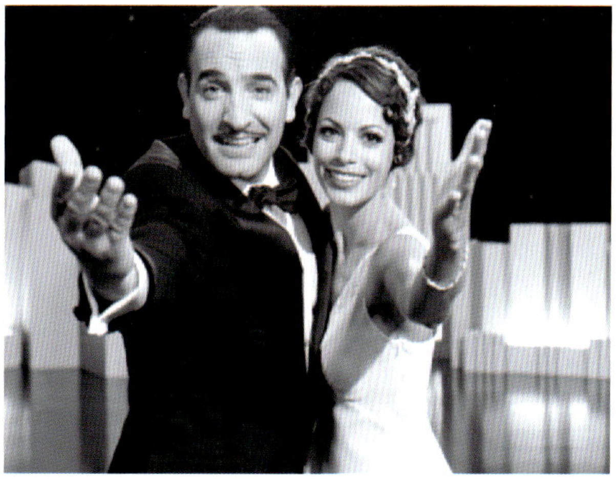

Ci-dessus, de gauche à droite : Michel Hazanavicius, le réalisateur comblé de The Artist *; l'affiche du film ; Bérénice Bejo à la cérémonie des Césars, vendredi dernier, avec Omar Sy. Ci-contre, la même, avec son partenaire Jean Dujardin, dans* The Artist*. Sorti en octobre 2011, le film est ressorti fin janvier après ses nominations aux Oscars et totalisera fin avril 3 millions d'entrées en France et 12 millions à l'étranger.*

LOS ANGELES (CALIFORNIE), DIMANCHE 26 On espérait bien un succès, mais *The Artist* a fait ce soir un triomphe lors de la cérémonie des Oscars : Oscar du meilleur film, d'abord, une première pour un film non anglo-saxon. Et Jean Dujardin, en compétition avec les stars mondiales George Clooney et Brad Pitt, est aussi devenu le premier Français sacré meilleur acteur, tandis que Michel Hazanavicius, meilleur réalisateur, damait le pion à des pointures comme Martin Scorsese, Woody Allen ou Terrence Malick. Enfin, les Oscars de la meilleure musique originale et des meilleurs costumes sont venus compléter en beauté cette « razzia ».

Quand *The Artist* part en campagne

Mettant en scène une star imaginaire du cinéma muet, George Valentin (Jean Dujardin), confrontée à l'arrivée du parlant et de ses nouvelles vedettes, telle la jeune Peppy Miller (Bérénice Bejo), *The Artist*, film muet et en noir et blanc, se veut un vibrant hommage au Hollywood des années 1920-1930. Si on ajoute qu'il a été tourné à Los Angeles et que, les deux têtes d'affiche mises à part, le casting est essentiellement américain, on comprendra qu'il avait de quoi plaire aux votants de l'académie des Oscars. Mais pour remporter l'une de ces précieuses statuettes, et *a fortiori* plusieurs, cela ne suffit pas ! Le film eut donc droit à un lancement publicitaire digne d'une campagne électorale, orchestré par son producteur Thomas Langmann et par Harvey Weinstein, le producteur aux 60 Oscars considéré comme le roi du lobbying. Et l'on vit Jean Dujardin dans nombre de talk-shows où son accent français, son anglais défaillant, ses imitations et ses mimiques firent fureur. Et c'est également ainsi que Uggie, l'inénarrable jack russell de George Valentin, véritable publicité à quatre pattes de *The Artist*, se vit décerner le prix d'interprétation canine à l'occasion de la toute première cérémonie des Colliers d'or de Hollywood, le lundi 13 (après avoir reçu la 10e Dog Palm au Festival de Cannes le 21 mai 2011).

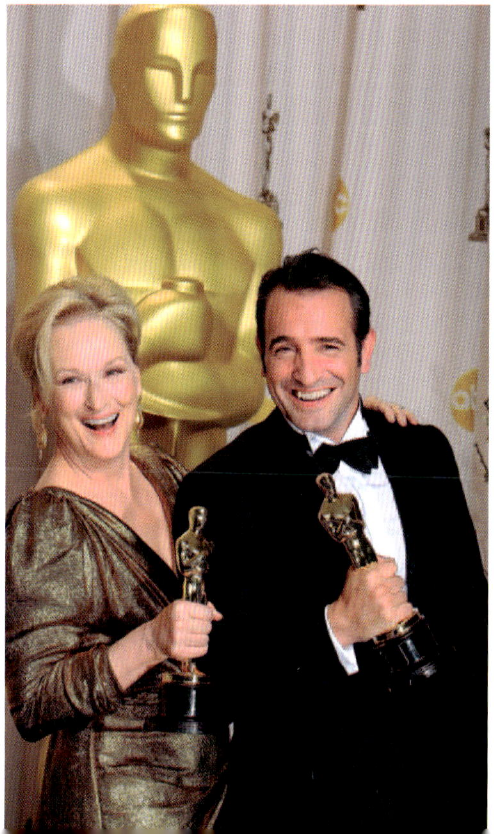

Jean Dujardin prenant la pose avec Meryl Streep, Oscar de la meilleure actrice pour La Dame de fer.

Avant les Oscars, les Césars

Après le prix d'interprétation masculine attribué à Jean Dujardin en mai 2011 à ce même Festival de Cannes, après les trois Golden Globes reçus en janvier, ce Collier d'or était de bon augure pour les Oscars… Mais entre-temps, il y eut la cérémonie des Césars le vendredi 24. Et, comme on pouvait s'y attendre, *The Artist* y aura la part belle, repartant avec pas moins de six Césars, dont ceux du meilleur film et du meilleur réalisateur, ainsi que celui de la meilleure actrice, attribué à une Bérénice Bejo qui n'a pas réussi à retenir ses larmes. Seul bémol pour « l'équipe » de Thomas Langmann : pour une fois, le prix d'interprétation a échappé à Jean Dujardin. C'est Omar Sy qui a été récompensé pour sa prestation dans *Intouchables* – l'autre film phénomène de l'année, qui deviendra courant 2012 le long métrage français le plus vu dans le monde.

La cote de Jean-Luc Mélenchon à la hausse

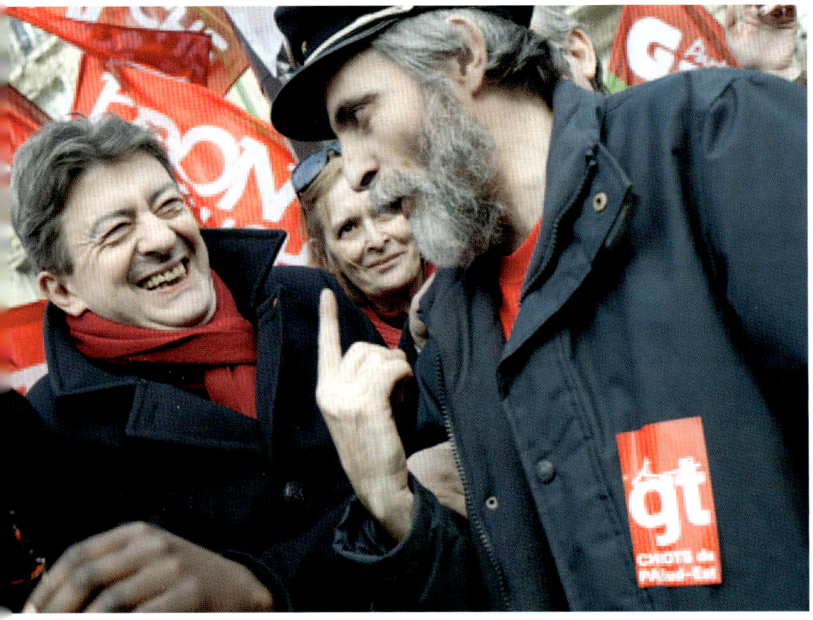

Le score au premier tour de Jean-Luc Mélenchon (ici à Paris, le 29, au cours d'une manifestation organisée contre l'austérité), ainsi que le report de ses voix sur François Hollande au second tour, pourraient se révéler déterminants.

FRANCE, DIMANCHE 26 Jean-Luc Mélenchon a le vent en poupe. En constante progression dans les intentions de vote, le candidat du Front de gauche était crédité de 9 % dans deux sondages consécutifs, un score jamais atteint depuis 1995 par un candidat soutenu par le Parti communiste. Et au vu des foules que ce tribun hors pair parvient à déplacer, il y a fort à parier qu'il va continuer à grimper dans les sondages. Au point qu'il peut espérer dépasser un François Bayrou à la peine et ainsi faire son entrée dans le carré de tête derrière François Hollande, Nicolas Sarkozy et son «ennemie n° 1» Marine Le Pen, qu'il devance du reste dans une enquête TNS-Sofres publiée aujourd'hui et visant à déterminer lequel des candidats, selon les Français, défend le mieux les intérêts des ouvriers. Et c'est précisément Jean-Luc Mélenchon qui arrive à la première place, avec 35 %, devant François Hollande (30 %), François Bayrou (16 %) et Nicolas Sarkozy (12 %). Marine Le Pen, souvent présentée comme la candidate des classes populaires, n'occupe que la cinquième position, avec 10 %. (→ 9.3)

François Hollande veut taxer les plus riches à 75 %

PARIS, LUNDI 27 S'il voulait marquer les esprits au moment où Nicolas Sarkozy, officiellement candidat depuis quinze jours, rattrape petit à petit son retard dans les sondages, François Hollande a réussi son coup. Invité ce soir de l'émission *Parole de candidat* sur TF1, le socialiste a annoncé à la surprise générale son intention, s'il était élu, de créer une nouvelle tranche d'imposition à 75 % pour tous les revenus supérieurs à un million d'euros par an. «J'apprécie le travail, le mérite, mais ce que je n'apprécie pas, ce sont les richesses indécentes, qui n'ont rien à voir avec le talent ou l'intelligence», a-t-il expliqué, citant entre autres le scandale des stock-options. Faisant l'effet d'une bombe, cette annonce d'une mesure qui ne compte pas au nombre des «60 engagements» de François Hollande lui a valu de vives critiques de la part de la majorité présidentielle, qui a dénoncé «l'inflation fiscale» de son programme. Mais elle a aussi été accueillie avec circonspection, sinon scepticisme, par certains socialistes.

La profanation du Coran a déchaîné la violence

AFGHANISTAN, LUNDI 27 Les militaires américains sont-ils des irresponsables? Telle est bien la question qu'il faut se poser, au vu du déchaînement de violence qu'ils ont provoqué en Afghanistan. Les faits remontent à lundi dernier, quand des travailleurs afghans employés sur la base de Bagram, au nord de Kaboul, ont découvert que des exemplaires du Coran étaient brûlés dans une déchetterie. À peine l'information divulguée, les talibans ont dénoncé la profanation et appelé à la vengeance. Ils ont été entendus... Aujourd'hui, neuf personnes ont été tuées sur la base stratégique de Jalalabad, à l'est du pays (six civils, deux employés d'une société de sécurité privée et un soldat afghan). Hier, dans le Nord, une grenade était lancée contre des forces spéciales américaines, faisant sept blessés dont certains grièvement. Samedi 25, deux militaires américains étaient assassinés à Kaboul par un agent des renseignements afghans. Vendredi 24, un soldat de l'Armée nationale afghane abattait deux autres G.I. dans la province de Nangarhar, limitrophe du Pakistan. Mais la première victime avait été dès lundi 20 un soldat du petit contingent albanais de la Force internationale d'assistance et de sécurité (FIAS).

Mitt Romney est le favori

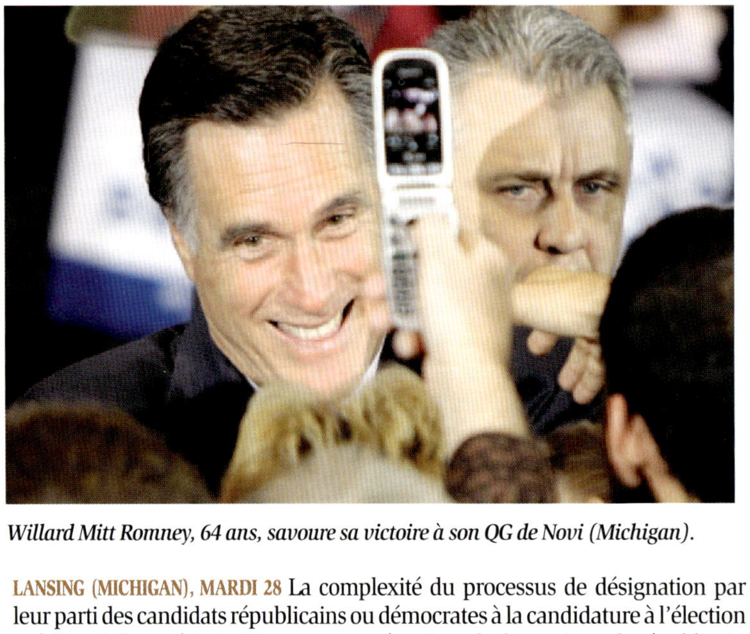

Willard Mitt Romney, 64 ans, savoure sa victoire à son QG de Novi (Michigan).

LANSING (MICHIGAN), MARDI 28 La complexité du processus de désignation par leur parti des candidats républicains ou démocrates à la candidature à l'élection présidentielle américaine ne permet pas à ce jour de dire qui sera le républicain opposé au président Barack Obama (dont il ne fait aucun doute qu'il sera candidat à sa réélection). Mais Mitt Romney a déjà fait un grand pas pour être son adversaire en remportant les primaires de l'Arizona et, surtout, du Michigan où il n'était pas attendu. Pourtant, cet État industriel et ouvrier n'était guère, *a priori*, favorable à ce milliardaire ultralibéral qui promet, s'il est élu, de ne pas dépenser un dollar pour sauver l'industrie automobile américaine. Il n'en a pas moins gagné dans le Michigan, devançant (de peu) Rick Santorum. (→ 10.4)

Nier le génocide arménien n'est pas encore un délit

PARIS, MARDI 28 C'est la déception dans la communauté arménienne française et en Arménie même, alors que la Turquie ne cache pas sa satisfaction. Le Conseil constitutionnel a invalidé la loi, adoptée par le Parlement le 23 janvier dernier, réprimant la contestation des génocides. La contestation du génocide juif étant un délit depuis la loi Gayssot du 13 juillet 1990, cette loi se rapportait implicitement au génocide arménien perpétré en 1915-1916 par les Turcs et reconnu en France par une loi du 29 janvier 2001. Mais le Conseil constitutionnel a estimé que cette loi n'avait pas de valeur normative et que, «en réprimant la contestation de l'existence et de la qualification juridique de crimes qu'il aurait lui-même reconnus et qualifiés comme tels, le législateur a porté une atteinte inconstitutionnelle à l'exercice de la liberté d'expression et de communication». Valérie Boyer, la députée UMP des Bouches-du-Rhône qui avait présenté la loi rejetée par les Sages, n'a pas caché sa «tristesse» sur BFM TV. Elle a dénoncé une «inégalité de traitement» en faisant référence à la loi Gayssot qui, elle, n'avait pas ému le Conseil constitutionnel. Le président de la République a toutefois chargé le gouvernement de préparer un nouveau texte.

Février

FRANCE

PARIS, MERCREDI 1er La Fondation Abbé-Pierre invite les candidats à l'élection présidentielle à s'engager sur un « nouveau contrat » concernant le logement.

PARIS, MERCREDI 1er Jean-Pierre Chevènement renonce à sa candidature à la présidentielle.

STRASBOURG (67), LUNDI 6 Ouverture d'un cimetière public exclusivement musulman, en vertu du Concordat de 1801 toujours en vigueur en Alsace-Moselle.

PARIS, MARDI 7 Selon un sondage Ipsos pour *Le Monde*, Radio France et France Télévisions, François Hollande arriverait en tête au premier tour de la présidentielle (avec 32 %), suivi de Nicolas Sarkozy (25 %), Marine Le Pen (16 %) et François Bayrou (12,5 %).

BORDEAUX (33), JEUDI 9 Dans l'affaire Bettencourt, l'ancien ministre du Budget Éric Woerth est mis en examen pour « trafic d'influence passif » et « recel ».

PARIS, VENDREDI 10 Cinquante auteurs de romans policiers français signent un appel à voter pour Jean-Luc Mélenchon au premier tour de la présidentielle.

PARIS, LUNDI 13 Christine Boutin, présidente du Parti chrétien-démocrate, renonce à sa candidature à la présidentielle et appelle à voter pour Nicolas Sarkozy.

LYON (69), LUNDI 13 Un agriculteur obtient la condamnation de Monsanto par le tribunal de grande instance (TGI) de Lyon pour son empoisonnement par le Lasso.

PARIS, MARDI 14 Dans un rapport remis à la commission de défense de l'Assemblée nationale, deux députés (un PS et un UMP) préconisent un rôle accru du secteur privé dans la défense nationale.

PARIS, MERCREDI 15 Selon l'Observatoire national de la délinquance et des réponses pénales, la part des étrangers dans les vols et cambriolages est passée de 12,8 % à 17,3 % de 2006 à 2011.

PARIS, JEUDI 16 Le centriste Hervé Morin renonce à sa candidature à la présidentielle et appelle à voter pour Nicolas Sarkozy.

AVESNES-SUR-HELPE (59), VENDREDI 17 Maurice Boisart, maire de Cousolre (59), est condamné à 1 000 euros d'amende avec sursis et à 250 euros d'amende pour avoir giflé un mineur qui le menaçait de mort.

PARIS, LUNDI 20 Le quotidien *Libération* révèle que le juge Charles Duchaine a demandé la levée de l'immunité parlementaire de Jean-Noël Guérini, sénateur et président PS du conseil général des Bouches-du-Rhône.

PARIS, MARDI 21 Le Conseil constitutionnel, répondant à une question prioritaire de constitutionnalité (QPC) déposée par le Front national, maintient la publicité des parrainages nécessaires à la candidature à l'élection présidentielle.

PARIS, MERCREDI 22 Frédéric Nihous (Chasse, pêche, nature et traditions) renonce à sa candidature à la présidentielle et appelle à voter pour Nicolas Sarkozy.

LA RÉUNION, VENDREDI 24 Fin de trois jours – et surtout trois nuits – d'émeutes contre la hausse des prix des carburants et le chômage. Neuf membres des forces de l'ordre ont été blessés.

PARIS, LUNDI 27 *La Tribune* révèle que Maurice Lévy, PDG de Publicis, recevra en 2012 une rémunération de 16 millions d'euros.

PARIS, MARDI 28 Selon une étude de l'Ifop pour le journal *Le Monde*, dans les zones périurbaines situées à une cinquantaine de kilomètres du centre des villes de plus de 200 000 habitants, Nicolas Sarkozy et Marine Le Pen feraient au premier tour de la présidentielle le même score de 25 % des suffrages.

PARIS, MARDI 28 Selon un sondage Ipsos-Logica Business Consulting pour *Le Monde*, France Télévisions et Radio France, le résultat du premier tour de la présidentielle serait le suivant : 31,5 % pour François Hollande, 27 % pour Nicolas Sarkozy, 16 % pour Marine Le Pen, 11,5 % pour François Bayrou, 8 % pour Jean-Luc Mélenchon, 2,5 % pour Eva Joly.

UNION EUROPÉENNE

MADRID, SAMEDI 4 L'ancien ministre de l'Intérieur Alfredo Pérez Rubalcaba est élu secrétaire général du Parti socialiste ouvrier espagnol (PSOE).

HELSINKI, DIMANCHE 5 Le conservateur Sauli Niinistö est élu président de la République de Finlande.

BUCAREST, LUNDI 6 Sous la pression de la rue, le Premier ministre roumain Emil Bloc (centre-droit), en poste depuis 2008, démissionne. Le président Traian Basescu le remplace immédiatement par le chef du renseignement extérieur, Mihai Razvan Ungureanu.

MADRID, JEUDI 9 Le juge Baltasar Garzón est condamné à 11 ans d'interdiction d'exercer en raison d'écoutes téléphoniques illégales.

TURIN (ITALIE), LUNDI 13 La justice italienne condamne à 16 ans de prison et 250 millions de dommages et intérêts deux anciens dirigeants du groupe suisse Eternit, pour « désastre volontaire » ayant entraîné la mort de quelque 3 000 personnes, victimes de l'amiante, sur quatre sites italiens.

BERLIN, VENDREDI 17 Démission du président allemand Christian Wulff, suite à un soupçon de prévarication.

BRUXELLES, MARDI 28 L'Union européenne rappelle tous ses ambassadeurs en poste en Biélorussie.

INTERNATIONAL

LONDRES, MERCREDI 1er Selon un rapport militaire américain secret divulgué par la BBC et *The Times*, les talibans seraient aux portes de Kaboul.

RABAT, JEUDI 2 Interdiction du *Nouvel Observateur* pour atteinte à la religion.

WASHINGTON, JEUDI 2 Le secrétaire à la Défense Leon Panetta se déclare convaincu qu'Israël attaquera l'Iran au printemps.

NEW YORK, JEUDI 2 L'ONU annonce que la famine est enrayée en Somalie.

BRUXELLES, JEUDI 2 L'Otan confirme que le système de défense antimissile en cours de déploiement en Europe serait placé exclusivement sous commandement américain, mais que son coût serait partagé.

PHNOM PENH, VENDREDI 3 L'ex-chef de camp khmer rouge Kaing Guek Eav, dit Douch, est condamné en appel à la prison à vie. Il avait été condamné à 30 ans de prison en première instance.

NEW YORK, SAMEDI 4 Selon l'ONU, 3 021 civils ont été tués en Afghanistan en 2011, soit 8 % de plus que l'année précédente.

DOHA, LUNDI 6 Sous l'égide du Qatar, le Fatah et le Hamas concluent un accord sur un gouvernement de transition en vue d'élections législatives en Palestine (élections dont la date n'a pas été déterminée).

DAMAS, MARDI 7 Rappel des principaux ambassadeurs des pays occidentaux (dont la France) en Syrie.

MALÉ, MARDI 7 Démission de Mohamed Nasheed, président de la République des Maldives.

MIRANSHAH (PAKISTAN), JEUDI 9 Le chef opérationnel d'Al-Qaida au Pakistan, Badar Mansoor, est abattu par un drone américain.

SARAJEVO, VENDREDI 10 Après seize mois de crise ministérielle, le Parlement de la Bosnie-Herzégovine investit un gouvernement dirigé par le Croate Vjekoslav Bevanda.

NEW YORK, VENDREDI 10 L'Argentine dépose une plainte à l'ONU contre la « militarisation » par la Grande-Bretagne de l'archipel des Malouines, sur lequel elle revendique la souveraineté.

ACHGABAT, DIMANCHE 12 Gourbangouly Berdymoukhamedov est réélu président de la République du Turkménistan avec 97,14 % des suffrages.

KUALA LUMPUR, DIMANCHE 12 La Malaisie extrade le blogueur Hamza Kashgari en Arabie saoudite, où il est poursuivi pour blasphème. Il risque la peine de mort.

PÉROU, DIMANCHE 12 Arrestation du Camarade Artemio (Florindo Eleutorio Flores Hala, dit le), dernier chef historique du Sentier lumineux.

NEW DELHI, LUNDI 13 Attentat contre une voiture de l'ambassade d'Israël en Inde. Quatre personnes sont blessées, dont une diplomate.

DAMAS, SAMEDI 18 Première manifestation de masse contre le régime de Bachar Al-Assad dans la capitale de la Syrie.

TÉHÉRAN, DIMANCHE 19 L'Iran interrompt ses livraisons de pétrole à la France et au Royaume-Uni.

ISRAËL, MARDI 21 Après 66 jours de grève de la faim, le militant palestinien Khader Adnan, interné par simple mesure administrative, obtient des autorités israéliennes la promesse de sa libération.

SANAA, MARDI 21 Élection du maréchal Abd Rab Mansour Hadi à la présidence du Yémen. Candidat unique, il succède à Ali Abdallah Saleh.

BUENOS AIRES, MERCREDI 22 Au moins 50 morts et plus de 600 blessés dans un accident de train dans la gare Once de la capitale de l'Argentine.

HOMS (SYRIE), MERCREDI 22 Le photographe français Rémi Ochlik et la journaliste américaine Marie Colvin sont tués dans un bombardement.

BRUXELLES, VENDREDI 24 Accord de coopération régionale entre la Serbie et le Kosovo (dont Belgrade ne reconnaît pas l'indépendance). Cet accord devrait favoriser la candidature de la Serbie à l'Union européenne.

BENGHAZI (LIBYE), DIMANCHE 26 Des milices islamistes profanent les cimetières des soldats alliés tombés en Libye pendant la Seconde Guerre mondiale.

COLOMBIE, DIMANCHE 26 Les Farc annoncent la prochaine libération de leurs dix derniers otages, des militaires et des policiers.

KARGILIK (CHINE), MARDI 28 Des Ouïgours, majoritaires dans cette petite ville du Xinjiang, massacrent treize Chinois appartenant à l'ethnie han. Sept agresseurs sont abattus par la police.

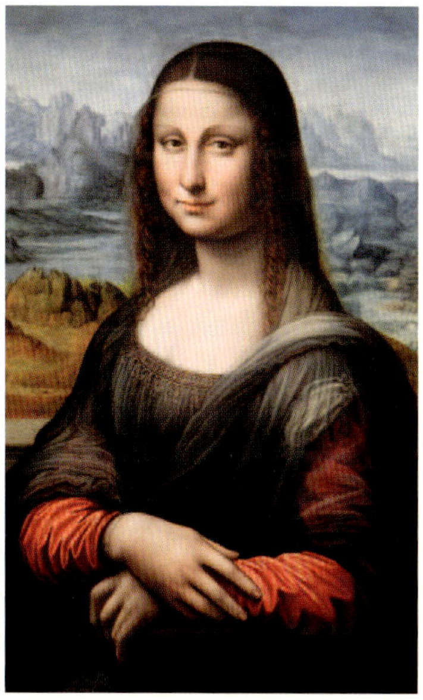

Ce n'est pas une mince révélation. Jeudi 2, Miguel Falomir, conservateur des arts italiens et français au Musée national du Prado de Madrid, présente, nettoyée et restaurée, une superbe copie de La Joconde, *sans doute la toute première. Elle aurait été exécutée dans l'atelier même de Léonard de Vinci, vers 1503-1506.*

PÉKIN, MERCREDI 29 Annonce d'un accord entre les États-Unis et la Corée du Nord. Washington fournira à Pyongyang une aide alimentaire de 240 000 tonnes en échange de la suspension du programme d'enrichissement d'uranium.

ÉCONOMIE

PARIS, MERCREDI 1er Le ministre de la Recherche Laurent Wauquiez annonce la reprise du site de Lejaby à Yssingeaux (43) par Vincent Rabeyrin, fournisseur de LVMH.

ATHÈNES, DIMANCHE 5 Les bailleurs de fonds de la Grèce exigent une baisse des salaires du secteur privé. Ce qui fera dire à l'archevêque d'Athènes Hiéronyme II : « Le médicament que nous avons pris s'avère mortel pour la nation. »

TANGER (MAROC), JEUDI 9 Inauguration d'une usine de l'alliance Renault-Nissan.

PARIS, MERCREDI 15 Selon l'Insee, la croissance française a été de 0,2 % du PIB au dernier trimestre 2011 et de 1,7 % pour toute l'année 2011.

PARIS, MERCREDI 29 PSA Peugeot-Citroën et General Motors concluent une alliance stratégique. PSA annonce une augmentation du capital, dont General Motors pourra détenir jusqu'à 7 %.

CULTURE

NEW YORK, JEUDI 2 Selon *Vanity Fair*, le Qatar a acheté le tableau le plus cher du monde, l'une des versions des *Joueurs de cartes* de Paul Cézanne. Le montant de la transaction n'a pas été dévoilé.

LYON (69), SAMEDI 11 Le film *Polisse*, de Maïwenn, reçoit le prix Jacques-Deray.

LOS ANGELES (CALIFORNIE), DIMANCHE 12 La chanteuse britannique Adele obtient six Grammy Awards.

BERLIN, SAMEDI 18 Ours d'or du Festival de Berlin pour le film *Cesare deve morire* de Paolo et Vittorio Taviani.

SCIENCES

LONDRES, JEUDI 2 Selon une étude parue dans la revue *Nature*, le sucre serait aussi dangereux pour la santé que l'alcool et le tabac.

ANTARCTIQUE, LUNDI 6 Les Russes atteignent le lac Vostok, situé à 3 768 m sous l'Antarctique. Les opérations de forage avaient commencé en 1989.

SPORTS

GRENOBLE (38) MERCREDI 8 En garde à vue depuis hier, Patrice Ciprelli, époux de la championne cycliste française Jeannie Longo, reconnaît l'achat d'EPO. Il affirme que c'était pour sa consommation personnelle.

DÉCÈS

NEW YORK, VENDREDI 3 Ben Gazzara (*28.8.1930, Biagio Anthony Gazzara, dit), acteur américain.

PARIS, DIMANCHE 5 Claude Gaignebet (*24.1.1938), folkloriste et mythologue français.

BARCELONE (ESPAGNE), LUNDI 6 Antoni Tàpies (*12.12.1923), peintre espagnol.

PARIS, MARDI 7 Devy Erlih (*5.11.1928), violoniste français.

BEVERLY HILLS (CALIFORNIE), SAMEDI 11 Whitney Houston (*9.8.1963), chanteuse américaine.

PARIS, LUNDI 13 Sophie Desmarets (*7.4.1922), actrice française.

MALAGA (ESPAGNE), MERCREDI 15 Lina Romay (*25.6.1954, Rosa Maria Almirall, dite), actrice et réalisatrice espagnole.

BAYONNE (64), SAMEDI 25 Maurice André (*21.5.1933), trompettiste français.

STOCKHOLM, SAMEDI 25 Erland Josephson (*15.6.1923), acteur suédois.

Les enjeux de la guerre civile syrienne

La guerre civile dont la Syrie est le théâtre s'explique par l'histoire, mais pas seulement. Car, dans le cas de la Syrie, l'histoire événementielle est conditionnée par une géographie humaine extrêmement complexe, dont la carte qui figure sur cette page met en évidence la dimension confessionnelle et ethnique.

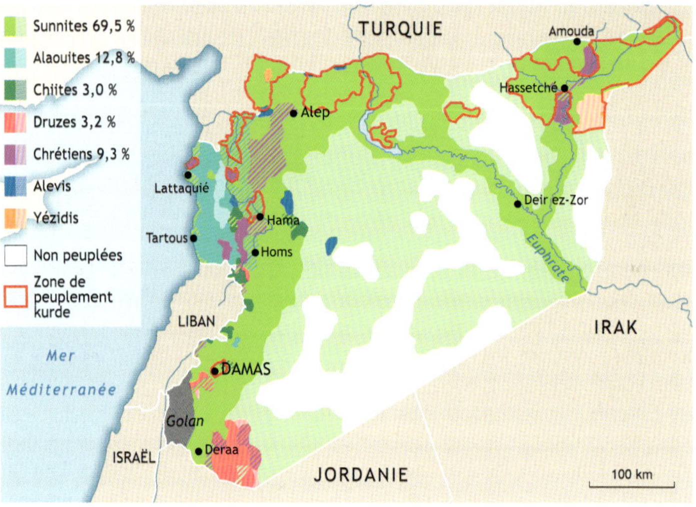

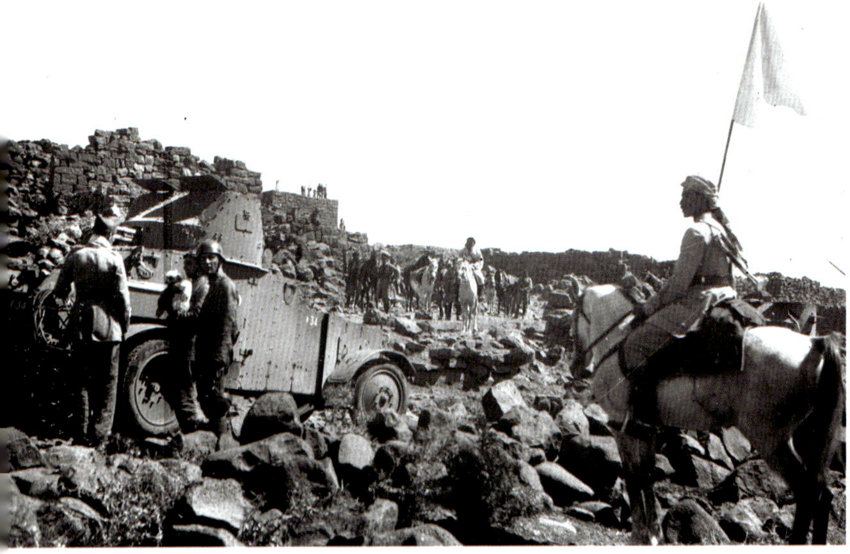

Ci-dessus : la carte religieuse de la Syrie. La région côtière de Lattaquié et de Tartous, majoritairement alaouite, correspond à l'État des Alaouitescréé par la France au sein de la Syrie mandataire. Au nord de cette entité se trouvait le Sandjak d'Alexandrette, partie intégrante de la Syrie, mais majoritairement turcophone, qui fut attribué par la France à la Turquie en 1939.
Ci-contre : une automitrailleuse française AMD Laffly 80 en opération en Syrie, vers 1935. Elle est accompagnée de cavaliers du groupement de supplétifs tcherkesses, créé en 1925 par le lieutenant Philibert Collet.

Au lendemain de la Première Guerre mondiale, les élites syriennes, qui sortaient de quatre siècles de domination ottomane, crurent arrivée l'heure de l'indépendance. Elles crurent aussi que leur pays serait rétabli dans son intégrité historique, c'est-à-dire englobant, outre le territoire de l'actuelle République arabe syrienne, le Liban, la Palestine et la Jordanie. Mais les Britanniques et les Français, auxquels les Arabes s'étaient alliés contre les Turcs (qui eux soutenaient l'Allemagne), en avaient décidé autrement. Le 16 mai 1916, le Royaume-Uni et la France, représentés respectivement par Sir Mark Sykes et François Georges-Picot, s'étaient en effet secrètement accordés sur le démembrement de la « Grande Syrie » et s'en étaient partagé le contrôle : aux Britanniques celui de la Palestine et de la Jordanie, aux Français celui de la Syrie (incluant alors le Liban). Les Accords Sykes-Picot seraient bientôt suivis, en 1917, par la déclaration de Lord Arthur James Balfour, ministre des Affaires étrangères britannique, au baron Lionel Walter Rothschild, sioniste convaincu et influent, déclaration selon laquelle le Royaume-Uni serait favorable à la création d'un foyer national juif en Palestine. C'est de la conjonction de ces deux actes diplomatiques – les Accords Sykes-Picot et la Déclaration Balfour – que découlent tous les conflits qui se succèdent depuis bientôt un siècle au Moyen-Orient.

Les traités consécutifs à la fin de la Première Guerre mondiale avaient placé la Syrie sous mandat français. Ce mandat fut effectif à partir de 1920, au prix de durs combats et de révoltes réprimées dans le sang. Le pays se trouva alors morcelé en petits États correspondant plus ou moins aux clivages confessionnels, le Liban seul étant appelé à devenir un État indépendant, détaché de la Syrie et particulièrement protégé par la France en raison de sa forte communauté chrétienne. La période de la Syrie mandataire, qui prit fin en 1946 après que les Français eurent écrasé un dernier soulèvement à Damas (en 1945), vit l'émergence d'un nationalisme syrien auquel la tradition jacobine française fut loin d'être étrangère. C'est d'ailleurs l'un des plus remarquables paradoxes des empires coloniaux, aussi bien dans l'orbe du Royaume-Uni que dans celui de la France, que d'avoir fourni des armes conceptuelles et des modèles institutionnels à ceux qui se battaient pour s'en affranchir ! La Syrie du XXe siècle, qu'on le veuille ou non, doit beaucoup à l'œuvre modernisatrice du tuteur français.

Le nationalisme syrien devait culminer avec la création en 1947 du parti Baas, dont l'objectif n'était rien de moins, au-delà de la Syrie elle-même, que l'unité du monde arabe de l'Atlantique au golfe Persique… Mais il faut surtout savoir que, parti panarabe, le Baas était aussi un parti laïque (son fondateur, Michel Aflak, était chrétien) et socialiste.

La fatwa lancée par Ibn Taymiyya contre les alaouites

Jusqu'en 1970, l'histoire de la République arabe syrienne se résume à la lutte pour le pouvoir que se livrent les clans militaires, jusqu'à ce que le Baas finisse par l'emporter, non sans conflits et règlements de compte au sein du parti même. C'est le général baasiste Hafez Al-Assad qui prit le dessus sur ses concurrents, en 1970. Il héritait d'une situation explosive. Les nationalistes syriens, et le Baas plus particulièrement, étaient les ennemis déclarés des Frères musulmans qui, eux, pouvaient s'appuyer sur la population sunnite, majoritaire dans le pays. Or, le Baas et l'armée se trouvaient largement encadrés par des alaouites, c'est-à-dire par l'une des minorités les plus haïes du monde sunnite. Les alaouites constituent en effet une branche très particulière du chiisme (lui-même considéré comme hérétique par les sunnites), car elle intègre des influences chrétiennes, mazdéennes et grecques, ce qui a valu à ses adeptes syriens d'être persécutés pendant quasiment un millénaire : au XIVe siècle, l'inspirateur

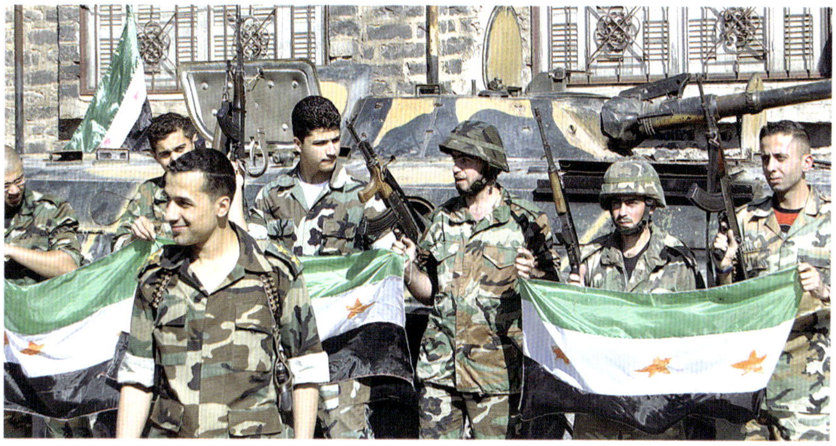

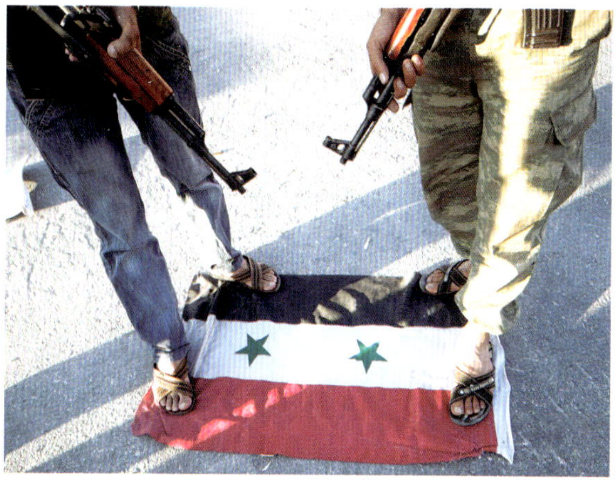

des courants wahabbites et salafistes de l'islam sunnite, Ibn Taymiyya, lança une fatwa appelant à leur élimination. Cette fatwa n'a jamais été levée… La question se pose alors de savoir comment les alaouites ont pu prendre le contrôle de l'armée. Alain Chouet, ancien officier de renseignement et spécialiste de la Syrie, explique :

« Soumis aux occupations militaires étrangères depuis des siècles, les bourgeois musulmans sunnites de Syrie ont commis l'erreur classique des parvenus lors de l'indépendance de leur pays en 1943 [1943 est la date de la reconnaissance officielle de l'indépendance de la Syrie par la France, laquelle, on l'a vu, s'est maintenue dans le pays jusqu'en 1946.Ndlr]. Considérant que le métier des armes était peu rémunérateur et que l'institution militaire n'était qu'un médiocre instrument de promotion sociale, ils n'ont pas voulu y envoyer leurs fils. Résultat : ils ont laissé l'encadrement de l'armée de leur tout jeune pays aux pauvres, c'est-à-dire les minorités : chrétiens, ismaéliens, druzes, chiites et surtout alaouites. Et quand vous donnez le contrôle des armes aux pauvres et aux persécutés, vous prenez le risque à peu près certain qu'ils s'en servent pour voler les riches et se venger d'eux. C'est bien ce qui s'est produit en Syrie à partir des années soixante » (les-crises.fr, 12 août 2012).

Ci-dessus, à gauche : des soldats syriens passés à la rébellion arborent le drapeau national « islamisé », où la bande verte a remplacé la bande rouge symbolisant le socialisme revendiqué par le Baas. Ci-dessus, à droite : le drapeau de la République arabe syrienne foulé ostensiblement aux pieds par des rebelles. Ci-contre : statue érigée à la fin des années 1990 à l'effigie d'Hafez Al-Assad, le père du président Bachar Al-Assad. En bas : l'intronisation de Bachar Al-Assad à Damas, le 17 juillet 2000.

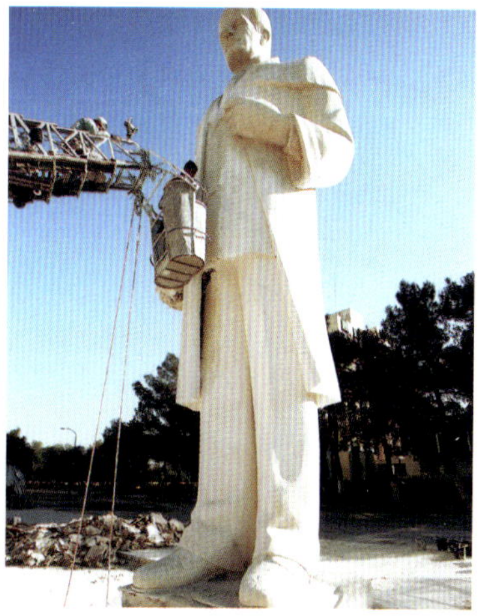

Les Frères musulmans attendaient leur heure

Hafez Al-Assad ne bornera toutefois pas sa politique à la vengeance confessionnelle et au pillage des riches sunnites ! Capable assurément des pires brutalités, il se révélera aussi un fin manœuvrier, habile à maintenir l'unité et l'indépendance de la Syrie dans un contexte régional dangereux. Il saura ainsi maintenir un équilibre périlleux entre l'alliance avec l'Iran chiite et la non-belligérance *de facto* avec Israël, et conserver des liens privilégiés avec la Russie tout en participant à la coalition internationale contre l'Irak lors de la guerre du Golfe (1990-1991). Surtout, il s'assurera du soutien des minorités en les protégeant et en maintenant l'idéal de neutralité religieuse du Baas, à travers lequel il contrôlera le pays quartier par quartier. Jusqu'à un certain point du moins, car les Frères musulmans n'ont pas dit leur dernier mot. En 1980, un commando de la confrérie massacre des élèves officiers alaouites, et c'est de cette date qu'Alain Chouet fait commencer la guerre civile. La même année, une tentative d'assassinat d'Hafez Al-Assad échoue. Et en 1982, une révolte islamiste éclate à Hama, ville sunnite par excellence et fief des Frères musulmans. La réplique du raïs est terrible : Hama est soumise à un bombardement d'artillerie et à une reconquête qui fait entre 10 000 et 40 000 victimes selon les sources. Littéralement assommés sinon anéantis, les Frères musulmans sont réduits au silence pour longtemps. Mais ils attendent leur heure.

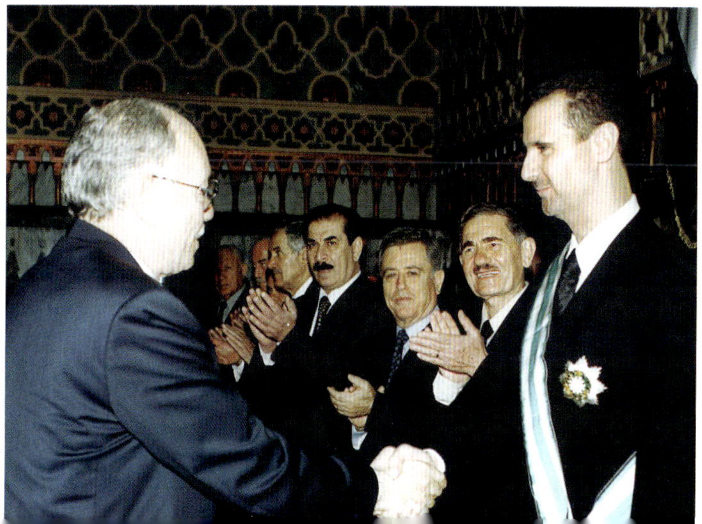

Cette heure viendra en 2011 avec la vague de révolutions connue sous le nom quelque peu optimiste de « printemps arabe ».

Bachar Al-Assad, qui a succédé à son père en 2000, a probablement sous-estimé la profondeur du ressentiment qui animait la majorité sunnite et la capacité des Frères musulmans à l'exploiter. La contestation « sociétale » qui se développera en 2011, à l'instar de celle qui a débouché sur les renversements d'Hosni Moubarak en Égypte et de Zine El-Abidine Ben Ali en Tunisie, tournera finalement à la guerre civile, comme le reconnaîtra d'ailleurs le président syrien le 26 juin 2012 : « Nous vivons une véritable situation de guerre. » La contestation débouchera en effet sur une rébellion armée dont le caractère confessionnel ne fait plus aucun doute. Alimentée par le Qatar, l'Arabie saoudite et la Turquie, soutenue officieusement par les services secrets occidentaux, cette rébellion a révélé son véritable visage lorsqu'elle a modifié à son usage le drapeau national. Ce drapeau comporte trois bandes, noire, blanche et rouge. La bande rouge symbolise le socialisme et la modernité républicaine (sinon la démocratie). Les rebelles l'ont remplacée par une bande verte – le vert de l'islam.

Pour les alaouites et les autres minorités, l'enjeu est désormais la survie. Et quant à la Syrie elle-même, c'est son existence en tant qu'État unitaire et multiconfessionnel qui est menacée.

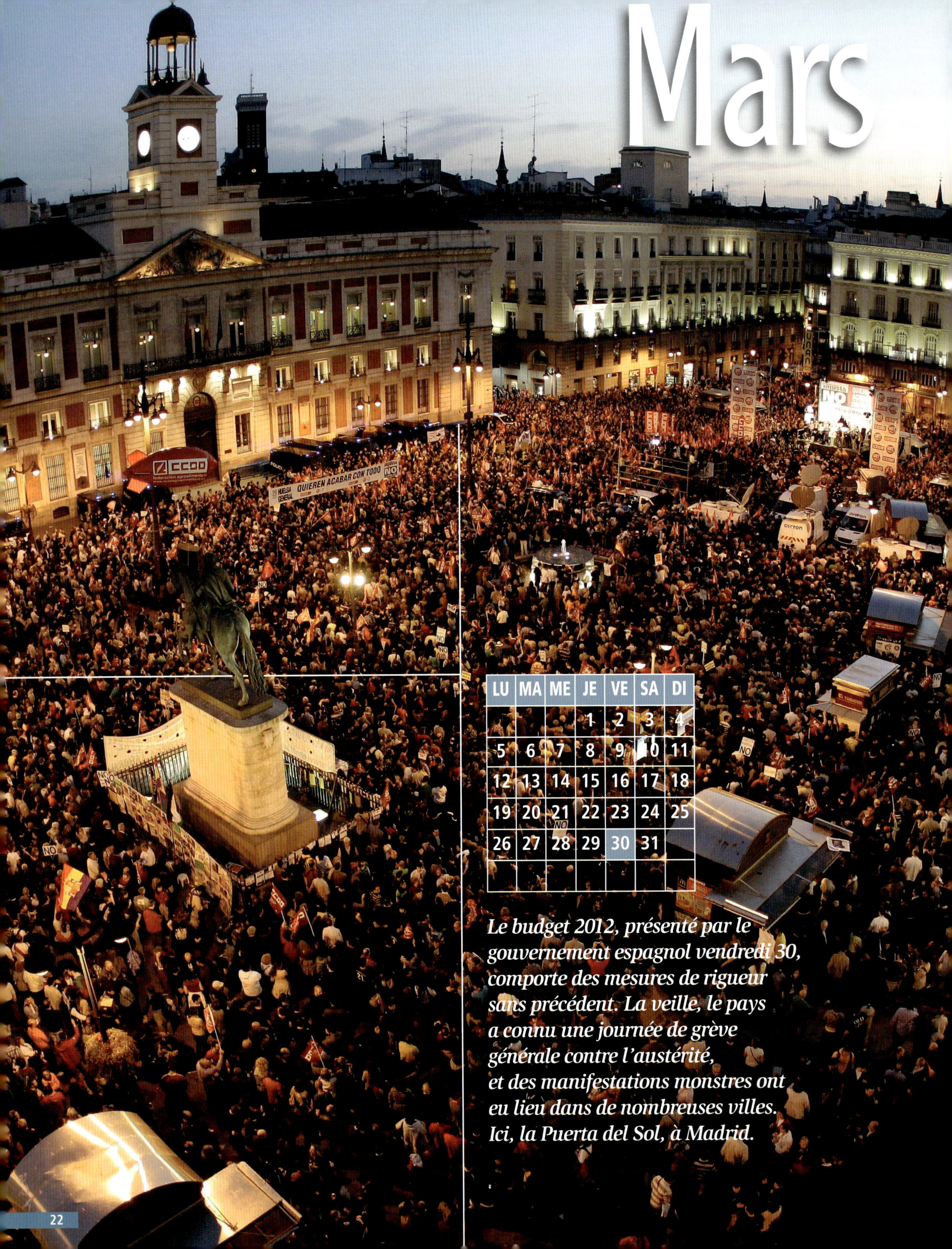

Mars

LU	MA	ME	JE	VE	SA	DI
			1	2	3	4
5	6	7	8	9	10	11
12	13	14	15	16	17	18
19	20	21	22	23	24	25
26	27	28	29	30	31	

Le budget 2012, présenté par le gouvernement espagnol vendredi 30, comporte des mesures de rigueur sans précédent. La veille, le pays a connu une journée de grève générale contre l'austérité, et des manifestations monstres ont eu lieu dans de nombreuses villes. Ici, la Puerta del Sol, à Madrid.

Le pacte budgétaire européen a été signé

BRUXELLES, VENDREDI 2 Comme prévu, vingt-cinq des vingt-sept pays de l'Union européenne ont signé ce matin le nouveau pacte de discipline budgétaire. Seuls le Royaume-Uni et la République tchèque ont refusé de s'y associer. Exigé par l'Allemagne en contrepartie de sa solidarité financière avec ses partenaires de la zone euro – et censé tirer les leçons de la crise de la dette et rassurer les marchés –, ce traité prévoit entre autres l'instauration de « règles d'or budgétaires » sur l'équilibre des comptes publics. Des sanctions plus systématiques seront prises à l'encontre des pays qui dépasseront la limite de 3 % du PIB pour leurs déficits publics annuels. Or, à peine le traité était-il signé que la vertu budgétaire qu'il entend imposer était mise à mal quand le Premier ministre espagnol Mariano Rajoy annonçait depuis Bruxelles que l'objectif de déficit public de son pays en 2012 serait de 5,8 % du PIB (bien loin des 4,4 % que Madrid assurait pouvoir atteindre). Quoi qu'il en soit, pour entrer en vigueur, le pacte devra maintenant être ratifié par au moins douze pays signataires. Les pays de la zone euro qui ne le feront pas se verront refuser le droit de bénéficier de l'aide financière de leurs partenaires par le biais du futur Mécanisme européen de stabilité.

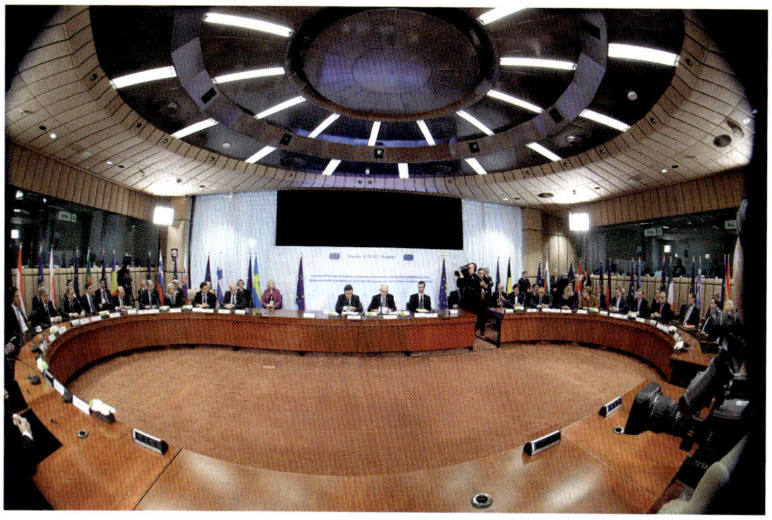

L'adoption d'un pacte de discipline budgétaire avait été décidée le 9 décembre 2011, à l'initiative d'Angela Merkel et de Nicolas Sarkozy. Ci-contre, les chefs d'État et de gouvernement réunis autour du président de l'Union européenne Herman Van Rompuy (au centre), au moment de la signature du traité.

La signature de ce pacte ne figurait pas seule au menu de ce sommet de deux jours qui a débuté hier soir. Il s'agissait aussi de reconduire le Belge Herman Van Rompuy à la présidence de l'Union européenne et de le désigner pour présider les sommets de la zone euro, qui seront réunis au moins deux fois par an. Ce qui a été fait.

Face à l'exaspération grandissante de leurs opinions publiques à l'encontre des plans de rigueur, les vingt-sept chefs d'État et de gouvernement ont commencé à réfléchir ensemble aux moyens de doper une croissance économique en berne. Un thème cher à David Cameron et Mario Monti, les Premiers ministres britannique et italien qui, avec dix autres dirigeants européens, avaient le 20 février adressé à Herman Van Rompuy une lettre pour lui demander de contribuer à « restaurer la confiance en la capacité de l'Europe à générer une croissance économique forte et durable ». Un thème également cher à François Hollande : dans son programme électoral, le candidat socialiste a d'ores et déjà affirmé sa volonté, en cas de victoire à la présidentielle, de renégocier le pacte « en privilégiant la croissance et l'emploi ».

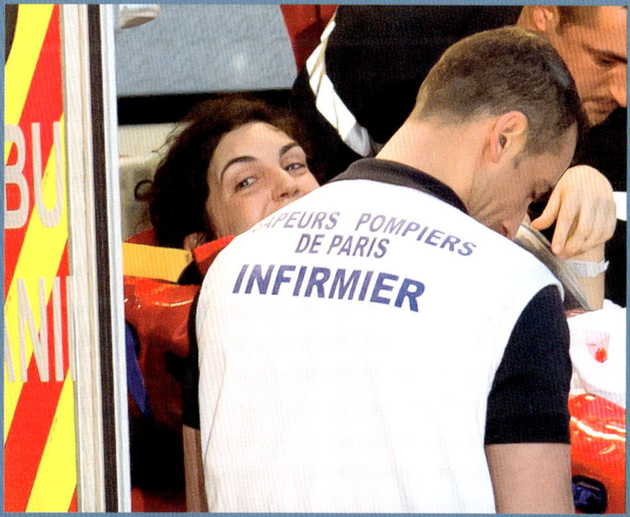

Vendredi 2, Édith Bouvier arrive à l'aéroport de Villacoublay (78), où elle est prise en charge pour être hospitalisée. Grièvement blessée à la jambe le 22 février à Homs, cette jeune journaliste couvrait les événements de Syrie pour Le Figaro. *Dès le lendemain, elle et son confrère William Daniels lançaient un appel au secours sur YouTube. Une première tentative d'exfiltration échoua le 29 février. Finalement, l'Armée syrienne libre (ASL) a pu hier les faire passer discrètement au Liban. Édith Bouvier et William Daniels étaient attendus à Beyrouth par un avion Falcon 7X de la présidence de la République française.*

La viande halal doit-elle oui ou non être étiquetée ?

BORDEAUX (33), SAMEDI 3 Nicolas Sarkozy a-t-il décidé de marcher sur les brisées du Front national pour séduire une partie de l'électorat du parti populiste, sans laquelle les sondages lui promettent une défaite à l'élection présidentielle ? À la surprise de nombre de ses proches, il s'est déclaré, lors d'un meeting organisé à Bordeaux, favorable à « l'étiquetage de la viande en fonction de la méthode d'abattage ». Or, avant-hier, la députée UMP Françoise Hostalier avait retiré son projet de loi allant dans ce sens. Le débat avait été lancé le 19 février à Lille par Marine Le Pen. La candidate du FN s'était alors insurgée contre le fait que de la viande halal, provenant d'abattages de rite musulman, était également écoulée dans le circuit commercial « normal », sans que le consommateur en soit informé. Ses « révélations » avaient suscité une certaine gêne dans la filière, et un tollé chez ceux qui, à droite ou à gauche, jugent qu'un tel étiquetage serait « stigmatisant » pour la communauté musulmane.

Poutine plébiscité

MOSCOU, DIMANCHE 4 Qu'on le déplore ou qu'on s'en réjouisse, Vladimir Poutine est vraiment le maître. Son élection à la présidence de la Fédération de Russie aura quasiment été une formalité : l'ancien officier du KGB a obtenu 63,60 % des voix, le candidat communiste Guennadi Ziouganov arrivant en deuxième position, loin derrière, avec un score de 17,18 %. Ensuite, c'est la débandade. Le héraut de la démocratie « à l'occidentale », le milliardaire Mikhaïl Prokhorov, occupe la troisième place mais ne recueille que 7,98 % des voix. Son programme, s'il pouvait séduire les milieux branchés de Moscou ou de Saint-Pétersbourg par son côté « libertaire », ne risquait guère d'emporter l'adhésion des masses populaires : Prokhorov préconisait de substituer la semaine de 60 heures de travail à l'actuelle semaine de 40 heures ! Élu président en 2000 et 2004, Vladimir Poutine n'avait pu se représenter en 2008, la Constitution russe interdisant de briguer plus de deux mandats consécutifs. Il céda alors la place à son Premier ministre Dmitri Medvedev… dont il devint le Premier ministre en attendant de pouvoir à nouveau se faire élire. Cette fois, les Russes en ont pris pour six, voire douze ans, la durée du mandat ayant été allongée de deux années.

François Hollande victime d'un boycott ?

VARSOVIE, VENDREDI 9 François Hollande serait-il l'objet d'un boycott de la part des principaux dirigeants conservateurs européens ? En visite dans la capitale polonaise, le candidat socialiste a bien été reçu par le président Bronislaw Komorowski. En revanche, il n'a pas pu, comme il l'espérait, avoir un entretien avec le Premier ministre Donald Tusk. Or, en Pologne, comme en Italie et en Allemagne, c'est le chef du gouvernement qui gouverne, pas le président… François Hollande s'était heurté à un même refus à Berlin, à Londres et à Rome. Un fâcheux concours de circonstances ? Pas du tout, assurait la semaine dernière l'hebdomadaire allemand *Der Spiegel*, selon lequel la chancelière allemande Angela Merkel, le Premier ministre britannique David Cameron, le président du Conseil italien Mario Monti et le Premier ministre espagnol Mariano Rajoy se sont entendus pour éviter de rencontrer François Hollande pendant la campagne électorale française. Les démentis n'ont certes pas manqué, mais ils n'ont pas convaincu tout le monde. Et pas le principal intéressé en tout cas qui, ce soir, confie que s'il est élu, il essaiera de nouer les meilleurs rapports avec ses pairs. « Même avec ceux qui ne m'auraient jamais reçu… » (→ 11)

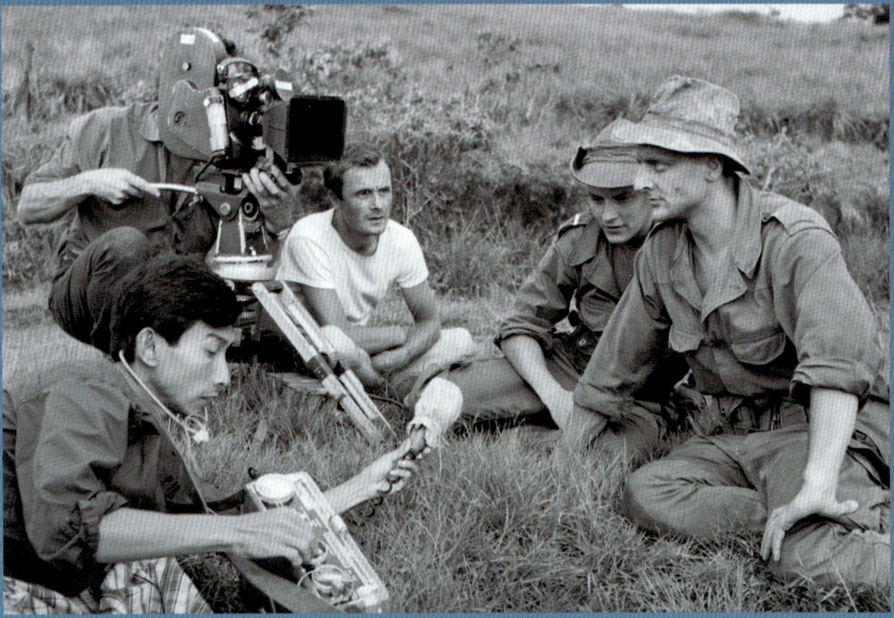

*Pierre Schoendoerffer est mort mercredi 14 à Clamart (92), à l'âge de 83 ans (*5.5.1928). Cet ancien cameraman de l'armée française, fait prisonnier à Diên Biên Phu, est devenu du jour au lendemain un grand nom du cinéma mondial avec* La 317e Section *(1965), méditation tragique et pudique sur la fin de l'empire colonial français. Les thèmes de l'honneur et de la fidélité seront le levain de tous ses films, comme* Objectif 500 millions *(1966),* Le Crabe-Tambour *(1977) ou* L'Honneur d'un capitaine *(1982). Sur cette photo de tournage de* La 317e Section*, on reconnaît, de gauche à droite : l'ingénieur du son Te Hak Khen, Raoul Coutard à la caméra, Schoendoerffer, Jacques Perrin et Bruno Cremer.*

Sarkozy enflamme Villepinte

VILLEPINTE (93), DIMANCHE 11 Donné pour battu au second tour de la présidentielle par tous les sondages, Nicolas Sarkozy s'est livré aujourd'hui à une véritable démonstration de force au Parc des expositions de Villepinte. S'exprimant devant plus de 50 000 personnes (80 000, dira l'UMP) et tous les membres du gouvernement, le président candidat, très offensif, a dénoncé le « laisser-faire dévastateur » d'une gauche qui « ne pense rien, ne voit rien, ne croit en rien ». Il a aussi menacé de sortir la France des accords de Schengen sur la libre circulation (une façon de « draguer les électeurs du Front national », ironisera demain le socialiste Arnaud Montebourg), et réitéré son intention de recourir, s'il est élu, au référendum pour surmonter les « blocages [venant] de certains syndicats ». Avant de s'écrier : « Aidez-moi, nous avons deux mois […] pour tout renverser… » (→ 19)

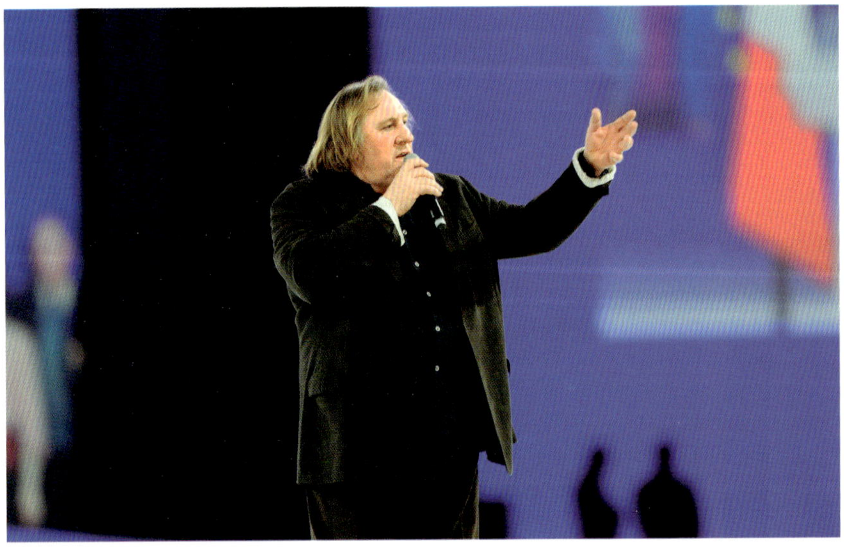

Plusieurs personnalités, dont le comédien Gérard Depardieu, étaient venues apporter leur soutien au candidat de l'UMP.

L'équipée sauvage du sergent Bales

AFGHANISTAN, DIMANCHE 11 C'est l'une des plus sanglantes bavures commises par les soldats américains en Afghanistan. Ce n'est d'ailleurs pas exactement une bavure, mais un crime. Il est 3 heures ce matin lorsque le sergent Robert Bales, 37 ans, quitte la base de Camp Belambai, dans la région de Kandahar. Il est armé jusqu'aux dents et bien alcoolisé. Il se rend dans un village voisin et abat six personnes dans leur sommeil. Puis il revient à sa base et en repart pour se rendre dans un autre village où, cette fois, il massacre onze personnes. Parmi les victimes de cette équipée sauvage, neuf femmes et enfants… Robert Bales était considéré comme un bon camarade et un bon chef d'équipe. Mais son cerveau était fêlé. Sa situation familiale n'était pas très brillante, il était frustré de ne pas recevoir d'avancement, et il ne s'était sans doute jamais remis d'une blessure reçue en Irak. Il a tout simplement « craqué ». Le général britannique Adrian Bradshaw, commandant-adjoint de la Force internationale d'assistance et de sécurité (FIAS), a cru opportun de préciser que ce type d'action n'était « en aucun cas autorisé ». On l'aurait espéré…

Laurence Parisot et la CGT s'invitent dans la campagne

FRANCE, MARDI 13 Certes, elle n'y prend pas clairement position. Mais l'interview de Laurence Parisot que *Les Échos* publient aujourd'hui ne laisse aucun doute sur la préférence de la présidente du Medef. Laquelle ne tarit pas d'éloges sur Nicolas Sarkozy qui, « leader remarquable dans les moments de crise les plus dramatiques que nous avons traversés », a accompli un « travail décisif pour rétablir la compétitivité hors prix de la France ». Et si Laurence Parisot émet bien quelques réserves sur le programme du président candidat, ce n'est rien comparé au sort qu'elle réserve à celui de François Hollande, qu'elle fustige littéralement. À ses yeux, en effet, nombre de mesures proposées par le candidat socialiste sont « inefficaces », « dangereuses » ou même « stupéfiantes », et représentent « une charge écrasante » pour les entreprises. Hasard du calendrier, la CGT, rompant avec sa neutralité habituelle lors des élections, est aussi entrée dans la campagne. Mais elle l'a fait de façon bien plus explicite : le syndicat de Bernard Thibault a appelé ce mardi à voter contre Nicolas Sarkozy, en expliquant qu'« au vu du bilan et des projets du président de la République, sa réélection ouvrirait à coup sûr une nouvelle séquence de lourds reculs sociaux ».

La succession de Hu Jintao fait une première victime

PÉKIN, JEUDI 15 Le secrétaire du Parti communiste de Chongqing, Bo Xilai, a été démis de ses fonctions. Cette affaire, de toute évidence, ne fait que commencer, car elle est directement liée au congrès national du Parti communiste chinois (PCC) qui doit avoir lieu à l'automne prochain. Il faut savoir que le congrès du PCC n'a lieu que tous les cinq ans et que celui de 2012 verra la désignation du successeur du président Hu Jintao. Une succession promise au vice-président Xi Jinping. Pourquoi, dans ce contexte, l'élimination de Bo Xilai a-t-elle été programmée ? Parce qu'il gênait les tenants de la ligne « confucéenne » du PCC, incarnée par Hu Jintao. Bo Xilai, quant à lui, représentait la ligne « maoïste ». Avec succès. Il avait fait de la mégapole de Chongqing un laboratoire de la lutte contre la criminalité et conduit une politique sociale volontariste. Et il comptait bien se servir du congrès pour s'imposer auprès de Xi Jinping, au plus haut niveau. Sa popularité ne l'a pas protégé, bien au contraire. Bo Xilai a probablement été « donné » par son bras droit Wang Lijun qui, après avoir tenté de demander asile au consulat américain de Chengdu le 6 février, a pu faire des révélations. Par exemple que Bo Xilai espionnait les dirigeants chinois, Hu Jintao en tête. (→ 15.11)

Les salafistes tunisiens veulent la charia

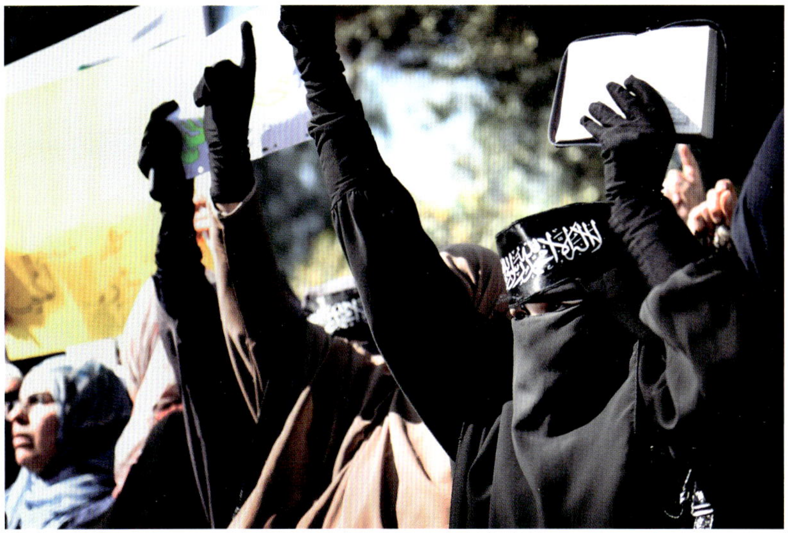

Un contingent féminin strictement encadré participait à la manifestation salafiste de la place du Bardo. Jusqu'à présent, le gouvernement est resté impuissant face à un mouvement qui reste volontairement hors du champ institutionnel et dont beaucoup de membres récusent le concept de démocratie.

TUNIS, VENDREDI 16 Plusieurs milliers de salafistes tunisiens se sont rassemblés sur la place du Bardo, à Tunis, pour exiger l'inscription de la charia dans la nouvelle Constitution et l'abolition de la laïcité. À l'issue de cette manifestation, un député du parti islamique Ennahda, majoritaire à l'Assemblée et au gouvernement, a déclaré que tel était bien l'objectif, estimant qu'« il n'y a pas de contradiction entre charia et droits de l'homme ». Reste que pour Ennahda et pour le président Moncef Marzouki (qui n'en fait pas partie), la question est épineuse. D'un côté, il leur faut éviter de donner aux chancelleries occidentales l'impression de céder aux salafistes. De l'autre, il faut donner à ces mêmes salafistes suffisamment de gages pour faire tomber la pression de plus en plus pesante qu'ils exercent dans tout le pays – et les détourner de la voie djihadiste que certains ont déjà choisie. Autrement dit, appliquer la charia, mais sans en prononcer le nom.

Les femmes marocaines révoltées par le suicide d'une adolescente violée

RABAT, SAMEDI 17 À l'appel d'associations féministes, quelques centaines de Marocaines se sont rassemblées devant le Parlement pour demander l'abrogation de l'article 475 du Code pénal qui permet au violeur d'une mineure d'échapper à la justice s'il épouse sa victime avec le consentement des parents de celle-ci, celui de la jeune fille n'étant pas, en revanche, exigé… Ce qui a déclenché la colère des associations, puissamment relayée par les réseaux sociaux, c'est le suicide samedi 10, par absorption de mort-aux-rats, d'Amina El-Filali qui, à l'âge de 15 ans, avait été contrainte d'épouser celui qui l'avait violée. Son père avait déclaré qu'il avait accepté le mariage pour « faire taire la honte ». Les réactions sur Internet ont pris une ampleur sans précédent dans la société marocaine. Pour l'Association démocratique des femmes du Maroc (ADFM), cette affaire légitime son long combat pour l'abrogation de cet inique article 475, qui est devenu selon elle anticonstitutionnel depuis l'adoption en 2011 d'une Constitution établissant une non-discrimination entre hommes et femmes. Un défi pour les islamistes au pouvoir.

Anniversaire des accords d'Évian

PARIS, DIMANCHE 18 Pour le cinquantième anniversaire de la fin de la guerre d'Algérie, formalisée par la signature des accords d'Évian le 18 mars 1962 et la proclamation du cessez-le-feu le lendemain, la Fédération nationale des anciens combattants en Algérie, Maroc et Tunisie (FNACA) a commémoré cet événement devant la Tour Eiffel. La FNACA, dont l'objectif principal est de préserver les droits des anciens combattants (retraites, pensions, etc.) et de leur offrir des facilités de soins ou de loisirs, s'efforce aussi de réparer les injustices de l'histoire dont ils ont été victimes. Ce n'est qu'en 1999 que les « événements » d'Algérie ont été officiellement qualifiés de « guerre ».

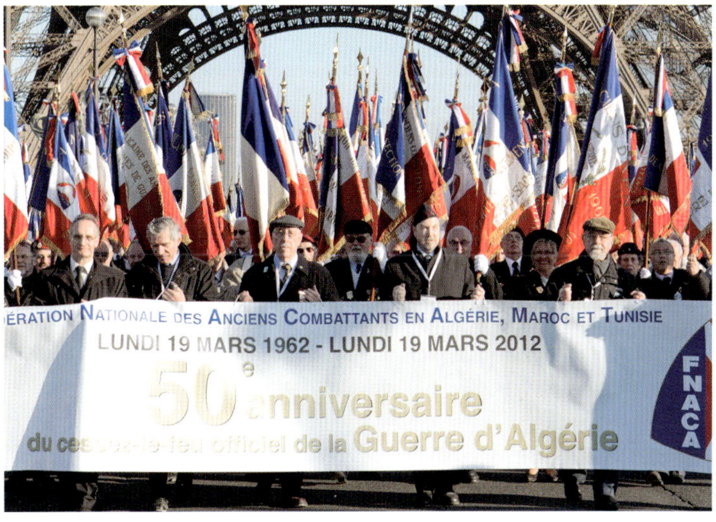

Les anciens combattants d'Algérie devant la Tour Eiffel. La FNACA revendique plus de 370 000 adhérents.

Le Qatar entre chez Lagardère

FRANCE, LUNDI 19 Décidément, la France intéresse beaucoup le Qatar, qui n'y investit pas que dans le football, loin s'en faut. Mardi 13, *Les Échos* révélaient que le petit mais très riche émirat avait acquis depuis l'été dernier 2 % du capital de Total, et qu'il comptait désormais parmi ses premiers actionnaires. Puis, jeudi 15, l'Autorité des marchés financiers (AMF) nous apprenait que Qatar Holding avait acheté l'an dernier 1,03 % du groupe de luxe LVMH. Et aujourd'hui, la même AMF vient d'annoncer que cette division du fonds qatari détient à présent 12,83 % des parts de Lagardère SCA et envisage de proposer sa nomination au conseil de surveillance de la société. Or il faut savoir que début janvier, Qatar Holding avait déjà défrayé la chronique en passant le seuil des 10 % de participation dans ce groupe de médias français, ce qui en faisait le premier actionnaire, devant son gérant Arnaud Lagardère (9,62 %).

Il y a 50 ans : les accords d'Évian

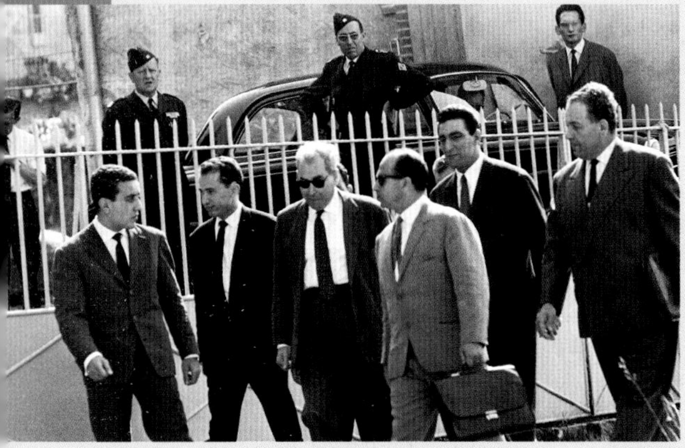

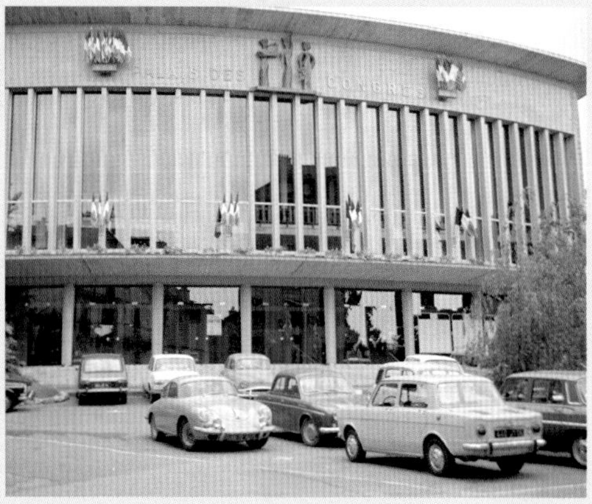

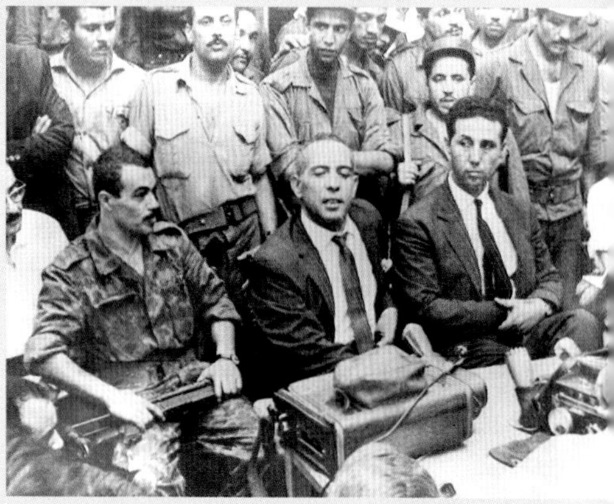

Ci-dessus : Louis Joxe (au centre, lunettes noires), ministre des Affaires algériennes, et Jean Morin (à sa gauche, serviette de cuir à la main), délégué général en Algérie, arrivent le 20 juillet 1961 au château de Lugrin, où les négociations avec le GPRA échoueront sur la question de la souveraineté du Sahara. À droite : le Palais des congrès d'Évian où furent signés les accords du 18 mars 1962. À l'extrême droite, de gauche à droite : Yacef Saadi, chef du FLN pendant la « bataille d'Alger », Mohamed Khider, secrétaire général du FLN, et Ahmed Ben Bella fêtent l'indépendance. Ben Bella sera nommé président du Conseil de la République algérienne le 27 septembre 1962.

Le 18 mars 1962, les accords signés à Évian, en Haute-Savoie, entre le gouvernement français représenté par le ministre des Affaires algériennes Louis Joxe et le Gouvernement provisoire de la République algérienne (GPRA) représenté par Krim Belkacem, mettaient fin à plus de sept années d'une guerre qui ne disait pas son nom mais qui en était bel et bien une, même si l'Assemblée nationale ne la reconnaîtra comme telle que le 10 juin 1999.

Déclenchée le 1er novembre 1954 par le Front de libération nationale (FLN), dont le GPRA était le bras politique, cette guerre sera le dernier acte de la décolonisation de l'empire français. Le cas de l'Algérie était toutefois compliqué par le fait qu'elle avait été partiellement « départementalisée » dès 1848 et qu'une importante population européenne y vivait à côté des populations musulmane (Arabes et Berbères) et israélite autochtones. Très vite, des voix s'élevèrent en France pour demander des négociations avec le FLN, à quoi François Mitterrand, ministre de l'Intérieur en 1954-1955, répondit que « la seule négociation, c'est la guerre ». Toutefois, en 1956, le président du Conseil, le socialiste Guy Mollet, comprit qu'une solution strictement répressive aboutirait à une impasse. En juillet-août, tandis que les opérations militaires se développaient sur le terrain, il laissa des contacts informels s'établir entre la France et le FLN en Yougoslavie et en Italie. Mais ces contacts se soldèrent par un échec, le FLN faisant de la reconnaissance de l'indépendance de l'Algérie le préalable à tout cessez-le-feu. Ce à quoi le gouvernement, soumis à la pression des Français d'Algérie (les « pieds-noirs »), n'était pas disposé.

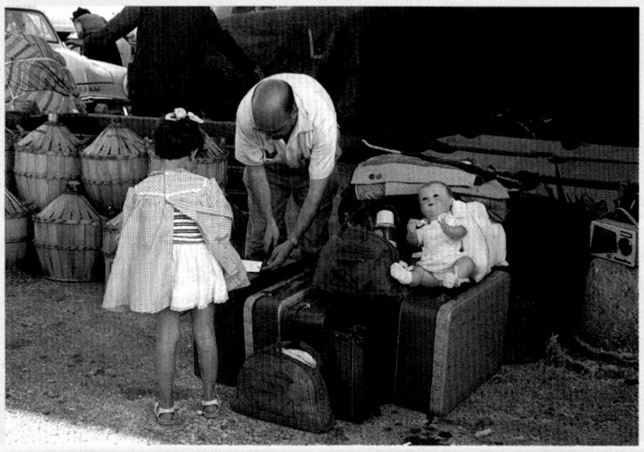

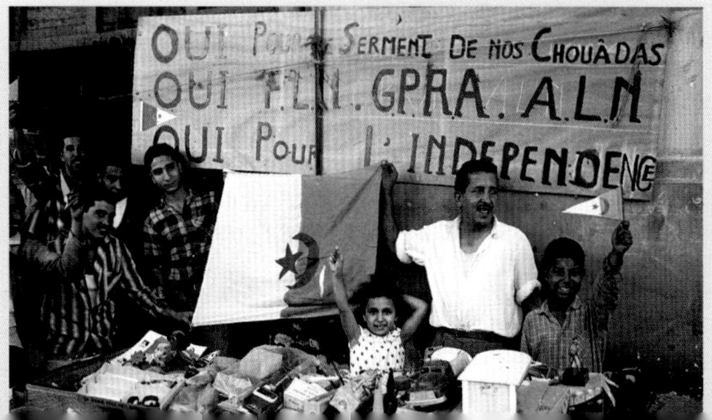

La signature des accords d'Évian provoqua un nouveau cycle de violences, entraînant l'exode des pieds-noirs, dont plusieurs milliers furent assassinés par le FLN. Pour la plupart d'entre eux, le choix était entre « la valise ou le cercueil », pour reprendre l'expression de l'époque. Quant aux harkis abandonnés par la France, près de 100 000 d'entre eux furent massacrés. Ci-contre, en haut : une famille pied-noir s'apprête à embarquer pour la France. Ci-contre, en bas : le référendum organisé en Algérie le 1er juillet 1962 a consacré l'indépendance du pays avec 99,72 % des suffrages exprimés.

De Gaulle avait la volonté d'en finir

Ce sont précisément les Français d'Algérie qui, inquiets d'une éventuelle reconnaissance de l'indépendance qui conduirait à la prise de pouvoir de la population musulmane majoritaire et à l'expulsion de la minorité française, engagèrent le 13 mai 1958 le mouvement insurrectionnel dont la conséquence fut le retour du général de Gaulle aux affaires et l'établissement de la Ve République.

Revenu pour maintenir l'Algérie française, le général de Gaulle avait en réalité la volonté d'en finir, la guerre et son coût affaiblissant la position internationale de la France. Le 16 septembre 1959, il se prononça en faveur de l'autodétermination du peuple algérien, mais ce n'est qu'en 1961 que des négociations sérieuses commencèrent avec le GPRA. Elles échouèrent à deux reprises, le 13 juin 1961 à Évian et le 20 juillet suivant à Lugrin, toujours en Haute-Savoie, en raison du refus des nationalistes algériens d'abandonner le Sahara à la France.

Finalement, le 5 septembre 1961, le général de Gaulle, reconnut la souveraineté de l'Algérie sur le Sahara. Cette fois, les négociations pouvaient aboutir. Les accords du 18 mars 1962 prévoyaient un référendum d'autodétermination, la mise en place d'un exécutif algérien provisoire, une amnistie générale et le maintien par contrat de bail de bases militaires françaises au Sahara, en particulier pour les essais nucléaires et spatiaux.

Le lendemain 19 mars, le cessez-le-feu était proclamé.

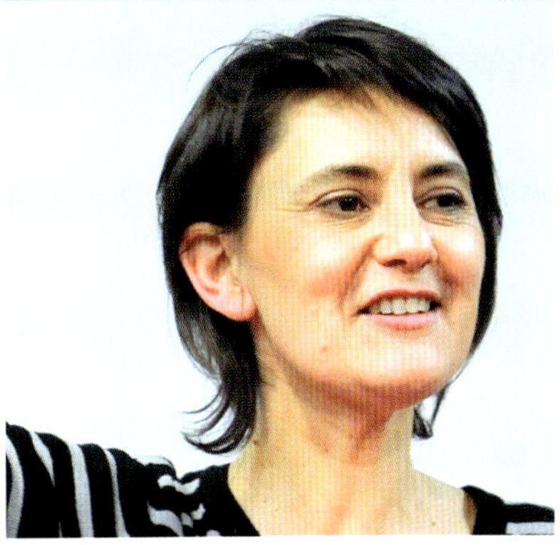
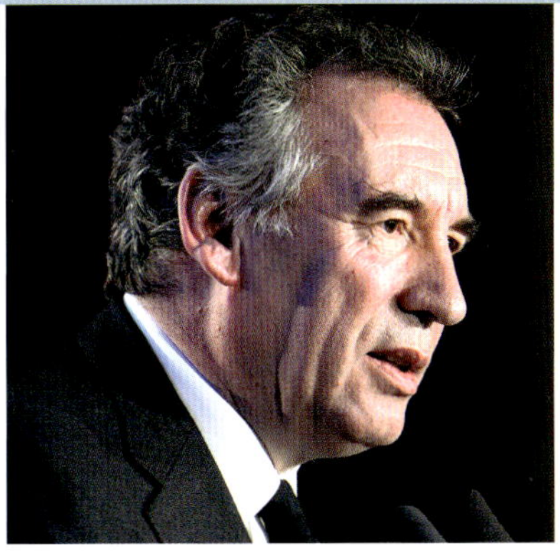
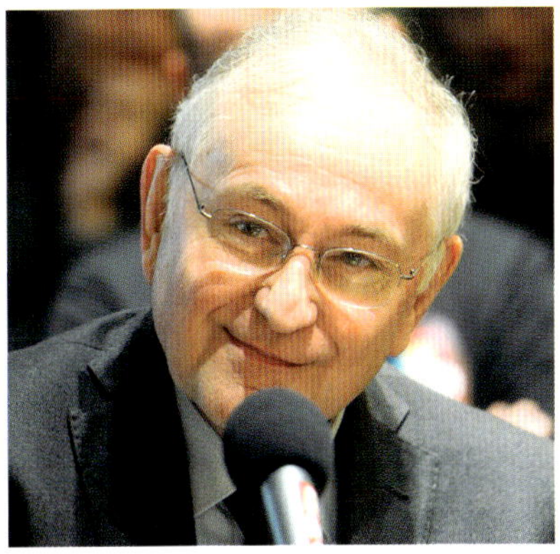
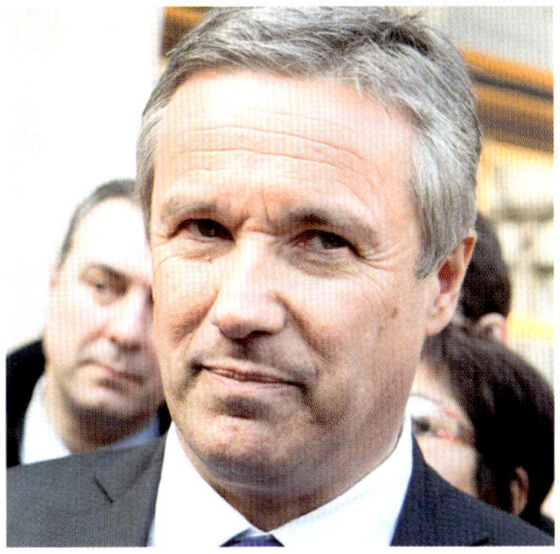
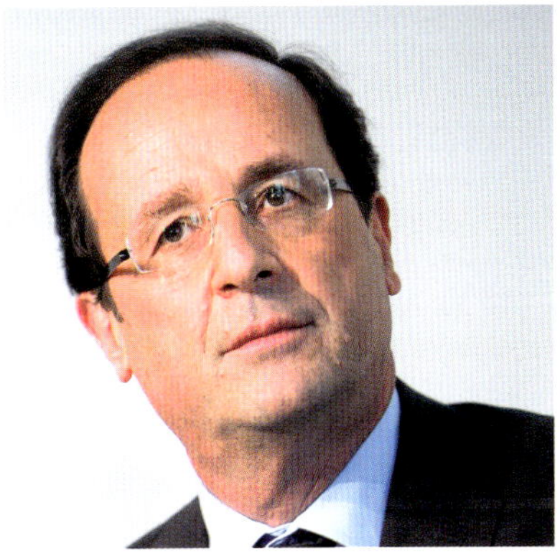
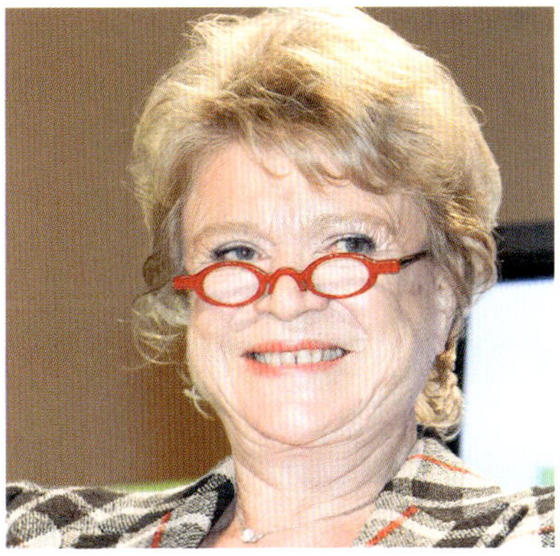
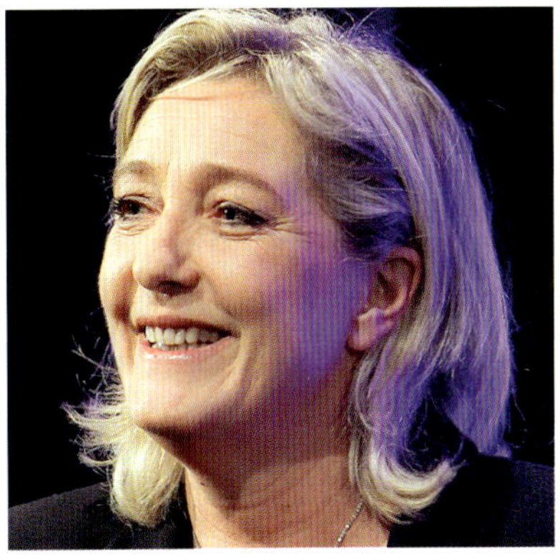
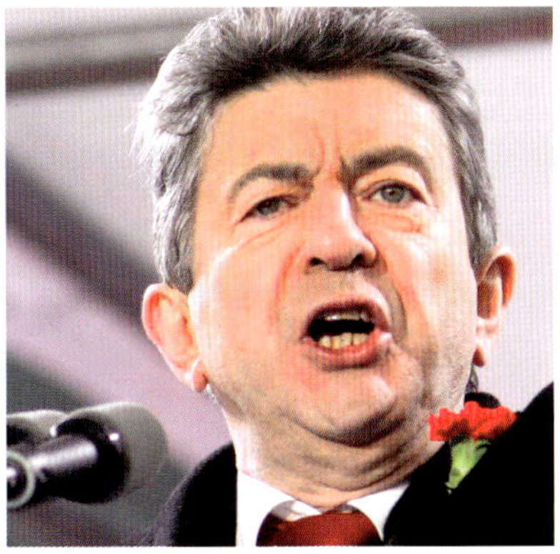
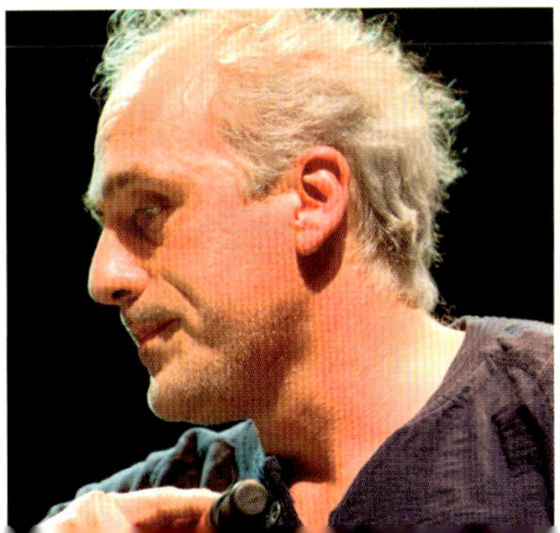
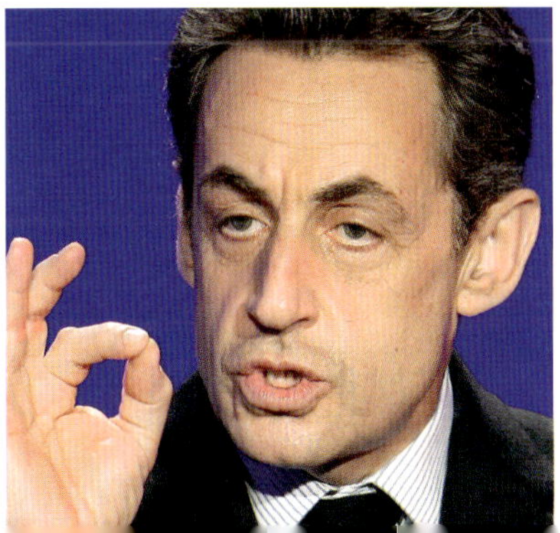

Dix candidats pour un fauteuil

FRANCE, LUNDI 19 Ils étaient seize en 2002, douze en 2007. En 2012, ils seront dix. Jean-Louis Debré, président du Conseil constitutionnel, a rendu publique ce matin la liste des candidats habilités à se présenter à l'élection présidentielle. C'est-à-dire ceux qui ont réussi à réunir au moins 500 parrainages d'élus avant vendredi 16 minuit, condition *sine qua non* pour briguer l'Élysée. Cette étape n'aura naturellement été qu'une formalité pour Nicolas Sarkozy et François Hollande, désormais au coude-à-coude dans les sondages. Vendredi dernier, une enquête OpinionWay pour LCI et *Le Figaro* les donnait même à égalité, avec 27,5 % d'intentions de vote au premier tour, le candidat socialiste restant toutefois largement favori au second tour, avec 55 % contre 45 % pour le président sortant. Avec 13 % des intentions de vote, François Bayrou confirmait pour sa part sa récente remontée dans les sondages. Mais le président du Modem, qui est candidat pour la troisième fois consécutive, réussira-t-il pour autant à réitérer sa performance de 2007, où il avait pris la troisième place avec 18,57 % des votes ? La partie s'annonce pour lui des plus difficiles, car non seulement il reste largement devancé par la candidate du Front national Marine Le Pen (16 % des intentions de vote), mais il voit aussi la menace Jean-Luc Mélenchon se préciser de jour en jour : enregistrant la plus forte hausse de cette enquête, le candidat du Front de Gauche était crédité vendredi de 10 % des intentions de vote.

Un candidat surprise

Nul ne sait à ce jour où s'arrêtera la poussée de Jean-Luc Mélenchon. Mais il semble d'ores et déjà qu'il ne laissera que fort peu d'espace aux deux autres représentants de la gauche radicale : Philippe Poutou, du Nouveau Parti anticapitaliste, et Nathalie Arthaud, de Lutte ouvrière, n'obtiendraient chacun que 0,5 % des votes au premier tour – toujours selon le même sondage. Après un début de campagne pour le moins catastrophique, Eva Joly (Europe Écologie-Les Verts) est à peine mieux lotie, avec seulement 2 % d'intentions de vote. Candidat de Debout la République, qui se revendique du gaullisme et défend les idées souverainistes, Nicolas Dupont-Aignan n'est crédité que de 1 % des votes. Quant au dixième candidat, Jacques Cheminade, il ne figure tout simplement pas dans ce sondage, et pour cause : c'est à la surprise générale que la candidature du fondateur du groupusculaire parti Solidarité et Progrès a été officialisée ce lundi par le Conseil constitutionnel. Il faut dire que ce « gaulliste de gauche », comme il se définit, qui entend lutter contre le « cancer financier », fait figure d'ovni politique. Cette élection présidentielle n'en sera pas moins la deuxième à laquelle il participe, après celle de 1995. Une chance que n'aura pas Corinne Lepage. Déjà candidate en 2002, la présidente du parti écologiste Cap 21 avait elle aussi déposé ses parrainages vendredi. Mais le Conseil constitutionnel n'en a décompté que 476 et n'a donc pas retenu sa candidature. (→ 9.4)

Par ordre alphabétique, de gauche à droite et de haut en bas : Nathalie Arthaud (LO), François Bayrou (Modem), Jacques Cheminade (S&P), Nicolas Dupont-Aignan (DLR), François Hollande (PS), Eva Joly (EELV), Marine Le Pen (FN), Jean-Luc Mélenchon (Front de Gauche), Philippe Poutou (NPA), Nicolas Sarkozy (UMP).

Mohamed Merah a été abattu

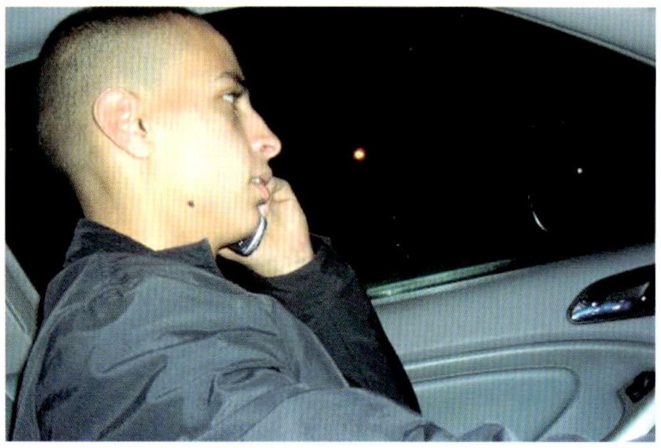

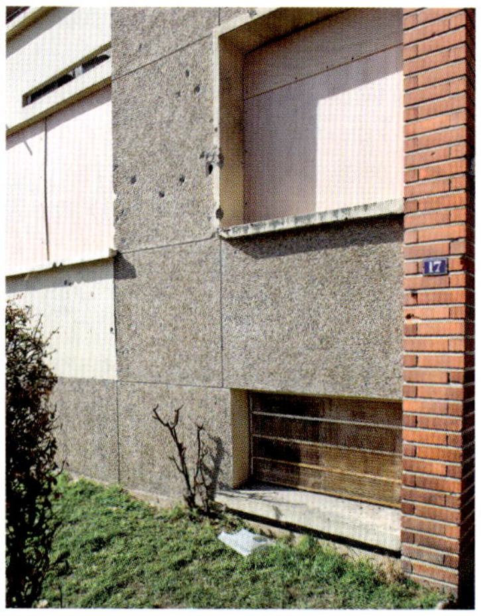

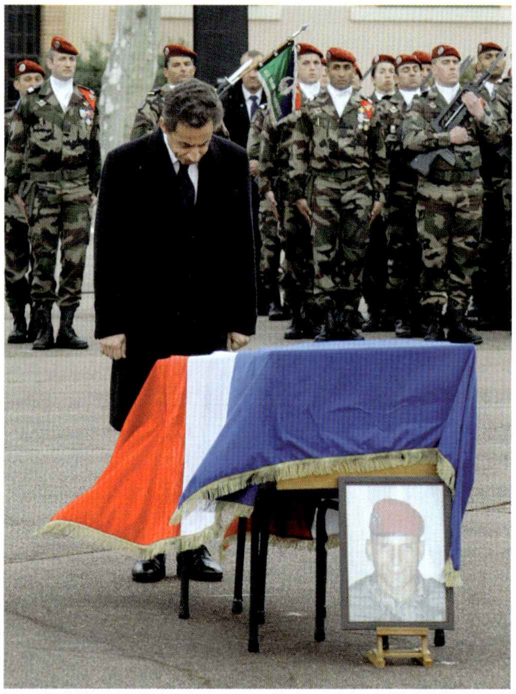

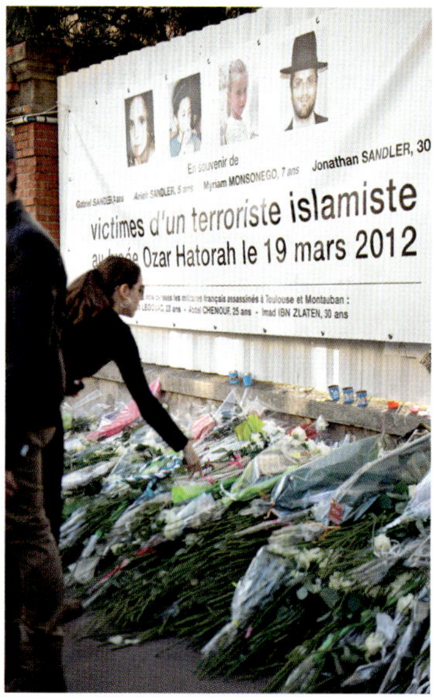

Ci-contre, à gauche : l'une des rares images connues de Mohamed Merah. Depuis sa mort, l'enquête s'intéresse au rôle qu'aurait tenu auprès de lui son frère Abdelkader. Ci-contre, à droite : la façade criblée de balles de l'immeuble de Merah. En bas, à gauche : Nicolas Sarkozy s'incline à Montauban, mercredi 21, devant les cercueils des trois parachutistes victimes d'une « exécution terroriste », comme le président de la République a qualifié leur assassinat (ici le cercueil de Mohamed Legouad). En bas, à droite : l'hommage aux victimes juives de Merah, à l'école Ozar Hatorah de la rue Jules-Dalou, à Toulouse.

Florence Cassez ne sortira pas de prison aujourd'hui

MEXICO, MERCREDI 21 La déception est à la hauteur des espoirs que l'audience de la Cour suprême du Mexique avait soulevés. Faute de majorité, les cinq juges ont rejeté la proposition de l'un des leurs, Arturo Zaldívar, d'ordonner la libération « immédiate et absolue » de Florence Cassez. Rappelons que la jeune Française, soupçonnée d'être la complice du chef d'un gang de kidnappeurs, avait été arrêtée le 8 décembre 2005 et condamnée le 25 avril 2008 à 96 ans de prison, peine réduite à 60 ans en appel le 4 mars 2009. Or, selon le juge Zaldívar, les règles constitutionnelles ont été violées par la police lors de l'arrestation de Florence Cassez, produisant « un effet corrupteur dans toute la procédure pénale ». Si le jugement de la Cour suprême maintient donc la Française en prison, il prend acte de ces violations constitutionnelles, ce qui est une avancée incontestable. Un autre juge aura dès lors la faculté d'émettre une nouvelle proposition. La Cour suprême, précisons-le, ne se prononce pas sur le fond de l'affaire, mais seulement sur la procédure.

Le coup d'État qui déstabilise un peu plus le Mali

BAMAKO, JEUDI 22 Le jour n'était pas levé lorsque des militaires conduits par le capitaine Amadou Sanogo ont renversé le président du Mali, Amadou Toumani Touré, dit ATT. Les rebelles se sont emparés du palais présidentiel et du siège de la télévision, sans se heurter à de fortes résistances. Plusieurs ministres ont été arrêtés, mais ATT est en fuite. Un porte-parole de la junte, le lieutenant Amadou Konaré, a déclaré à la télévision que l'armée avait mis fin à un régime « incompétent et désavoué ». Qui sont ces putschistes ? Des officiers subalternes excédés par la gabegie et la corruption régnant dans l'administration, et humiliés par leur impuissance dans le nord du pays, face aux séparatistes touaregs et aux djihadistes, tous généreusement ravitaillés en armes dans les arsenaux libyens. Or, c'est précisément ce que les militaires réclamaient en vain à ATT : des armes pour combattre séparatistes et djihadistes. Le coup d'État, à cet égard, n'a pas vraiment surpris. Mais les intentions des putschistes restent floues… Leur programme se fait attendre et, ce soir, le chaos s'est installé à Bamako, où des scènes de pillage ont été observées : les militaires n'étaient pas les derniers à se servir. Ce n'est pas une mauvaise nouvelle pour la dissidence nordiste. (→ 30)

TOULOUSE (31), JEUDI 22 La fusillade a pris fin peu après 11 h 30. Mohamed Merah a été abattu alors qu'il tentait de fuir par le balcon de son appartement du 17, rue du Sergent-Vigné. Il aura donc fallu plus de 32 heures aux policiers du Raid, plusieurs charges d'explosifs mises à feu et le tir de quelque 300 balles pour venir à bout du forcené. Après que Merah a été identifié et localisé, le siège de l'appartement, transformé en arsenal par son locataire, a commencé hier à 3 heures du matin. L'objectif était de le capturer vivant, selon les termes du ministre de l'Intérieur Claude Guéant, accouru sur place. Pourquoi le Raid n'en a pas été capable, c'est l'une des questions qui restent sans réponse à ce jour. Toujours est-il que la mort de l'islamiste franco-algérien de 23 ans mettait un terme à la série d'assassinats qui a terrifié la France. Dimanche 11 mars, Merah tuait froidement à Toulouse le maréchal des logis-chef Imad Ibn Ziaten du 1er RTT (régiment du train parachutiste), puis jeudi 15 il abattait à Montauban (82) le caporal Abel Chennouf et le première classe Mohamed Legouad, du 17e RGP (régiment du génie parachutiste), leur camarade Loïc Liber étant grièvement blessé. Mais la folie meurtrière de Mohamed Merah était loin d'être assouvie. Après ces soldats coupables à ses yeux de combattre leurs « frères » en Afghanistan (alors que seules deux de ses victimes étaient de religion musulmane), de retour à Toulouse, il s'en est ensuite pris à l'école juive Ozar Hatorah, le lundi 19. Et là, le fond de l'horreur a été atteint. À l'ouverture des portes, vers 8 heures, Merah a assassiné trois enfants, Myriam Monsonego (7 ans), Gabriel et Arieh Sandler (4 et 5 ans), et leur père Jonathan Sandler. L'arme utilisée, un Colt 45, était la même que pour les précédents meurtres. Cette « erreur » contribuera à perdre le tueur, avec le scooter qu'il a utilisé. Rapidement, les enquêteurs identifieront Mohamed Merah, à savoir un petit délinquant converti au djihadisme et préparé à l'action par différents séjours au Moyen-Orient, notamment au Pakistan et en Afghanistan, et même en Bosnie-Herzégovine selon certains témoignages. Le plus étonnant est qu'il était suivi par la Direction centrale du renseignement intérieur (DCRI) dont le patron, Bernard Squarcini, aurait eu des rapports directs avec lui. Comment a-t-il pu échapper à leur contrôle ?

Barack Obama réagit à la mort d'un jeune Noir

WASHINGTON, VENDREDI 23 Le 26 février, alors qu'il rentrait chez lui, Trayvon Martin, un jeune Noir de 17 ans, avait été abattu par George Zimmerman, un habitant d'origine hispanique qui effectuait une ronde de surveillance dans son quartier de Sanford (Floride). La victime, sans histoire, n'était pas armée. Mais Zimmerman, brièvement arrêté, fut relâché après avoir invoqué la légitime défense. Il faut dire qu'en Floride, la loi « Défends ton espace » *(Stand your Ground)*, adoptée en 2005 avec le soutien du lobby des armes, stipule que toute personne qui se sent menacée à son domicile et dans son quartier a le droit d'utiliser une arme. À ce jour, l'émoi suscité par ce drame ne faiblit pas, et un million de signatures ont été recueillies sur Internet pour réclamer l'inculpation de Zimmerman, coupable de crime raciste aux yeux d'une partie de l'opinion publique. Barack Obama s'est lui-même exprimé sur le sujet. Visiblement ému, il a déclaré que s'il avait un fils, « il ressemblerait à Trayvon Martin », et il a exigé qu'une enquête approfondie soit menée sur cette « tragédie ». Les candidats à l'investiture républicaine l'ont aussitôt accusé de politiser l'affaire.

La présidence du Sénégal pour Macky Sall

DAKAR, DIMANCHE 25 Chose plutôt rare dans une Afrique de l'Ouest aux mœurs démocratiques parfois erratiques, selon le modèle occidental du moins, le président sénégalais Abdoulaye Wade a reconnu sa défaite au second tour de l'élection présidentielle. Avec 34,20 % des voix seulement, il a été écrasé par son adversaire Macky Sall, qui en a recueilli 65,80 %. Or, non seulement le vieil homme d'État (85 ans) n'a pas contesté la victoire de celui qui fut son Premier ministre de 2004 à 2007, mais encore il l'en a félicité publiquement… Un scénario idéal, qui n'était toutefois pas acquis d'avance. Président du Sénégal depuis 2000, Abdoulaye Wade semblait vouloir s'accrocher à tout prix au pouvoir. Il avait même modifié la Constitution afin de se présenter une troisième fois et de préparer sa succession, promise à son fils Karim. Ces manipulations avaient entraîné l'an dernier une vague de contestation dont Macky Sall, qui avait claqué la porte du Parti démocratique sénégalais (PDS) d'Abdoulaye Wade en 2008, devint la figure de proue. Pour le second tour, il a su fédérer l'opposition au sein de la coalition Benno Bokk Yakaar (« Unis pour le même espoir » en wolof). Au premier tour, Macky Sall avait été légèrement devancé par Abdoulaye Wade.

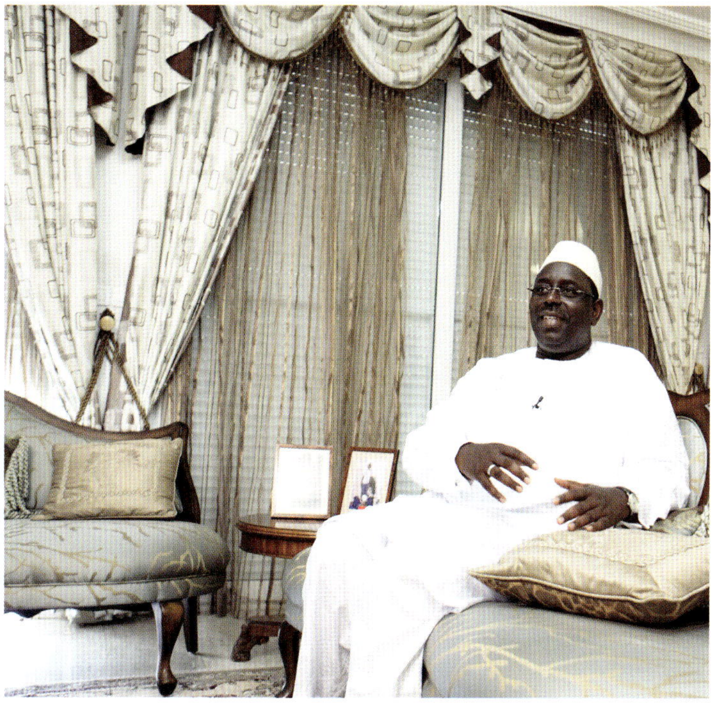

Le nouveau président élu du Sénégal photographié dans sa résidence privée de Dakar. Né le 11 décembre 1961, Macky Sall a longtemps fait carrière dans l'ombre d'Abdoulaye Wade. C'est un Toucouleur de religion musulmane.

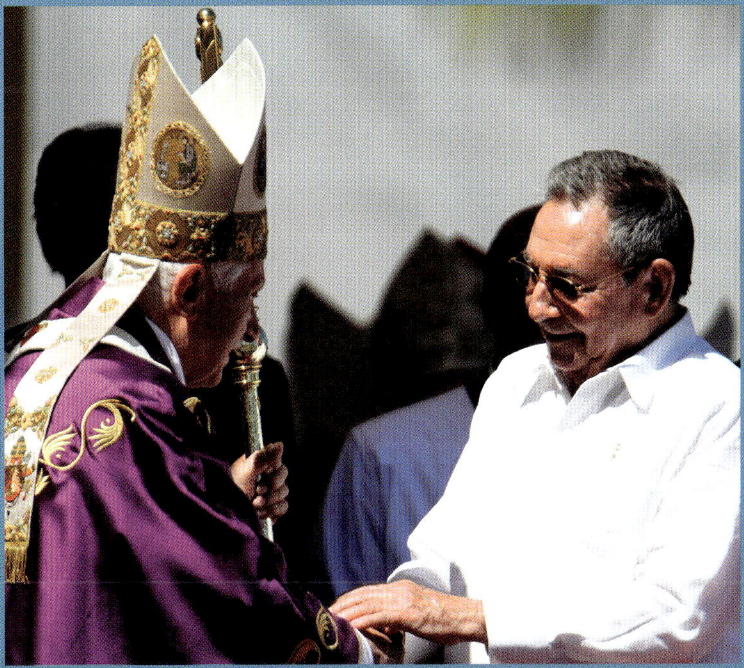

Après trois jours passés au Mexique, Benoît XVI a poursuivi et achevé à Cuba son premier voyage dans un pays latino-américain. Arrivé le lundi 26 à Santiago de Cuba, il s'est ensuite rendu pour deux jours à La Havane, où il a rencontré le président Raúl Castro (ci-dessus, les deux hommes, le mercredi 28) et son frère Fidel, père de la révolution cubaine et ancien chef de l'État. Au cours de son séjour, le pape a plaidé à différentes reprises en faveur d'une plus grande liberté religieuse.

Manifestation à Minsk contre Loukachenko

MINSK, DIMANCHE 25 En ce jour anniversaire de la proclamation de la République populaire biélorusse en 1918, c'est là le tout premier rassemblement autorisé depuis la réélection très contestée d'Alexandre Loukachenko en décembre 2010 – réélection suivie de l'arrestation de dizaines de ses adversaires politiques. Quelque 2 500 opposants ont pu défiler dans les rues de la capitale, encadrés, il est vrai, par un important dispositif policier, qui a fait en sorte d'empêcher nombre de sympathisants de venir encore grossir le cortège. Néanmoins, plusieurs leaders de l'opposition, dont l'ex-candidat à la présidentielle Vitali Rymachevski, se sont montrés à cette manifestation qui a vu fleurir des banderoles anti-Loukachenko, ou d'autres exigeant la libération de tous les prisonniers politiques. Certains manifestants brandissaient également le drapeau de l'Union européenne. Une manière de rappeler les différentes sanctions prises par l'UE à l'encontre du pouvoir belarus, des sanctions qui ont du reste été durcies le vendredi 23.

Le plan de paix pour la Syrie laisse plutôt sceptique

NEW YORK, MARDI 27 Médiateur de l'ONU et de la Ligue arabe pour la Syrie, Kofi Annan avait dû singulièrement réduire ses ambitions pour faire accepter son plan de paix par la Chine et la Russie au Conseil de sécurité, mercredi dernier. Ne faisant plus du départ du président Bachar Al-Assad un impératif, comme le voulait initialement la Ligue arabe, le plan se bornait à inviter les parties à suspendre les hostilités, à permettre l'acheminement de l'aide humanitaire et à libérer tous les prisonniers. Le volet politique du plan Annan évoquait seulement un « processus ouvert », suffisamment vague pour ne pas susciter l'opposition de Moscou et de Pékin. Du coup, l'ONU a pu aujourd'hui annoncer que la Syrie acceptait ce plan qui ne l'engage pas à grand-chose et dont les effets paraissent pour le moins problématiques, tant les positions de Damas et de la rébellion sont opposées. D'ailleurs, ce soir, les violences étaient loin d'avoir cessé, malgré l'injonction de la secrétaire d'État américaine Hillary Clinton, et l'on déplorait une trentaine de morts sur le terrain. Selon les estimations de l'ONU, le conflit aurait déjà fait plus de 9 000 victimes. (→ 21.4)

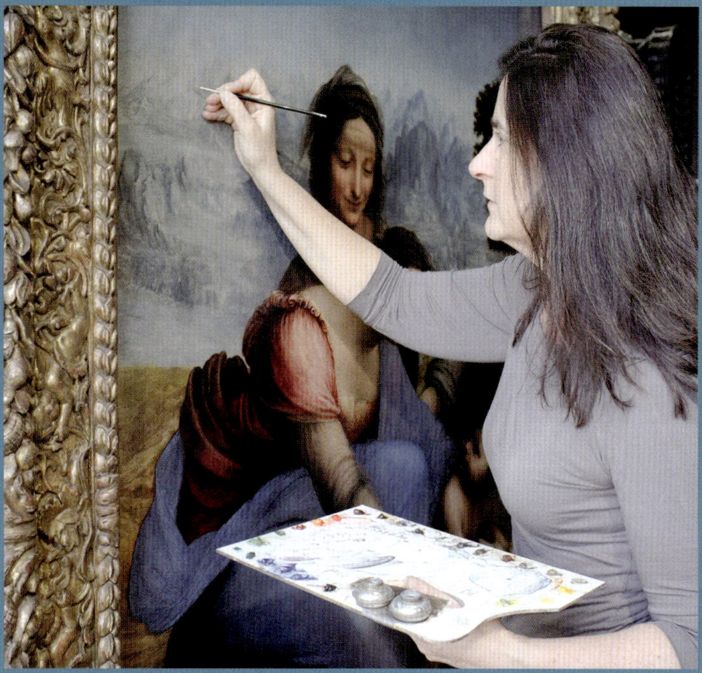

Jeudi 29, les visiteurs du musée du Louvre, à Paris, ont enfin pu redécouvrir, dans sa nouvelle splendeur, l'ultime chef-d'œuvre (resté inachevé) de Léonard de Vinci, La Vierge, l'Enfant Jésus et sainte Anne. *Décidée en 2009, après détection de microsoulèvements de la peinture et de taches altérant d'anciens repeints, la restauration, réalisée par l'Italienne Cinzia Pasquali (ci-dessus en plein travail), aura duré deux ans, donnant lieu à bien des controverses. Selon les uns, le nettoyage trop agressif aurait endommagé cette peinture sur bois et nui à sa conservation. Les autres, au contraire, estiment que la rénovation a été trop partielle et n'a pas suffisamment restitué la fraîcheur et l'éclat de la palette initiale du peintre… Jusqu'au 25 juin, le tableau fait l'objet d'une exposition particulière, entouré d'études, d'esquisses et de dessins préparatoires témoignant des intentions successives du génie universel qu'était Vinci.*

La cocaïne gagne du terrain

FRANCE, JEUDI 29 L'usage de la cocaïne, le produit illicite le plus consommé après le cannabis, a augmenté en France de façon significative au cours des dernières décennies. C'est ce qui ressort du rapport dévoilé aujourd'hui par l'Observatoire français des drogues et des toxicomanies. On y apprend qu'en 2010 environ 1,5 million de personnes, soit 3,8 % de la population (contre 0,8 % en 1992), avaient déjà expérimenté ce produit (sous forme de poudre, de crack ou de free base). Quant aux utilisateurs réguliers, ils seraient 400 000, et leur nombre aurait triplé en dix ans. Les chiffres des saisies par les autorités ne sont pas en reste, avec 11 millions de tonnes en 2011 (soit presque deux fois plus qu'en 2010 et 2009). Cette très forte augmentation s'explique notamment par le fait que la cocaïne, auparavant associée à la fête, à la créativité, à la réussite sociale, et plus ou moins « réservée » à une certaine élite, se serait largement « démocratisée », touchant désormais toutes les classes de la société française. Une conséquence, à n'en pas douter, de la baisse du prix de vente de cette drogue qui reste toutefois dix fois moins consommée que le cannabis, mais dont le commerce est beaucoup plus lucratif.

Situation critique au nord du Mali

KIDAL (MALI), VENDREDI 30 Est-ce la conséquence directe du putsch de Bamako ? Tandis que la junte militaire s'avérait incapable de se faire reconnaître par les États voisins, l'une des villes les plus importantes du nord du Mali, Kidal, tombait entre les mains des forces conjointes du groupe islamiste Ansar Dine, des séparatistes touaregs du Mouvement national de libération de l'Azawad (MNLA) et d'Al-Qaida au Maghreb islamique (AQMI). Les forces gouvernementales ne paraissent pas leur avoir opposé une forte résistance, et leur chef, le colonel Aladji Gamou, s'est enfui. Il s'est replié avec ses maigres troupes sur Gao, la capitale de la partie septentrionale du pays, désormais directement menacée. À Bamako, le capitaine Amadou Sanogo, chef de la junte, a reconnu dans un bel euphémisme que la situation était « critique ». (→ 17.4)

L'extrême rigueur budgétaire est de mise à Madrid

MADRID, VENDREDI 30 « Le plus important effort de consolidation budgétaire de notre histoire démocratique. » C'est ainsi que le ministre des Finances Cristóbal Montoro a qualifié le projet de budget 2012 du gouvernement conservateur de Mariano Rajoy. Plus de 27 milliards d'économies sont planifiés, qui passeront entre autres par le gel des salaires des fonctionnaires et par de nouvelles augmentations d'impôts, l'objectif étant de ramener le déficit public de 8,51 % à 5,3 % du PIB. S'il est susceptible de rassurer un peu Bruxelles, ce plan de rigueur ne risque pas d'apaiser les tensions sociales dans un pays où près d'un quart de la population active est au chômage. Ces tensions se sont traduites hier par une grève générale et par de gigantesques manifestations : contre une réforme du marché du travail imposée en février par le gouvernement et, plus largement, contre sa politique d'austérité. (→ 9.5)

Vive les langues régionales de la France !

FRANCE, SAMEDI 31 Ils sont descendus dans la rue pour défendre leurs langues régionales : le breton à Quimper, l'occitan à Toulouse, l'alsacien à Strasbourg, le catalan à Perpignan ou le basque à Bayonne. Ils étaient des milliers à réclamer à l'unisson la ratification par la France de la Charte européenne des langues régionales ou minoritaires, qu'elle a signée en mai 1999. Cette charte prévoit la possibilité d'utiliser la langue régionale dans les actes publics et privés, et invite les signataires à en assurer la promotion. Avec la Russie, la France est le seul grand pays d'Europe à ne pas l'avoir ratifiée : le Conseil constitutionnel a estimé qu'elle était incompatible avec l'article 2 de la Constitution, selon lequel « la langue de la République est le français ». Les candidats à la présidentielle ont pris position. Si Nicolas Sarkozy, Jean-Luc Mélenchon et Marine Le Pen sont opposés à la ratification, François Hollande, François Bayrou et Eva Joly y sont favorables.

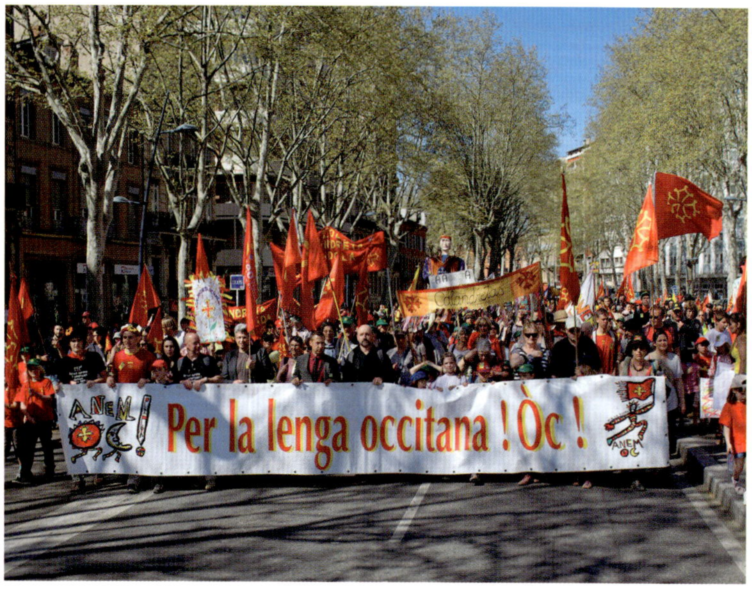

À Toulouse, la manifestation pour la ratification de la Charte européenne des langues régionales et minoritaires a réuni entre 20 000 et 30 000 personnes.

FRANCE

FRANCE, JEUDI 1er La population carcérale atteint le chiffre record de 66 445 détenus.

PARIS, JEUDI 1er Selon l'Insee, le taux de chômage est passé au 4e trimestre 2011 de 9,3 % à 9,4 % de la population active (et même 9,8 % en incluant les départements d'outre-mer).

VELAINE-EN-HAYE (54), VENDREDI 2 Le ministre de l'Intérieur Claude Guéant estime que le vote des étrangers aux élections locales permettrait aux islamistes de conquérir des municipalités.

PARIS, LUNDI 5 Selon un sondage Ifop pour *Femme actuelle* et *Enfant Magazine*, 51 % des Français seraient favorables à l'homoparentalité.

PARIS, LUNDI 5 Le ministère de l'Agriculture autorise une dérogation à la loi Grenelle 2 du 12 juillet 2010 interdisant l'épandage aérien de pesticides.

PARIS, MARDI 6 Selon un sondage Ipsos-Logica Business Consulting pour *Le Monde*, France Télévisions et Radio France, 35 % des Français trouvent la campagne électorale « plutôt pas intéressante », et 30 % « pas du tout intéressante ».

PARIS, MARDI 6 L'Assemblée nationale adopte un projet de loi autorisant une augmentation de 30 % de la surface constructible par rapport au coefficient d'occupation des sols (COS).

PARIS, MARDI 6 Adoption par l'Assemblée nationale de la carte d'identité biométrique.

PARIS, MERCREDI 7 Un rapport rédigé par trente députés de gauche et de droite met en cause la RATP et la SNCF dans les dysfonctionnements du RER.

PARIS, JEUDI 8 Nicolas Sarkozy annonce qu'il renoncera à la politique s'il n'est pas réélu.

PARIS, VENDREDI 9 Selon un sondage Ipsos-Logica Business Consulting pour *Le Monde*, 56 % des Français sont favorables au renforcement des pouvoirs nationaux face à Bruxelles.

PARIS, VENDREDI 9 Le Parti socialiste et le Mouvement républicain et citoyen (MRC) de Jean-Pierre Chevènement signent un accord de législature.

FRANCE DIMANCHE 11 Pour le premier anniversaire de la catastrophe de Fukushima, une chaine humaine contre le nucléaire réunit entre 30 000 et 60 000 participants entre Lyon et Avignon.

MARSEILLE (13), MERCREDI 14 François Hollande s'engage à pénaliser la négation du génocide arménien s'il est élu à la présidence de la République.

PARIS, MERCREDI 14 Fusion des six écoles des Mines et des quatre écoles Télécom.

PARIS, MERCREDI 21 L'explosion d'une bombe devant l'ambassade d'Indonésie cause d'importants dégâts mais ne fait aucune victime.

BORDEAUX (33), JEUDI 22 Dans le cadre de l'affaire Bettencourt, placement en détention provisoire de Patrice de Maistre en raison de faits nouveaux « imputables à l'intéressé sous les qualifications d'abus de faiblesse et abus de biens sociaux ».

NÎMES (30), SAMEDI 24 La marche dite « des animaux », organisée par sept associations contre la généralisation de l'abattage rituel, réunit 1 500 à 3 000 personnes.

PARIS, SAMEDI 24 Mise en examen d'Abdelkader Merah, frère de Mohamed Merah, pour complicité d'assassinat.

LILLE (59), LUNDI 26 Dans le cadre de l'affaire du Carlton, Dominique Strauss-Kahn est mis en examen pour « proxénétisme aggravé en bande organisée ».

PARIS, LUNDI 26 Le bureau de Paris de la chaine Al-Jazira annonce avoir reçu une vidéo sur laquelle Mohamed Merah a filmé ses crimes. Al-Jazira décidera de ne pas la diffuser.

BEAUVOIR-EN-LYONS (76), MARDI 27 Quatre adolescents assassinent un de leurs camarades qui menaçait de les dénoncer pour un cambriolage.

PARIS, JEUDI 29 Le gouvernement interdit l'entrée sur le territoire de quatre prédicateurs islamiques qui devaient participer au congrès de l'Union des organisations islamiques de France (UOIF).

FRANCE, VENDREDI 30 Interpellation de dix-neuf islamistes de la mouvance de Forsane Alizza (groupe qui a été dissous jeudi 1er mars).

UNION EUROPÉENNE

BRUXELLES, JEUDI 1er L'Union européenne accorde à la Serbie le statut de candidat à l'adhésion à l'UE.

DUBLIN, JEUDI 1er La Haute Cour irlandaise refuse l'extradition vers la France du journaliste Ian Bailey, considéré comme le principal suspect dans l'assassinat en 1996 de Sophie Bouniol, épouse du producteur Daniel Toscan du Plantier.

BRUXELLES, MERCREDI 7 L'Union européenne somme la Hongrie de réviser sa réforme de la justice et de la protection des données personnelles.

BRATISLAVA, SAMEDI 10 Les sociaux-démocrates du Smer-SD de Robert Fico remportent les législatives slovaques (83 sièges sur 150).

BERLIN, DIMANCHE 18 Le pasteur Joachim Gauck est élu président de la République fédérale d'Allemagne.

PORTUGAL, JEUDI 22 Grève générale et manifestations contre l'austérité dans les grandes villes.

VARSOVIE, MARDI 27 Le quotidien polonais *Gazeta Wyborcza* révèle que l'ancien chef du renseignement polonais, Zbigniew Siemiatkowski, a été mis en examen pour « privation illégale de liberté » et « usage de peines corporelles » dans l'affaire des prisons secrètes de la CIA en Pologne.

INTERNATIONAL

HOMS (SYRIE), JEUDI 1er Les forces loyalistes syriennes reprennent le quartier de Baba Amr.

JAKARTA, JEUDI 1er Greenpeace remet au gouvernement indonésien un rapport accusant le papetier Asia Pulp Paper (APP) d'utiliser pour sa pâte à papier une essence protégée, le ramin.

BRAZZAVILLE, DIMANCHE 4 Une explosion accidentelle dans un dépôt de munitions fait environ 150 morts et 5 000 blessés.

DAMAS, MARDI 6 Fermeture de l'ambassade de France en Syrie.

ÉTATS-UNIS, MARDI 6 Aux primaires républicaines, Mitt Romney remporte le « Super Tuesday » (désignant le jour où le plus grand nombre d'États choisissent le candidat à la présidentielle américaine).

TUNIS, JEUDI 8 Nasreddine Ben Saïda, le directeur du quotidien tunisien *Ettounsia*, est condamné à une amende de 1 000 dinars (= 500 euros) pour avoir publié une photographie « attentatoire aux bonnes mœurs ». Il avait été emprisonné pendant huit jours.

NIGERIA, JEUDI 8 Échec de la tentative de libération par les forces spéciales nigérianes et britanniques de deux Européens (un Britannique et un Italien) otages d'islamistes. Les deux otages sont tués. L'Italie est furieuse de n'avoir pas été informée de l'opération.

PALESTINE, VENDREDI 9 Deux responsables des Comités de résistance populaire sont assassinés à Gaza par l'aviation israélienne.

YÉMEN, SAMEDI 10 Des raids aériens contre des positions d'Al-Qaida font 23 morts. La nationalité des appareils engagés dans l'opération n'a pas été révélée.

ÉTATS-UNIS, MARDI 13 La victoire de Rick Santorum aux primaires républicaines du Mississippi et de l'Alabama relance la course à l'investiture.

SIERRE (SUISSE), MARDI 13 L'accident d'un autocar belge fait 28 morts, dont 22 enfants.

DOHA, JEUDI 15 Les talibans suspendent les contacts qu'ils ont noués au Qatar avec les Américains. Ceux-ci n'auraient pas tenu certaines promesses.

NOUAKCHOTT, VENDREDI 16 Arrestation d'Abdallah Al-Senoussi, l'ancien chef du service de renseignement militaire libyen et pilier du régime de Kadhafi. Il est réclamé par la Libye, par la France et par la Cour pénale internationale (CPI).

MOSCOU, MARDI 20 La Russie ferme sa frontière aux bêtes vivantes venant de l'Union européenne en raison de la propagation du virus de Schmallenberg.

NEW YORK, MERCREDI 21 Human Rights Watch dénonce les violations des droits de l'homme commises par la rébellion en Syrie.

LE CAIRE, SAMEDI 24 Les députés et les sénateurs égyptiens élisent une Assemblée constituante dominée par les Frères musulmans et les salafistes, et d'où les Coptes sont pratiquement exclus.

TUNIS, DIMANCHE 25 8 000 salafistes empêchent le déroulement d'un festival culturel aux cris de « Mort aux Juifs ».

TUNIS, LUNDI 26 Ennahda, le parti islamiste au pouvoir, renonce à inscrire la charia dans la Constitution tunisienne.

KABOUL, MARDI 27 Selon Human Rights Watch, environ 400 femmes seraient emprisonnées en Afghanistan pour avoir tenté d'échapper à des violences conjugales, des viols ou des mariages forcés.

SEBHA (LIBYE), MERCREDI 28 Cessez-le-feu après deux jours de violents combats entre des tribus arabes et des Touaregs. Ceux-ci s'estiment victimes d'une épuration ethnique.

HOUSTON (TEXAS), JEUDI 29 Dans le cadre des primaires républicaines, Mitt Romney obtient le ralliement de l'ancien président George H.W. Bush (Bush « père »), après celui de John McCain, candidat en 2008.

ÉCONOMIE

PARIS, JEUDI 1er Areva annonce une perte historique de 2,4 milliards d'euros en 2011.

BERLIN, VENDREDI 2 Sous la pression de la Russie et de la Chine, l'Allemagne demande à renégocier la taxe sur les émissions de CO_2 dans le ciel européen. Cette taxe est entrée en vigueur le 1er janvier.

BRUXELLES, VENDREDI 9 Airbus, Safran, British Airways, Virgin Atlantic, Lufthansa, Air France, Air Berlin et Iberia demandent un moratoire de la taxe sur les émissions de CO_2.

ATHÈNES, VENDREDI 9 Le gouvernement grec annonce que 83,5 % des créanciers privés de la Grèce ont accepté de renoncer à 53,5 % de leurs créances.

CULTURE

PARIS, MARDI 27 Hachette annonce l'acquisition des droits mondiaux de l'œuvre d'Enid Blyton, à l'exception de la série des *Oui-Oui*.

SCIENCES

LONDRES, MERCREDI 21 Selon trois études publiées par *The Lancet*, l'aspirine pourrait réduire considérablement l'évolution mortelle du cancer.

SPORTS

BARCELONE (ESPAGNE), MERCREDI 7 Exploit du footballeur argentin Lionel Messi : il marque cinq des sept buts infligés par le FC Barcelone au Bayer Leverkusen (7-1).

CARDIFF (GRANDE-BRETAGNE), SAMEDI 17 En battant le XV de France (16-9), le pays de Galles remporte le Grand Chelem du tournoi des Six Nations.

DÉCÈS

LYON (69), SAMEDI 3 Éric de Rosny (*13.5.1930), prêtre et anthropologue français.

RAMBOUILLET (78), MERCREDI 7 Pierre Tornade (*21.1.1930, Pierre Tournadre dit), acteur français.

FRANCE, MERCREDI 7 Félicien Marceau (*16.9.1913, Louis Carette dit), écrivain français.

PARIS, SAMEDI 10 Jean Giraud, connu également sous les pseudonymes de Mœbius et de Gir (*8.5.1938), bédéiste français.

PARIS, MARDI 13 Michel Duchaussoy (*29.11.1938), acteur français.

CLAMART (92), MERCREDI 14 Pierre Schoendoerffer (*5.5.1928), cinéaste et écrivain français.

LE CAIRE, SAMEDI 17 Chenouda III (*3.8.1923, Nazir Gayed Roufaïl, en religion), primat de l'Église copte orthodoxe.

LILLE (59), MERCREDI 21 Claude Duneton (*21.4.1935), écrivain français.

LISBONNE, DIMANCHE 25 Antonio Tabucchi (*24.9.1943), écrivain italien.

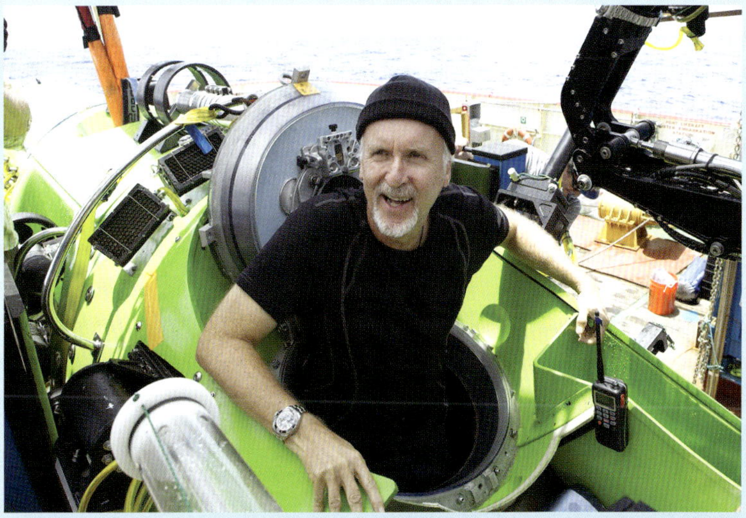

Dimanche 25, retour de plongée pour le cinéaste américain James Cameron. À bord d'un bathyscaphe, l'auteur de Titanic *et d'*Avatar *a atteint les 10 898 m de profondeur au point Challenger Deep (le point le plus profond de la planète) dans la fosse des Mariannes, près de l'île de Guam, dans l'océan Pacifique.*

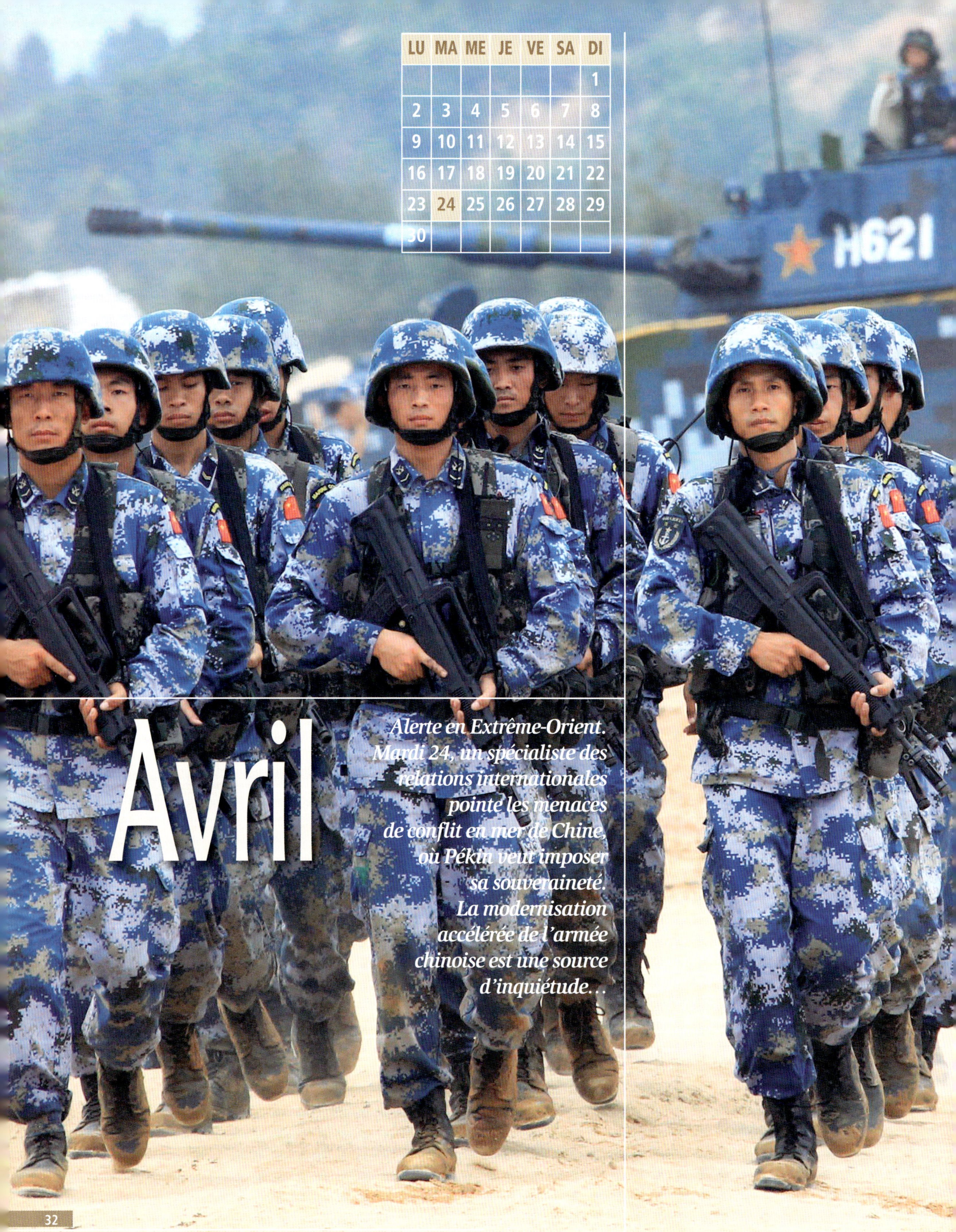

LU	MA	ME	JE	VE	SA	DI
						1
2	3	4	5	6	7	8
9	10	11	12	13	14	15
16	17	18	19	20	21	22
23	24	25	26	27	28	29
30						

Avril

Alerte en Extrême-Orient. Mardi 24, un spécialiste des relations internationales pointe les menaces de conflit en mer de Chine, où Pékin veut imposer sa souveraineté. La modernisation accélérée de l'armée chinoise est une source d'inquiétude…

La démocratie est en marche en Birmanie

RANGOUN, DIMANCHE 1er C'est un triomphe. Avec 43 élus pour 45 sièges à pourvoir, le parti de la célèbre opposante Aung San Suu Kyi, la Ligue nationale pour la démocratie (LND), est désormais une force politique incontestable et incontournable. Ces élections législatives partielles constituent un tournant majeur dans l'histoire de la République de l'Union du Myanmar (le nom officiel de la Birmanie). Certes, le mérite en revient à l'intraitable « dame de Rangoun », qui n'a jamais cédé face à la dictature militaire instaurée en 1988. Mais la victoire n'aurait pas été possible si le président Thein Sein, général membre de la junte militaire, n'avait pas eu la volonté d'engager le régime dans la voie de la démocratie en 2011. Son rapprochement avec Aung San Suu Kyi ne doit pas surprendre outre mesure. Tous les deux appartiennent en effet à l'ethnie birmane, ultra-majoritaire (75 % de la population) dans un pays comptant plus de cent minorités, dont certaines en dissidence comme les Karens (avec lesquels un cessez-le-feu a été signé le 12 janvier) ou les Rohingyas. Cette ethnie située dans l'ouest du pays a la particularité d'être d'origine indo-européenne et de religion musulmane, alors que le pays est à 89 % mongoloïde et bouddhiste. Or, comme Thein Sein, la « dame de Rangoun » a jusqu'à présent refusé de reconnaître aux Rohingyas le statut de citoyens à part entière.

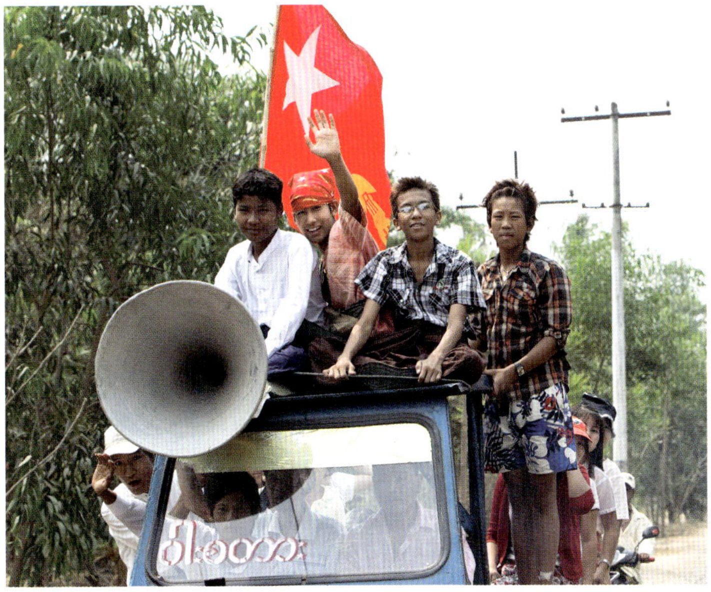

Ci-dessus : les partisans d'Aung San Suu Kyi, drapeau de la LND au vent, fêtent son élection à Khawmu, où elle était candidate.

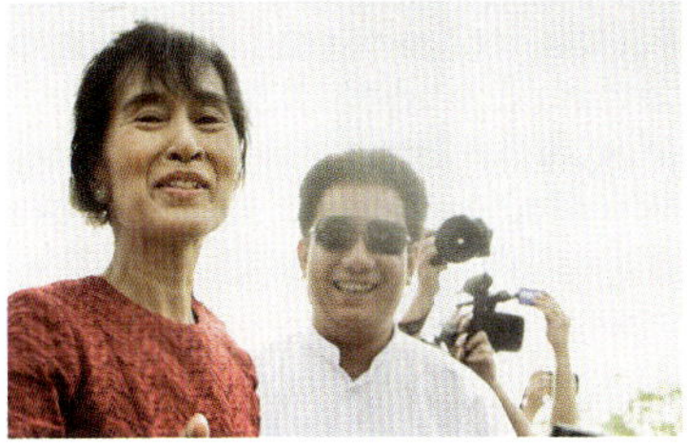

Ci-contre : Aung San Suu Kyi photographiée à la sortie de son bureau de vote de Khawmu, un township près de Rangoun.

Chute dramatique des ventes d'automobiles

FRANCE, LUNDI 2 Les perspectives sont malheureusement bien sombres pour le marché automobile français. Après avoir accusé des baisses de l'ordre de 20 % en janvier et février, les immatriculations de voitures neuves en France ont chuté de 23,5 % au mois de mars, selon les chiffres publiés par le Comité des constructeurs français d'automobiles (CCFA). On n'avait pas enregistré un tel recul depuis 1997, mais il était néanmoins attendu par tous les spécialistes. L'an dernier, en effet, les ventes du premier trimestre avaient été dopées par la prime à la casse, supprimée fin 2010 mais qui continuait à s'appliquer aux véhicules livrés jusqu'au 31 mars 2011. Le contrecoup était donc inévitable, mais force est de constater que les constructeurs français sont particulièrement touchés. Pour les trois premiers mois de l'année, les ventes de voitures neuves de PSA Peugeot Citroën et de Renault ont respectivement chuté de 30,3 et 30,2 % par rapport au premier trimestre 2011. Dans le même temps, celles de Ford et de Volkswagen n'ont reculé que de 14,3 et 2,3 %. Certains constructeurs ont même vu leurs ventes progresser de façon spectaculaire. C'est notamment le cas de Mercedes (+24,2 %), Hyundai (+24,1 %) et Toyota (+20,6 %).

Les Farc n'ont plus d'otages militaires

VILLAVICENCIO (COLOMBIE), MARDI 3 Ils étaient les derniers policiers et militaires aux mains des Forces armées révolutionnaires de Colombie (Farc). Détenus dans la jungle depuis douze à quatorze ans, ils étaient aussi leurs plus anciens otages. Comme prévu, quatre policiers et six militaires ont été libérés ce mardi. Ils avaient pour la plupart été capturés en juin 1999 lors de l'attaque menée par la guérilla contre le commissariat de Puerto Rico, dans le département de Meta. Il est vrai qu'avec plus de 20 000 hommes dans leurs rangs, les Farc étaient alors toutes-puissantes. Mais elles ne comptent plus aujourd'hui que quelque 6 000 combattants. Et au fil des années, la plupart de leurs dirigeants sont tombés sous les balles de l'armée colombienne. C'est donc une guérilla affaiblie qui, le 26 février, annonçait la fin des enlèvements de civils contre rançon et signifiait que « l'heure du dialogue [était] venue ». Ces dix libérations font figure de nouveau pas dans le sens d'une pacification. Toutefois, les Farc détiendraient encore plus de 400 otages civils. (→ 13.9)

Le chaos s'installe en Libye

LIBYE, MERCREDI 4 Une délégation du Conseil national de transition (CNT) est arrivée à Zouara pour tenter de faire taire les armes. Depuis lundi, de violents combats se sont déchaînés dans cette ville portuaire située à l'ouest de Tripoli, faisant au moins 14 morts et une centaine de blessés. Ils opposaient des partisans de l'ancien régime du colonel Kadhafi, repliés sur Ragdaline et Jamil, aux miliciens de Zouara qui avaient contribué à sa chute en 2011. Ces miliciens se plaignaient d'ailleurs d'avoir été abandonnés par le CNT et de n'avoir reçu aucun renfort des villes voisines de Sabratha et Zaouïa, pourtant acquises à la révolution. Cette situation illustre le chaos dans lequel est plongée la Libye depuis le renversement et l'assassinat du « guide » libyen par la rébellion partie de Benghazi, en Cyrénaïque, et appuyée de façon décisive par une coalition militaire des puissances occidentales et des monarchies arabes. Or, ce sont ces monarchies arabes, Qatar et Émirats arabes unis en tête, que le CNT accuse aujourd'hui de favoriser l'éclatement du pays et plus particulièrement l'éventuelle sécession de la Cyrénaïque, dont les milices ont proclamé l'autonomie le 6 mars dernier, plaçant à leur tête un membre du CNT, Ahmed Zoubaïr. Lequel n'est autre qu'un cousin du roi Idris renversé par Mouammar Kadhafi en 1969…

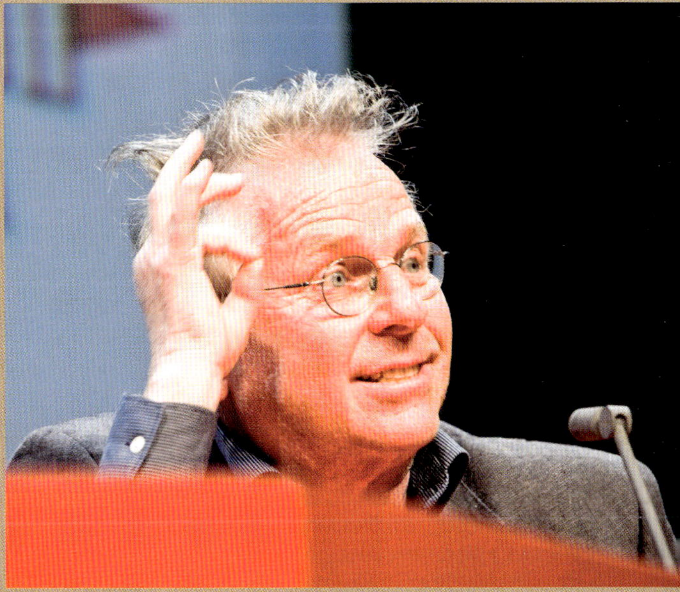

Il voulait chasser les « mandarins » de Nanterre, mais Nanterre a fait de lui un « mandarin » ! Lundi 2, l'eurodéputé Daniel Cohn-Bendit a été nommé au conseil d'administration de l'université de Paris Ouest-Nanterre (92). Un retour aux sources, en quelque sorte, pour l'ancien étudiant qui, à Nanterre justement, avait été l'un des principaux initiateurs du mouvement de mai 1968…

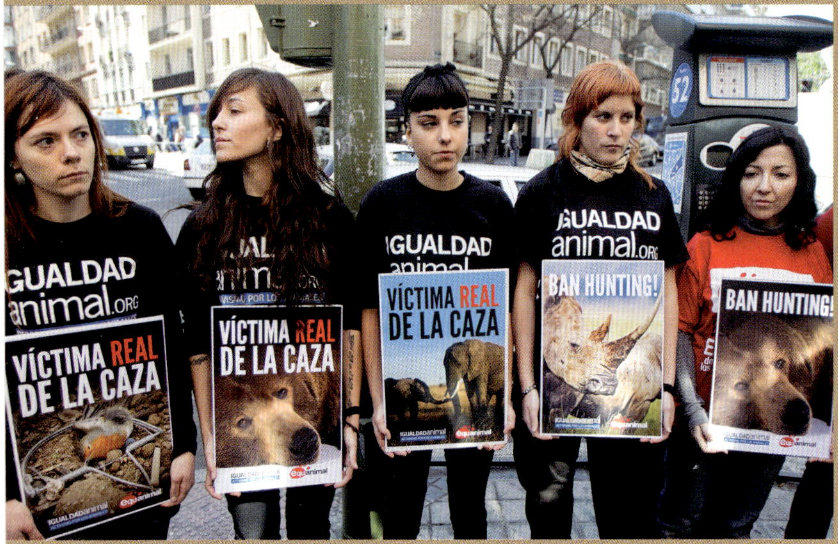

Jamais jusqu'ici les scandales touchant la famille royale espagnole n'avaient véritablement entamé la popularité de Juan Carlos. Mais l'attachement du peuple pour son roi a quelque peu vacillé ces derniers jours. Rapatrié le vendredi 13 après s'être fracturé la hanche au Botswana, le souverain a été opéré le 14 à l'hôpital San José de Madrid, et ses médecins se sont vite montrés rassurants quant à son état de santé. Mais entre-temps, les médias ont révélé qu'il s'était blessé lors d'une chasse à l'éléphant, alors qu'il est président d'honneur de la branche espagnole du Fonds mondial pour la nature (WWF) qui œuvre précisément pour la sauvegarde des pachydermes… On a appris en même temps que la chasse de cette espèce protégée reste autorisée au Botswana pour qui a les moyens de s'acquitter d'une redevance pouvant monter jusqu'à 35 000 euros. On imagine l'émoi qu'une telle annonce a pu susciter dans une Espagne minée par la crise ! Et c'est ainsi que le 14, tandis que des milliers d'adversaires de la monarchie criaient leur colère dans les rues de Madrid, des défenseurs des animaux se rassemblaient devant l'hôpital San José (ci-dessus).

Le tueur en série présumé de l'Essonne a été écroué et mis en examen pour assassinats

ÉVRY (91), LUNDI 16 Cette fois, la justice est convaincue de tenir le « tueur en série de l'Essonne ». Arrêté samedi dernier à Draveil, Yoni Palmier a été mis en examen pour assassinats. Bien que niant les faits, cet asocial violent de 33 ans, au profil psychologique complexe et au passé judiciaire chargé, est soupçonné d'avoir tué trois ou quatre personnes, avec la même arme (un 7,65) et en utilisant le même deux-roues, ce qui l'a confondu : Nathalie Davids (35 ans) le 27 novembre 2011 à Juvisy-sur-Orge, Jean-Yves Bonnerue (52 ans) le 22 février dernier, également à Juvisy-sur-Orge, Marcel Brunetto (81 ans) à Ris-Orangis et Nadjia Lahcene (47 ans) à Grigny. Un premier suspect, Michel Courtois, avait été arrêté le 27 novembre 2011. Il avait alors avoué le meurtre de Nathalie Davids, puis s'était rétracté. Il a toutefois été maintenu sous les verrous à la prison de Fresnes, sa responsabilité dans le premier assassinat n'étant pas écartée par la justice.

Une nouvelle mission pour l'astrophysicien de la Nasa : sortir le Mali du chaos politique

BAMAKO, MARDI 17 Son prestige international a fait de lui l'homme providentiel. Au terme d'une difficile médiation du Burkina Faso, les militaires maliens ont accepté la nomination de Cheikh Modibo Diarra au poste de Premier ministre. Cet astrophysicien de la Nasa, spécialiste des missions sur Mars, est aussi le président de Microsoft Afrique. Âgé de 60 ans, il aura pour double tâche de rétablir l'ordre constitutionnel à Bamako et de mettre fin à la sécession de fait du nord du pays, où les séparatistes touaregs du Mouvement national pour la libération de l'Azawad (MNLA) et les différents groupes djihadistes se disputent la prééminence. Une double tâche d'autant moins facile que la junte dirigée par le capitaine Amadou Sanogo n'a pas été dissoute et conserve les leviers réels du pouvoir. (→ 27.6)

Le Parlement européen a capitulé devant Washington

STRASBOURG (67), JEUDI 19 Les débats auront été des plus vifs. Mais avec 409 voix contre 226 (et 33 abstentions), le Parlement européen a approuvé le projet d'accord sur le transfert des données des passagers aériens de l'Union européenne vers les États-Unis. En vertu de cet accord bilatéral sur le PNR (pour « Passenger Name Record », registre des noms des passagers), les compagnies aériennes européennes devront fournir au département de la Sécurité intérieure américaine différentes informations sur leurs passagers : nom, adresse, numéro de carte bancaire, etc., mais aussi, dans certains cas, origine ethnique, religion, état de santé, orientation sexuelle… Collectées à des fins de lutte contre le terrorisme, ces données seront conservées quinze ans au total. C'est principalement au nom de la protection des libertés individuelles et de la vie privée que nombre de parlementaires se sont farouchement opposés à cet accord. Mais les États-Unis ont menacé l'UE de suspendre l'octroi de visas pour ses ressortissants et les compagnies européennes de retirer leurs vols réguliers. Il faut croire que ces pressions étaient trop fortes.

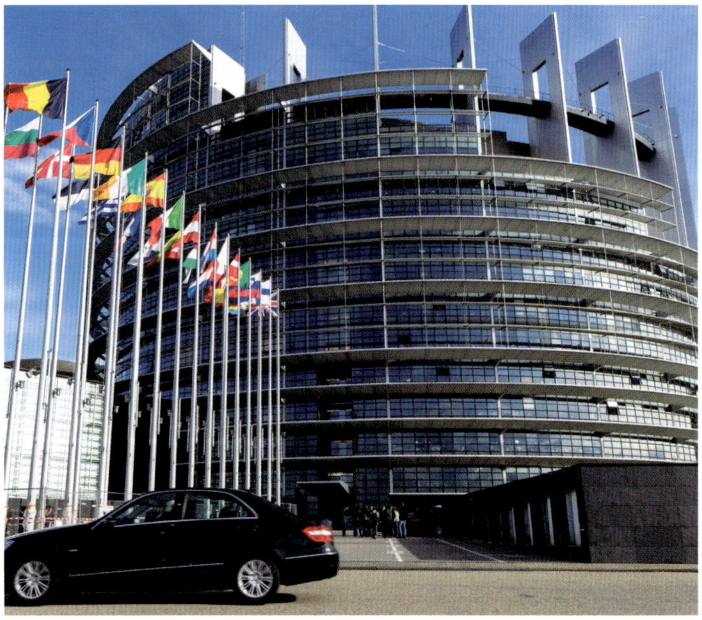

Instauré par les États-Unis après le 11-Septembre, ce système avait déjà donné lieu à deux accords, en 2004 et 2007. Mais la Cour de justice de l'UE avait annulé le premier, et le Parlement européen (ci-dessus) avait rejeté le second.

L'ONU enverra des observateurs non armés en Syrie

NEW YORK, SAMEDI 21 Le scepticisme est de rigueur à l'ONU après l'adoption par le Conseil de sécurité, à l'unanimité, d'une résolution prévoyant l'envoi d'une mission de 300 observateurs non armés en Syrie. Ce scepticisme tient au fait que la Russie et la Chine, alliés traditionnels de Damas, ne s'y sont pas opposées : cette mission, en effet, ne devrait guère gêner le président syrien Bachar Al-Assad dans ses opérations de reconquête du pays. On a cependant enregistré une certaine accalmie depuis le 10 avril, date à laquelle le gouvernement syrien a accepté de retirer ses troupes des centres urbains. Si bien que, jeudi, le secrétaire général de l'ONU Ban Ki-moon déclarait que « le niveau de violence a nettement diminué ». En fait, les combats n'ont jamais cessé depuis le 10 avril, et l'approvisionnement de la rébellion en armes et en argent ne s'est pas arrêté, le Qatar jouant le rôle qu'il avait déjà tenu en Libye, celui du principal fournisseur. Selon des sources locales, 200 personnes auraient trouvé la mort ces dix derniers jours. (→ 10.5)

Ce sera un duel Hollande-Sarkozy

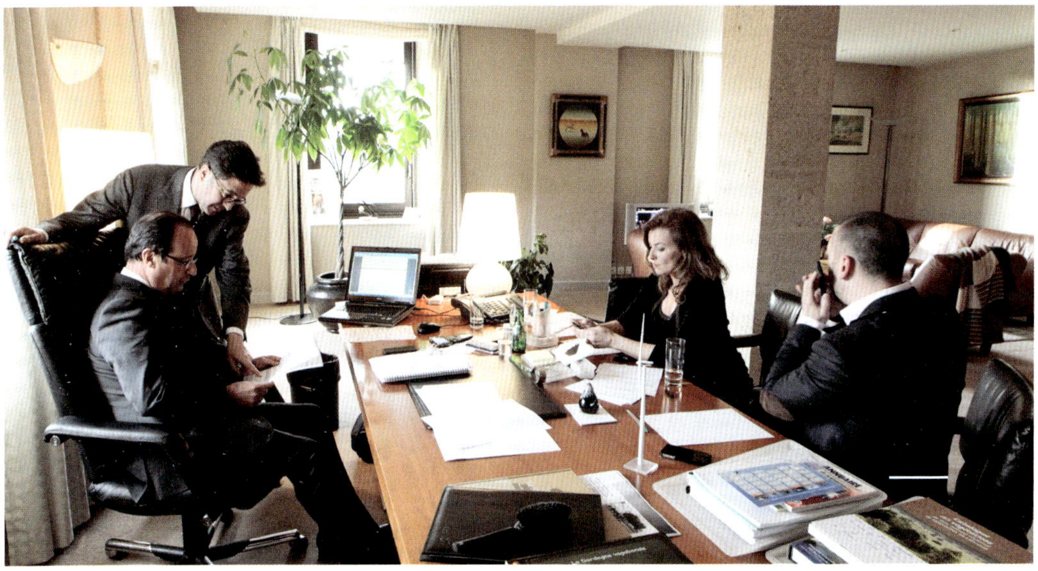

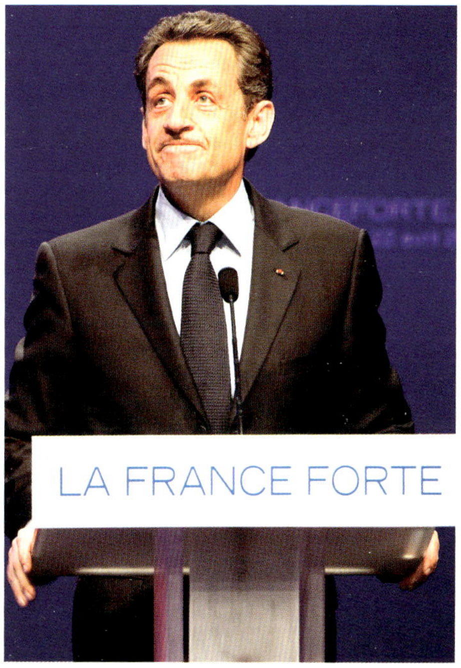

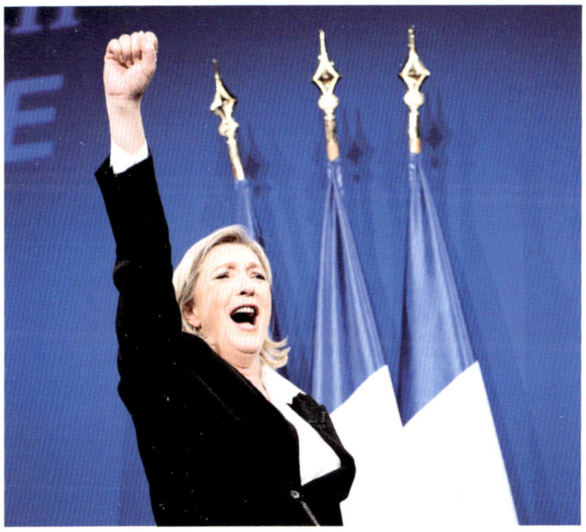

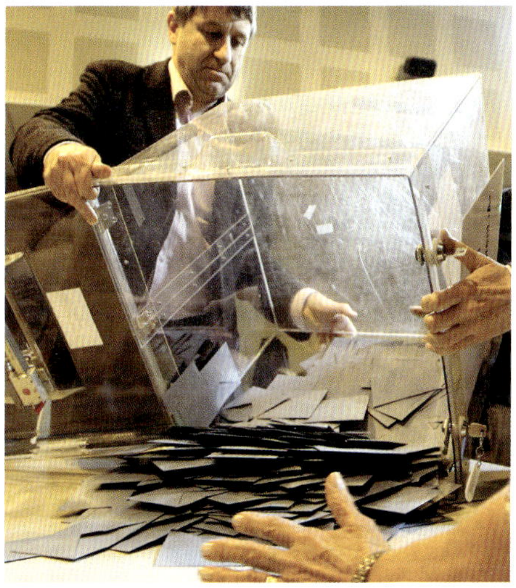

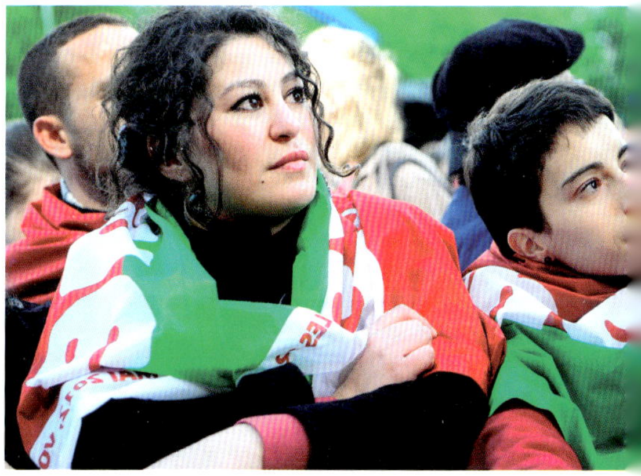

En haut à gauche : dans son fief de Tulle (19), François Hollande a attendu les résultats avec sa « plume » Aquilino Morelle, sa compagne Valérie Trierweiler et son conseiller presse Christian Gravel (de g. à d.).
À droite : dans la soirée, Nicolas Sarkozy s'est exprimé à la Mutualité (Paris), son quartier général.
Ci-dessus, à gauche : Marine Le Pen fêtant son résultat devant ses partisans, réunis dans la salle Équinoxe (Paris). Au centre : un bureau de vote de Tulle.
À droite, l'atmosphère n'était pas des plus joyeuses chez les partisans de Jean-Luc Mélenchon venus ce soir écouter leur champion place Stalingrad, à Paris.

FRANCE, DIMANCHE 22 Sans surprise, le second tour de la présidentielle opposera François Hollande et Nicolas Sarkozy. Sans surprise encore, de nombreux sondages l'ayant laissé présager, c'est le candidat socialiste qui domine le premier tour avec 28,63 % des voix contre 27,18 % pour le président sortant. Pourtant, des surprises, il y en a bien eu ce dimanche. Et la plus spectaculaire est incontestablement le score élevé de Marine Le Pen (17,90 %), qui bat le record de son père Jean-Marie Le Pen en 2002 (16,86 %) – et qui le bat d'autant plus largement que l'abstention a été plus faible aujourd'hui qu'il y a dix ans (20,52 % contre 28,40 %). Cette percée de la candidate du Front national se sera faite au détriment à la fois de Nicolas Sarkozy et de Jean-Luc Mélenchon. Lequel a non seulement perdu son pari de devancer son « ennemie n° 1 », mais a aussi (et c'est là une autre surprise de ce scrutin) recueilli bien moins de voix (11,10 %) que ce que les sondages lui laissaient dernièrement espérer. Mais si le coup est dur pour le candidat du Front de gauche, qui a aussitôt appelé à voter « contre Nicolas Sarkozy », il l'est plus encore pour François Bayrou, qui a perdu la moitié de ses voix par rapport à 2007 (9,13 % contre 18,57 %). Ferment enfin la marche, avec des scores plus attendus, Eva Joly (2,31 %), Nicolas Dupont-Aignan (1,79 %), Philippe Poutou (1,15 %), Nathalie Arthaud (0,56 %) et enfin Jacques Cheminade (0,25 %).

Les reports de voix, clé du second tour

Ce soir, deux sondages (Ifop et Ipsos) pronostiquaient une large victoire de François Hollande au second tour. Mais dans le camp des deux finalistes, le mot d'ordre était le même : « Rien n'est joué. » Les électeurs de Jean-Luc Mélenchon devraient massivement voter pour François Hollande, mais le score du candidat de la gauche radicale ne laisse pas au socialiste la marge de manœuvre escomptée. La capacité de Nicolas Sarkozy à attirer ou non la confiance des électeurs de Marine Le Pen sera donc capitale. Tout comme le report des voix des électeurs de François Bayrou sur l'un ou l'autre des finalistes. (→ 25)

La sensationnelle évasion du dissident chinois aveugle

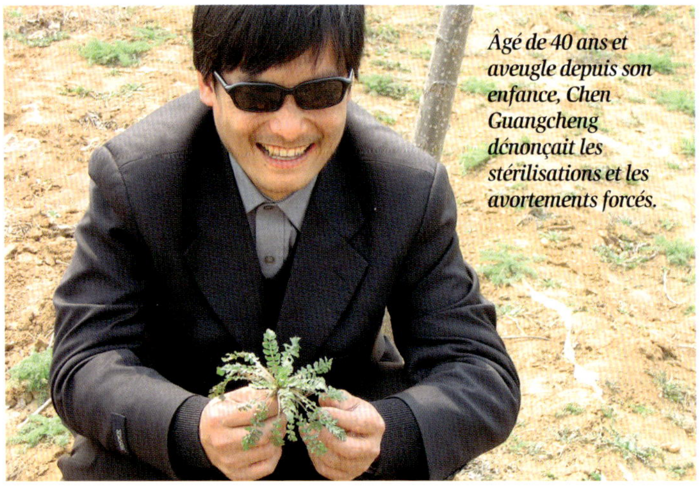
Âgé de 40 ans et aveugle depuis son enfance, Chen Guangcheng dénonçait les stérilisations et les avortements forcés.

DONGSHIGU (CHINE), DIMANCHE 22 Le coup est dur et humiliant pour la police chinoise. Le dissident Chen Guangcheng s'est évadé la nuit dernière de la maison de la province du Shandong où il était assigné à résidence. Après avoir purgé quatre ans de prison pour avoir dénoncé les violences entraînées par la politique dite de l'enfant unique, il avait été maintenu sous surveillance en toute illégalité. Malgré sa cécité, il a su déjouer la vigilance de ses gardiens et s'enfuir. Une militante des droits de l'homme l'a alors pris en charge pour le conduire à Pékin. La suite de son évasion restera confuse. D'abord caché par d'autres militants, Chen Guangcheng trouvera refuge à l'ambassade des États-Unis à la fin du mois. Entre-temps, le 27, il a mis en ligne une vidéo accusatrice pour la justice chinoise. (→ 19.5)

Ziad Takieddine est l'homme clé de l'affaire de Karachi

PARIS, MARDI 24 « C'est la dernière fois que je réponds. » C'est par ces mots lourds de colère, sinon de menaces, que l'homme d'affaires franco-libanais Ziad Takieddine a conclu son audition par le juge Renaud Van Ruymbeke. Une audition soldée par une mise en examen pour blanchiment de fonds liés à des contrats d'armement. Ce n'est jamais que la troisième. En 2011, Ziad Takieddine l'avait été pour complicité et recel d'abus de biens sociaux et pour faux témoignage. L'enquête de Renaud Van Ruymbeke vise à éclairer son rôle dans l'affaire du contrat de vente par la France, en 1994, de trois sous-marins Agosta au Pakistan. Ziad Takieddine, qui en était l'un des négociateurs, est soupçonné d'avoir perçu des rétrocommissions (prélevées sur les commissions occultes accordées par la France aux négociateurs pakistanais), lesquelles auraient pu financer la campagne d'Édouard Balladur pour l'élection présidentielle de 1995. Cette affaire est d'autant plus sensible qu'elle comporte un volet criminel avec l'assassinat le 8 mai 2002, à Karachi (où étaient assemblés deux des trois sous-marins), de onze employés français de la Direction des constructions navales (DCN). Pour l'ancien ministre de la Défense François Léotard, ce crime est lié au non-versement d'une commission.

Une mer de Chine très convoitée

LONDRES, MARDI 24 Chercheur à l'International Institute for Strategic Studies (IISS), Christian Le Mière a mis aujourd'hui en ligne une note très éclairante sur les ambitions de Pékin en mer de Chine orientale et méridionale. Il n'hésite pas à parler de « diplomatie de la canonnière » et de recours de plus en plus fréquent à des « forces navales paramilitaires » par les principaux acteurs de la région. L'enjeu de cette stratégie de la tension est le contrôle de la vaste zone maritime qui, de la Corée du Sud à la Malaisie, borde la Chine et recèlerait de gigantesques gisements d'hydrocarbures. D'où des conflits de souveraineté sur des territoires minuscules, mais de haute valeur symbolique et stratégique, comme les îles Spratleys, revendiquées par tous les États voisins, ou encore le récif de Scarborough. Au large de ce récif, un navire de guerre philippin, le *Gregorio del Pilar*, a tenté le 10 avril d'arrêter des pêcheurs chinois qui s'étaient aventurés dans cette zone que se disputent Manille et Pékin. Christian Le Mière ne manque pas de faire observer que ces tensions sont entretenues par des manœuvres conjointes entre les marines américaine et philippine (du 16 au 27 avril), d'une part, et les marines russe et chinoise (du 22 au 26 avril), d'autre part.

François Bayrou tacle violemment Nicolas Sarkozy

PARIS, MERCREDI 25 Pour espérer inverser la tendance qui, tous les sondages l'indiquent, ne lui est pas favorable, Nicolas Sarkozy n'a pas vraiment le choix dans cet entre-deux-tours : il doit tenter de séduire à la fois ceux qui ont voté pour Marine Le Pen et ceux qui suivaient François Bayrou. Un très problématique grand écart, que le président sortant a cru bon de justifier en expliquant, dans une interview accordée aux quotidiens de l'Association des journaux de l'est de la France, que les « électeurs de François Bayrou et ceux du Front national sont les mêmes, même si les chemins sont différents ». La réponse du président du Modem a été cinglante : il a immédiatement qualifié d'« absurdes et offensants » les propos de Nicolas Sarkozy. Avant d'ajouter : « Cette course ventre à terre derrière les thèses du Front national est humiliante. Elle est de surcroît vouée à l'échec parce que la France est un pays construit autour de principes qui ne se laisseront pas entacher. » (→ 6.5)

La grosse colère des étudiants québécois

MONTRÉAL (CANADA), MERCREDI 25 Cela fait déjà douze semaines que quelque 170 000 étudiants québecois se sont mis en grève. Ils exigent que le gouvernement libéral de Jean Charest revienne sur sa décision d'augmenter d'environ 75 % les droits de scolarité dans toutes les universités d'ici 2017. Et cela fait aussi douze semaines que ces mêmes étudiants, avec l'appui de différents partis politiques et d'une part croissante de la société civile, multiplient les manifestations à Montréal. Des manifestations marquées à plusieurs reprises par de violents affrontements entre des groupes de casseurs et les forces de l'ordre. Ce conflit est d'ores et déjà le plus long de l'histoire du Canada, et il ne semble pas près de s'essouffler. Pourtant, en réponse notamment à l'appel solennel lancé samedi 21 par dix-huit personnalités québecoises, la ministre de l'Éducation Line Beauchamp avait entamé lundi un dialogue avec les trois principales fédérations étudiantes en grève. Mais ce soir, deux d'entre elles ont suspendu les discussions après que la ministre a décidé d'exclure la troisième de la table des négociations… (→ 31.5)

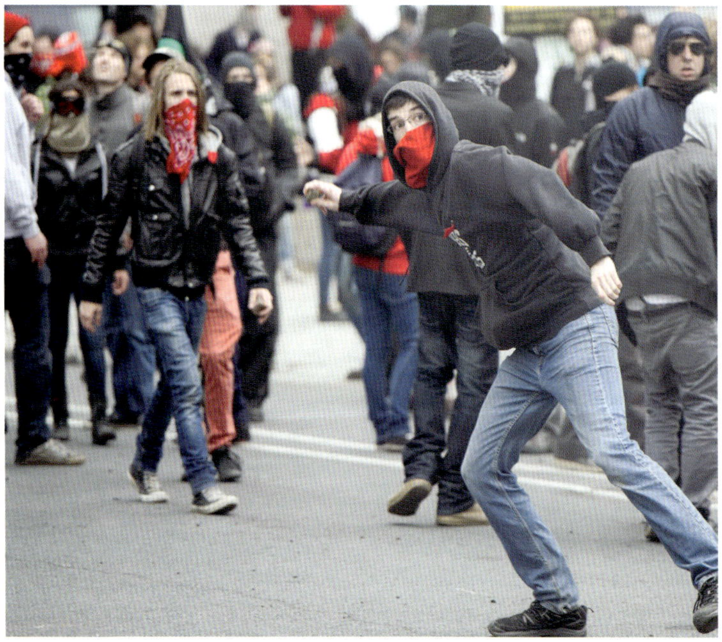
Le vendredi 20, une manifestation a dégénéré aux abords du Palais des congrès de Montréal, où se tenait un salon en présence du Premier ministre Jean Charest.

La puissance militaire chinoise

Deux événements, deux chocs, ont contraint l'Armée populaire de libération (APL), comme s'appelle officiellement l'armée chinoise, à se moderniser afin de rattraper son retard sur les forces armées occidentales. Le premier fut l'embargo sur les armements décrété par l'Union européenne après la répression sanglante de la manifestation de la place Tian'anmen, en 1989. Mais cet embargo fut en partie compensé par la possibilité pour la Chine, après l'effondrement de l'Union soviétique, de se fournir en Russie et en Ukraine. Le second choc a été la guerre éclair lancée en 2003 par les Américains et les Britanniques contre l'Irak. Les militaires chinois prirent alors pleinement conscience du fossé technologique qui les séparait de leurs homologues occidentaux.

Les chiffres de l'ALP sont impressionnants, mais ils sont trompeurs. L'armée de terre aligne 1,25 million de soldats. L'armée de l'air, forte de 250 000 hommes, met en œuvre environ 2 700 aéronefs, dont une grande partie est vieillissante. La marine possède 80 bâtiments de haute mer et une soixantaine de sous-marins, dont seulement cinq sous-marins nucléaires d'attaque (SNA) et trois sous-marins nucléaires lanceurs d'engins (SNLE). Les effectifs de la marine sont de 250 000 marins, à quoi il faut ajouter 56 000 fusiliers marins, 35 000 gardes-côtes et les 56 000 hommes de l'aéronavale. Une quatrième arme est constituée par le second corps d'artillerie, chargé des missiles balistiques nucléaires, dont une trentaine de missiles intercontinentaux (ICBM) type Dongfeng 5. Toutefois, leur capacité à percer les systèmes de défense antimissiles américains a été mise en doute.

Ces chiffres, rendus publics par le département de la Défense des États-Unis (DoD), datent de 2010 et sont bien entendu approximatifs.

Vers une véritable capacité de projection

Le budget officiel de l'APL en 2012 est de 670,2 milliards de yuans (80,5 milliards d'euros), soit une progression de 11,2 % par rapport à celui de 2011. C'est considérable, mais certains experts estiment que le budget réel est le double ! Les autorités chinoises disent qu'elles ont un retard de vingt à trente ans à rattraper sur les États-Unis. Peut-être y a-t-il là une exagération voulue pour justifier des dépenses jugées de plus en plus préoccupantes par Washington, qui a engagé un redéploiement stratégique de ses forces dans le Pacifique. On constate en tout cas que, loin de limiter ses objectifs à la défense du territoire national, comme elle le proclame, l'APL cherche à se doter d'une véritable capacité de projection. Elle en donne la preuve en participant à la lutte internationale contre la piraterie dans l'océan Indien et en alignant son premier porte-avions en 2012, le *Liaoning*. Cette évolution de la pensée stratégique chinoise inquiète ses voisins, Taïwan et le Japon en premier lieu, mais aussi l'Inde. Rappelons que l'Inde est sortie humiliée d'un conflit avec la Chine en 1962, et que c'est cette humiliation qui l'a décidée à se lancer dans la course à l'armement nucléaire.

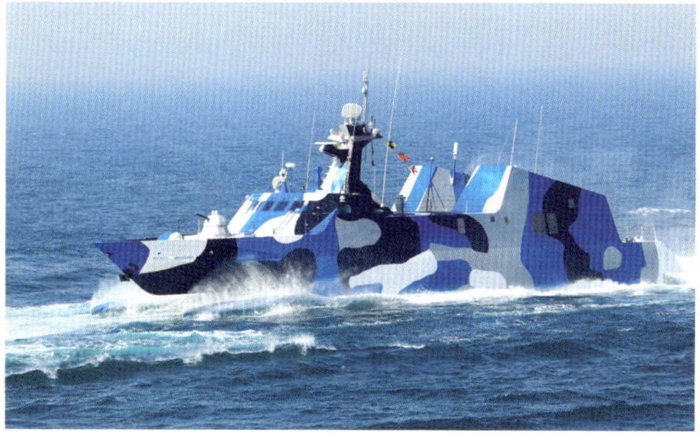

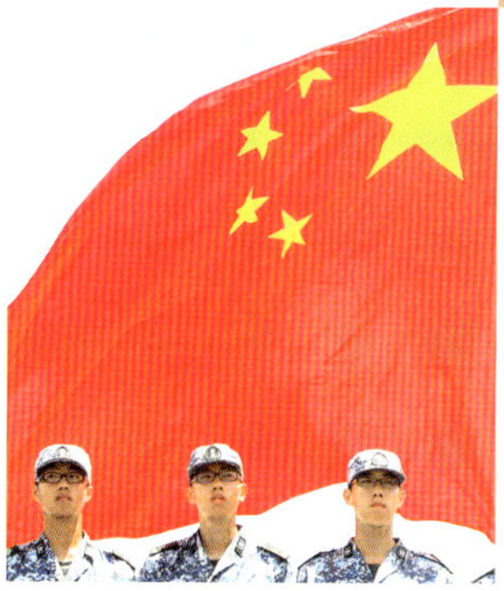

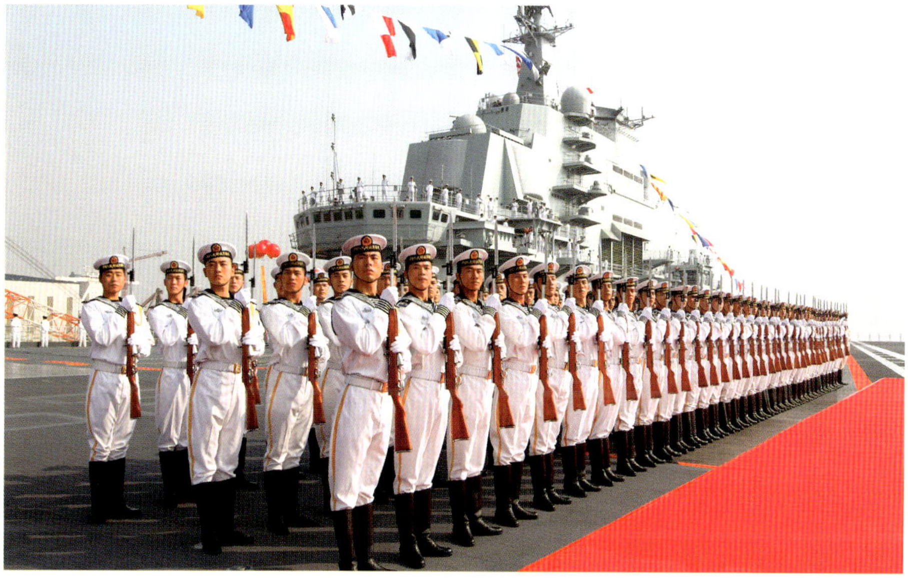

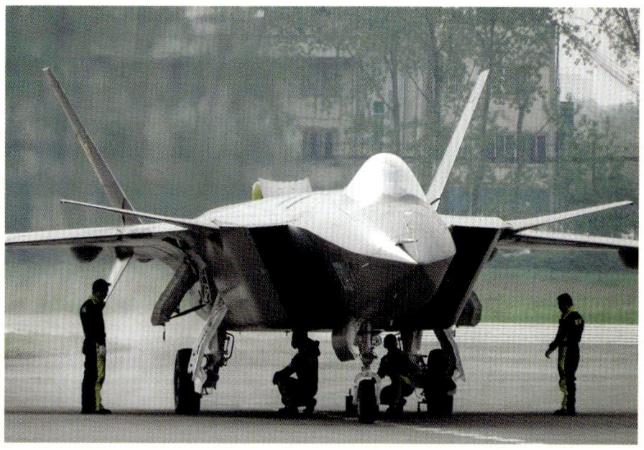

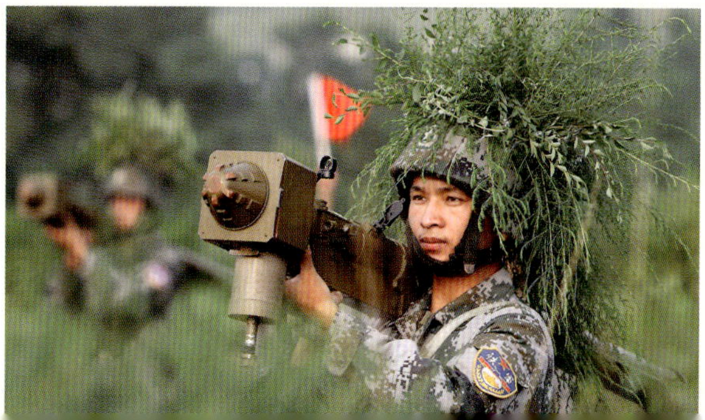

Ci-dessus : cérémonie sur le pont d'envol du Liaoning lors de sa mise en service, le 25 septembre 2012. Il s'agit en fait d'un ancien porte-avions soviétique dont la construction avait été abandonnée. Racheté à l'Ukraine, il a été achevé pour accueillir une cinquantaine d'aéronefs.
En haut, à gauche : catamaran lance-missiles Type 022-Houbei engagé dans l'exercice russo-chinois d'avril 2012.
À droite : élèves officiers de l'Armée populaire de libération.
Ci-contre, en haut : dernier-né de l'industrie aéronautique chinoise, le Chengdu J-20, avion de combat de cinquième génération (celle du F-22 américain et du T-50 russe), a effectué son premier vol le 11 janvier 2011.
En bas : soldats de l'APL engagés dans un exercice de défense antiaérienne dans la province du Henan, en août 2010.

Comme un air de Larzac en plein centre de Nantes

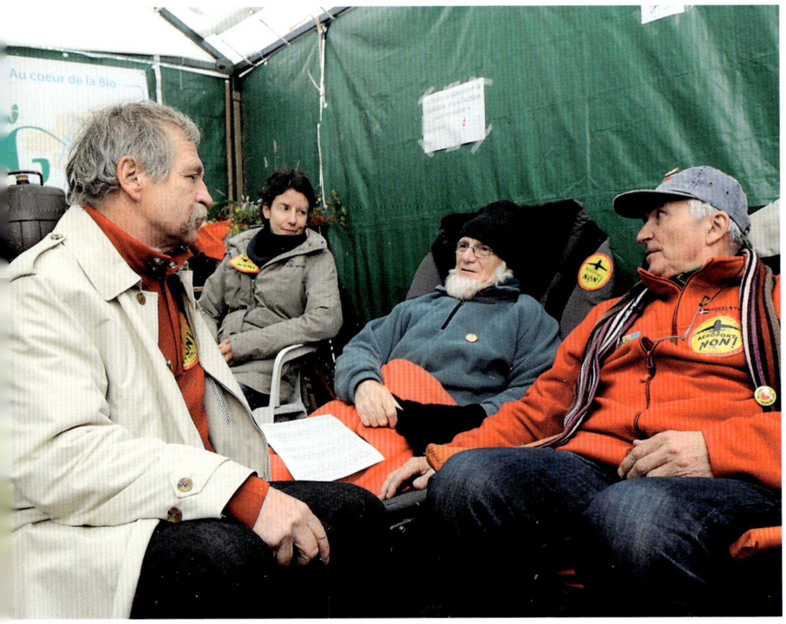

José Bové aux côtés de Michel Tarin (lui-même un ancien militant du Larzac, à gauche) et de Marcel Thébault (à droite). Au total, six personnes mèneront une grève de la faim, dont une élue du Front de gauche, Françoise Verchère.

NANTES (44), JEUDI 26 Le 11 avril, installés dans une tente plantée dans le centre-ville de Nantes, Marcel Thébault et Michel Tarin ont entamé une grève de la faim. Leur objectif ? Obtenir la suspension des procédures d'expropriation lancées pour récupérer les 240 hectares encore nécessaires au projet d'aéroport de Notre-Dame-des-Landes (44), à 30 km au nord de Nantes. Et cela tant que ne seront pas jugés les recours en justice déposés contre ce projet déjà très ancien, qui est soutenu par l'UMP et par le PS (en particulier par le « premier ministrable » Jean-Marc Ayrault, maire de Nantes), mais qui est contesté par les écologistes, le Front de gauche et de nombreuses associations locales. Depuis qu'ils ont entamé leur action, les deux agriculteurs ont été rejoints par d'autres jeûneurs volontaires. Ils ont également reçu le soutien de nombreux militants. Et notamment celui, hautement symbolique, des paysans du Larzac, qui en 1973 s'étaient opposés pacifiquement, et avec succès, à l'extension d'un camp militaire. Arrivée hier, cette délégation d'anciens du Larzac, avec à sa tête l'emblématique député européen José Bové, a passé la nuit auprès des grévistes de la faim. (→ 25.11)

Sarkozy et Hollande avec les policiers

PARIS, JEUDI 26 Nicolas Sarkozy et François Hollande ont entendu les protestations des policiers de Bobigny (93). Hier, ceux-ci ont été jusqu'aux Champs-Élysées pour crier leur écœurement après la mise en examen de leur collègue Damien S. pour « homicide volontaire » après 48 heures de garde à vue. Samedi 21, à Noisy-le-Sec (93), ce policier de 33 ans s'était retrouvé face à un malfaiteur armé. S'estimant menacé, il avait tiré. Amine Bentounsi, un dangereux multirécidiviste de 29 ans, est décédé peu après son hospitalisation. Pour Damien S., c'était une question de vie ou de mort. Mais le juge Nicolas Aubertin n'a pas retenu ses explications. Remis en liberté sous contrôle judiciaire, le policier a été immédiatement muté dans l'Isère. Hier, le ministre de l'Intérieur a invité le parquet à faire appel de la décision du juge, mais il n'a pas été suivi. Aujourd'hui, les deux candidats à la présidence de la République ont pris position. Nicolas Sarkozy a proposé d'instaurer la présomption de légitime défense pour les policiers, et François Hollande de renforcer leur « protection administrative ».

DSK, un convive bien embarrassant

PARIS, SAMEDI 28 Voici un épisode dont les socialistes se seraient bien volontiers passés, *a fortiori* entre les deux tours de la présidentielle. Le député PS Julien Dray avait invité quelque 200 personnes à venir fêter ce soir son anniversaire dans un bar club de la rue Saint-Denis. Ségolène Royal figurait sur la liste, de même que Manuel Valls et Pierre Moscovici, deux piliers de la campagne de François Hollande. Ce que tous trois ignoraient, c'est que Julien Dray avait également convié Dominique Strauss-Kahn et son épouse Anne Sinclair. La réaction de la candidate socialiste à la présidentielle de 2007 a été prompte : elle a quitté les lieux dès qu'elle a appris la venue de l'ancien directeur du FMI, mis en cause depuis un an dans plusieurs affaires de mœurs. Pierre Moscovici et Manuel Valls, deux anciens strauss-kahniens, ont-ils fait de même ? Oui, selon une première version des faits. Mais demain, d'autres sources affirmeront qu'ils sont restés et qu'ils se sont même entretenus avec Dominique Strauss-Kahn... Quoi qu'il en soit, la gaffe de Julien Dray mettra François Hollande, « très très en colère », dira-t-on dans l'entourage du candidat. À droite, l'occasion étant trop belle, on s'empressera de monter l'incident en épingle, sans oublier de rappeler que l'établissement de la rue Saint-Denis était un ancien sex-shop.

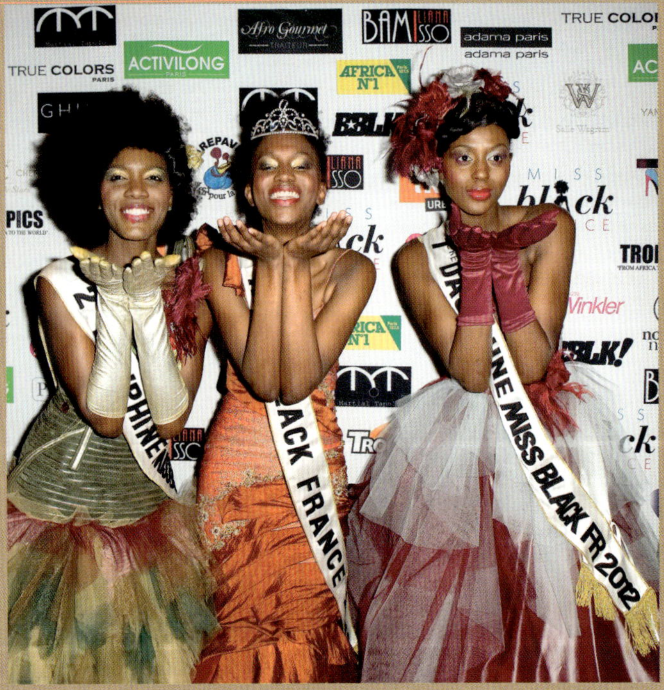

Samedi 28, salle Wagram, à Paris, la première élection de Miss Black France voit la victoire de la Sénégalaise Mbathio Beye (entourée ici de ses deux dauphines). La manifestation, qui s'est déroulée dans un climat bon enfant, a fait l'objet de polémiques dans le monde associatif. Pour Patrick Lozès, le fondateur du Conseil représentatif des associations noires de France (Cran), elle illustre une défaite de « nos valeurs » et de la « lutte contre les discriminations », et « un repli communautaire ».

Une attaque contre l'Iran serait « stupide »

JÉRUSALEM, DIMANCHE 29 Youval Diskin n'a pas l'habitude de parler pour ne rien dire. Patron du service de renseignement intérieur israélien, le Shin Beth, de 2005 à 2011, il est l'un des hommes les mieux informés et les plus compétents du pays. Or, la presse israélienne rapporte des propos très durs qu'il a tenus au sujet du Premier ministre Benyamin Nétanyahou et de son ministre de la Défense Ehoud Barak : « Je n'ai pas confiance, dit-il, en des hommes qui prennent des décisions sur la base de sentiments messianiques. » Ce qui est en cause, c'est le scénario catastrophe envisagé par Nétanyahou et Barak : une attaque contre les installations nucléaires de l'Iran. Or, dit Youval Diskin, « bien des experts estiment qu'une attaque israélienne accélérera la course nucléaire de l'Iran » au lieu de la stopper. Et cela, Youval Diskin n'est pas le seul à le penser. S'il est un Israélien peut-être encore mieux renseigné que lui, c'est bien Meir Dagan, chef du service de renseignement extérieur, le Mossad, de 2002 à 2010. Interrogé sur la chaîne américaine CBS le 8 mars dernier, Meir Dagan déclarait qu'attaquer l'Iran avant d'avoir épuisé les autres options était, de la part des dirigeants, « l'idée la plus stupide » possible.

Avril

FRANCE

PARIS, DIMANCHE 1er Dans *Le Journal du dimanche*, le député socialiste Arnaud Montebourg évoque une « volonté commune » entre François Hollande et Jean-Luc Mélenchon.

PARIS, LUNDI 2 Expulsion de cinq islamistes radicaux.

PARIS, MARDI 3 La Ville de Paris dépose un recours devant le tribunal administratif contre le permis de construire, dans le 15e Arrondissement, d'un « Pentagone français » réunissant le ministère de la Défense et des états-majors des différentes armes.

PARIS, MARDI 3 La commission sénatoriale pour le contrôle de l'application des lois commence ses auditions sur l'état de la législation en matière de sécurité intérieure et de lutte contre le terrorisme. Le gouvernement interdit aux patrons de la DGSE (Érard Corbin de Mangoux) et de la DCRI (Bernard Squarcini) d'y faire des dépositions.

TOURVILLE-LA-RIVIÈRE (76), MERCREDI 4 Perquisition de l'Inspection du travail dans un magasin Ikea. La marque suédoise est soupçonnée d'avoir espionné illégalement son personnel et sa clientèle.

PENLY (76), JEUDI 5 Feux et fuite d'eau radioactive à la centrale nucléaire de Penly. Greenpeace estime qu'il s'agit d'un « accident grave au niveau de la sûreté ».

PARIS, LUNDI 9 L'Union des étudiants juifs de France dénonce les propos de Nathalie Arthaud et d'Eva Joly selon lesquels Gaza serait un « camp de concentration à ciel ouvert ».

PARIS, LUNDI 9 Jean-Luc Mélenchon reçoit le soutien du président de l'Équateur Rafael Correa, qui assure que « l'heure de la révolution a sonné » en France.

PARIS, MARDI 10 Sur iTélé, François Hollande se déclare favorable à l'introduction d'une dose de proportionnelle aux élections législatives.

PARIS, MERCREDI 11 Selon le ministère de l'Intérieur, 299 femmes ont été verbalisées depuis un an pour port du voile intégral dans l'espace public.

PARIS, JEUDI 12 La télévision publique diffuse une vidéo-conférence entre Nicolas Sarkozy et Barack Obama. Le président américain apporte son soutien au président français sortant.

PERPIGNAN (66), SAMEDI 14 Nicolas Sarkozy reconnaît la responsabilité de la France dans l'abandon des harkis à la fin de la guerre d'Algérie. Environ 150 000 d'entre eux ont été massacrés par le FLN.

PARIS, MARDI 17 L'ancienne ministre de l'Environnement Corinne Lepage et l'ancienne secrétaire d'État à la Politique de la ville Fadela Amara appellent à voter pour François Hollande.

PARIS, JEUDI 19 Les ministères de la Santé et de l'Écologie annoncent l'interdiction progressive du perchloréthylène, solvant potentiellement cancérigène encore utilisé dans 90 % des pressings.

TOULOUSE (31), MERCREDI 25 Incidents entre étudiants sionistes et militants propalestiniens.

UNION EUROPÉENNE

BRUXELLES, DIMANCHE 1er Entrée en vigueur d'un article du traité de Lisbonne permettant à un minimum de 1 million de citoyens de l'UE de demander à la Commission de légiférer sur le sujet de leur choix.

BUDAPEST, LUNDI 2 Démission du président hongrois Pal Schmitt, convaincu de plagiat pour sa thèse de doctorat.

ATHÈNES, MERCREDI 4 Un retraité grec de 77 ans se tire une balle dans la tête à proximité du Parlement. Il avait annoncé qu'il préférait se tuer « plutôt que de fouiller les poubelles pour assurer son existence ».

BERLIN, SAMEDI 14 Après d'autres villes d'Allemagne, la capitale est le théâtre d'une distribution gratuite du Coran par un réseau salafiste qui en aurait imprimé 25 millions d'exemplaires, soit un par foyer.

ROME, MERCREDI 18 Le président du Conseil italien Mario Monti reporte le retour à l'équilibre budgétaire à 2015 au lieu de 2013.

MADRID, VENDREDI 20 Un décret-loi impose aux régions des économies de 10 milliards d'euros sur les budgets de santé et d'éducation.

BRUXELLES, LUNDI 23 L'Union européenne suspend ses sanctions contre la Birmanie.

FRANCFORT (ALLEMAGNE), MERCREDI 25 Le président de la Banque centrale européenne (BCE) Mario Draghi déclare à propos du pacte budgétaire : « Nous devons revenir en arrière et en faire un pacte de croissance. »

MADRID, VENDREDI 27 L'Espagne compte 366 000 chômeurs supplémentaires au premier trimestre, ce qui porte le nombre total de demandeurs d'emplois à 5,6 millions, soit un quart de la population active.

INTERNATIONAL

ISTANBUL, DIMANCHE 1er Une conférence internationale des « Amis de la Syrie » apporte son soutien au plan de paix de Kofi Annan. Elle réunit les représentants de 87 États et ceux de l'ONU, de l'Union européenne, de la Ligue arabe et de l'Organisation de coopération islamique (OCI).

MALI, DIMANCHE 1er Gao et Tombouctou sont tombées entre les mains des sécessionnistes du Mouvement national de libération de l'Azawad (MNLA) et des islamistes d'Ansar Dine.

OAKLAND (CALIFORNIE), LUNDI 2 Dans une université, un élève infirmier tue sept de ses condisciples.

RUSSIE, LUNDI 2 Un ATR-72 reliant Tioumen et Sourgout, en Sibérie, s'écrase, faisant 31 morts et 12 blessés.

PORTO ALEGRE (BRÉSIL), MERCREDI 4 La justice brésilienne condamne Monsanto à suspendre la collecte des redevances sur le soja produit par ses OGM et à rembourser aux agriculteurs près de 6,2 milliards d'euros de royalties abusives. Monsanto a fait appel.

BELGRADE, MERCREDI 4 Le président serbe Boris Tadic démissionne afin de se représenter à une élection présidentielle anticipée.

LILONGWE, JEUDI 5 Le président du Malawi, Bingu wa Mutharika, succombe à un arrêt cardiaque. Sa succession se présente sous un jour difficile, la vice-présidente Joyce Banda étant passée dans l'opposition.

MALI, JEUDI 5 Sept ressortissants algériens, dont le consul d'Algérie à Gao, sont enlevés par le Mouvement pour l'unicité et le jihad en Afrique de l'Ouest (Mujao).

ALASKA, JEUDI 5 Les gardes-côtes américains coulent un chalutier fantôme japonais qui dérivait depuis le tsunami de 2011.

MALI, VENDREDI 6 Le MNLA proclame l'indépendance de l'Azawad et intime à Al-Qaida au Maghreb islamique (AQMI) l'ordre de quitter Tombouctou.

BAMAKO, VENDREDI 6 La junte militaire malienne, suite à un accord avec la Communauté économique des États de l'Afrique de l'Ouest (Cédéao), remet formellement le pouvoir aux civils, en la personne du président de l'Assemblée nationale, Dioncounda Traoré, qui sera nommé président par intérim le 12.

NEW YORK, DIMANCHE 8 Selon le *New York Times*, le directeur général d'Apple, Tim Cook, a touché en 2011 une rémunération équivalant à 378 millions d'euros.

TUNIS, LUNDI 9 Une manifestation réunissant plusieurs milliers de Tunisiens hostiles aux islamistes est brutalement réprimée par la police.

PÉKIN, MARDI 10 Bo Xilai est suspendu de toutes ses fonctions au sein du Parti communiste chinois.

TRIPOLI, MARDI 10 Les autorités libyennes refusent de livrer Saïf Al-Islam Kadhafi (fils du colonel Kadhafi) à la Cour pénale internationale, jugeant la Libye en mesure de lui assurer un procès équitable.

BISSAU, JEUDI 12 Des militaires s'emparent du pouvoir en Guinée-Bissau.

CORÉE DU NORD, VENDREDI 13 Échec du lancement de la fusée Unha-3, porteuse d'un satellite.

AFGHANISTAN, LUNDI 16 Offensive des talibans à Kaboul et dans trois villes de province. 32 assaillants, 3 soldats afghans et 8 policiers ont été tués.

INDE, JEUDI 19 Tir réussi d'Agni V, premier missile à longue portée indien (5 000 km).

JUBA, DIMANCHE 22 Le Soudan du Sud s'est retiré d'une zone disputée avec le Soudan, où de violents combats se sont déroulés ces derniers jours.

NAYPYIDAW, LUNDI 23 Aung San Suu Kyi et les députés de son parti refusent de siéger à l'ouverture du Parlement de Birmanie pour ne pas avoir à prêter serment de « protéger » la Constitution de 2008.

KHARKIV (UKRAINE), MARDI 24 L'ancien Premier ministre Ioulia Timochenko engage une nouvelle grève de la faim. Elle aurait été frappée par ses gardiens en prison.

ABIDJAN, JEUDI 26 La Cédéao décide l'envoi de troupes au Mali et en Guinée-Bissau pour aider à la transition entre militaires et civils.

YÉMEN, JEUDI 26 Trois membres présumés d'Al-Qaida sont abattus par un drone américain.

DNIPROPETROVSK (UKRAINE), VENDREDI 27 Quatre explosions criminelles font 27 blessés.

COLOMBIE, SAMEDI 28 Le journaliste français Roméo Langlois est enlevé par les Farc pendant un violent accrochage avec la patrouille antidrogue qu'il accompagnait (4 militaires tués et 8 blessés).

QUETTA (PAKISTAN), DIMANCHE 29 Une employée britannique du Comité international de la Croix-Rouge (CICR) est retrouvée décapitée. Elle avait été enlevée le 5 janvier par les talibans pakistanais.

NOUAKCHOTT, DIMANCHE 29 Arrestation du militant antiesclavagiste mauritanien Biram Ould Dah Ould Abeid et de dix de ses proches.

CARACAS, LUNDI 30 Le président Hugo Chávez installe le Conseil d'État prévu par la Constitution de 1999.

ÉCONOMIE

PARIS, DIMANCHE 1er La TVA du livre passe de 5,5 % à 7 %. François Hollande a annoncé qu'il la rétablirait à son niveau antérieur parce que le livre est « un bien de première nécessité ».

PARIS, VENDREDI 6 Le quotidien en ligne *La Tribune* révèle que Dassault Systèmes se retire du projet de Cloud français, laissant seul en piste le consortium Orange-Thales.

NEW YORK, LUNDI 9 Facebook rachète Instagram pour 1 milliard de dollars.

BUENOS AIRES, LUNDI 16 Le gouvernement argentin annonce la nationalisation du pétrolier YPF, filiale du groupe espagnol Repsol.

NANTERRE (92), JEUDI 19 Le tribunal de commerce accepte l'offre de reprise de la Fonderie du Poitou Aluminium (FDPA), à Ingrandes (86), par l'équipementier Saint Jean Industries.

NEW YORK, JEUDI 26 Standard & Poor's dégrade à nouveau la note de l'Espagne, qui passe de A à BBB+.

CULTURE

ALBI (81), MARDI 3 Réouverture après travaux du musée Toulouse-Lautrec.

PARIS, VENDREDI 13 Reparution de *La Tribune* en kiosque, mais en version hebdomadaire. La version quotidienne en ligne continue.

SCIENCES

PARIS, MERCREDI 4 Selon un rapport de la Haute Autorité de santé (HAS), le dépistage du cancer de la prostate par test sanguin serait inutile, voire nocif.

SPORTS

ROUBAIX (59), DIMANCHE 8 Le coureur cycliste belge Tom Boonen remporte pour la quatrième fois la classique Paris-Roubaix.

DÉCÈS

NEW YORK, MARDI 3 Richard Descoings (*23.6.1958), directeur de l'Institut d'études politiques de Paris (Sciences Po).

PARIS, MERCREDI 4 Claude Miller (*20.2.1942), cinéaste français.

SAINT-CLOUD (92), DIMANCHE 8 François Brigneau (*30.4.1919, Emmanuel Allot, dit), journaliste français.

PARIS, MARDI 10 Raymond Aubrac (*31.7.1914, Raymond Samuel, dit), figure de la Résistance.

ALGER, MERCREDI 11 Ahmed Ben Bella (*25.12.1916), ancien président algérien.

PARIS, DIMANCHE 29 Roland Moreno (*11.6.1945), inventeur de la carte à puce.

PARIS, DIMANCHE 29 Éric Charden (*15.10.1942, Jacques Puissant, dit), auteur, compositeur et chanteur de variétés français.

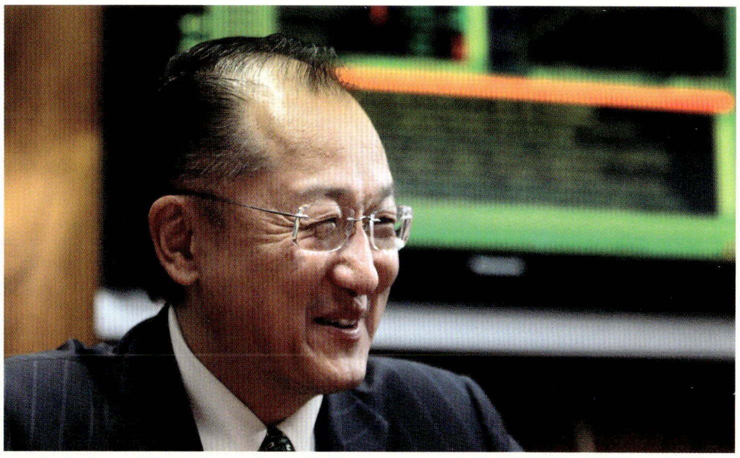

Lundi 16 à Washington, Jim Yong Kim, un médecin américain d'origine coréenne soutenu par Barack Obama, est élu président de la Banque mondiale. C'est une surprise dans la mesure où le poste semblait promis à l'actuelle directrice générale, la Nigériane Ngozi Okonjo-Iweala, appréciée pour ses compétences.

Cinq ans de crise au jour le jour

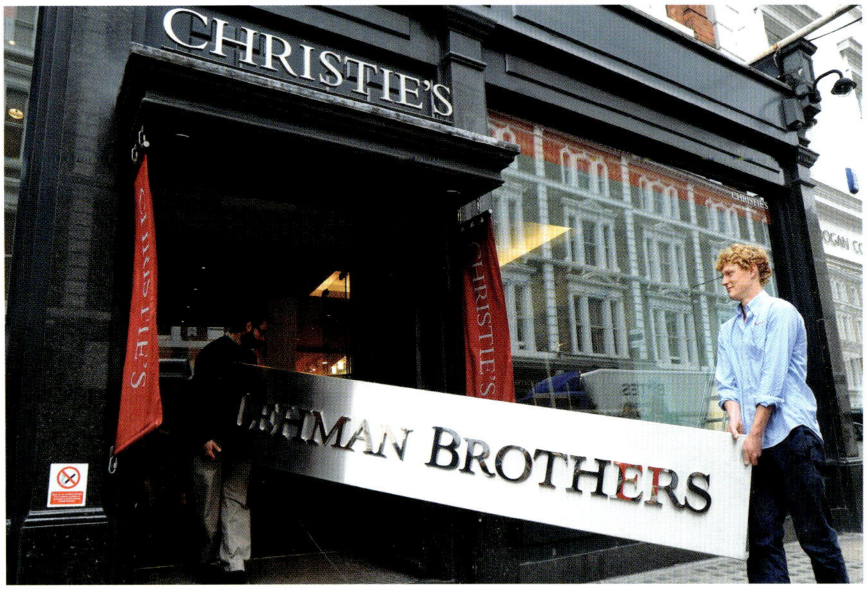

La crise aura cette année occupé le devant de la scène. Une nouvelle fois, serait-on tenté de dire. Mais comment en est-on arrivé là ? De la crise des subprimes, qui a éclaté en 2007, à celle de la dette souveraine des États de la zone euro, retour sur les cinq années de tourmente financière et économique qui ont précédé cette année 2012.

Tout un symbole. En septembre 2010, soit deux ans après la faillite retentissante de Lehman Brothers, les objets et œuvres d'art qui ornaient les bureaux de l'ancienne banque étaient mis aux enchères chez Christie's, à Londres (ci-contre), et chez Sotheby's, à New York.

2007

Février Aux États-Unis, la multiplication des défauts de paiement sur les crédits subprimes (crédits hypothécaires permettant aux plus démunis d'acquérir un logement) entraîne la faillite de plusieurs établissements bancaires spécialisés. **Juin** Le 20, Bear Stearns, l'une des cinq banques d'investissement de Wall Street, essaie de sauver deux de ses fonds adossés sur des subprimes, faisant ainsi monter l'inquiétude des marchés. **Juillet** Le 17, l'annonce de l'effondrement de la valeur de deux fonds de Bear Stearns fait plonger les Bourses mondiales. **Août** Le 1er, le ministère des Finances allemand annonce un plan de 3,5 milliards d'euros pour éviter la faillite d'IKB Deutsche Industriebank. / Le 9, la banque française BNP Paribas annonce le gel de trois de ses fonds, adossés à des subprimes. / Le 23, Bank of America injecte 2 milliards de dollars dans Countrywide, premier prêteur immobilier du pays, afin de lui éviter la faillite. / Dans le courant du mois, les Bourses mondiales chutent à plusieurs reprises ; les banques centrales américaine, européennes et asiatiques interviennent alors pour soutenir le marché des liquidités. **Septembre** Le 15, la banque britannique Northern Rock appelle à l'aide la Banque d'Angleterre, provoquant ainsi la panique chez ses clients. **Octobre** Le 1er, l'américain Citigroup fait part d'une chute de 60 % de son bénéfice au troisième trimestre. La banque suisse UBS annonce pour sa part 4 milliards de dollars de dépréciations d'actifs. **Décembre** Le 12, la Fed (Réserve fédérale des États-Unis), la BCE (Banque centrale européenne), la Banque nationale suisse, la Banque d'Angleterre et la Banque du Canada lancent une opération commune pour injecter des liquidités destinées à soutenir les banques étranglées par la crise des subprimes.

2008

Janvier Le 18, le président George W. Bush annonce un plan de relance de l'économie américaine de plus de 140 milliards de dollars. / Le 22, la Fed abaisse ses taux de 0,75 %. Cette baisse est la cinquième en six mois. **Février** Le 17, la banque britannique Northern Rock est provisoirement nationalisée pour éviter le dépôt de bilan. **Mars** Le 14, JPMorgan Chase Bank sauve Bear Stearns en l'achetant avec l'aide financière de la Fed. **Avril** Le 15, selon l'Organisation de coopération et de développement économiques (OCDE), les pertes liées à la crise des subprimes s'élèvent à 422 milliards de dollars. **Juillet** Le 12, IndyMac, un des plus gros prêteurs hypothécaires américains, fait faillite. **Septembre** Le 7, le Trésor américain place sous tutelle les agences de refinancement immobilières Freddie Mac et Fannie Mae. / Le 15, tournant de la crise financière, la banque d'affaires Lehman Brothers dépose son bilan. C'est la plus grande faillite de l'histoire des États-Unis. Le même jour, Bank of America annonce le rachat de Merrill Lynch, autre banque d'affaires de Wall Street. / Le 17, l'État américain nationalise l'assureur AIG en y injectant 85 milliards de dollars en échange de 79,9 % de son capital. / Le 18, l'État américain présente un plan de 700 milliards de dollars pour débarrasser les banques de leurs actifs « toxiques ». Le même jour, la banque britannique Lloyd TSB rachète sa concurrente HBOS, menacée de faillite. / Le 28, la Belgique, le Luxembourg et les Pays-Bas annoncent la nationalisation partielle de la banque Fortis. / Le 30, les gouvernements français, belge et luxembourgeois s'accordent pour injecter 6,4 milliards d'euros dans le bancassureur franco-belge Dexia. **Octobre** Le 7, l'Espagne crée un fonds de 30 à 50 milliards d'euros pour soutenir son système financier. / Le 8, l'Islande est au bord de la faillite ; l'État nationalise les deuxième et troisième banques du pays. / Les 10 et 12, à l'issue d'une semaine de krach boursier planétaire, les pays membres du G7, puis ceux de la zone euro, établissent un plan d'action contre la crise. / Le 13, le gouvernement français adopte un plan prévoyant notamment l'injection de 10,5 milliards d'euros dans les six plus grandes banques privées françaises. / Le 24, vent de panique dans les Bourses du monde entier. Depuis le début de l'année, les places boursières ont perdu près de la moitié de leur capitalisation. Et la crise des subprimes est en train de dégénérer en crise économique globale, avec de fortes augmentations du chômage. **Décembre** Le 4, baisse historique de 0,75 point du taux de la BCE, qui passe à 2,5 %. Le même jour, le président Nicolas Sarkozy présente un plan de relance de l'économie française de quelque 26 milliards.

2009

Février Le 19, annonce en France d'un plan de soutien aux victimes de la crise. **Mars** Le 4, en France, le projet de loi de finances rectificatif prévoit un déficit record de 100 milliards d'euros. Soit environ le double du chiffre initialement adopté pour 2009. / Le 31, selon l'Insee, la dette publique de la France s'est alourdie en 2008 de 118,3 milliards d'euros, pour s'établir à 1 327,1 milliards. **Avril** Le 2, la réforme du capitalisme mondial est au menu du G20 de Londres. **Mai** Le 7, la BCE abaisse son principal taux directeur à 1 % pour les opérations de refinancement. **Octobre** Le 19, en Grèce, le gouvernement du socialiste Georges Papandréou, nouvellement élu, révèle que le déficit du pays atteint 12,7 % du PIB, soit le double du chiffre avancé par la droite, jusque-là au pouvoir. **Décembre** Les agences de notation baissent d'un cran la note de crédit à long terme de la Grèce. / Au quatrième trimestre 2009, le taux de chômage en France, en hausse constante depuis février 2008, s'établit à 9,6 % de la population active en métropole, retrouvant ainsi son niveau de 1999.

2010

Janvier Le 14, le gouvernement grec présente un premier plan d'austérité. / Le 29, en Espagne, le gouvernement du socialiste José Luis Zapatero adopte un plan d'austérité visant à économiser 50 milliards d'euros sur trois ans. **Février** Le 3, la Grèce, dont la dette s'élève à plus de 150 % du PIB (350 milliards d'euros), est placée sous surveillance. **Mars** Le 3, Nicolas Sarkozy présente un plan d'aide à l'industrie française. / Le 8, le Portugal annonce un programme d'austérité pour réduire son déficit record, qui s'élève à 9,3 % du PIB. / Le 30, le gouvernement irlandais dévoile un plan de sauvetage bancaire. **Avril** Le 9, le Fonds monétaire international (FMI) accorde une aide de 159 millions de dollars à l'Islande. **Mai** Le 2, l'Union européenne et le FMI accordent un plan de prêts de 110 milliards à la Grèce, sans précédent dans le monde par son ampleur. En échange, Athènes engage un nouveau plan de rigueur. / Le 10, le Fonds européen de stabilité financière (FESF) est adopté. Il est destiné à venir en aide aux pays de la zone euro qui en ont besoin et à prévenir les risques de contagion de la crise de la dette. **Juillet** Le 29, adoption d'un plan d'austérité par l'Italie dont la dette (près de 120 % du PIB) est l'une des plus élevées au monde. **Septembre** Le 30, le déficit public de l'Irlande pour 2010 est nettement revu à la hausse: il passe de 11,6 à 32 % du PIB. **Octobre** Le 18, adoption par les ministres des Finances des 27 pays de l'UE d'une réforme du Pacte de stabilité et de croissance, visant à renforcer les règles budgétaires et à éviter de nouvelles crises de la dette souveraine en cas de déficits excessifs dans la zone euro. / Le 20, le Premier ministre britannique David Cameron dévoile un plan d'austérité sans précédent destiné à trouver 83 milliards de livres (95 milliards d'euros) en cinq ans. **Novembre** Le 21, l'Irlande fait appel au soutien financier du fonds européen de stabilité financière. / Le 28, accord entre Dublin, l'UE et le FMI sur un plan de sauvetage pour l'Irlande de quelque 85 milliards d'euros. L'Irlande s'engage à réduire ses déficits budgétaires de 15 milliards en quatre ans et à restructurer son secteur bancaire. **Décembre** Le 17, les dirigeants de l'UE adoptent un texte prévoyant la modification du traité de Lisbonne pour autoriser les pays de la zone euro à installer le Mécanisme européen de stabilité (MES) au-delà de 2013, date d'expiration du FESF.

2011

Avril Le 6, deux semaines après la démission du Premier ministre José Socrates, qui s'y opposait, le Portugal se résout à demander une aide internationale. / Le 15, le gouvernement grec annonce un nouveau plan de réduction des dépenses de deux milliards. **Mai** Le 5, en échange d'un programme de rigueur, l'UE et le FMI accordent au Portugal une aide de 78 milliards d'euros. / Le 9, l'agence de notation financière Standard & Poor's abaisse encore la note de crédit de la Grèce de deux points. **Juin** Le 29, nouveau plan d'austérité et de privatisations en Grèce, qui permet la poursuite du soutien financier international. / Le 30, le gouvernement italien adopte un nouveau plan de rigueur de 47 milliards d'euros d'ici 2014. **Juillet** Le 13, l'agence Fitch dégrade de trois crans la note de la dette souveraine de la Grèce. / Le 21, la zone euro alloue un second plan d'aide de 159 milliards à la Grèce. **Août** Le 2, les taux d'emprunt à dix ans de l'Italie et de l'Espagne atteignent les niveaux record de 6,12 et 6,28. / Le 5, l'agence Standard & Poor's dégrade la note des États-Unis, qui passe de la note maximale de AAA à A+. Une première. / Le 16, Nicolas Sarkozy et la chancelière allemande Angela Merkel proposent la mise en place d'un gouvernement économique de la zone euro et de rendre obligatoire la «règle d'or» d'équilibre budgétaire. / Le 30, une étude de l'Insee révèle que la pauvreté a fortement augmenté en France en 2009. En cause, principalement, la montée du chômage **Septembre** Le 11, la Grèce annonce de nouvelles mesures d'économies budgétaires. **Octobre** Le 10, le bancassureur Dexia est démantelé. / Le 17, l'agence de notation Moody's place sous surveillance le «triple A» de la France. / Le 19, la note souveraine espagnole est dégradée pour la troisième fois en moins de deux semaines. / Le 27, à Bruxelles, les 27 tentent d'apporter une réponse globale à la crise de l'euro. Le FESF est doté de 1 000 milliards d'euros. En outre, un nouveau plan d'aide à la Grèce prévoit un effacement par les banques privées de 50 % de la dette grecque qu'elles détiennent contre une recapitalisation d'un montant de 106 milliards d'euros. / Le 28, avec 21,96 % de la population active, le taux de chômage en Espagne atteint son niveau le plus élevé depuis 1996. **Novembre** Le 4, la crise de la dette et les moyens d'enrayer sa contagion sont au centre des débats du G20 de Cannes (06). / Le 9, Georges Papandréou démissionne. À la tête d'un gouvernement d'union nationale chargé de mettre en œuvre le plan européen de désendettement de la Grèce, l'économiste Lucas Papadémos le remplace le 11. / Le 12, poussé vers la sortie, Silvio Berlusconi démissionne de son poste de président du Conseil italien. Il est remplacé le 16 par l'économiste Mario Monti, chargé de mettre en œuvre une indispensable politique d'austérité. Son gouvernement sera entièrement composé de techniciens. **Décembre** Le 9, réunis à Bruxelles avec pour objectif de sauver l'euro pris dans la tourmente de la crise de la dette, les dirigeants européens se mettent d'accord sur l'adoption d'un pacte budgétaire renforcé, en grande partie basé sur les mesures fixées par le « couple » Merkel-Sarkozy. Seuls le Royaume-Uni et la République tchèque refuseront d'adhérer à ce traité, signé en mars 2012. / Le 30, en Espagne, le gouvernement conservateur de Mariano Rajoy annonce un plan de rigueur comprenant des coupes budgétaires à hauteur de 8,9 milliards d'euros et des hausses d'impôts pour 6,3 milliards. / Au 4e trimestre 2011, le taux de chômage en France métropolitaine s'établit à 9,4 % de la population active, les plus mauvais chiffres depuis la fin 2009. Depuis le second trimestre 2007, ce taux a augmenté de 1,3 point.

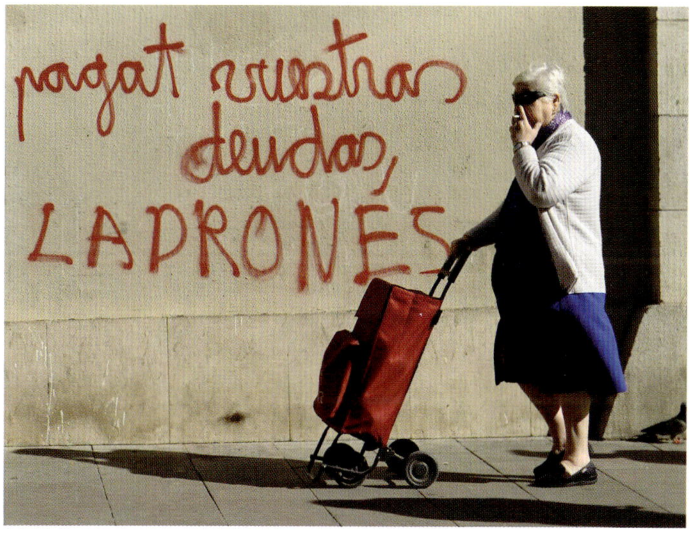

Ci-dessus : « Payez vos dettes, voleurs », peut-on lire en catalan sur ce mur de Barcelone. Dans une Espagne minée par la crise et le chômage, et soumise à une cure d'austérité historique, le ressentiment de la population envers les banques et les dirigeants politiques est immense.
Ci-dessous : toute l'inquiétude d'un pays pris dans la tourmente se lit dans cette peinture murale qui enjoint, en anglais, le monde de prier pour le Portugal.

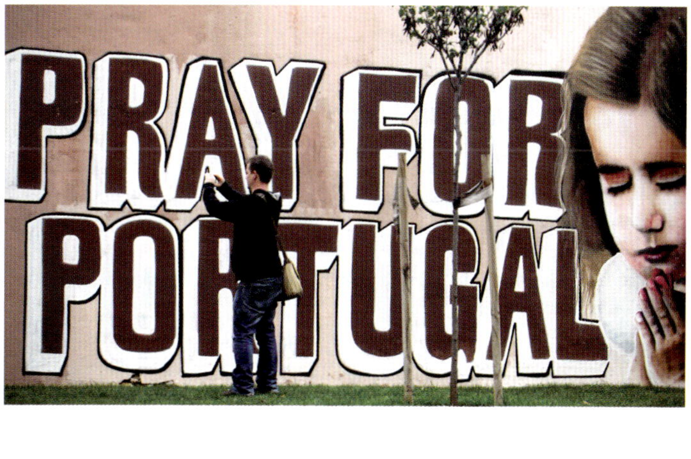

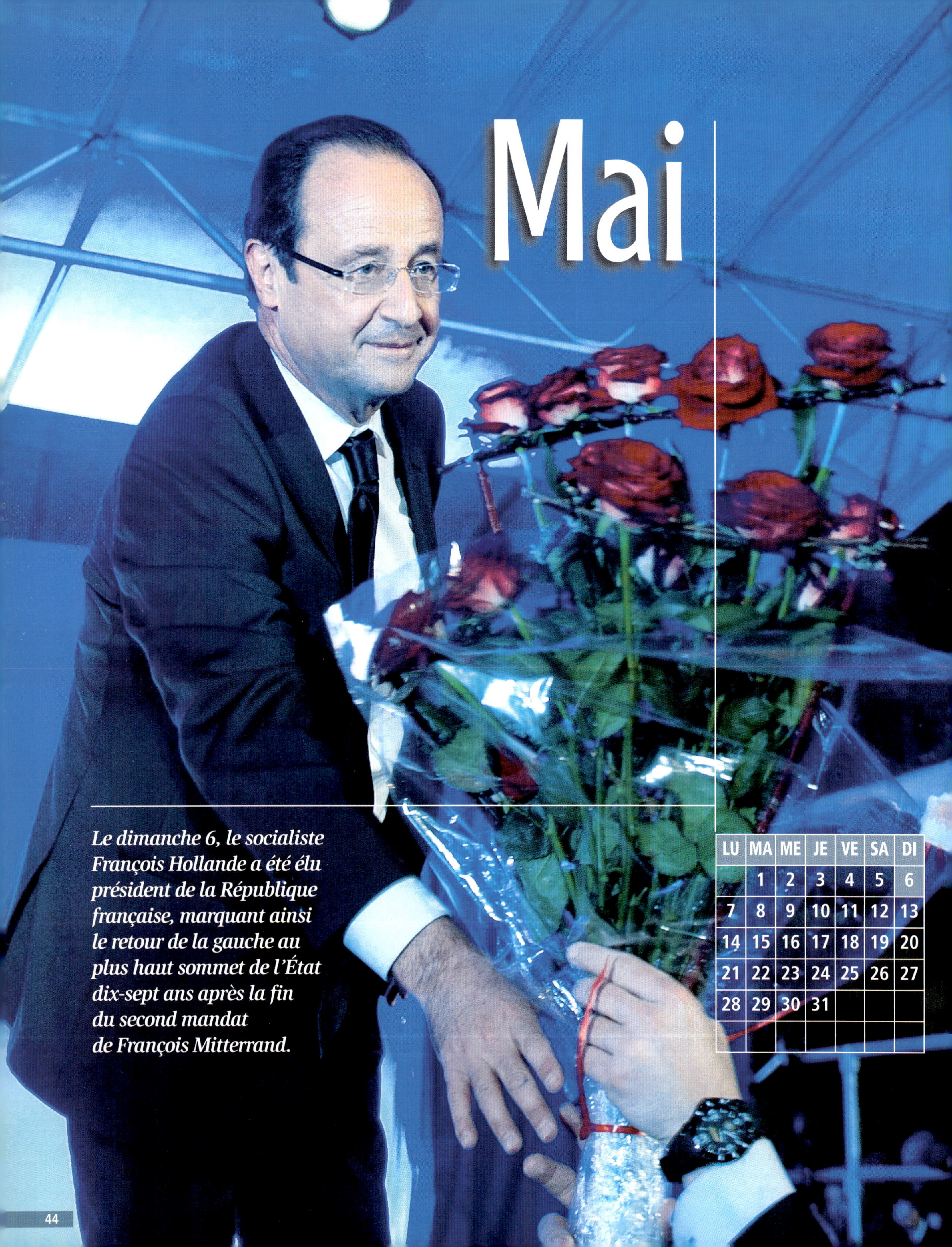

Mai

Le dimanche 6, le socialiste François Hollande a été élu président de la République française, marquant ainsi le retour de la gauche au plus haut sommet de l'État dix-sept ans après la fin du second mandat de François Mitterrand.

LU	MA	ME	JE	VE	SA	DI
	1	2	3	4	5	6
7	8	9	10	11	12	13
14	15	16	17	18	19	20
21	22	23	24	25	26	27
28	29	30	31			

Le harcèlement sexuel avait été mal défini

PARIS, VENDREDI 4 La décision du Conseil constitutionnel fait des remous : « L'article 222-33 du Code pénal permet que le délit de harcèlement sexuel soit punissable sans que les éléments constitutifs de l'infraction soient suffisamment définis. » Les Sages ont donc répondu favorablement à la question prioritaire de constitutionnalité (QPC) déposée par Me Claire Waquet, conseil de Gérard Ducray. Le 15 mars 2011, ce dernier, secrétaire d'État au Tourisme de 1974 à 1976, avait été condamné en appel à trois mois de prison avec sursis, à une amende de 5 000 euros et à une interdiction d'exercer toute fonction ou emploi public. L'arrêt de la Cour annule donc la condamnation de Gérard Ducray et suspend toutes les procédures en cours sur des affaires de harcèlement sexuel. L'Association européenne contre les violences faites aux femmes au travail (AVFT), qui s'était paradoxalement associée à la QPC de Gérard Ducray, jugeant elle aussi le code trop flou, est cependant moins satisfaite que l'ancien secrétaire d'État. Selon elle, l'abrogation de l'article 222-33 aurait dû être différée d'un an, le temps pour le législateur d'en rédiger un autre, sans laisser les plaignantes dans un vide juridique.

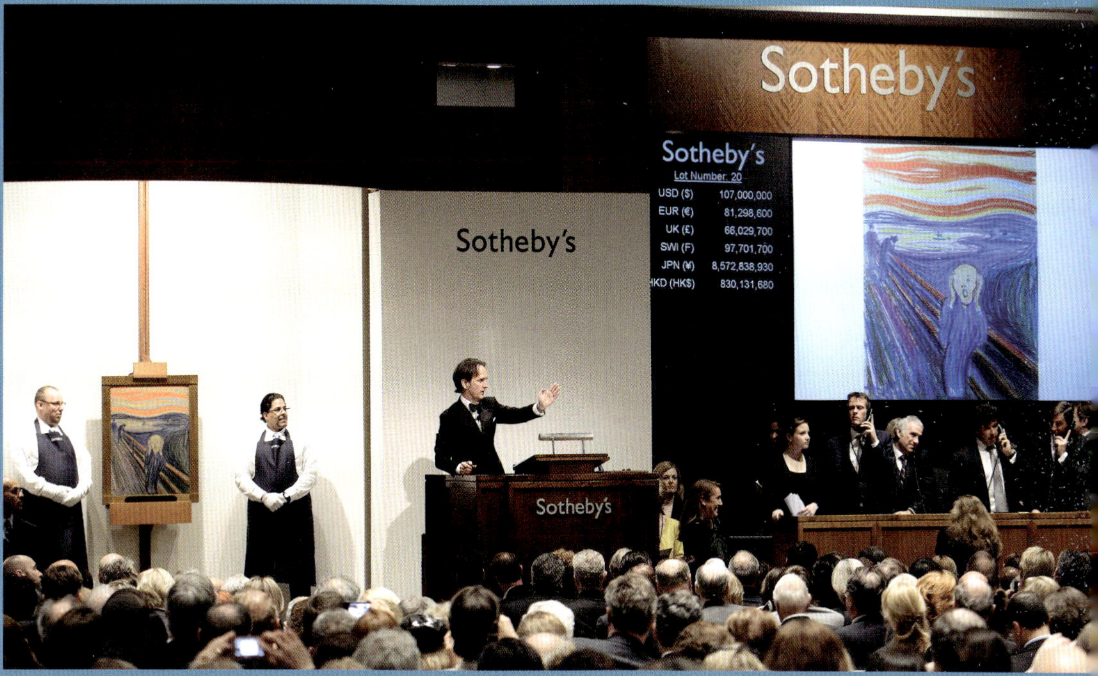

L'ambiance était électrique, presque dramatique, chez Sotheby's à New York, mercredi 2. L'une des quatre versions du Cri *du peintre norvégien Edvard Munch (1895) était en vente. Les trois autres sont dans les musées norvégiens. Ce pastel, provenant d'une famille proche de l'artiste, était promis à des enchères faramineuses. Mais toutes les prévisions ont été dépassées. Il n'a fallu que douze minutes au commissaire-priseur Tobias Meyer (au centre de la photographie) pour adjuger* Le Cri *à un montant de 119,92 millions de dollars (90,74 millions d'euros), frais inclus, au terme d'une bataille acharnée entre les quatre derniers enchérisseurs. C'est un record mondial pour une vente publique. Le nom de l'acquéreur n'a pas été communiqué par la célèbre et vénérable enseigne, créée en 1744.*

Journée difficile pour les conservateurs britanniques

ROYAUME-UNI, VENDREDI 4 Des élections municipales partielles se sont déroulées hier au Royaume-Uni. Elles constituaient un test d'une grande importance pour le Premier ministre conservateur David Cameron. Or, les résultats qui sont tombés aujourd'hui sont mauvais, et même très mauvais. Les travaillistes enregistrent une progression spectaculaire : ils conquièrent la deuxième ville du royaume, Birmingham, et s'imposent à Cardiff, capitale du pays de Galles, à Southampton ou à Plymouth. Les conservateurs reculent aussi en Écosse, où les libéraux-démocrates alliés à David Cameron abandonnent Édimbourg aux travaillistes, et où le Parti national écossais (SNP) indépendantiste poursuit sa marche en avant. Seule consolation, la ville de Londres reste entre les mains de son maire conservateur, le pittoresque et populaire Boris Johnson. Il obtient 51,53 % des suffrages contre son adversaire (et prédécesseur) travailliste Ken Livingstone (48,47 %). Toutefois, la réélection de Boris Johnson n'est pas forcément une bonne nouvelle pour David Cameron. Car le maire de Londres pourrait bien lui voler la vedette dans la perspective des législatives prévues en 2015 et devenir son successeur à la tête du Parti conservateur, voire au 10, Downing Street, si les travaillistes emmenés par Ed Miliband n'en chassent pas les « tories ».

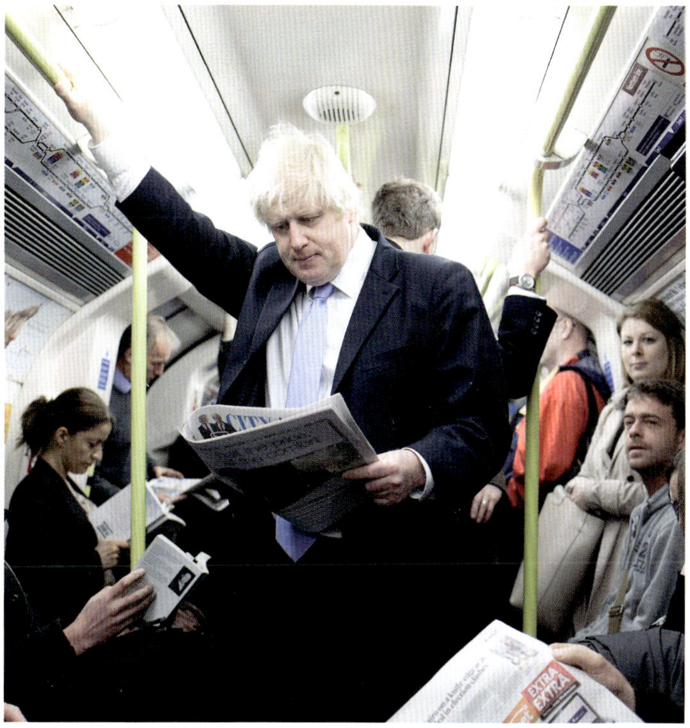

Hier, le maire de Londres, Boris Johnson, a pris le métro pour aller voter, comme tout le monde… Âgé de 47 ans et père de quatre enfants, cet ancien journaliste à succès avait été élu pour la première fois en 2008.

Ahmadinejad sur la mauvaise pente

TÉHÉRAN, DIMANCHE 6 La dernière année du mandat de Mahmoud Ahmadinejad ne se présente pas sous les meilleurs auspices. Après avoir essuyé un échec aux élections législatives le 2 mars, le président iranien a probablement reçu aujourd'hui le coup de grâce. Des élections partielles, portant sur 65 sièges restant encore à pourvoir, ont consacré son divorce avec la majorité de la population. Mais ce divorce n'a pas pour autant profité à l'opposition réformatrice, réduite au silence, et le pouvoir se joue en réalité entre les conservateurs regroupés derrière le président Ahmadinejad et les ultra-conservateurs réunis autour du guide suprême Ali Khamenei. Les résultats sont sans aucune équivoque : les partisans du président n'obtiennent que 13 sièges, alors que ceux du guide en remportent 40, les autres sièges revenant à des candidats dits indépendants. Mahmoud Ahmadinejad paie une situation économique désastreuse, marquée par une explosion de l'inflation, mais aussi par une tendance à se mêler des affaires religieuses, le domaine réservé de Khamenei. En revanche, sur la question du nucléaire, les deux hommes n'ont pas de divergences fondamentales. Le président ne pouvant se représenter le 14 juin 2014, sa destitution n'est pas à l'ordre du jour.

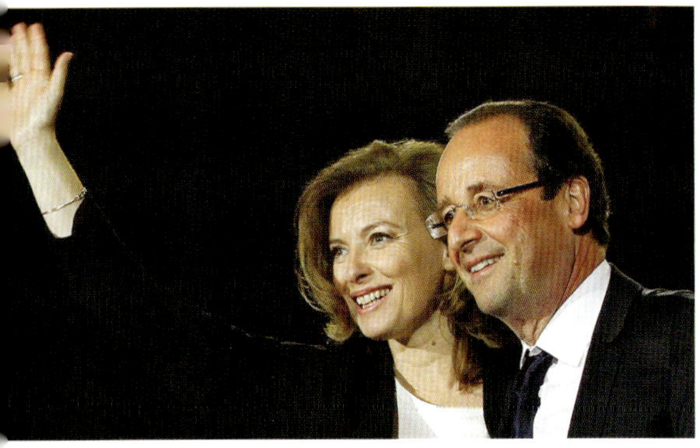

François Hollande a conquis l'Élysée

FRANCE, DIMANCHE 6 Il est, après François Mitterrand, le deuxième socialiste à accéder à l'Élysée sous la Vᵉ République : François Hollande a été élu président avec 51,64 % des suffrages exprimés contre 48,36 % pour Nicolas Sarkozy (avec une participation de 80,35 %). Un score au final plus étriqué que prévu, mais largement suffisant au bonheur des dizaines de milliers de personnes qui, bien avant l'annonce du résultat (tout l'après-midi, Internet et les réseaux sociaux avaient fait leur œuvre), s'étaient rassemblées à Paris pour fêter l'événement, devant le siège du Parti socialiste et à la Bastille. Même foule dense et joyeuse sur la place de la cathédrale de Tulle (19). Et c'est devant ses supporters corréziens que François Hollande, qui a passé dans son fief son dernier week-end de candidat, s'est peu avant 21 h 30 exprimé pour la première fois en tant que président élu, concluant son discours par un vibrant : « Le 6 mai doit être une grande date pour la France, un nouveau départ pour l'Europe, une grande espérance pour le monde. » Non sans avoir au passage esquissé sur scène un pas de danse au son de l'accordéon avec sa compagne Valérie Trierweiler, il a ensuite fendu la foule pour rejoindre la voiture qui allait l'emmener à l'aéroport de Brive.

Peu après 23 h 30, François Hollande arrivait à l'aéroport du Bourget (93). Suivi, comme le veut désormais la tradition en pareil cas, par une nuée de journalistes en moto, il était alors conduit jusqu'à la Bastille. Et là, entouré de tous les responsables du Parti socialiste, il a prononcé un nouveau discours. Discours informel, cette fois, mais où il n'a pas manqué d'évoquer le souvenir de François Mitterrand, dont la victoire à la présidentielle, plus historique encore pour la gauche que celle de ce soir, avait été célébrée sur cette même place le 10 mai 1981…

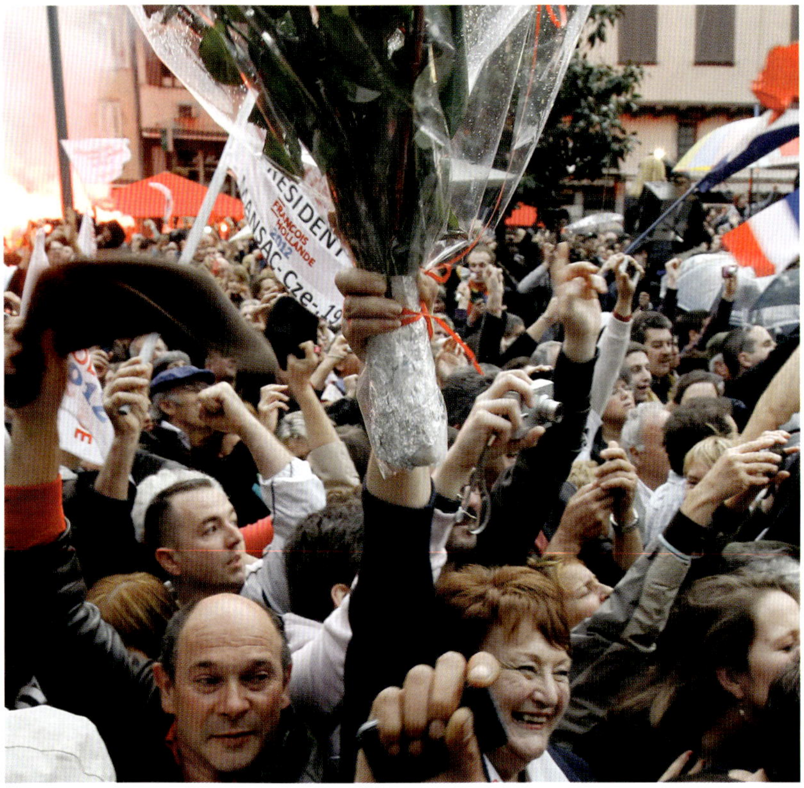

En haut à gauche : François Hollande et sa compagne Valérie Trierweiler sur la scène qui avait été montée sur la place de la Bastille. En bas, cette même place où, à côté du drapeau tricolore, ont fleuri nombre de drapeaux étrangers, ce qui suscitera des polémiques… Ci-contre : à la foule venue l'acclamer à Tulle sur la place de la cathédrale, François Hollande a crié : « Nous ne nous séparerons jamais. Je reviendrai ! »

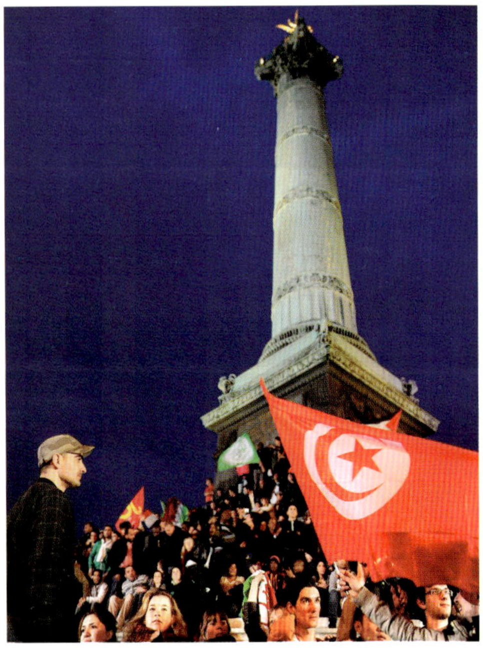

Les adieux de Nicolas Sarkozy ?

Deuxième président de la Vᵉ République battu à l'issue de son mandat, Nicolas Sarkozy s'est quant à lui exprimé quelques minutes après 20 heures depuis la Maison de la Mutualité, à Paris. Beau joueur et assumant « toute la responsabilité de cette défaite », il a aussitôt félicité son adversaire et lui a souhaité « bonne chance au milieu des épreuves ». Face à une foule qui laissait libre cours à sa déception et accueillait par des huées toute référence au socialiste, il s'est aussi voulu rassembleur : « François Hollande est président et doit être respecté. » Avant de prononcer ces mots que ses partisans craignaient d'entendre : « Une autre époque s'ouvre […], mon engagement dans la vie de mon pays sera désormais différent. »

Est-ce à dire qu'il est impensable de voir Nicolas Sarkozy se présenter à la présidentielle de 2017 ? Oui, répétaient ce soir plusieurs ténors de l'UMP, auxquels le président sortant aurait déclaré, peu avant l'officialisation de sa défaite, qu'il ne serait « plus jamais candidat aux mêmes fonctions ». Mais cette décision est-elle irrévocable ? Cela, seul l'avenir nous le dira…

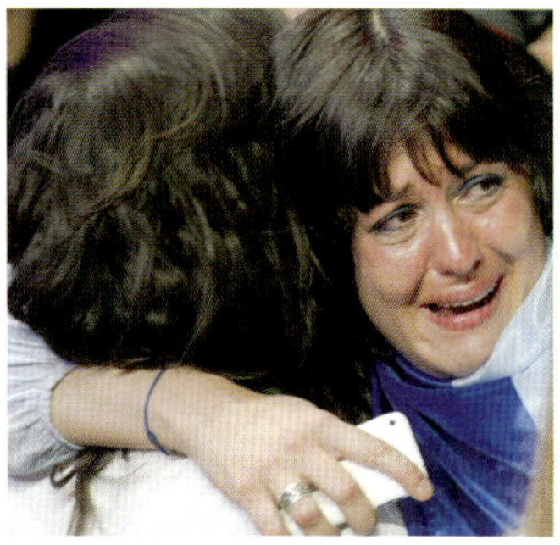

À la Mutualité (Paris), où Nicolas Sarkozy avait rassemblé ses partisans, certains n'ont pas réussi à retenir leurs larmes.

Un Français normal devient président

François Gérard Georges Hollande est né le 12 août 1954 à Rouen (76). Son père, médecin ORL, est un sympathisant de l'extrême droite; sa mère, assistante sociale, est proche de la gauche. En 1968, la famille quitte la région rouennaise pour Neuilly-sur-Seine (92). C'est dans cette localité huppée de la banlieue parisienne que le jeune garçon poursuit sa scolarité avant de s'inscrire à la faculté de droit de Paris. Sa licence en poche, il est ensuite diplômé de HEC et de l'Institut d'études politiques (IEP). Puis il intègre l'École nationale d'administration (ENA), dont il sort 7e en 1980. C'est là qu'il fait la connaissance de Ségolène Royal, qui deviendra sa compagne et la mère de ses quatre enfants.

Très tôt engagé à gauche, François Hollande adhère au Parti socialiste en 1979. En mai 1981, après l'élection de François Mitterrand, il est chargé de mission à l'Élysée pour les questions économiques. Le mois suivant, lors des élections législatives, il part affronter Jacques Chirac dans sa circonscription corrézienne. Il est battu. Mais il est persévérant et finira par s'imposer dans la région: élu député de Corrèze en 1988, il le restera jusqu'au 14 mai 2012. Il sera aussi maire de Tulle (19) de 2001 à 2008 et président du Conseil général.

La victoire de la persévérance

Il ne sera jamais ministre. Mais cet homme de compromis, bon orateur (et volontiers blagueur) est onze ans durant (1997-2008) le premier secrétaire d'un Parti socialiste dont il n'a de cesse de raccommoder les différents courants. Ce qui lui vaut d'être qualifié d'« homme de la synthèse molle », fuyant perpétuellement l'affrontement. Les épreuves s'enchaînent. Au soir du 21 avril 2002, c'est un parti en miettes que François Hollande doit ramasser. En 2005, le non l'emporte lors du référendum sur la Constitution européenne: un désaveu pour le PS, qui avait fait campagne pour le oui, après s'être déchiré sur la question. Puis vient la présidentielle de 2007. François Hollande peut alors légitimement se porter candidat. Mais la popularité de Ségolène Royal est telle qu'il doit s'écarter au profit de sa compagne… qui en réalité ne l'est plus: on ne l'apprendra qu'après le scrutin, mais à cette époque, François Hollande refait déjà sa vie avec la journaliste Valérie Trierweiler.

En 2008, quand Martine Aubry prend la tête du PS au terme du calamiteux congrès de Reims, François Hollande semble fini. Pourtant, il croit encore à son étoile. Alors il se peaufine une nouvelle image, moins consensuelle, plus autoritaire. Et celui qui veut incarner l'homme « normal » se met à sillonner la France. Pour les régionales de 2010, d'abord. Puis, dès le 31 mars 2011, comme candidat à l'investiture socialiste pour la présidentielle de 2012. Dominique Strauss-Kahn étant alors porté aux nues, très rares sont ceux qui croient en lui. Mais l'affaire du Sofitel, en mai 2011, va changer la donne. Cinq mois plus tard, François Hollande remportera haut la main les primaires socialistes…

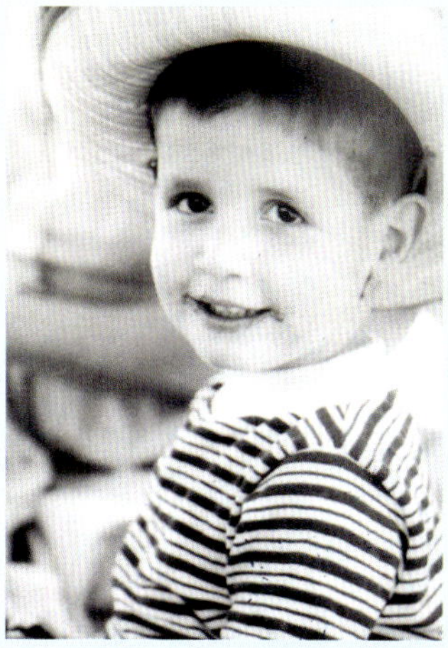

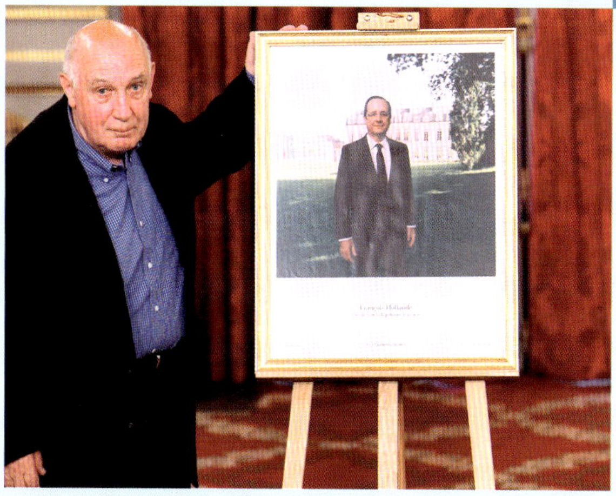

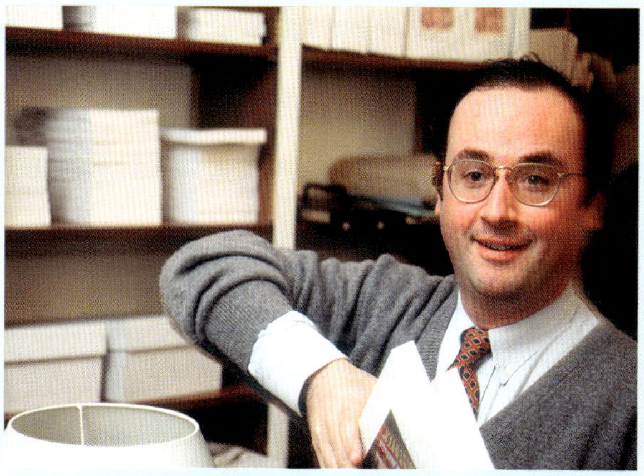

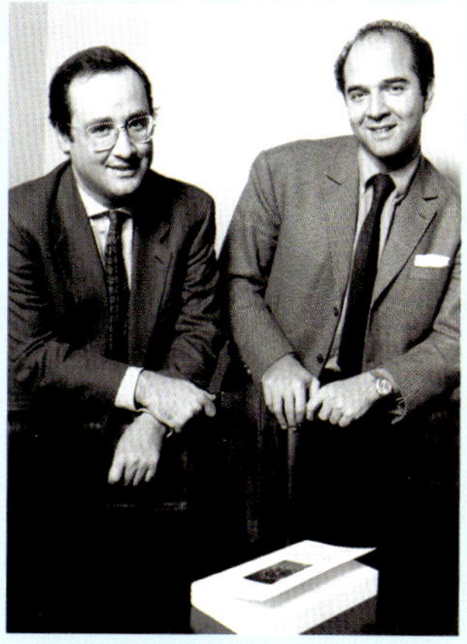

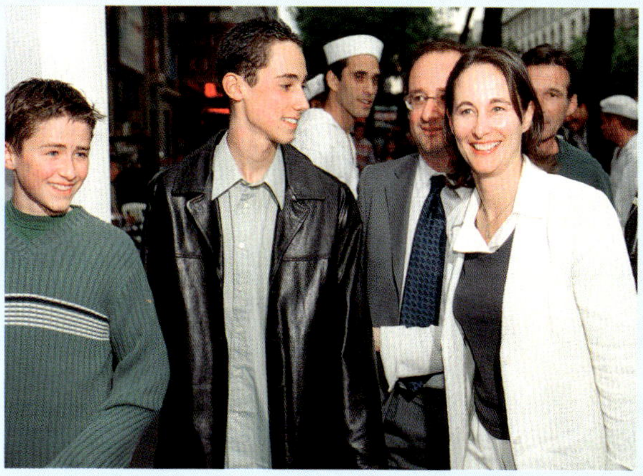

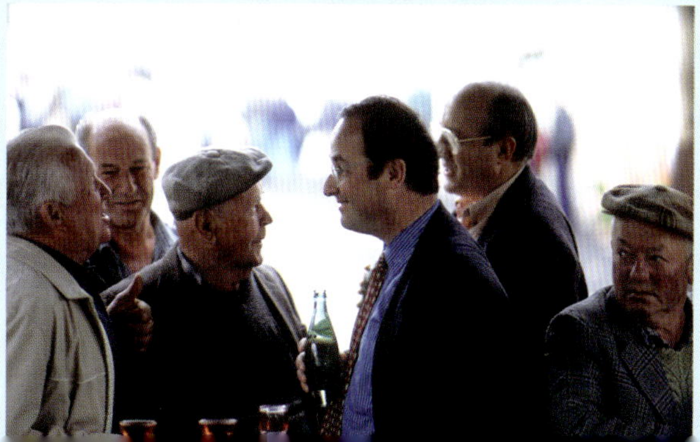

En haut, à gauche: François Hollande en 1957. À droite: un placement des drapeaux français et européen non conforme aux règles en la matière vaudra de vives critiques à la photographie officielle du nouveau président, réalisée par Raymond Depardon (ici à l'Élysée, le 4 juin). Ci-dessus, à gauche: François Hollande en 1994. À droite: en 1991, le futur président et son futur ministre de l'Économie Pierre Moscovici avaient cosigné un ouvrage, L'Heure des choix. *Ci-contre, en haut: Ségolène Royal, François Hollande et leurs deux fils en 2001 (le couple a aussi eu deux filles). L'aîné, Thomas, participera à la campagne présidentielle de sa mère en 2007 et à celle de son père en 2012. En bas: à l'instar de Jacques Chirac, autre « Corrézien » devenu président de la République, François Hollande aime à entretenir un contact chaleureux avec les électeurs.*

La quatrième banque espagnole est nationalisée

MADRID, MERCREDI 9 Le Premier ministre espagnol Mariano Rajoy pourra-t-il éviter de faire appel au Fonds européen de stabilité financière (FESF), ce qui reviendrait à mettre son pays sous tutelle ? Les marchés en doutent de plus en plus, tant le secteur bancaire espagnol est actuellement en difficulté. Et aujourd'hui ce n'est pas la nationalisation de Bankia, la quatrième banque d'Espagne, formée en décembre 2010 par la fusion de sept caisses d'épargne, qui va les rassurer ! Bankia se porte en effet très mal, étant plombée par 37,5 milliards d'euros d'actifs toxiques qui proviennent des investissements tous azimuts des caisses d'épargne dans le secteur immobilier. Cette bulle spéculative qui a démesurément gonflé a fini par exploser en 2008, contribuant à précipiter l'Espagne dans la récession. Le sauvetage espéré de Bankia, accompagné de la nomination ce même mercredi de son nouveau président, José Ignacio Goirigolzarri, se fera par la prise de participation dans son capital de l'État, qui en deviendra ainsi l'actionnaire principal (45 %). Le ministère de l'Économie a précisé que la valeur nominale de cette participation serait très exactement de 4,465 milliards d'euros. Mais selon la plupart des spécialistes, il en faudrait pratiquement le double (entre 7 et 10 milliards) pour rvraiment assurer les marchés. (→ 21.7)

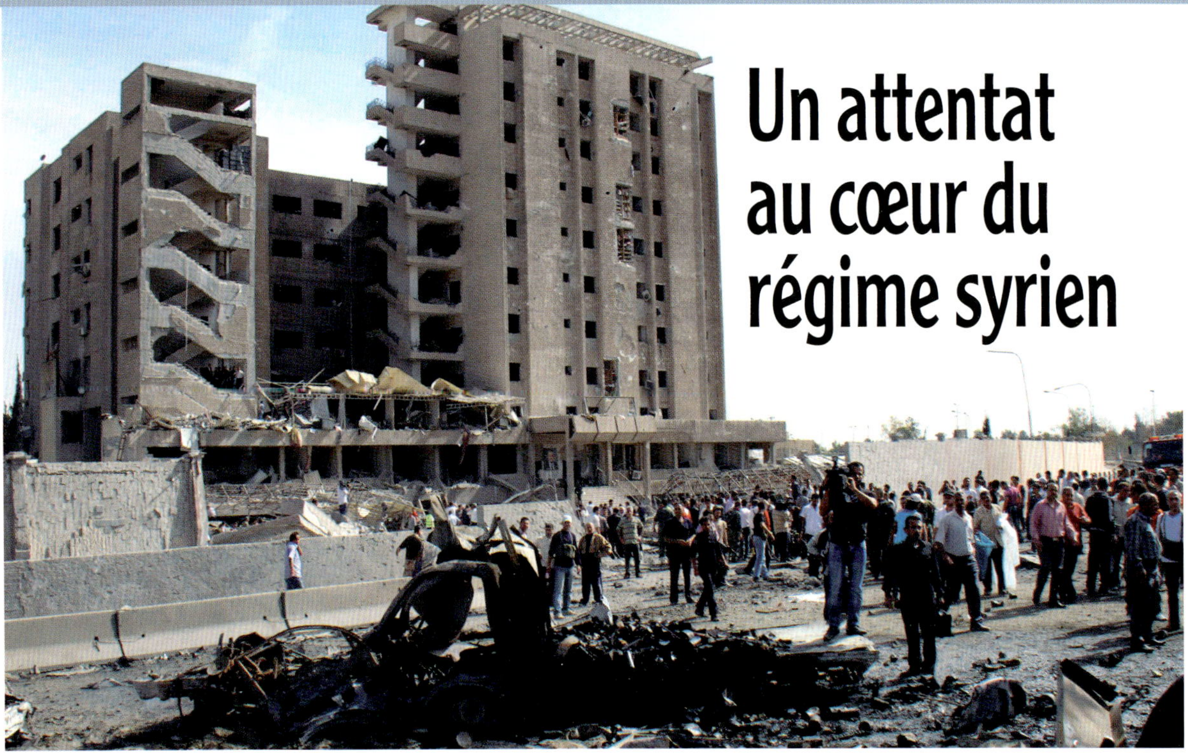

Un attentat au cœur du régime syrien

Outre les victimes, les deux voitures piégées des kamikazes ont causé des dégâts matériels considérables. C'est l'attentat le plus meurtrier perpétré en Syrie depuis le début de la guerre civile.

DAMAS, JEUDI 10 L'attentat ne peut qu'être l'œuvre de « professionnels » bien entraînés. Ce matin, une explosion de faible puissance a retenti à Qazaz, dans la banlieue sud de Damas, attirant immédiatement une foule de curieux. C'était le but, car, une minute après, une seconde explosion, de très forte puissance celle-là, faisait un carnage : on dénombre 55 morts et 372 blessés. Ce double attentat-suicide à la voiture piégée s'est produit à proximité du complexe stratégique de la Direction générale du renseignement pour la Palestine. Il n'a pas été revendiqué. Toute la question est de savoir qui en sont les auteurs. L'Armée syrienne libre a immédiatement nié toute implication et n'a pas hésité à soupçonner une manipulation des services secrets syriens destinée à la discréditer. Les services, eux, mettent en cause les terroristes sunnites d'Al-Qaida, dont la présence en Syrie est désormais attestée, ou de sa « filiale » Ansar Al-Islam. Venu sur place, le chef des observateurs de l'ONU, le Norvégien Robert Mood, a été accueilli par les huées des habitants. (→ 25)

Cocktails Molotov contre une agence du fisc italien

LIVOURNE (ITALIE), SAMEDI 12 L'agence Equitalia de la ville portuaire de Livourne a été la cible de deux cocktails Molotov qui n'ont fait aucune victime. Cette attaque reflète incontestablement le climat de tension qui s'installe en Italie. Equitalia est l'organisme public chargé du recouvrement des impôts. Or, l'augmentation des impôts est l'un des volets les plus impopulaires de la politique d'austérité mise en œuvre par le Premier ministre Mario Monti. Bien que n'y étant strictement pour rien, Equitalia est devenue l'objet du ressentiment des contribuables excédés. Et hier, cela a failli mal tourner à Naples, où des manifestants se sont heurtés aux forces de l'ordre à l'entrée d'une agence d'Equitalia. Rappelons que le 9 décembre dernier, à Rome, le directeur général d'Equitalia, Marco Cuccagna, avait été blessé au visage et à la main par un colis piégé. Le gouvernement envisage de confier dorénavant à l'armée la protection de toutes les agences Equitalia de la Péninsule.

Assassinats de masse en série au Mexique

MEXIQUE, DIMANCHE 13 Pourtant habitués aux découvertes macabres, les Mexicains ont frémi d'horreur en apprenant que l'on avait trouvé près de Monterrey, au bord d'une route fédérale, les cadavres de 43 hommes et 6 femmes. Les victimes, décapitées et pieds et mains coupés, étaient enfermées dans des sacs en plastique. Selon les premières constatations, ce crime serait l'œuvre du cartel de Los Zetas, qui mène une lutte sans merci contre le cartel de Sinaloa pour le contrôle du trafic de drogue dans cette région proche de la frontière des États-Unis. À moins de deux mois de l'élection présidentielle et des législatives du 1er juillet prochain, les cartels multiplient les assassinats de masse, comme s'ils voulaient démontrer que la guerre que leur a déclarée l'actuel président mexicain Felipe Calderón était vouée à l'échec. Ce sinistre message fait suite à la découverte, vendredi 4 mai, de 9 cadavres pendus à un pont et de 14 autres décapités à Nuevo Laredo. Puis, mercredi dernier, de 18 corps amputés près de Guadalajara, la deuxième ville du Mexique.

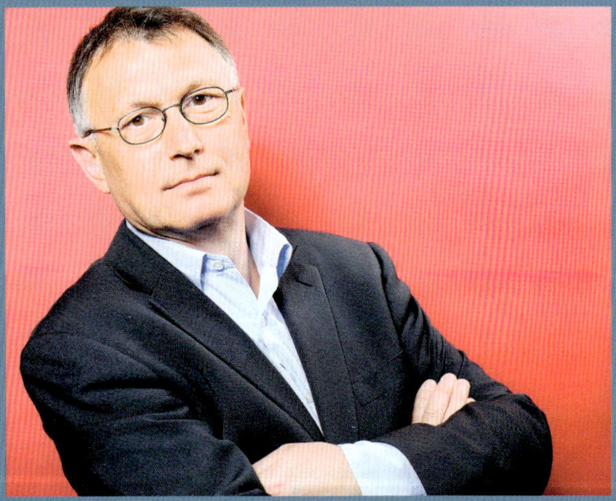

Les livres consacrés au nouveau président de la République sont déjà en librairie ! Mercredi 9 sont parus Le Président *de Serge Raffy et* François Hollande. De la Corrèze à l'Élysée *de Christine Pouget et Corinne Delpuech. Mais il faudra attendre vendredi 11 pour lire* L'homme qui ne devait pas être président *d'Antonin André et Karim Rissouli. Quant à la campagne elle-même, elle a trouvé ce même mercredi 9 un écho proprement désopilant avec* La Présidentielle *de Patrick Besson (ci-dessus), où l'auteur étrille les candidats en pastichant les grands et moins grands écrivains.*

Un gouvernement de synthèse pour Jean-Marc Ayrault

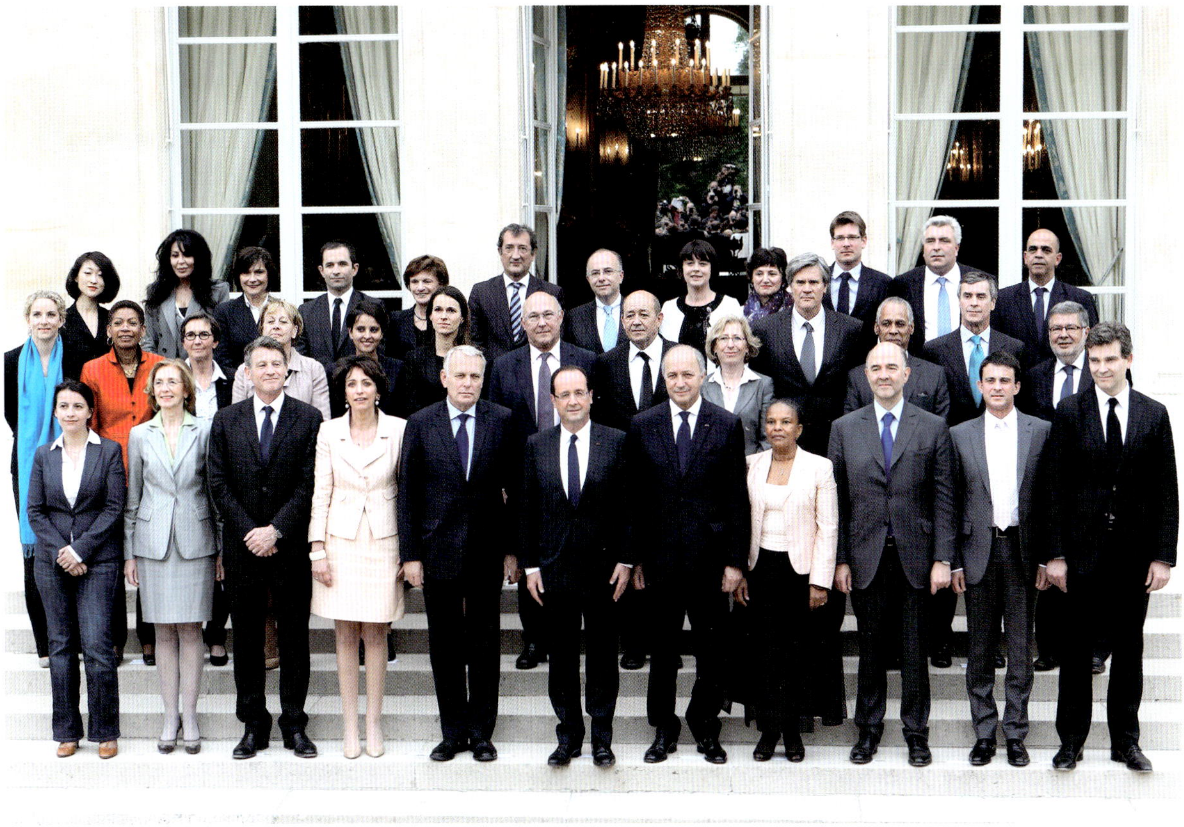

Le président de la République et son gouvernement sur le perron de l'Élysée après le premier conseil des ministres. AU PREMIER RANG, DE GAUCHE À DROITE: les ministres Cécile Duflot (Égalité des territoires et Logement); Nicole Bricq (Écologie, Développement durable et Énergie); Vincent Peillon (Éducation nationale); Marisol Touraine (Affaires sociales et Santé); Jean-Marc Ayrault (Premier ministre); François Hollande; Laurent Fabius (Affaires étrangères); Christiane Taubira (Justice); Pierre Moscovici (Économie, Finances et Commerce extérieur); Manuel Valls (Intérieur); Arnaud Montebourg (Redressement productif). AU DEUXIÈME RANG, DE GAUCHE À DROITE: les ministres déléguées Delphine Batho (auprès de la ministre de la Justice) et George Pau-Langevin (Réussite éducative); les ministres Valérie Fourneyron, (Sports, Jeunesse, Éducation populaire et Vie associative), Marylise Lebranchu (Réforme de l'État, Décentralisation et Fonction publique); Najat Vallaud-Belkacem (Droits des femmes et porte-parole du gouvernement); Aurélie Filippetti (Culture et Communication); Michel Sapin (Travail, Emploi, Formation professionnelle et Dialogue social); Jean-Yves Le Drian (Défense); Geneviève Fioraso (Enseignement supérieur et Recherche); Stéphane Le Foll (Agriculture, Agroalimentaire et Forêt); Victorin Lurel (Outre-mer); les ministres délégués Jérôme Cahuzac (Budget) et Alain Vidalies (Relations avec le Parlement). AU TROISIÈME RANG, DE GAUCHE À DROITE: les ministres délégués Fleur Pellerin (Petites et Moyennes entreprises, Innovation et Économie numérique); Yamina Benguigui (Francophonie); Marie-Arlette Carlotti (Personnes handicapées et Lutte contre l'exclusion); Benoît Hamon (Économie sociale et solidaire et Consommation); Michèle Delaunay (Personnes âgées et Autonomie); François Lamy (Ville); Bernard Cazeneuve (Affaires européennes); Sylvia Pinel (Artisanat, Commerce et Tourisme); Dominique Bertinotti (Famille); Pascal Canfin (Développement); Frédéric Cuvillier (Transports et Mer); Kader Arif (Anciens combattants).

PARIS, MERCREDI 16 Il était déjà presque 19h30 – autrement dit bien plus tard que prévu – lorsque le secrétaire général de l'Élysée Pierre-René Lemas a annoncé la composition du nouveau gouvernement. Un gouvernement placé sous le signe de l'équilibre. D'abord parce qu'avec 17 femmes sur un total de 34 ministres et ministres délégués, il respecte parfaitement la parité promise par François Hollande pendant sa campagne. Ensuite parce que l'équipe constituée autour de Jean-Marc Ayrault rassemble (et la tâche, semble-t-il, fut loin d'être aisée), toutes les sensibilités du Parti socialiste. Ainsi, Laurent Fabius, qui fut pourtant par le passé l'un des grands pourfendeurs de François Hollande, a été nommé ministre des Affaires étrangères et numéro deux du gouvernement, Vincent Peillon (Éducation) étant le numéro 3. On savait déjà que la première secrétaire du PS Martine Aubry avait refusé de faire partie de cette équipe – sinon, s'entend, au poste de Premier ministre. Mais on y trouve certains de ses proches, par exemple Marylise Lebranchu (Réforme de l'État), de même que plusieurs amis de Ségolène Royal, comme Aurélie Filippetti (Culture). Ex-partisans de Dominique Strauss-Kahn très tôt devenus des piliers de la campagne de François Hollande, Pierre Moscovici et Marisol Touraine ont respectivement hérité de l'Économie et des Affaires sociales. Comme on pouvait s'y attendre, le «droitier» Manuel Valls a été nommé ministre de l'Intérieur de ce gouvernement où figure aussi l'aile gauche du PS, en la personne notamment d'Arnaud Montebourg (Redressement productif). Bien sûr, des «Hollandais» sont également de la partie: c'est le cas de Jean-Yves Le Drian (Défense), Michel Sapin (Travail et Emploi) et Stéphane Le Foll (Agriculture). Mais pour que le panorama soit véritablement complet, il fallait ménager une place de choix aux partenaires du PS. Ils ont été plutôt bien servis: la radicale Christiane Taubira devient ministre de la Justice, tandis que Cécile Duflot, secrétaire générale d'Europe Écologie-Les Verts, se voit attribuer le ministère de l'Égalité des territoires et du Logement. (→ 21.6)

Son nom circulait depuis longtemps déjà. Le mardi 15, quelques heures après l'investiture de François Hollande à la présidence de la République, Jean-Marc Ayrault a été nommé Premier ministre. Conseiller spécial du candidat socialiste durant la campagne présidentielle, ce fils d'ouvrier est député de Loire-Atlantique depuis 1986, maire de Nantes (44) depuis 1989 et président du groupe socialiste à l'Assemblée nationale depuis 1997. Par contre, cet ancien professeur d'allemand qui se voit parfois reprocher un certain manque de charisme et d'autorité n'a, comme François Hollande, jamais été ministre. Ce que ses adversaires s'empresseront de souligner. D'aucuns rappelleront aussi qu'il a été en 1997 condamné à six mois de prison avec sursis pour favoritisme dans l'attribution d'un marché public à la mairie de Nantes. Sans toujours préciser qu'il a été réhabilité en 2007.

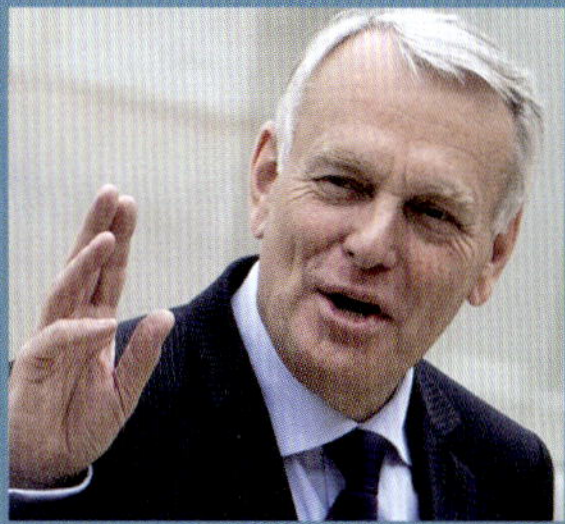

Chen Guangcheng à New York

NEW YORK, SAMEDI 19 Le dissident chinois Chen Guangcheng est finalement arrivé ce soir à New York, à bord d'un vol d'United Airlines. Il était accompagné de sa femme et de leurs deux enfants. Ainsi prend fin une affaire rocambolesque qui avait mis un grain de sable dans les relations diplomatiques entre Pékin et Washington. Chen Guangcheng, après son évasion le 22 avril, avait en effet trouvé refuge à l'ambassade des États-Unis, sans toutefois demander l'asile politique. Il n'entendait pas alors quitter la Chine et souhaitait poursuivre son combat dans son pays même. Mercredi 2 mai, à la suite d'intenses tractations et après avoir reçu l'assurance de ne pas être inquiété, il avait accepté de quitter l'ambassade pour être soigné à l'hôpital Chaoyang de Pékin. Mais dès le vendredi suivant, il s'estimait en danger et demandait à partir aux États-Unis avec les siens. Ce matin, les autorités chinoises l'ont conduit à l'aéroport où des passeports et des billets lui ont été enfin remis. Il s'installera dans un appartement de Greenwich Village.

Le procès du Mediator reporté

NANTERRE (92), LUNDI 21 Jacques Servier a gagné une première bataille. Le tribunal correctionnel de Nanterre a ordonné le report du procès du Mediator. Un répit pour le laboratoire pharmaceutique orléanais, dont l'antidiabétique est soupçonné d'avoir causé la mort de 500 à 2000 personnes. Les parties civiles sont effondrées. Mais la présidente Isabelle Prévost-Desprez a estimé recevable la question prioritaire de constitutionnalité (QPC) déposée par la défense de Jacques Servier et de quatre anciens collaborateurs : selon la défense, ils ne pouvaient pas être jugés à Nanterre pour « tromperie aggravée » alors qu'ils ont été mis en examen à Paris pour les mêmes faits en septembre 2011.

Facebook est tombé de haut

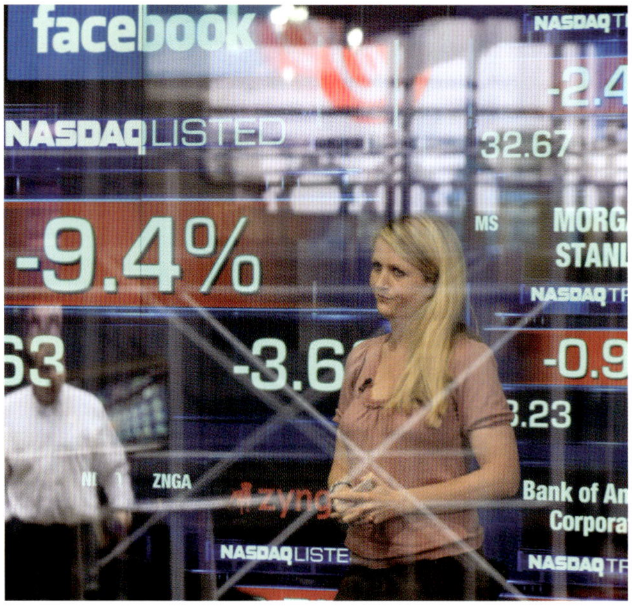

Hier, la journaliste de télévision Sabrina Quagliozzi, correspondante de BFM TV, commentait dans les locaux du Nasdaq, à New York, les ratés de l'entrée en Bourse de Facebook.

NEW YORK, MARDI 22 Mark Zuckerberg, 28 ans, est-il victime de sa mégalomanie, ou bien de manœuvres douteuses, sinon délictueuses ? L'entrée en Bourse de Facebook, vendredi dernier, avait été attendue à Wall Street comme l'événement de l'année. Et le petit génie de Palo Alto en espérait une rentrée de plus d'un milliard de dollars. Las ! Proposée à la vente à 42,05 dollars, l'action de Facebook n'a cessé de dégringoler pour clôturer ce soir à 31 dollars… Les organismes de surveillance du secteur s'interrogent sur les conditions dans lesquelles la banque Morgan Stanley a piloté cette opération pour le moins ratée.

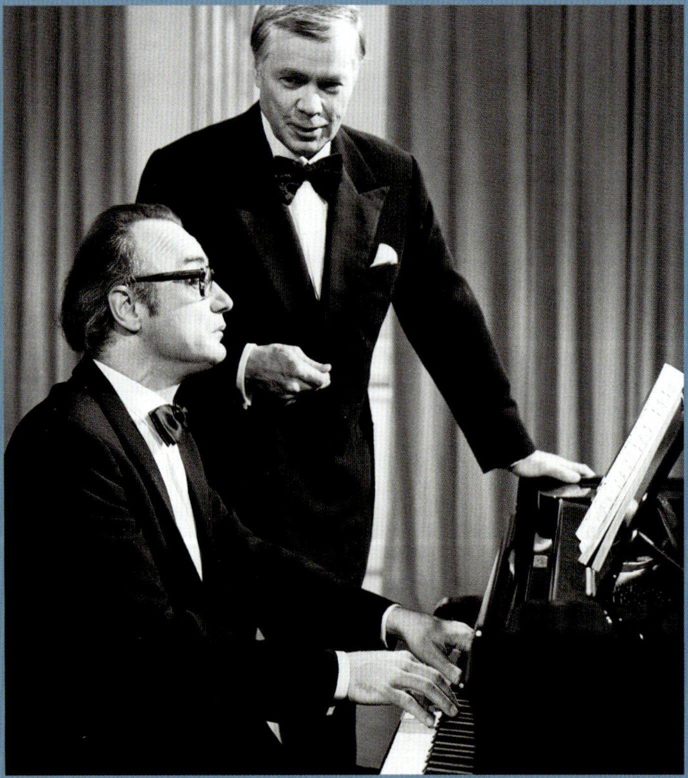

Personne n'aura chanté avec autant de finesse, de sensibilité, de précision et, disons-le, d'amour, les lieder de Schubert ou de Mahler. Décédé vendredi 18 à Berg, en Bavière, Dietrich Fischer-Dieskau avait donné son nom à un astéroïde, ce qui était bien la moindre des choses pour l'étoile du chant allemand. Né le 28 mai 1925 à Berlin et de son vrai nom Albert Dietrich Fischer von Dieskau, ce baryton avait été découvert par Wilhelm Furtwängler qui le « lancera » en 1951 à Salzbourg, dans un cycle de Mahler. Mais ce maître du lied fit aussi merveille à l'opéra, en particulier avec le rôle du comte Almaviva dans Les Noces de Figaro *de Mozart. Également très apprécié à Bayreuth dans le répertoire wagnérien, Fischer-Dieskau ne dédaignait pas la musique contemporaine. Il fut ainsi, avec la soprano russe Galina Vichnevskaïa et le ténor anglais Peter Pears, le créateur du* War Requiem *de Benjamin Britten, l'un des plus hauts chefs-d'œuvre du XXe siècle (1962). On lui doit plusieurs ouvrages de musicologie, dont un* Wagner *(1974).*
Il est ici accompagné par le grand pianiste autrichien Alfred Brendel, avec qui il a enregistré Le Voyage d'hiver *de Schubert.*

Le retrait français d'Afghanistan

PARIS, MARDI 22 De retour de Chicago, où il a reçu son grand baptême du feu diplomatique à l'occasion du sommet de l'Otan qui a pris fin hier, François Hollande peut se prévaloir d'une habileté certaine. Il a réussi à faire des concessions aux alliés américains sans renier trop outrancièrement certains de ses engagements électoraux. Le président de la République avait en effet promis de retirer fin 2012 les troupes françaises en Afghanistan, ce qui avait mis fort en colère certains membres de l'Alliance atlantique, dont l'Allemagne. À Chicago, il a en somme coupé la poire en deux : ce sont les troupes combattantes qui quitteront l'Afghanistan en 2012, soit 2000 hommes et femmes sur les 3400 qui s'y trouvent actuellement. Le ministre français de la Défense Jean-Yves Le Drian a précisé : « Cela ne veut pas dire que nous quittons la coalition, mais notre présence sera différente. » En fait, la France ne fait que prendre un peu d'avance sur le calendrier général : le sommet de Chicago a confirmé que toutes les forces combattantes de la coalition seront retirées à la fin de 2014, la mission des contingents maintenus au-delà restant encore à définir, et notamment à Washington.

Le majordome du pape espionnait le Vatican !

ROME, VENDREDI 25 On les appelle déjà les « VatiLeaks », en référence aux révélations de WikiLeaks qui secouèrent le monde en 2010. Cette fois, c'est le Vatican qui est mis en cause, et les « VatiLeaks » sont les secrets que le journaliste italien Gianluigi Nuzzi a mis au jour dans son livre *Sua Santità. Le carte segrete di Benedetto XVI* (« Sa Sainteté. Les papiers secrets de Benoît XVI »), paru le 19 mai dernier. Le journaliste n'en était pas à son coup d'essai: son *Vaticano SpA* (2009), paru en France sous le titre *Vatican S.A.*, avait déjà fait du bruit. Mais ce n'était rien à côté du tremblement de terre provoqué par *Sua Santità*. Nuzzi y publie des correspondances et des documents embarrassants pour l'entourage du pape: c'est une avalanche de magouilles financières, de règlements de comptes et d'affaires de mœurs, dans une ambiance de fin de règne. Dès lors le Vatican n'a eu de cesse que soit démasquée la « taupe » avec laquelle Nuzzi a travaillé. L'enquête menée par Domenico Giani, le chef de la gendarmerie du Vatican, a abouti aujourd'hui à l'arrestation du majordome de Benoît XVI, Paolo Gabriele. Il était le mieux placé pour espionner.

La guerre de Syrie entre information et désinformation

SYRIE, VENDREDI 25 Il est bien difficile de se faire une idée précise du drame que vit actuellement la Syrie. Les informations et les chiffres fournis par l'Observatoire syrien des droits de l'homme ne sont pas plus fiables que ceux que délivre le gouvernement de Bachar Al-Assad, et la désinformation est à l'œuvre des deux côtés… Un exemple en a été fourni par la BBC qui a diffusé une image d'un massacre commis à Houla par les forces fidèles au pouvoir: des dizaines de cadavres d'enfants sont alignés les uns à côté des autres, enveloppés chacun dans un linceul blanc. Or, cette photographie effrayante n'a pas été prise en Syrie, mais en Irak, en 2003. L'auteur en est le photoreporter italien Marco Di Lauro, qui l'a immédiatement reconnue ! Ce qui paraît malheureusement certain, c'est que l'armée syrienne a soumis Houla à un bombardement intensif et meurtrier, et que les chars de Bachar Al-Assad sont entrés dans Alep, deuxième ville du pays, où les manifestations contre le régime ont pris une ampleur croissante. Combien de victimes de part et d'autre ? L'Observatoire syrien des droits de l'homme fait état de 13 400 morts à ce jour, des civils pour la plupart. (→ 23.6)

Un festival plutôt conformiste

La gloire pour Michael Haneke (à droite), lauréat de la Palme d'or avec Amour*. Ses deux principaux acteurs, Emmanuelle Riva (en bleu) et Jean-Louis Trintignant (derrière Emmanuelle Riva), sont ici entourés par Audrey Tautou et Adrien Brody. Sur cette photographie, la troisième tête d'affiche du film d'Haneke, Isabelle Huppert, brille malheureusement par son absence !*

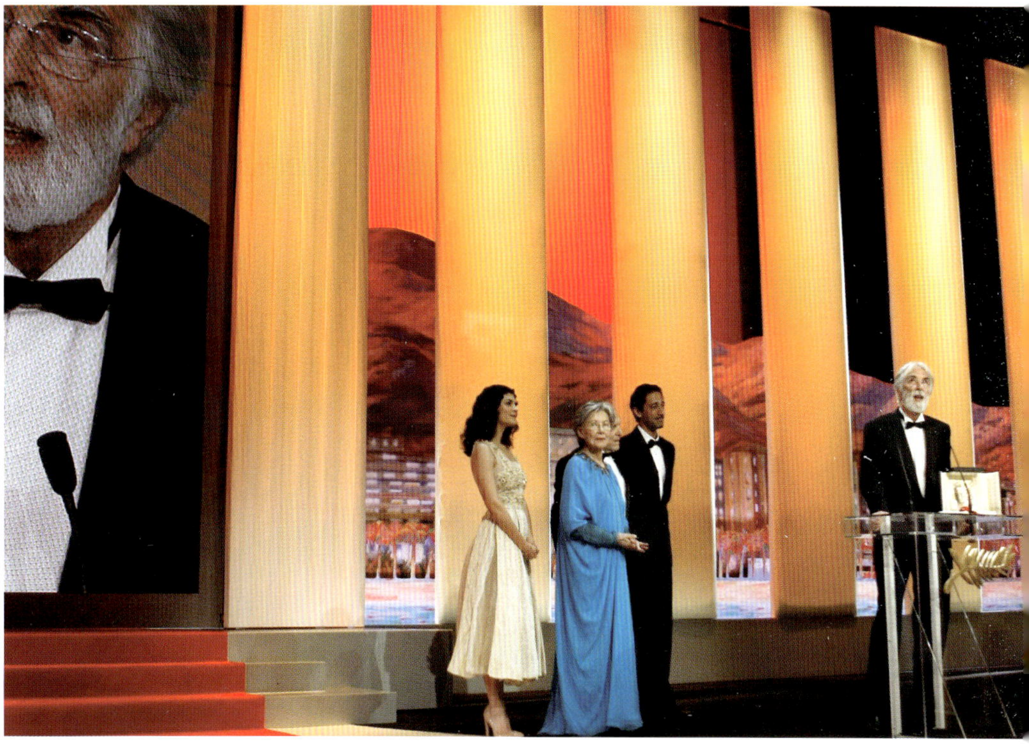

CANNES (06), DIMANCHE 27 Le palmarès du 65ᵉ Festival de Cannes a un petit air de déjà-vu. En effet, la Palme d'or a été attribuée à *Amour* de Michael Haneke, cinéaste autrichien qui l'avait obtenue déjà en 2009 avec *Le Ruban blanc*. Mais comme on ne pouvait tout de même pas la donner à tout le monde, deux anciens et récents lauréats ont dû se contenter de prix secondaires et néanmoins prestigieux: l'Anglais Ken Loach, Palme d'or en 2006 avec *Le vent se lève*, a reçu le Prix du jury pour *La Part des anges*, tandis que le Roumain Cristian Mungiu, Palme d'or remarquée pour *4 mois, 3 semaines, 2 jours* en 2007, est reparti ce soir avec le prix du scénario pour *Au-delà des collines*. Quant à l'Italien Matteo Garrone, Grand Prix avec *Reality*, il n'avait jamais décroché la Palme d'or. Mais il connaissait « tout le prix d'un Grand Prix » puisqu'on lui en avait déjà remis un en 2008 pour *Gomorra* ! Autant dire que le jury présidé par le cinéaste italien Nanni Moretti n'a pas pris beaucoup de risques, même en offrant le prix de la mise en scène, qui n'est qu'un prix de consolation, au Mexicain Carlos Reygadas pour *Post Tenebras Lux*: Reygadas avait goûté en 2007 aux joies du palmarès officiel cannois, avec un Prix du jury pour *Lumière silencieuse*. Pour nombre de critiques et de cinéphiles, le grand absent de cette distribution des prix des plus conformistes aura été *Holy Motors* du Français Leos Carax, une œuvre très originale servie par l'un des plus grands acteurs de notre temps, Denis Lavant. Un jury formé de jeunes spectateurs a sauvé l'honneur en lui décernant un fort sympathique Prix de la jeunesse.

*Ci-dessous: Ken Loach, lauréat du Prix du jury. À gauche: présentation d'*Holy Motors *de Leos Carax en compétition officielle, mercredi 23, avec, de gauche à droite, Élise Lhomeau, Edith Scob, Leos Carax, Kylie Minogue, Jeanne Disson et Denis Lavant.*

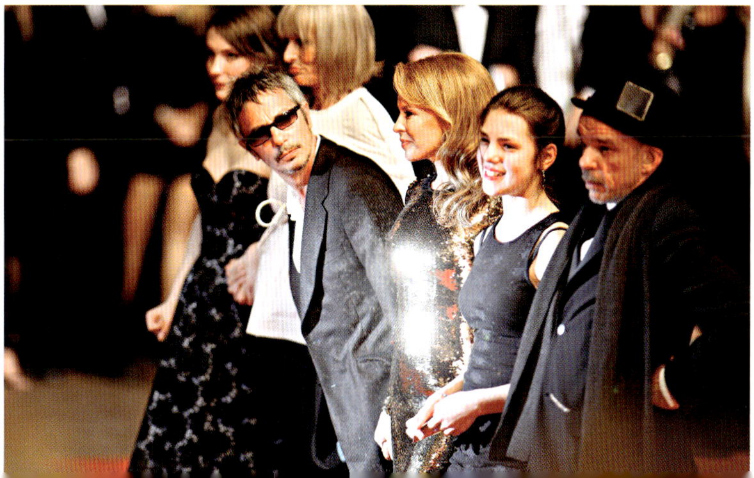

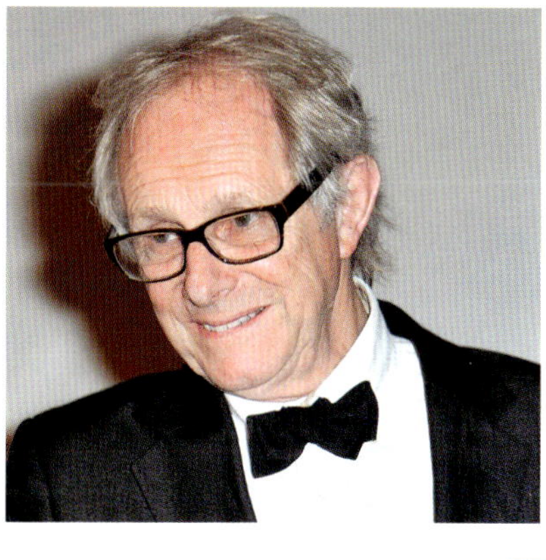

Encore un tremblement de terre en Italie

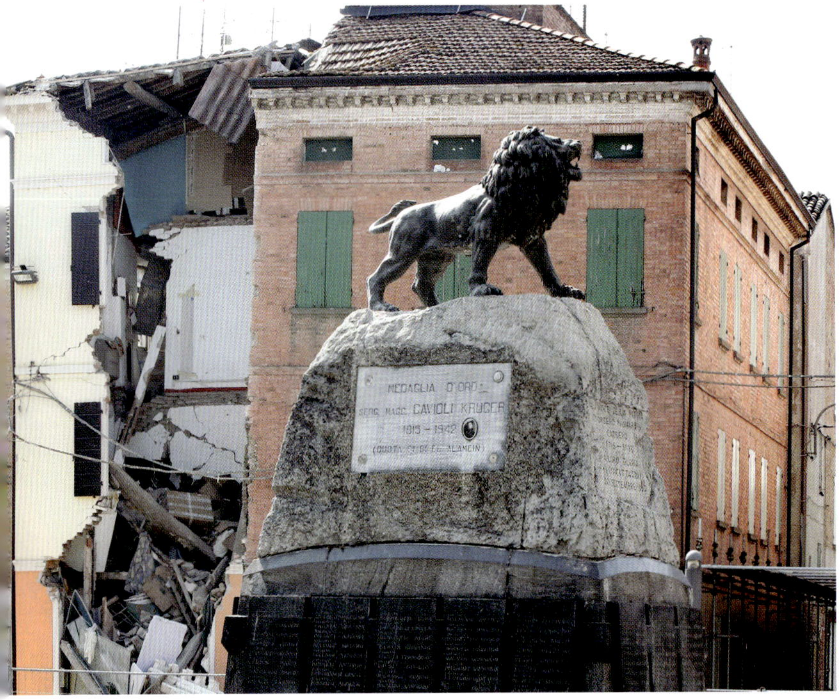

Une vue de Cavezzo, commune située juste à côté de l'épicentre du séisme. Dans la nuit du 29 au 30, 41 nouvelles secousses seront enregistrées en Émilie-Romagne, un des principaux poumons économiques de l'Italie.

ITALIE, MARDI 29 Le destin s'acharne décidément sur l'Émilie-Romagne. Neuf jours après le tremblement de terre de magnitude 6 qui a coûté la vie à sept personnes, cette région du nord de l'Italie a de nouveau été frappée à 7 heures ce matin. D'une puissance de 5,8 sur l'échelle de Richter, le nouveau séisme a fait au moins 17 morts et 350 blessés. La province de Modène, où se situait l'épicentre, est de loin la plus touchée. La plupart des victimes sont mortes dans l'effondrement d'édifices (maisons et usines) déjà extrêmement fragilisés par le séisme du 20 mai et par ses innombrables répliques. Les dégâts matériels sont très importants, tout particulièrement dans les communes de Cavezzo et de San Felice sul Panaro. Par mesure de précaution, au moins 5 000 personnes résidant dans les zones à risques ont été transférées vers des campements de fortune, venant rejoindre les quelque 7 500 habitants d'Émilie-Romagne évacués après le premier séisme. Alors que l'état d'urgence est décrété depuis maintenant neuf jours dans cette région industrielle et agricole, le président du Conseil Mario Monti a promis un retour à la vie normale et aux activités économiques « le plus rapidement possible ».

L'Allemand Tom Enders a été placé à la tête d'EADS

LEYDE (PAYS-BAS), JEUDI 31 Ce n'était qu'une formalité, mais les conséquences pour le groupe et son avenir seront certainement importantes. En vertu du principe de l'alternance entre l'Allemagne et la France, Tom Enders a succédé à Louis Gallois à la présidence exécutive d'EADS. Tom Enders est un poids lourd : à la tête d'Airbus, il a pris le dessus sur Boeing et, au sein du groupe, le constructeur européen représente les deux tiers du chiffre d'affaires. EADS affichant le meilleur de sa forme, les seules questions qui se posent sont relatives au développement. Tom Enders devra ainsi s'accorder avec Fabrice Brégier, qui lui succède à la présidence d'Airbus, pour certains choix stratégiques, tels que l'implantation d'un site d'assemblage d'A320neo aux États-Unis, ou la délicate relance de l'A380, le gros-porteur d'Airbus dont la carrière a connu un coup de frein brutal suite à des problèmes techniques. Enfin, Tom Enders devra compter avec Arnaud Lagardère : le président du conseil d'administration d'EADS, qui détient 7,5 % des parts, n'a pas caché qu'il souhaitait se désengager. Mais d'ici là ses vues pourraient contrarier les projets de Tom Enders. (→ 10.10)

La circulaire sur les étudiants a été abrogée

PARIS, JEUDI 31 Les associations et les syndicats mobilisés contre la circulaire dite « du 31 mai » sont rassurés, sinon pleinement satisfaits. Car un an jour pour jour après sa promulgation par l'ancien ministre de l'Intérieur Claude Guéant, ce texte a été supprimé et remplacé par une version beaucoup plus souple. La circulaire initiale de Claude Guéant encadrait de façon extrêmement rigoureuse, voire rigide, l'accès au marché du travail des étudiants étrangers ayant achevé leurs études en France. Le ministre l'avait toutefois amendée au mois de janvier dernier, en faveur notamment des étudiants étrangers issus des grandes écoles. En fait, la nouvelle circulaire ne change rien sur le fond, dans la mesure où, comme la précédente, elle s'appuie sur la loi de 2006 sur l'immigration, qui restreint l'accès des étrangers au marché du travail. Une loi qui n'a pas été mise en cause par François Hollande. En revanche, les préfets sont invités à examiner les dossiers avec bienveillance (et non plus « avec rigueur ») et à faire en sorte que cet examen ne soit plus une course d'obstacles pour les postulants.

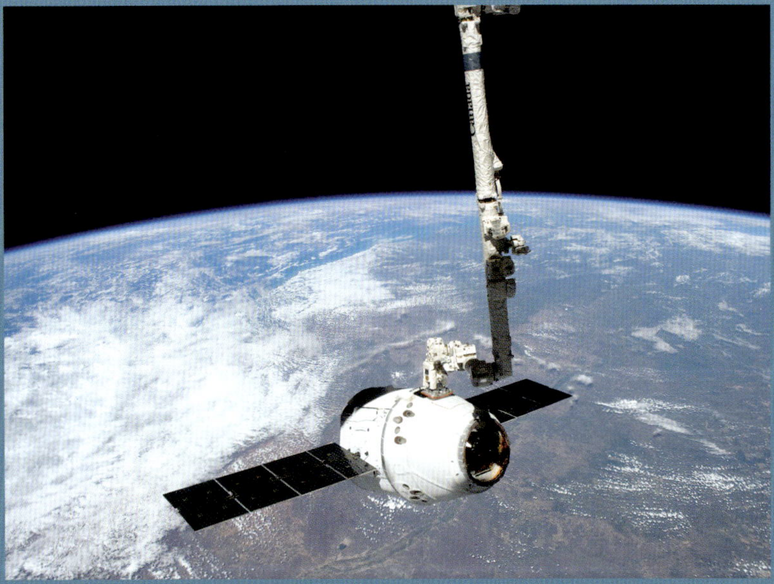

Jeudi 31, la capsule spatiale américaine Dragon amerrit dans le Pacifique, au large de la Californie, après une mission historique. C'est en effet la première fois qu'un véhicule entièrement développé par une société privée, SpaceX, ouvre une brèche dans le monopole des agences spatiales publiques. Dragon a été lancé mardi 22 mai de cap Canaveral par une fusée Falcon 9 (également développée par SpaceX) et s'est amarré le vendredi 25 au module Harmony de la station spatiale internationale (ISS), comme le montre ici cette photographie. La réussite de cette mission non habitée est le prélude à l'exploitation commerciale du couple Falcon 9/Dragon, avec deux premiers vols prévus dès cette année.

Les Québécois protestent au son des casseroles

QUÉBEC (CANADA), JEUDI 31 Les nouvelles négociations entre le gouvernement et les étudiants, qui se sont ouvertes lundi pour trouver une issue au conflit sur les droits de scolarité, se sont elles aussi soldées par un échec. « Nous avons eu des discussions franches, très sérieuses. Force est de constater que nous sommes dans l'impasse », a commenté la nouvelle ministre de l'Éducation Michelle Courchesne. La grève des étudiants, qui dure depuis février et qui avait poussé son prédécesseur Line Beauchamp à la démission le 14 mai, va donc se poursuivre. Et avec elle, les manifestations nocturnes quasi quotidiennes à Montréal et à Québec, mais aussi dans d'autres villes de la Belle Province. Ces manifestations, qui se déroulent au son des casseroles brandies par les protestataires, ont désormais largement dépassé le cadre étudiant, surtout depuis l'adoption, le 18, de la loi spéciale 78. Concoctée par le gouvernement de Jean Charest, cette loi censée mettre fin au mouvement étudiant restreint le droit de manifester et prévoit notamment la suspension des sessions d'examens jusqu'en août dans les universités en grève.

FRANCE

PARIS, MARDI 1er Marine Le Pen annonce qu'elle votera blanc au second tour de la présidentielle, mais concentre ses critiques sur Nicolas Sarkozy.

SAINT-VULBAS (01), MERCREDI 2 Un militant de Greenpeace se pose en paramoteur sur la centrale nucléaire du Bugey pour en démontrer la vulnérabilité.

PARIS, JEUDI 3 Le ministère de l'Éducation nationale émet une circulaire prônant le retour à l'apprentissage classique de l'orthographe.

PARIS, JEUDI 3 François Bayrou annonce qu'il votera pour François Hollande au second tour de la présidentielle et dénonce une nouvelle fois la « course à l'extrême droite » engagée par Nicolas Sarkozy.

BORDEAUX (33), LUNDI 7 Alain Juppé annonce qu'il ne briguera pas un siège de député aux prochaines législatives, afin de se consacrer à son mandat de maire de Bordeaux.

NANTES (44), MARDI 8 Les grévistes de la faim opposés à la construction de l'aéroport de Notre-Dame-des-Landes suspendent leur mouvement : aucune expulsion ne sera effectuée et les travaux ne seront pas engagés avant que tous les recours aient été épuisés.

PARIS, VENDREDI 11 Douze sapeurs-pompiers de Paris sont mis en examen pour le viol présumé en réunion, dimanche 6, d'un jeune engagé. L'un d'entre eux a été écroué.

BASTIA (20), MARDI 15 Attentat contre une agence immobilière. Dans la nuit du 11 au 12, une quinzaine d'autres attentats avaient visé des résidences secondaires appartenant à des « étrangers ».

PARIS, MARDI 15 François Hollande est officiellement investi à la présidence de la République.

PARIS, VENDREDI 18 L'Église évangélique luthérienne de France et l'Église réformée de France décident de fusionner pour former l'Église protestante unie de France.

PARIS, MERCREDI 23 Le ministre du Redressement productif Arnaud Montebourg est condamné à 1 euro symbolique pour « injure » envers les dirigeants de SeaFrance, qu'il avait traités d'« escrocs » en 2011.

PARIS, VENDREDI 25 Bernard Thibault est mis en minorité à la commission exécutive de la CGT. Il n'a pu imposer Nadine Prigent pour lui succéder.

PARIS, MARDI 29 Laurence Ferrari démissionne de TF1.

MARSEILLE (13), MARDI 29 La députée socialiste des Bouches-du-Rhône Sylvie Andrieux, candidate à sa succession, est renvoyée devant le tribunal correctionnel pour détournement de fonds publics.

UNION EUROPÉENNE

LONDRES, MARDI 1er Selon un rapport parlementaire sur le scandale des écoutes téléphoniques illégales de *News of the World*, Rupert Murdoch est jugé « inapte à diriger un grand groupe ».

ATHÈNES, DIMANCHE 6 Les élections législatives ne dégagent aucune majorité de gouvernement en Grèce. Elles sont caractérisées par le recul de la droite, l'effondrement de la gauche, et la montée en puissance de l'extrême gauche du parti Syriza et, surtout, de l'extrême droite représentée par l'Aube dorée.

MADRID, DIMANCHE 6 Un agent américain empêche un journaliste de se rendre à Cuba sous prétexte que son avion doit survoler quelques minutes l'espace aérien des États-Unis. C'est une conséquence directe de l'accord sur le PNR entre l'Union européenne et les États-Unis (voir page 36).

LONDRES, JEUDI 10 Le gouvernement renonce à acquérir le chasseur embarqué américain F-35C (catapulté) et opte pour le F-35B à décollage vertical, moins performant. Cette décision remet en cause les accords d'interopérabilité entre les porte-avions français et britanniques.

ATHÈNES, JEUDI 17 Le président grec Carolos Papoulias nomme un gouvernement de techniciens pour expédier les affaires courantes.

ITALIE, DIMANCHE 20 Un tremblement de terre en Émilie-Romagne fait 6 morts et une cinquantaine de blessés. Des monuments historiques sont détruits, telle la Tour de l'horloge de Finale Emilia.

ITALIE, LUNDI 21 Le second tour des élections municipales partielles consacre la déroute du Peuple de la liberté (PDL), le parti de Silvio Berlusconi, et est marqué par la percée du Mouvement 5 Étoiles créé par le populaire humoriste Beppe Grillo, qui triomphe à Parme.

DUBLIN, JEUDI 31 Les Irlandais ratifient par référendum le traité européen sur la stabilité, la coordination et la gouvernance (TSCG), avec 60,3 % de votes favorables.

INTERNATIONAL

LA PAZ, MARDI 1er Confronté à une grave crise sociale, le président bolivien Evo Morales nationalise la société Transportadora de Electricidad (TDE), filiale de la société espagnole Red Eléctricita de España (REE).

NEW YORK, MARDI 1er Un juge du Bronx refuse de classer sans suite la plainte au civil de Nafissatou Diallo contre Dominique Strauss-Kahn.

LE CAIRE, MERCREDI 2 Au moins 20 morts dans des affrontements opposant des salafistes, qui protestaient contre l'élimination de leur candidat Hazem Abou Ismaïl, et des hommes de main du pouvoir militaire.

ÉTATS-UNIS, MERCREDI 2 Le républicain Newt Gingrich annonce qu'il renonce à briguer l'investiture de son parti pour l'élection présidentielle américaine.

ÉTATS-UNIS, JEUDI 3 Pour dénoncer l'injustice fiscale américaine, l'écrivain Stephen King demande à payer plus d'impôts.

TUNIS, JEUDI 3 Nabil Karoui, patron de la chaîne de télévision privée Nessma, est condamné à 2 400 dinars (= 1 200 euros) d'amende pour avoir diffusé le film *Persepolis* en octobre 2011.

SOUKHOUMI (ABKHAZIE, RUSSIE), SAMEDI 5 Le FSB déjoue un complot terroriste concernant les Jeux olympiques d'hiver de Sotchi, en 2014. Un important stock d'armes est découvert, dont des missiles sol-air.

SYRIE, MERCREDI 9 Un convoi de l'ONU est attaqué par la rébellion à l'entrée de Deraa (attentat-suicide). Six soldats syriens qui l'accompagnaient sont blessés.

UKRAINE, MERCREDI 9 Ioulia Timochenko interrompt sa grève de la faim et accepte d'être soignée dans une clinique de Kharkiv (en russe, Kharkov) sous la supervision d'un médecin allemand.

WASHINGTON, MERCREDI 9 Le président Barack Obama se déclare favorable au mariage homosexuel.

TURQUIE, MERCREDI 9 Arrestation de l'étudiante franco-turque Sevil Sevimli. Elle est accusée d'être liée à une organisation d'extrême gauche interdite.

INDONÉSIE, MERCREDI 9 Un Sukhoï SuperJet 100 de démonstration s'écrase, faisant 45 victimes (dont des officiels russes et indonésiens). C'est un coup dur pour l'industrie aéronautique civile russe, dont cet appareil symbolisait la renaissance.

ALGER, JEUDI 10 Large victoire du FLN aux élections législatives algériennes, marquées par le recul des islamistes et la faiblesse de la participation (42,3 %).

BUENOS AIRES, JEUDI 10 Le Sénat argentin adopte un projet de loi autorisant l'euthanasie (la « mort digne » demandée par un malade) et par ailleurs permettant aux travestis et aux transsexuels de déclarer à l'état civil le sexe de leur choix.

ÉGYPTE, DIMANCHE 13 Un avion de chasse américain Curtiss P-40 disparu pendant la Seconde Guerre mondiale est retrouvé dans le désert.

KABOUL, DIMANCHE 13 Assassinat d'Arsala Rahmani, homme clé du Haut Conseil pour la paix afghan chargé de négocier avec les talibans.

ISRAËL, LUNDI 14 Plus de 1 600 prisonniers palestiniens suspendent leur grève de la faim, ayant obtenu un allégement de leurs conditions de détention.

SOMALIE, MARDI 15 Attaque d'une base de pirates somaliens par des hélicoptères de l'Union européenne. Les pirates détiennent actuellement environ 300 otages et menacent de les tuer en cas de nouvelle attaque.

NEW YORK, MARDI 15 Dominique Strauss-Kahn porte plainte contre Nafissatou Diallo pour « fausses accusations » et « diffamation ». Il réclame 1 million de dollars de dommages et intérêts.

LONDRES, JEUDI 17 Selon l'ONG Survival International, les Indiens Awá (Amazonie) seraient menacés d'extinction en raison de la colonisation illégale au Brésil.

SAINT-DOMINGUE, DIMANCHE 20 Danilo Medina est élu président de la République dominicaine.

BELGRADE, DIMANCHE 20 Le nationaliste Tomislav Nikolic est élu président de la Serbie en battant le président sortant Boris Tadic.

BAMAKO, LUNDI 21 Le président du Mali par intérim Dioncounda Traoré est agressé et blessé dans son bureau.

SANAA, LUNDI 21 Un attentat-suicide pendant la répétition d'un défilé militaire fait près de 100 morts dans la capitale du Yémen.

PESHAWAR (PAKISTAN), MERCREDI 23 Le médecin Shakeel Afridi est condamné à 33 ans de prison pour avoir aidé la CIA à localiser Oussama Ben Laden.

LE CAIRE, JEUDI 24 Au premier tour de l'élection présidentielle égyptienne, le candidat des Frères musulmans Mohamed Morsi et l'ancien Premier ministre Ahmed Chafik sont qualifiés pour le second tour.

BRASILIA, VENDREDI 25 La présidente du Brésil Dilma Rousseff oppose un veto partiel à une réforme du code forestier qui laissait le champ libre à la déforestation de l'Amazonie.

LHASSA (CHINE), DIMANCHE 27 Deux moines tibétains s'immolent par le feu.

COLOMBIE, MARDI 29 Les Farc libèrent le journaliste français Roméo Langlois.

LA HAYE, MERCREDI 30 L'ex-président libérien Charles Taylor est condamné à 50 ans de prison par le Tribunal spécial pour la Sierra Leone (TSSL), pour crimes de guerre et crimes contre l'humanité.

ÉCONOMIE

PARIS, MARDI 1er SME et SPS fusionnent pour former le groupe Herakles, désormais numéro 2 mondial du secteur des fusées et des missiles.

MOSCOU, JEUDI 3 Renault-Nissan prend le contrôle du russe Avtovaz qui produit les Lada.

BRUXELLES, VENDREDI 11 La Commission européenne prévoit en 2013 une croissance pour la France de 1,3 % au lieu de 1,7 % espéré, et un déficit public de 4,2 % au lieu de moins de 3 % prévu par François Hollande.

PARIS, MARDI 15 Free publie ses résultats au 31 mars depuis son lancement dans la téléphonie mobile le 10 janvier : 2,6 millions d'abonnés.

MADRID, VENDREDI 25 L'État espagnol recapitalisera Bankia à hauteur de 23 milliards d'euros.

SCIENCES

WASHINGTON, LUNDI 14 La revue *Proceedings of the National Academy of Sciences (PNAS)* annonce la découverte en Dordogne, dans l'abri Castanet, d'une peinture rupestre datée de 37 000 ans, qui serait donc la plus ancienne du monde.

SPORTS

OLYMPIE (GRÈCE), JEUDI 10 La flamme olympique des JO de Londres est allumée.

MUNICH (ALLEMAGNE), SAMEDI 19 Chelsea bat le Bayern de Munich en finale de la Ligue des champions de football (1-1, 4-3).

AUXERRE (89), DIMANCHE 20 En battant Auxerre (1-2), Montpellier devient champion de France de Ligue 1.

ITALIE, LUNDI 28 Dix-neuf arrestations dont celle du capitaine de la Lazio Roma, Stefano Mauri, dans une affaire de matchs de football truqués (le « Calcioscommesse »).

DÉCÈS

PARIS, MARDI 8 Yves Courrière (*12.10.1935, Gérard Bon, dit), journaliste et écrivain français.

PARIS, MARDI 15 Dominique Rolin (*22.5.1913), écrivaine belge.

MEXICO, MARDI 15 Carlos Fuentes (*11.11.1928), écrivain mexicain.

LE CAIRE, JEUDI 17 Warda Al-Jazaïria (*22.7.1939, Warda Ftouki, dite), chanteuse algérienne.

PARIS, JEUDI 17 France Clidat (*29.11.1932), pianiste française.

BERG (ALLEMAGNE), VENDREDI 18 Dietrich Fischer-Dieskau (*28.5.1925), baryton allemand.

LONDRES, DIMANCHE 20 Robin Gibb (*22.12.1949), chanteur des Bee Gees.

MILAN (ITALIE), VENDREDI 25 Edoardo Mangiarotti (*7.4.1919), champion olympique d'escrime italien.

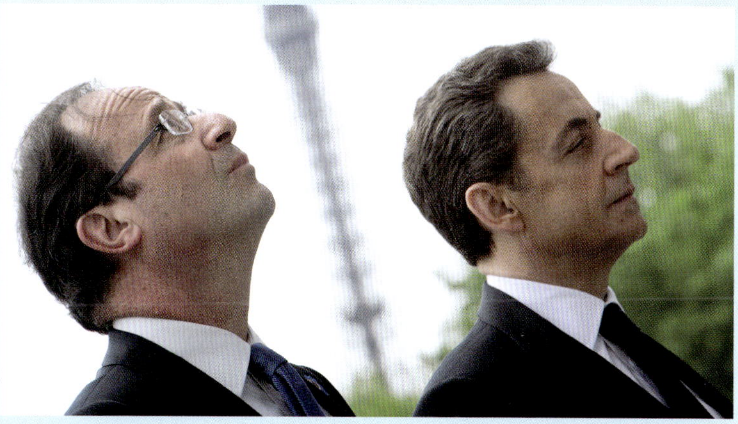

Mardi 8, à Paris, devant la tombe du soldat inconnu, le nouveau président élu François Hollande et le président sortant Nicolas Sarkozy sont côte à côte pour commémorer la victoire des Alliés dans la Seconde Guerre mondiale, le 8 mai 1945.

Juin

LU	MA	ME	JE	VE	SA	DI
				1	2	3
4	5	6	7	8	9	10
11	12	13	14	15	16	17
18	19	20	21	22	23	24
25	26	27	28	29	30	

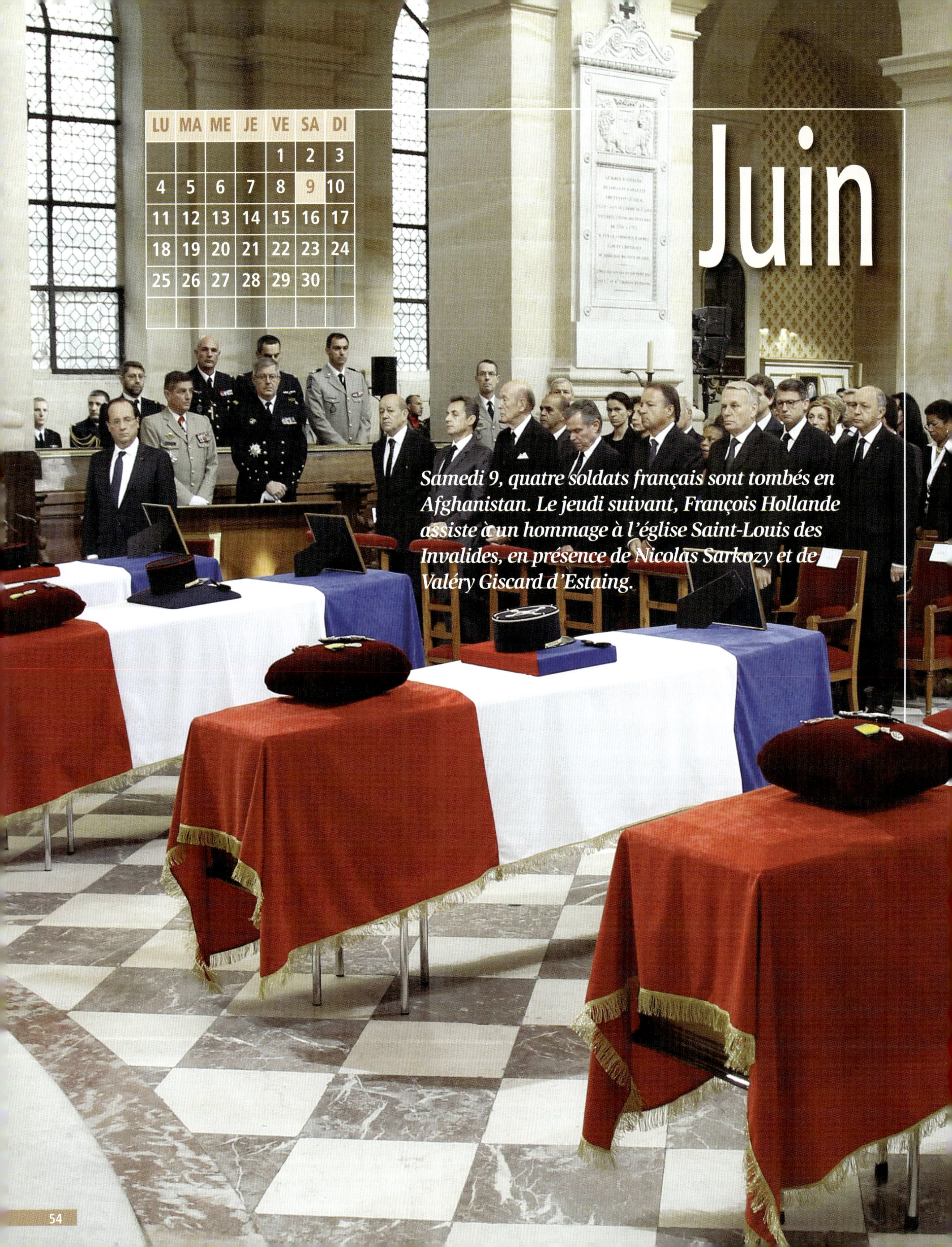

Samedi 9, quatre soldats français sont tombés en Afghanistan. Le jeudi suivant, François Hollande assiste à un hommage à l'église Saint-Louis des Invalides, en présence de Nicolas Sarkozy et de Valéry Giscard d'Estaing.

La pro dispar de Fra

PARIS, DIMAN
au *Journal d*
Belkacem fai
aussi celui du
paraître la pi
naïve, je sais
long terme »,
des femmes,
son plan de r
Loin de tou
pour elle « de
des prostitué
times de viol
des proxénè
abolitionnist
continuité d
matière. En
de gauche e
une résoluti
les clients de
vant, le dép
homologue
déposé une
le même s
pouvant all
et 3 750 eur

Le groupe volailler breton Doux est en pleine tourmente

QUIMPER (29), VENDREDI 1er Le groupe volailler Doux a été placé à sa demande en redressement judiciaire par le tribunal de commerce de Quimper pour une période d'observation de six mois. « Un administrateur judiciaire a été nommé et assistera la direction de l'entreprise dans la mise au point d'un plan de continuation, en France », a précisé le groupe familial, leader européen de la volaille. Basée à Châteaulin (29), l'entreprise créée en 1955 par Pierre Doux compte 3 400 salariés en France sur un effectif mondial d'environ 10 000 personnes. Le groupe fait aussi vivre quelque 800 éleveurs, dont l'avenir, désormais, est tout aussi incertain. Présent sur toute la filière de la volaille (du frais au congelé en passant par les produits élaborés), Doux revendique aujourd'hui le cinquième rang mondial. Mais le groupe croule sous une dette estimée à plus de 430 millions d'euros, sur lesquels 140 millions d'euros sont dus à la banque d'affaires Barclays, qui était en droit d'exiger le remboursement de 20 millions en ce mois de juin. Pour tenter de redresser la barre, Charles Doux, aujourd'hui âgé de 74 ans, avait la semaine dernière repris personnellement les commandes de l'entreprise dont il avait fait un empire dans les années 1970.

L'étrange verdict du procès d'Hosni Moubarak

LE CAIRE, SAMEDI 2 Le candidat des Frères musulmans à l'élection présidentielle du 17 juin prochain, Mohamed Morsi, en a pris l'engagement : s'il est élu, il fera rejuger l'ancien président Hosni Moubarak, son ministre de l'Intérieur Habib El-Adly et les autres accusés. Tous avaient été traduits en justice pour avoir fait tirer sur les manifestants égyptiens lors de la révolution de janvier 2011. La répression avait fait officiellement 890 victimes (dont 26 policiers), mais ce chiffre pourrait avoir été volontairement sous-estimé. Or, si Moubarak et El-Adly ont été condamnés à la prison à perpétuité, les familles et les amis des victimes sont outrés par la clémence dont ont bénéficié leurs coaccusés : six collaborateurs de l'ancien ministre ont en effet été acquittés, de même que les deux fils du raïs déchu, Gamal (en qui son père voyait son successeur) et Alaa. Cependant, ces deux derniers comparaîtront de toute façon à nouveau devant la justice pour des affaires de corruption. De violentes manifestations ont éclaté dans tout le pays à l'annonce du verdict, à commencer par une véritable émeute dans la salle d'audience, où les proches des « martyrs » de la révolution se sont heurtés aux avocats de la défense, qui ne cachaient pas leur satisfaction.

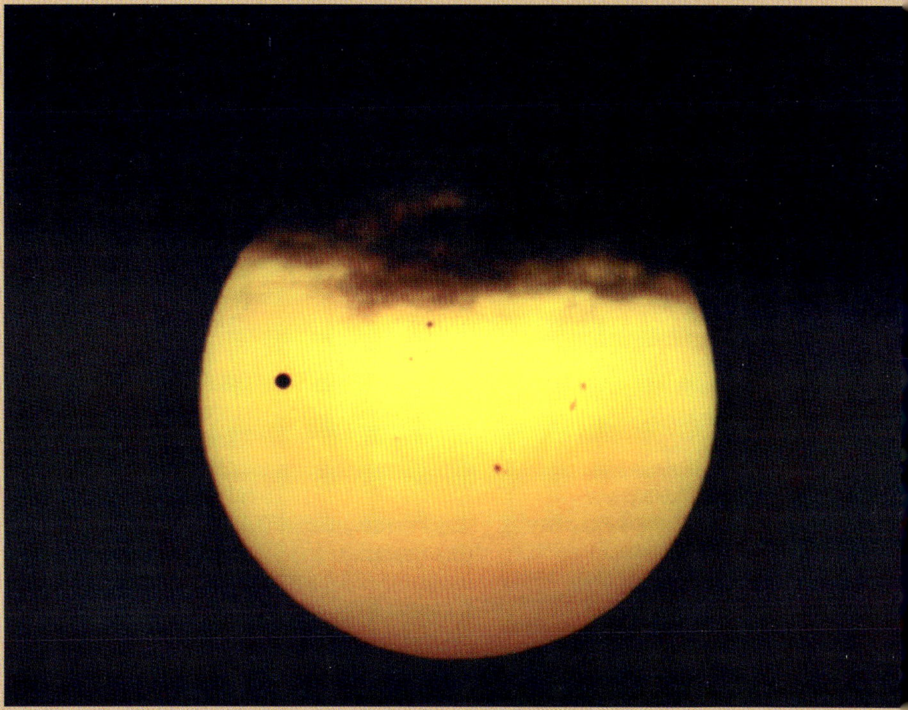

Le petit point noir que l'on distingue sur le Soleil, à gauche, n'est pas une tache, mais tout simplement Vénus. Le passage de cette planète devant le Soleil, mardi 5 et mercredi 6, était l'événement astronomique à ne pas manquer, car il a lieu selon une périodicité bien particulière, que l'astronome allemand Johannes Kepler (1571-1630) fut le premier à calculer : deux passages à huit ans d'écart, séparés par un intervalle de plus de cent ans. Le transit de Vénus a pu ainsi être observé en 1631, 1639, 1761, 1769, 1874, 1882 et 2004… et le prochain n'aura lieu que le 11 décembre 2117. Cette photographie a été prise à Varanasi, ville sainte hindouiste des bords du Gange, en Inde (État d'Uttar Pradesh).

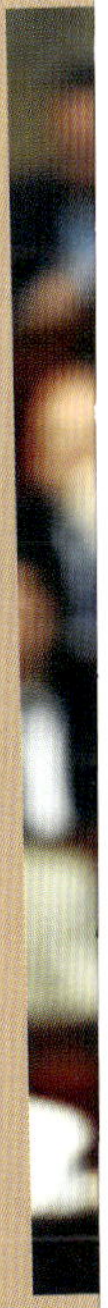

Ma a é con bén gai con con

Le « dépeceur » de Montréal est sous les verrous

BERLIN, LUNDI 4 Il était l'un des hommes les plus recherchés au monde. Reconnu par un autre client qui a donné l'alerte, le Canadien Luka Rocco Magnotta a été arrêté sans opposer de résistance dans un cybercafé d'un quartier populaire de la capitale allemande. De son vrai nom Eric Clinton Newman, cet ancien prostitué et acteur porno occasionnel est accusé d'avoir, dans la nuit du 24 au 25 mai à Montréal (Canada), tué puis dépecé un étudiant chinois, Jun Lin, avec lequel il semblait entretenir une relation sexuelle et sentimentale. Comble de l'horreur, il avait pris soin de diffuser aussitôt la vidéo de la scène sur Internet et d'envoyer différentes parties du corps démembré à plusieurs partis politiques canadiens. Traqué, le « dépeceur de Montréal », comme l'a aussitôt surnommé la presse, avait pris l'avion pour la France le 26 mai. Selon certains témoignages, il avait ensuite passé plusieurs jours à Paris et dans sa région. Lancée sur sa piste, la police française n'avait pas réussi à le retrouver. Toutefois, grâce à des images de vidéosurveillance, elle avait fini par découvrir que Magnotta avait, jeudi dernier, quitté la France en autocar pour l'Allemagne.

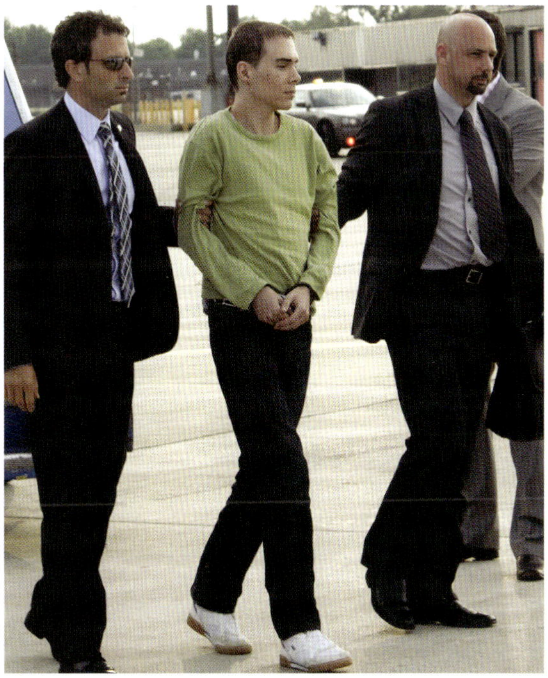

Extradé vers le Canada, Luka Rocco Magnotta, qui est âgé de 29 ans, arrivera à Montréal lundi 18, sous bonne garde.

Le cannabis n'est pas à l'ordre du jour

PARIS, MARDI 5 Cécile Duflot assure que ce n'est pas la ministre de l'Égalité des territoires et du Logement qui s'est exprimée sur RTL et BFM TV, mais la secrétaire nationale d'Europe Écologie-Les Verts (EELV)… Toujours est-il que c'est bien elle qui a déclaré sur les ondes qu'elle considérait que « le cannabis, c'est comme l'alcool et le tabac ». Alors que la droite dénonçait immédiatement, par la voix du député des Alpes-Maritimes Éric Ciotti notamment, le « double langage » de la gauche, le Premier ministre Jean-Marc Ayrault entretenait l'équivoque en faisant ce commentaire : « Le gouvernement n'a rien dit sur ce sujet. » Toutefois, la polémique grossissant, François Hollande sera contraint, jeudi 7, de recadrer ses troupes par une ferme mise au point : « Il n'est pas question qu'il y ait d'autres positions que celles que j'ai présentées aux Français pendant la campagne présidentielle. » Le 23 mars, la candidate d'EELV, Eva Joly, avait proposé la dépénalisation du cannabis. Ce à quoi Bruno Le Roux, l'un des porte-parole du candidat Hollande, avait répondu que cette question ne figurait pas dans l'accord qui avait été signé avec les Verts.

Les orpailleurs avaient tendu une embuscade

GUYANE, MERCREDI 27 Le caporal-chef Sébastien Pissot et l'adjudant Stéphane Moralia, tous deux du 9e régiment d'infanterie de marine (RIMa), ont été tués dans la région de Dorlin, au cœur du Parc amazonien de la Guyane. Ils opéraient dans le cadre de la mission Harpie, menée depuis 2008 par la gendarmerie et l'armée contre les orpailleurs, les chercheurs d'or clandestins. Du reste, deux gendarmes du groupe des pelotons d'intervention de Cayenne ont également été grièvement blessés lors de l'embuscade. Trois heures avant le drame, un hélicoptère participant à une opération de sécurisation de cette zone, haut lieu de l'orpaillage sans accès terrestre, avait essuyé des tirs qui avaient blessé un gendarme à la cuisse. Les autorités avaient alors fait déposer à 2 km de l'incident un groupe d'intervention fort d'une trentaine d'hommes. Mais la colonne avait à peine parcouru quelques dizaines de mètres qu'elle était prise sous le feu nourri de fusils d'assaut. C'est la première fois, soulignera demain, à Paris, le ministre de l'Intérieur Manuel Valls, qu'un tel niveau de violence est atteint dans le cadre de la lutte contre l'orpaillage en Guyane. Le président de la République François Hollande, quant à lui, s'engagera « à ce que tous les moyens soient mis en œuvre afin de retrouver les auteurs de ces crimes ».

Une poignée de main pour l'histoire

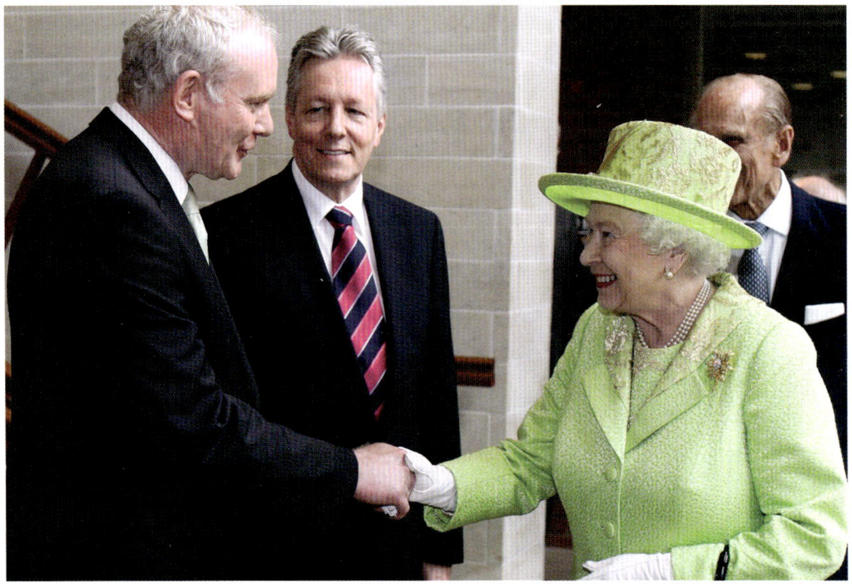

BELFAST (ROYAUME-UNI), MERCREDI 27 Qui, il y a vingt ans, eût pensé que la reine Élisabeth II serrerait la main de Martin McGuinness, l'ancien chef présumé de l'Armée républicaine irlandaise (IRA) qui soutint une guerre cruelle contre les soldats de Sa Majesté ? Mais depuis l'Accord du Vendredi saint (10 avril 1998), la hache de guerre a été enterrée par les trois principaux protagonistes du drame nord-irlandais : les nationalistes catholiques du Sinn Féin (vitrine politique de l'IRA), partisans du rattachement de l'Irlande du Nord à la République d'Irlande, les unionistes protestants qui veulent rester britanniques et les Britanniques eux-mêmes. Si les positions de fond n'ont pas changé, l'heure est désormais à la coexistence pacifique. Martin McGuinness (à gauche) est aujourd'hui vice-Premier ministre d'Irlande du Nord, et c'est sous les yeux du Premier ministre, l'unioniste Peter Robinson (au centre), et du duc d'Édimbourg (à droite) qu'il salue « sa » reine.

Les sodas sont à consommer avec modération…

PARIS, JEUDI 28 Dans son numéro daté de juillet-août 2012, la revue *60 Millions de consommateurs* jette un pavé dans la mare de l'industrie agroalimentaire mondiale en publiant une étude de l'Institut national de la consommation (INC) sur la composition de cinquante-deux sodas et jus de fruits commercialisés en France. Sachant que 100 grammes de fructose par jour sont le seuil au-delà duquel risquent d'apparaître des perturbations métaboliques telles que le diabète, les résultats de l'étude sont inquiétants : la moitié des colas dépassent les 100 grammes de sucre par litre, « soit l'équivalent de 17 morceaux de sucre par boisson », le record étant détenu par le cola de Carrefour qui contient l'équivalent de 19 morceaux de sucre par litre… Les ingénieurs de l'INC se penchent également sur la teneur en caféine, dont on estime que la dose maximale recommandée pour un enfant de 7-9 ans est de 62,5 mg par jour. Or, trois des colas les plus répandus (ce sont aussi ceux dont les secrets sont les mieux gardés), Coca-Cola Light, Pepsi Max et Pepsi, en contiennent plus de 100 mg par litre. L'étude n'épargne pas les jus de fruits, dont on pourrait croire qu'ils sont moins « nocifs » que les colas. Par exemple, un verre de Tropicana Bio de 250 cl contient 27 grammes de sucre, soit presque autant qu'une canette de Coca-Cola.

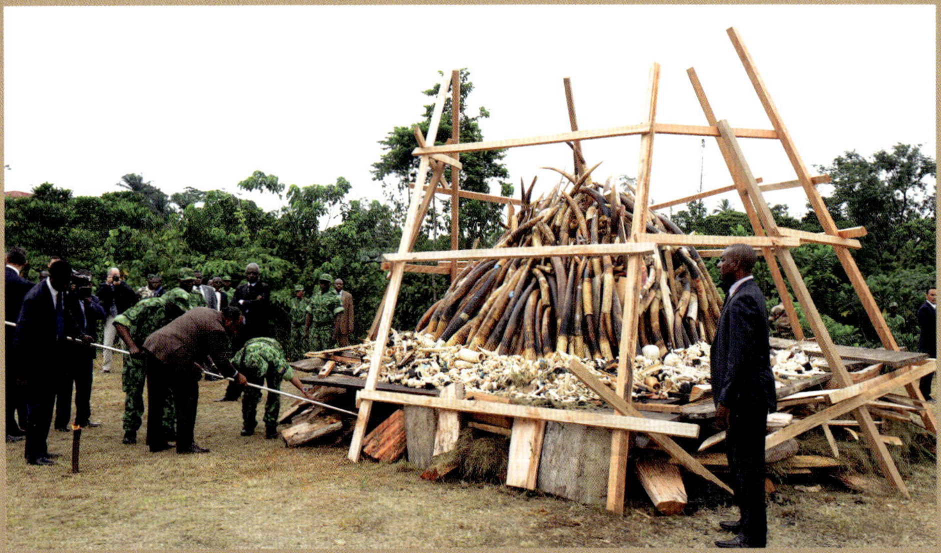

Mercredi 27, à Libreville, le président du Gabon Ali Bongo (en costume brun) met personnellement le feu à 4 800 kg d'ivoire braconné, soit 1 293 pièces d'ivoire brut et 17 730 pièces d'ivoire ouvragé. Ali Bongo est le premier chef d'État africain à s'engager de façon aussi spectaculaire et aussi radicale contre le braconnage et le commerce illégal de l'ivoire. « Le Gabon applique une politique zéro tolérance pour les crimes envers les espèces sauvages », a affirmé le président à cette occasion, devant les médias.

Fin du procès Kerviel

PARIS, JEUDI 28 C'était aujourd'hui le dernier jour du procès en appel de l'ancien trader de la Société générale Jérôme Kerviel. Poursuivi pour avoir fait perdre à sa banque près de 5 milliards d'euros et pour avoir dissimulé à sa hiérarchie ses positions spéculatives en les masquant par des opérations fictives et des déclarations mensongères, il avait été en octobre 2010 condamné à cinq ans de prison (dont trois ferme) et 4,9 milliards de dommages et intérêts. Ouvert le 4, son procès en appel aura tourné autour de la thèse de la machination dont l'ancien trader, défendu par le très médiatique David Koubbi, s'est dit victime : selon lui, la Société générale aurait couvert ses positions avant de l'utiliser comme fusible pour masquer ses propres pertes dues aux subprimes. Lundi 25, les avocats de la banque ont de nouveau réclamé 4,9 milliards de dommages et intérêts, et hier l'avocat général Dominique Gaillardot a requis la peine maximale encourue pour abus de confiance, soit cinq ans de prison ferme. La défense a quant à elle plaidé la relaxe. La cour d'appel de Paris rendra sa décision le 24 octobre.

Le fléau de l'orpaillage illégal en Guyane

L'orpaillage clandestin, à l'origine de la mort de deux militaires français le 27 juin, est pour la Guyane un véritable fléau, dont plusieurs facteurs ont favorisé le développement. La hausse progressive du cours de l'or, à partir des années 1980, d'abord. Ensuite, dès le début de la décennie suivante, la lutte contre l'orpaillage illégal au Brésil – avec pour conséquence le départ de nombreux chercheurs d'or illégaux (les *garimpeiros*) vers la Guyane limitrophe. Et, de fait, les orpailleurs clandestins qui sévissent aujourd'hui dans le département français sont pour la plupart originaires des régions défavorisées du Brésil (les autres venant surtout du Surinam voisin). Dernier facteur à l'origine de cette ruée vers l'or guyanaise : la divulgation en 1995, par le Bureau de recherches géologiques et minières (BRGM), de la carte des bassins aurifères du département. La carte au trésor, en somme.

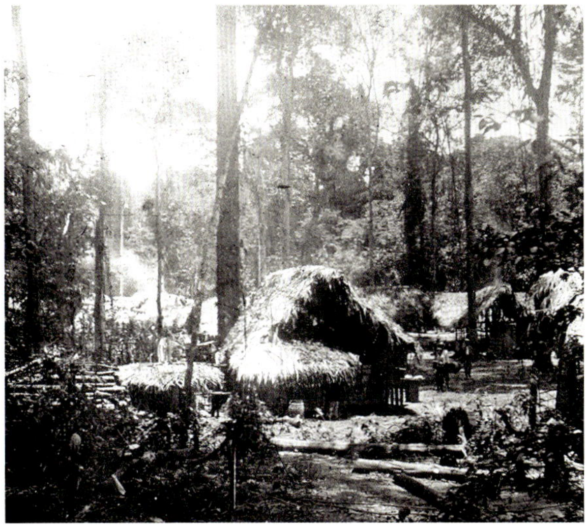

Ci-contre : si l'explosion de l'orpaillage clandestin est un phénomène relativement récent, il y a bien longtemps que l'or de la Guyane suscite les convoitises des aventuriers de toute sorte. En témoigne cette ancienne photographie qui montre un camp de chercheurs d'or installé dans la forêt guyanaise aux toutes premières années du XXe siècle.

Un désastre pour l'écosystème

En 2011, on dénombrait en Guyane de 200 à 500 sites d'orpaillage illégaux pour une vingtaine d'exploitations légales. Et la quantité d'or produite a été à l'avenant : cinq à dix tonnes pour les premiers, une à deux tonnes pour les secondes. Quant aux *garimpeiros,* dont les activités auraient généré de 200 à 405 millions d'euros, ils seraient selon les estimations entre 5 000 et 8 000.

Leur activité ne représente pas seulement un manque à gagner pour l'industrie et le fisc français. Elle constitue aussi un grave danger pour la forêt guyanaise, qui abrite une des biodiversités les plus riches au monde. Car il est loin le temps où les chercheurs d'or usaient de leur seule batée. Aujourd'hui, les *garimpeiros* travaillent souvent à la dynamite, avec des pelleteuses et des pompes à eau. Et ils n'hésitent pas à faire usage de mercure, qui contamine la chaîne alimentaire. Un désastre, auquel il faut ajouter la chasse destinée à alimenter les camps de ces clandestins vivant pour beaucoup dans des conditions misérables et dont les seules distractions (l'alcool, les drogues, les prostituées) sont à l'origine de nombreux trafics…

Face à l'ampleur du phénomène, les opérations Anaconda et Toucan se sont révélées insuffisantes. Mise en œuvre en 2008, et placée sous la double protection du préfet de Guyane et du procureur de la République de Cayenne, l'opération Harpie engage la gendarmerie, les douanes, la police des frontières et les forces armées statiques en Guyane. L'objectif est de diminuer durablement l'orpaillage clandestin.

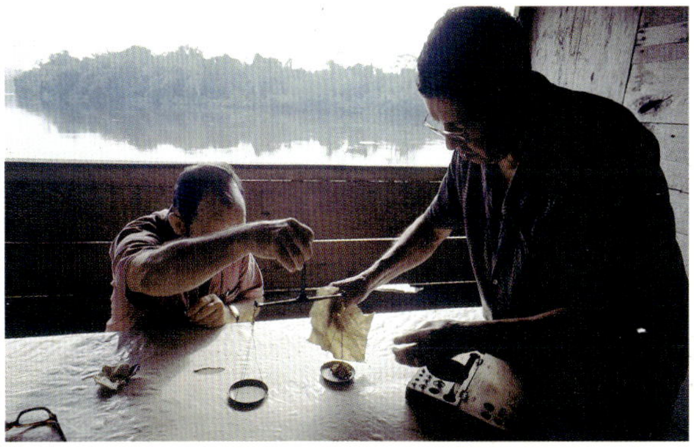

En bas à droite : ces orpailleurs photographiés en 1970 travaillent encore « à l'ancienne », c'est-à-dire à la batée, le récipient traditionnel de la prospection minière, appelé encore « chapeau chinois » à cause de sa forme.
Ci-contre : la pesée (ici sur la classique balance trébuchet) est bien sûr l'un des moments essentiels de la vie du chercheur d'or.
En bas à gauche : jusqu'à 350 gendarmes peuvent prendre part aux missions de lutte contre l'orpaillage clandestin, considérées comme des opérations de police judiciaire ; environ 700 militaires sont aussi susceptibles d'être réquisitionnés.

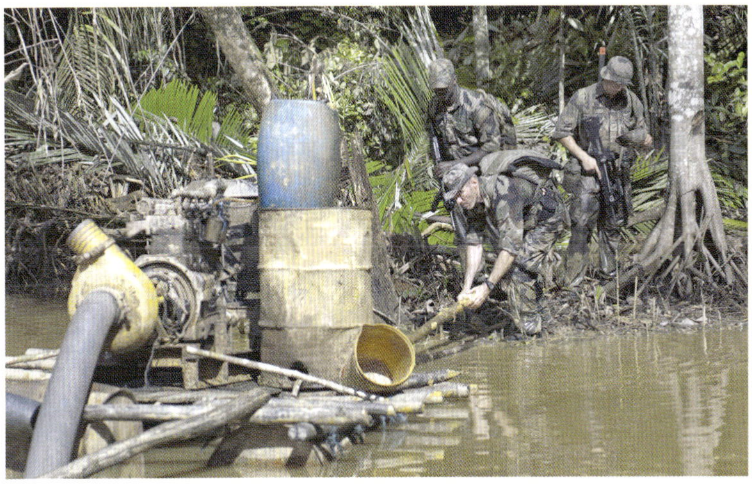

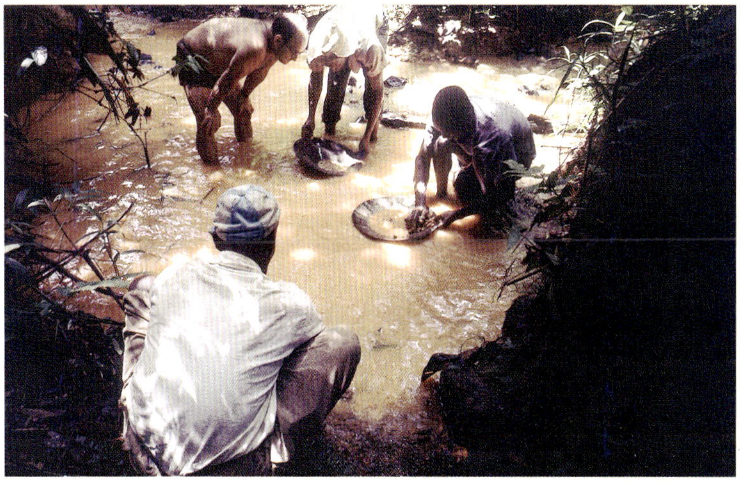

La Cour suprême approuve le plan santé d'Obama

WASHINGTON, JEUDI 28 Pierre angulaire du mandat de Barack Obama, la réforme du système d'assurance santé avait été adoptée, au terme d'une rude bataille, en mars 2010. Mais les opposants à cette loi, destinée à assurer une couverture maladie à 32 millions d'Américains qui en sont dépourvus, n'avaient pas désarmé pour autant. Vingt-six États, tous républicains, avaient demandé à la Cour suprême de retoquer la réforme au motif que, obligeant tous les Américains à souscrire une assurance santé d'ici 2014, elle constituerait une violation des libertés individuelles et un élargissement inacceptable de l'autorité du gouvernement fédéral au détriment des prérogatives des États. Mais la plus haute juridiction du pays ne leur a pas donné raison: par cinq voix contre quatre (le juge John Roberts, président conservateur de l'institution, ayant joint son vote à celui de ses quatre confrères centristes), elle a validé la réforme. Une belle victoire pour Barack Obama à un peu plus de quatre mois de la présidentielle. Mais la réforme est-elle définitivement sauvée? Mitt Romney a prévu de l'abroger s'il est élu…

Les 27 d'accord sur le pacte de croissance

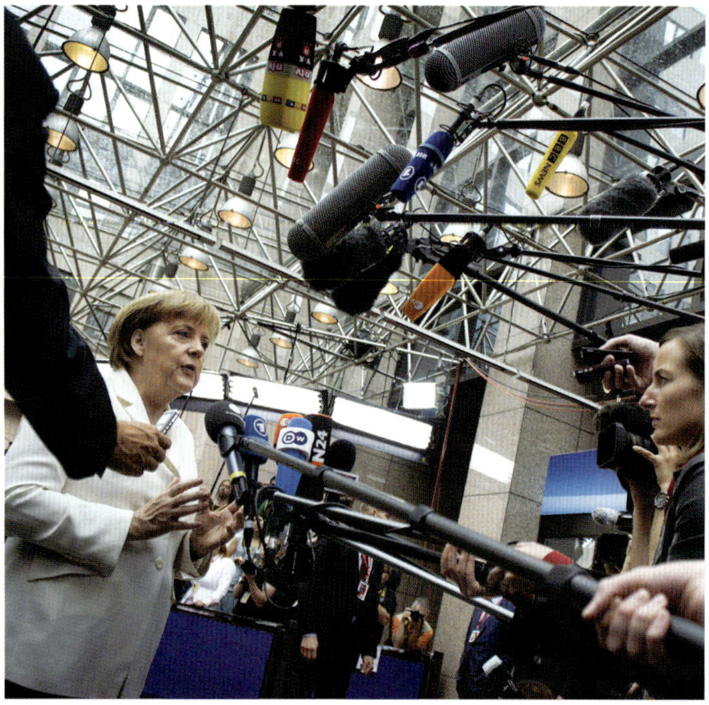

Jusqu'ici, la chancelière allemande Angela Merkel s'était opposée aux mesures d'urgence qui ont été décidées sous la pression de l'Italie et de l'Espagne.

BRUXELLES, VENDREDI 29 Pour Mariano Rajoy et Mario Monti, il n'était pas question d'accepter un pacte de croissance s'il ne s'accompagnait pas de mesures d'urgence capables de protéger les économies chancelantes de leurs pays. C'est donc un véritable bras de fer (un chantage, ont dit certains) qui a opposé toute la nuit les premiers ministres espagnol et italien et leurs partenaires européens. Lesquels ont défendu pied à pied leurs positions, mais ont fini par faire des concessions, notamment sur la recapitalisation directe des banques. Et c'est ainsi qu'à 5 heures du matin le Premier ministre luxembourgeois Jean-Claude Juncker a enfin pu annoncer que les vingt-sept pays de l'Union européenne avaient réussi à s'accorder sur le pacte de croissance, qui s'élèvera à 120 milliards d'euros, soit environ 1 % du PIB de l'UE. En campagne, le candidat François Hollande avait promis d'obtenir la signature de ce pacte destiné «à améliorer le financement de l'économie». Il s'est donc ouvertement réjoui des «effets heureux» des mesures décidées au cours de la nuit. Beaucoup plus mesurée, la chancelière allemande Angela Merkel a estimé être restée «fidèle» à ses principes en cédant aux exigences de l'Espagne et de l'Italie.

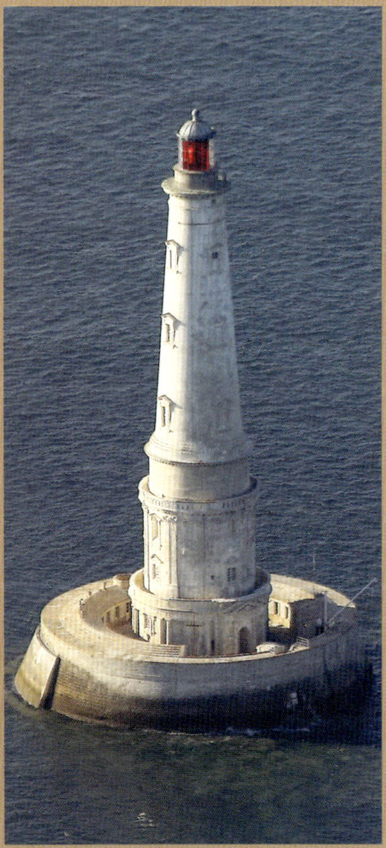

C'est un peu l'âme du phare de Cordouan qui s'en est allée, vendredi 29, quand ses deux derniers gardiens, Jean-Paul Eymond et Serge Andron, ont rendu les clés de ce monument historique édifié à la fin du XVIe siècle au débouché de l'estuaire de la Gironde, dont il sécurisa grandement l'accès. Un certain Michel de Montaigne, alors maire de Bordeaux, en avait ordonné la construction. Automatisé en 2006, le phare restera néanmoins en service, mais la profession de gardien de phare appartiendra désormais au passé: Jean-Paul Eymond et Serge Andron en étaient en France les derniers représentants. Le phare de Cordouan ne sera pas pour autant privé de toute présence humaine puisqu'il est possible de le visiter et de gravir les 311 marches menant à sa lanterne.

La basilique de la Nativité au patrimoine de l'humanité

SAINT-PÉTERSBOURG (RUSSIE), VENDREDI 29 Haut lieu de la chrétienté, la basilique de la Nativité de Bethléem a été inscrite en urgence au Patrimoine mondial de l'humanité, à la demande de l'Autorité palestinienne. Pour Israël et ses alliés américains, cette décision de l'Unesco est inacceptable, car constituant un pas vers la reconnaissance *de facto* d'un État palestinien par la communauté internationale. Or pour Tel-Aviv et Wahington, un tel aval ne peut résulter que de négociations entre Palestiniens et Israéliens et non d'actions «unilatérales» (ainsi le bureau du Premier ministre israélien a-t-il qualifiél'initiative palestinienne). Ce qui pourrait donner quelque crédit à la thèse israélienne, c'est la visible satisfaction du président de l'Autorité palestinienne Mahmoud Abbas, qui a salué cette «reconnaissance par le monde des droits du peuple palestinien». Indépendamment de toute considération politique, la vraie question est de savoir s'il y avait urgence ou non. Bâtie au IVe siècle par l'empereur Constantin, cette basilique, merveille de l'Antiquité chrétienne, était depuis 2008 classée par les experts du Fonds mondial pour les monuments (WMF) comme l'un des cent bâtiments les plus menacés.

Les rebelles syriens ont-ils été lâchés?

GENÈVE, SAMEDI 30 Le ministre français des Affaires étrangères Laurent Fabius n'a d'habitude pas de mots assez durs pour qualifier le président Bachar Al-Assad. Il le traitait encore mercredi dernier de «chef des massacreurs». Plus nuancée dans son vocabulaire, la secrétaire d'État américaine Hillary Clinton n'en pense pas moins. Cela ne les a pas empêchés de signer un document qui ne dit pas un mot du président syrien et prévoit encore moins son départ. Il y est seulement question d'une «entité gouvernementale provisoire», à laquelle participeraient des membres du gouvernement actuel et des opposants, ceci sur la base d'un «consentement mutuel»… On en est certes très loin, et Sergueï Lavrov, le ministre russe des Affaires étrangères, est le seul à se réjouir. Il est vrai qu'il a obtenu ce qu'il recherchait: neutraliser les pays occidentaux et protéger son allié syrien. Cet accord a été signé au terme d'une réunion organisée par Kofi Annan, l'émissaire de l'ONU et de la Ligue arabe pour la Syrie. L'accord de Genève a été immédiatement interprété par la rébellion syrienne comme un lâchage des Occidentaux. Lesquels, en échange, auraient obtenu la neutralité des Russes sur le dossier iranien. (→ 18.7)

Juin

FRANCE

NEVERS (58), VENDREDI 1er Un couple d'origine guinéenne est condamné à des peines de deux ans et dix-huit mois de prison ferme par la cour d'assises de la Nièvre pour avoir fait exciser ses quatre filles.

NICE (06), VENDREDI 1er Entrée en vigueur d'un arrêté municipal interdisant les mariages accompagnés de manifestations bruyantes.

VILLEURBANNE (69), SAMEDI 2 Trois jeunes juifs sont agressés par des Maghrébins à la sortie d'une école talmudique.

LIMOGES (87), LUNDI 4 Démantèlement d'un réseau mafieux géorgien spécialisé dans les cambriolages.

AUBERVILLIERS (93), LUNDI 4 Un convoyeur de fonds est grièvement blessé dans l'attaque d'un fourgon blindé. Deux membres présumés du gang sont arrêtés peu après, leur voiture ayant été « balisée ».

PARIS, JEUDI 7 Première chronique de Valérie Trierweiler dans *Paris Match* depuis l'élection de son compagnon François Hollande à la présidence de la République.

AVIGNON (84), VENDREDI 8 Arrestation et mise en examen d'Anthony Draoui, assassin présumé de la joggeuse Marie-Jeanne Meyer, retrouvée calcinée en juin 2011.

PARIS, LUNDI 11 Soupçonné d'avoir assassiné Nathalie Davids le 27 novembre 2011 (le premier meurtre de l'Essonne), Michel Courtois est remis en liberté.

PARIS, MERCREDI 13 Publication au *Journal officiel* d'un rapport très sévère du contrôleur général des lieux de privation de liberté, Jean-Marie Delarue, sur l'état des prisons françaises. Il met en cause la surpopulation et la trop grande sévérité de la justice.

PARIS, VENDREDI 15 Dans un arrêt historique, la Cour de cassation estime que le chef de l'État en exercice, qui jouit de l'immunité présidentielle, est en droit de porter plainte s'il est victime d'une infraction pendant la durée de son mandat.

PARIS, LUNDI 18 Les familles des victimes de l'attentat de Karachi portent plainte contre Nicolas Sarkozy pour « violation du secret de l'enquête et de l'instruction » et « violation du secret professionnel ». La plainte vise également Franck Louvrier et Brice Hortefeux.

PARIS, LUNDI 18 Sur BFM TV, l'ancien Premier ministre socialiste Michel Rocard se prononce pour le démantèlement de la force de dissuasion nucléaire française, qu'il juge inutile.

PARIS, MARDI 19 Nicolas Sarkozy siège pour la première fois au Conseil constitutionnel.

PARIS, MERCREDI 20 Les délégués des militants du PCF votent contre la participation de communistes au gouvernement.

PARIS, MERCREDI 20 Le ministre de l'Éducation nationale Vincent Peillon annonce la création de 1 000 nouveaux postes dans l'enseignement primaire.

ROUEN (76), JEUDI 21 Le tribunal administratif condamne l'État à verser des dommages et intérêts à la famille dont l'un des membres s'était suicidé le 31 décembre 2009 en prison, sans que l'administration ait pu l'empêcher, le gardien n'ayant pas la clé de sa cellule.

PARIS, SAMEDI 23 L'avocat pénaliste Pascal Durand succède à Cécile Duflot à la direction d'Europe Écologie-Les Verts.

ASNIÈRES (92), MARDI 26 Le ministre de l'Éducation nationale Vincent Peillon annonce la création de 6 000 postes dans l'enseignement secondaire.

PARIS, MARDI 26 Le ministre du Budget Jérôme Cahuzac annonce un gel de 1 milliard d'euros des dépenses qui devaient être engagées par les différents ministères d'ici à la fin de 2012.

PARIS, VENDREDI 29 Le ministre de l'Agriculture Stéphane Le Foll annonce l'interdiction en France de l'insecticide Cruiser OSR pour le traitement des semences de colza. Le Cruiser OSR est soupçonné d'être responsable de la désorientation des abeilles.

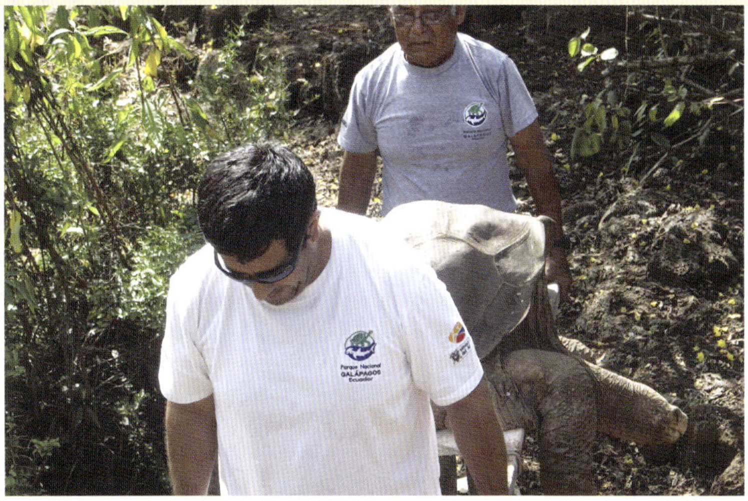

On l'appelait « Georges le Solitaire » (« El Solitario Jorge »). Retrouvée morte dimanche 24 dans le parc national de l'archipel des Galápagos (Équateur), cette tortue géante plus que centenaire découverte en 1972 était le dernier représentant de la sous-espèce Geochelone nigra abingdoni.

TOULOUSE (31), VENDREDI 29 Mise en examen et incarcération de Matthieu Clique, responsable toulousain du Bloc identitaire. Il aurait grièvement blessé un étudiant chilien dans la nuit du 31 mars au 1er avril.

UNION EUROPÉENNE

LUXEMBOURG, JEUDI 7 Les ministres de l'Intérieur de l'espace Schengen entérinent l'idée d'un rétablissement des frontières en cas de pression migratoire insupportable.

LUXEMBOURG, LUNDI 18 Au Conseil européen, le ministre français de l'Agriculture Stéphane Le Foll s'oppose à un renforcement des aides communautaires à l'agriculture biologique et durable.

MADRID, MERCREDI 20 Le Tribunal constitutionnel légalise le parti nationaliste basque Sortu, issu du parti Batasuna interdit en 2003.

ESPAGNE, VENDREDI 22 Cinq aiglons de Bonelli, nés en captivité en France, ont été introduits dans les provinces de Madrid et de Navarre. Aujourd'hui, il n'existe plus que 750 couples de cette espèce en Europe.

ATHÈNES, DIMANCHE 24 L'hebdomadaire grec *To Vima* révèle qu'en 2010, le gouvernement socialiste a engagé 16 711 fonctionnaires, au lieu des 8 000 maximum à quoi il s'était engagé auprès de l'Union européenne.

INTERNATIONAL

WASHINGTON, VENDREDI 1er Le département du Travail annonce que le chômage est reparti à la hausse en mai aux États-Unis, soit 8,2 % contre 8,1 % en avril.

SINGAPOUR, SAMEDI 2 Le secrétaire à la Défense américain Leon Panetta annonce un « rééquilibrage » de la présence militaire des États-Unis dans le Pacifique.

BAGDAD, LUNDI 4 Un nouvel attentat anti-chiite, perpétré le jour de l'anniversaire de l'imam Ali, fait au moins 25 victimes.

PAKISTAN, MARDI 5 Un drone américain abat le Libyen Abou Yahya Al-Libi, considéré comme le numéro deux d'Al-Qaida.

MADISON (WISCONSIN), MARDI 5 Au terme d'une procédure extrêmement rare aux États-Unis (sauf en Californie), les électeurs du Wisconsin rejettent la destitution du gouverneur Tea Party Scott Walker qui s'était attaqué aux fonctionnaires et aux syndicats. C'est un revers pour la gauche américaine.

SHAOYANG (CHINE), MERCREDI 6 Mort suspecte du dissident chinois Li Wangyang dans sa chambre d'hôpital.

JÉRUSALEM, MERCREDI 6 Le ministre de l'Intérieur israélien Eli Yishai, membre du parti d'extrême droite Shass, donne huit jours aux immigrés clandestins africains pour quitter le pays, en échange d'une aide financière substantielle.

ZINTAN (LIBYE), JEUDI 7 Deux employées de la Cour pénale internationale (CPI), Melinda Taylor et Hélène Assaf, sont arrêtées alors qu'elles venaient rencontrer Saïf Al-Islam Kadhafi dans sa cellule.

PÉKIN, VENDREDI 8 La Chine et la Russie renforcent leurs liens économiques et stratégiques au sommet de l'Organisation de coopération de Shanghaï (OCS).

MOSCOU, MARDI 12 Une manifestation d'opposants à Vladimir Poutine réunit plusieurs dizaines de milliers de personnes.

TUNIS, MARDI 12 Le couvre-feu est décrété à Tunis et dans sept autres gouvernorats à la suite d'émeutes qui ont fait plus de 100 blessés (dont 65 policiers). Ces émeutes ont commencé par l'attaque, dimanche 10, des salafistes contre le Printemps des arts, jugé par eux attentatoire à la dignité de l'islam.

IRAK, MERCREDI 13 Une série d'attaques contre des pèlerins chiites fait au moins 42 morts.

WASHINGTON, VENDREDI 15 Barack Obama annonce l'arrêt des expulsions des sans-papiers âgés de moins de 30 ans. Ses adversaires y voient une mesure destinée à lui gagner la faveur de l'électorat hispanique dans la perspective de la prochaine élection présidentielle.

GENÈVE, SAMEDI 16 Décès du prince héritier d'Arabie saoudite Nayef Ben Abdelaziz Al-Saoud. La succession du roi Abdallah Ben Abdelaziz Al-Saoud sera assurée par le prince Salman Abdelaziz Al-Saoud.

NEW YORK, SAMEDI 16 L'ONU annonce la suspension de la mission de ses observateurs en Syrie en raison des attaques dont ils ont été l'objet.

TEL-AVIV, DIMANCHE 17 Un premier groupe d'immigrés clandestins africains est expulsé d'Israël par un vol à destination de Juba (Soudan du Sud).

KOWEÏT, MERCREDI 20 La Cour constitutionnelle décrète illégal le Parlement issu des élections de février, qui ont vu la victoire de l'opposition.

MONASTIR (TUNISIE), LUNDI 25 La cour d'appel de Monastir confirme la condamnation de Jabbeur Mejri à sept ans de prison pour avoir publié des caricatures de Mahomet sur Facebook.

BUENOS AIRES, MERCREDI 27 Manifestation pour exiger une baisse des impôts et dénoncer l'enrichissement personnel de la présidente Cristina Kirchner.

ÉCONOMIE

SAINT-DENIS (93), VENDREDI 1er ArcelorMittal annonce que l'arrêt des deux hauts-fourneaux de Florange (57) sera prolongé jusqu'à la fin de l'année.

MADRID, MARDI 5 Le ministre espagnol du Budget Cristobal Montoro déclare que le marché de la dette est fermé à l'Espagne, en raison de taux d'intérêt trop élevés (plus de 6,4 %).

PARIS, LUNDI 11 Le tribunal de commerce autorise la reprise des actifs de SeaFrance par Eurotunnel.

ESPOO (FINLANDE), JEUDI 14 Nokia annonce la suppression de 10 000 emplois dans le monde d'ici à la fin de 2013.

LOS CABOS (MEXIQUE), MARDI 19 Les membres du G20 décident d'attribuer au FMI une dotation supplémentaire de 455,9 milliards de dollars pour faire face à la crise.

SÃO PAULO (BRÉSIL), VENDREDI 22 Casino prend le contrôle du groupe Pão de Açúcar, leader brésilien de la distribution.

PARIS, MARDI 26 L'italien RCS MediaGroup cède Flammarion à Gallimard.

CULTURE

CHAMBORD (41), DIMANCHE 10 Ouverture au château de Chambord d'une rétrospective consacrée au peintre français Paul Rebeyrolle. Jusqu'au 23 septembre.

SCIENCES

GENÈVE, MARDI 12 L'Organisation mondiale de la santé (OMS) reconnaît le caractère cancérigène des gaz d'échappement des moteurs diesel en les classant dans le groupe 1.

WASHINGTON, JEUDI 28 La revue *Science* annonce la découverte en Chine des plus anciennes poteries connues à ce jour (environ 20 000 ans).

SPORTS

FRANCE, VENDREDI 1er Lancement de la chaîne de sports qatarie BeIN Sport 1.

VARSOVIE, VENDREDI 8 Début de l'Euro 2012 de football avec le match Pologne-Grèce. La compétition est organisée à la fois en Pologne et en Ukraine.

PARIS, VENDREDI 29 La Fédération française de rugby choisit le site d'Évry Centre-Essonne pour le futur grand stade dédié au XV de France.

PARIS, SAMEDI 30 Laurent Blanc renonce à son poste de sélectionneur de l'équipe de France de football.

DÉCÈS

LOS ANGELES (CALIFORNIE), MARDI 5 Ray Bradbury (*22.8.1920, Raymond Douglas Bradbury, dit), écrivain de science-fiction américain.

TROYES (10), VENDREDI 8 Robert Galley (*11.1.1921), ancien ministre et compagnon de la Libération.

NEW YORK, SAMEDI 9 Paul Jenkins (*12.7.1923), peintre américain.

BOULOGNE-BILLANCOURT (92), DIMANCHE 10 Georges Mathieu (*27.1.1921), peintre français.

PARIS, MARDI 12 Hector Bianciotti (*18.3.1930), écrivain et académicien français.

CHENNEVIÈRES-SUR-MARNE (94), MERCREDI 13 Roger Garaudy (*17.7.1913), philosophe et écrivain français.

PARIS, SAMEDI 16 Thierry Roland (*4.8.1937), journaliste sportif français.

PARIS, SAMEDI 23 Brigitte Engerer (*27.10.1952), pianiste française.

BOULOGNE-BILLANCOURT (92), JEUDI 28 Robert Sabatier (*17.8.1923), écrivain et poète français.

HERZLIYA (ISRAËL), SAMEDI 30 Yitzhak Shamir (*22.10.1915), ancien Premier ministre israélien.

Des loups, des ours et des hommes

Le retour des loups dans le Mercantour et la réintroduction des ours dans les Pyrénées font régulièrement la une de l'actualité depuis une trentaine d'années. Le maintien sur le territoire national de ces espèces protégées par la Convention de Berne soulève des polémiques.

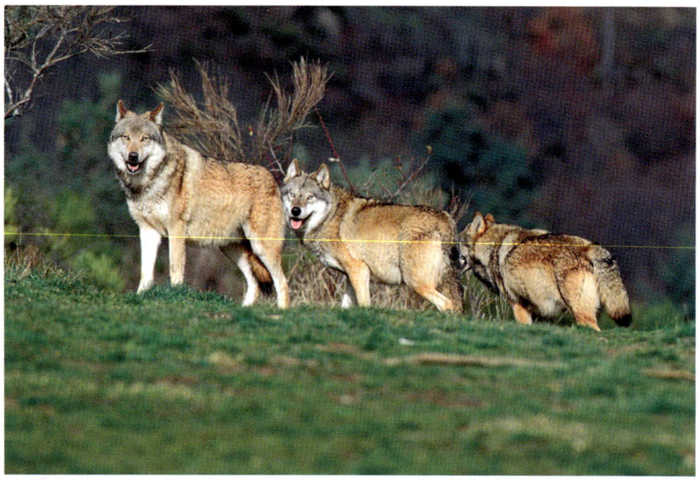

La population du Canis lupus *serait d'environ 18 000 individus en Europe (Russie d'Europe comprise). Le loup a totalement disparu en Grande-Bretagne et en Irlande, où il a été exterminé du* XVI*e au* XVIII*e siècle.*

Faut-il chasser le loup ou le protéger ? L'actualité démontre que l'équilibre entre les deux termes de l'alternative n'est pas facile à maintenir. Un exemple. Le 7 septembre 2012, un *Canis lupus* femelle adulte a été prélevé à Bayons, dans les Alpes-de-Haute-Provence, sur le territoire de l'ancienne commune d'Esparron-la-Bâtie. « Prélevé » est un euphémisme pour dire « abattu ». Mais ce prélèvement a été effectué dans le respect du protocole d'intervention contre les loups paru au *Journal officiel* du 10 mai 2012 et portant à onze le nombre de loups dont la destruction pourra être autorisée en 2012-2013 (contre six pour la période précédente). Ce protocole fournissait également la liste des départements concernés : Alpes-de-Haute-Provence, Hautes-Alpes, Alpes-Maritimes, Drôme, Isère, Pyrénées-Orientales, Savoie, Haute-Savoie et Var – soit, là encore, trois de plus que précédemment.

Seul un arrêté préfectoral peut déclencher le processus du prélèvement. Consécutif à l'autorisation donnée le 29 août (et limitée à la période du 29 août au 29 septembre) pour les seules communes d'Authon, Bayons, Auzet et Barles, celui du 7 septembre a été conduit par les agents de l'Office national de la chasse et de la faune sauvage, par les lieutenants de louveterie et par des chasseurs agréés. Rappelons que la louveterie est l'une des plus anciennes institutions de France, puisqu'elle a été créée par Charlemagne en 813 pour protéger les populations. Dans le cas du prélèvement de Bayons, comme dans tous les autres depuis la réapparition du loup en France, ce sont les troupeaux qu'il s'agissait de protéger, les mesures de protection des bêtes ou d'effarouchement (techniques d'éloignement comprenant le tir non létal) n'ayant pas suffi. Dans le massif des Monges où est situé Bayons, les troupeaux d'ovins avaient subi à cette date une vingtaine d'attaques, entraînant la mort ou les blessures de 142 animaux. Un autre prélèvement avait eu lieu le 6 juin 2012, mais cette fois à Utelle, dans les Alpes-Maritimes.

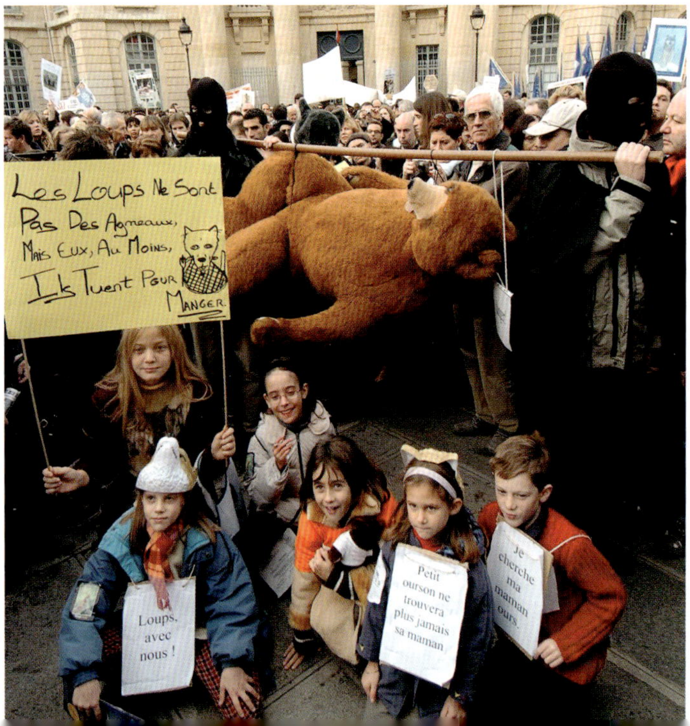

C'est en 1992 que le loup est revenu en France, dans le Mercantour (Alpes-Maritimes et Alpes-de-Haute-Provence). Un retour dont le caractère naturel (il venait d'Italie) ne semble guère contestable, malgré les protestations d'associations d'éleveurs comme la Fédération des acteurs ruraux ou l'association Éleveurs et Montagnes, qui estiment que ce retour a été plus ou moins programmé à leurs dépens. De fait, 4 500 ovins auraient été victimes d'attaques en 2011, et en 2012 plus de 400 attaques ont été constatées entre le 1er janvier et le 17 août pour le seul parc national du Mercantour. Quant au nombre de loups vivant en France, il n'est pas facile de l'évaluer avec exactitude. Selon les sources, les chiffres varient de 200 à 450. Est-ce beaucoup ? Est-ce peu ? Dans la seconde moitié du XIXe siècle, on tuait en France 1 200 loups par an, en moyenne. Dans son *Grand Dictionnaire universel du XIXe siècle,* Pierre Larousse écrit que le loup trouve « partout des ennemis implacables qui réclament sa destruction complète »… Ce n'est évidemment plus le cas de nos jours où, après avoir totalement disparu au XXe siècle, le loup est protégé.

Cette protection est régie par la Convention de Berne. Signée le 19 septembre 1979, entrée en vigueur en 1982 et ratifiée par la France en 1990, elle engage les pays signataires à « mettre en œuvre des politiques nationales de conservation de la flore et de la faune sauvages, et des habitats naturels ; intégrer la conservation de la faune et de la flore sauvages dans les politiques nationales d'aménagement, de développement et de l'environnement ; encourager l'éducation et promouvoir la diffusion d'informations sur la nécessité de conserver les espèces et leurs habitats ». Au texte sont jointes trois annexes. La première donne la liste des « espèces de flore strictement protégées », la deuxième celle des « espèces de faune strictement protégées », la troisième celle des « espèces de faune protégées ». L'espèce *Canis lupus* est inscrite dans la deuxième annexe, de même que toutes les espèces d'ursidés. En revanche, à titre d'exemple, le lynx est inscrit dans la troisième annexe, ce qui en fait une espèce seulement « protégée ».

Toutefois, la Convention prévoit des dérogations, en particulier « pour prévenir des dommages importants aux cultures, au bétail, aux forêts, aux pêcheries, aux eaux et autres formes de propriétés ». Ces dérogations ont été

Manifestation pour la défense des ours et des loups place du Panthéon, à Paris, le 16 novembre 2004. Le lâchage d'ours slovènes dans les Pyrénées, destiné à renouveler une population en voie de disparition, soulèvera de vives polémiques entre défenseurs de la faune sauvage et éleveurs.

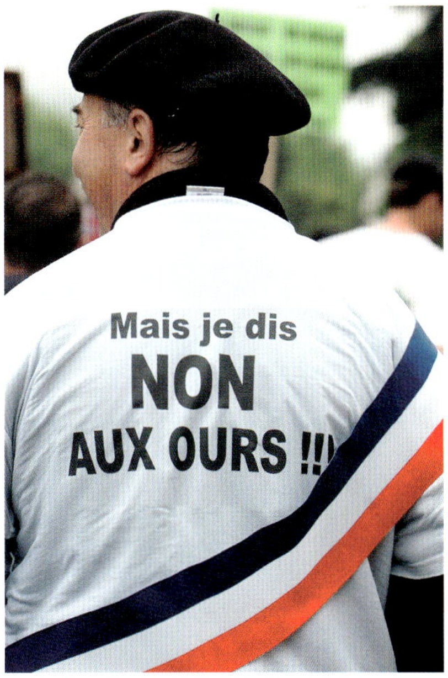

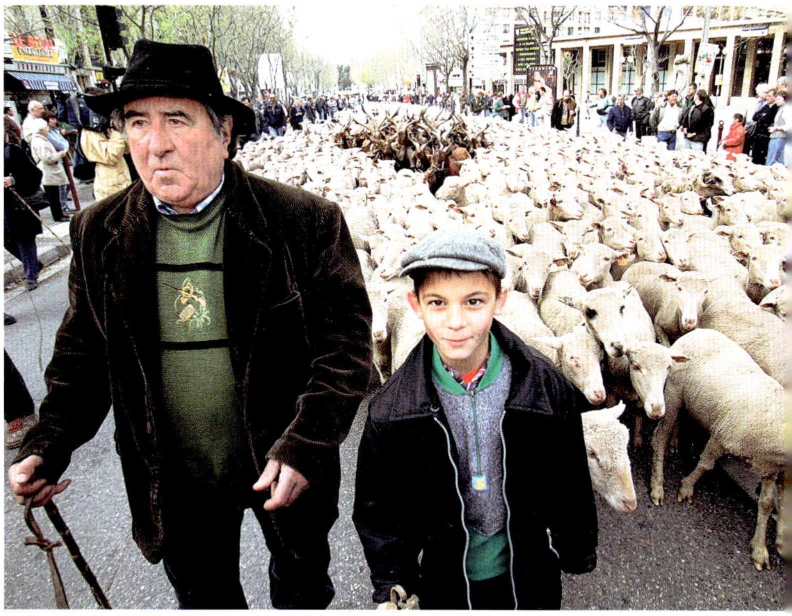

Ci-contre : le 13 mai 2006, à Bagnères-de-Bigorre, dans les Hautes-Pyrénées, des centaines d'éleveurs étaient dans la rue pour protester contre la réintroduction des ours. Après le loup, l'ours est le deuxième plus grand prédateur d'Europe. Il peut s'attaquer à l'homme, comme ce fut le cas en Roumanie en 2012.
À droite : les loups n'ont pas bonne presse auprès des bergers depuis leur retour en France en 1992. En témoigne cette impressionnante manifestation d'éleveurs à Salon-de-Provence, dans les Bouches-du-Rhône, le 2 avril 2000.

encadrées par la directive 92/43/CEE émise par la Commission européenne en 1992 et ratifiée par la France en 1996. Dans son article 16, cette directive précise que des dérogations ne pourront être accordées qu'à la condition « qu'il n'existe pas une autre solution satisfaisante et que la dérogation ne nuise pas au maintien dans un état de conservation favorable des populations des espèces concernées dans leur aire de répartition naturelle ».

Le difficile consensus entre éleveurs et défenseurs de la faune

L'ours avait pratiquement disparu du territoire français en 1995, où l'on ne comptait plus que quatre individus dans les Pyrénées, contre 150 à 200 à la veille de la Seconde Guerre mondiale. Le processus de réintroduction sera lié bien entendu à la ratification de la Convention de Berne, mais aussi à la création, en 1967, du parc national des Pyrénées occidentales et à l'obtention du diplôme européen des espaces protégés délivré par le Conseil de l'Europe. Lequel, en 1981, devait d'ailleurs rappeler à la France « l'urgence de prendre des mesures strictes de protection pour la sauvegarde de l'ours en zone périphérique ». Il faut dire qu'entre les pouvoirs publics, les élus locaux, les défenseurs de la faune sauvage et les éleveurs, le consensus paraissait introuvable. La vive polémique qui, plus de vingt ans après, a opposé Nelly Olin, ministre de l'Écologie et du Développement durable dans le gouvernement de Dominique de Villepin (2005-2007), au député centriste des Pyrénées-Atlantiques Jean Lassalle, adversaire de la réintroduction, a montré que ce consensus n'a toujours pas été trouvé.

Il est vrai qu'au sommet de l'État, la détermination a connu des hauts et des bas. Si François Mitterrand s'était déclaré, sans trop se compromettre, un ami de l'ours, Roselyne Bachelot, qui avait précédé Nelly Olin au ministère de l'Écologie et du Développement durable (dans le gouvernement de Jean-Pierre Raffarin), déclarait au Sénat le 8 octobre 2002 : « L'extinction des ours me semble programmée dans le massif pyrénéen, côté français. C'est inévitable. Il n'y a plus que quelques individus et on peut dire que la réintroduction des ours slovènes, qui est une opération qui apparaît comme positive sur le plan technique et scientifique, se heurte à des réticences que vous avez très bien soulignées sur le plan local, de la part des élus et des socioprofessionnels, ce que je comprends très bien. »

Les lâchages d'ursidés importés de Slovénie – Melba, Ziva et Pyros en 1996, Palouma, Franska, Hvala, Balou et Sarousse en 2006 – feront bien entendu remonter le niveau de la population, mais non sans susciter des réactions parfois violentes. En 2004, le dernier ours mâle de souche pyrénéenne, Papillon, âgé d'une trentaine d'années, est retrouvé mort, et on découvre alors sur son cadavre des traces anciennes de plombs. Plus grave, la même année, Cannelle, la dernière ourse autochtone, est tuée par un chasseur lors d'une battue au sanglier. Et en 2007, c'est Franska qui est mortellement percutée par un véhicule militaire. Cette ourse slovène était alors au centre de toutes les polémiques, car elle avait fait de véritables ravages dans des troupeaux. Sur le plan légal, les adversaires de l'ours, réunis – entre autres – au sein de l'Association pour la sauvegarde du patrimoine d'Ariège-Pyrénées (ASPAP), n'ont cependant pas eu le dernier mot. Le 20 juillet 2000, le Conseil constitutionnel a censuré un amendement voté par l'Assemblée nationale à la demande du député socialiste de l'Ariège Augustin Bonrepaux et prévoyant la capture (donc l'élimination) des ours réintroduits. Et en 2006, le Conseil d'État rejetait une demande de suspension des lâchers.

L'actualité de 2012 aura bien illustré cette situation conflictuelle et contrastée. Le 1er août, le préfet des Hautes-Pyrénées autorisait l'effarouchement de Cannelito, le dernier petit de Cannelle, sur une estive de la commune de Luz-Saint-Sauveur : l'ours avait attaqué à sept reprises un troupeau, causant la perte de dix-neuf brebis. Pourtant, le Conseil national de la protection de la nature (CNPN), rattaché au ministère de l'Écologie, du Développement durable et de l'Énergie, avait émis un avis défavorable, jugeant que toutes les mesures alternatives à l'effarouchement n'avaient pas été mises en œuvre. Mais dans le même temps, d'autres initiatives montrent que l'ours garde un capital de sympathie : le journal gratuit *Métro* et l'association Pays de l'Ours-Adet ont lancé conjointement un concours par Internet pour donner un nom aux trois oursons nés de Hvala et Pyros, et détectés en 2011. En 2010, déjà, plus de 30 000 propositions avaient été faites par les internautes pour baptiser quatre autres oursons, finalement dénommés Floreta, Fadeta, Plume et Pelut.

Quelques chiffres pour conclure. Alors qu'ils étaient assez largement répandus en France jusqu'au XVIIIe siècle, les ours étaient en voie de disparition au début du XXe, inexorablement chassés et repoussés par l'homme. Et c'est en 1937 que le dernier *Ursus* a pu être observé dans les Alpes. Aujourd'hui, grâce à leur réintroduction, on en dénombrerait au moins vingt et un dans les Pyrénées, ce qui en fait néanmoins une population qui reste extrêmement fragile – surtout quand on compare ces chiffres à ceux d'un pays comme la Roumanie où, les 15 et 19 septembre 2012, deux personnes ont été tuées par des ours. Ce drame a poussé la ministre roumaine de l'Environnement et des Forêts, Rovana Plumb, à autoriser le prélèvement de 335 plantigrades sur une population d'environ 6 000 individus. On n'en est évidemment pas encore là en France ! Quant à l'opinion des Français sur la réintroduction, un sondage réalisé en septembre 2012 par l'Ifop pour WWF (World Wide Fund for Nature) et Rassemblement pour la planète a confirmé qu'ils l'approuvaient en grande majorité, puisque 71 % d'entre eux y sont favorables (49 % plutôt favorables, 22 % très favorables).

Juillet

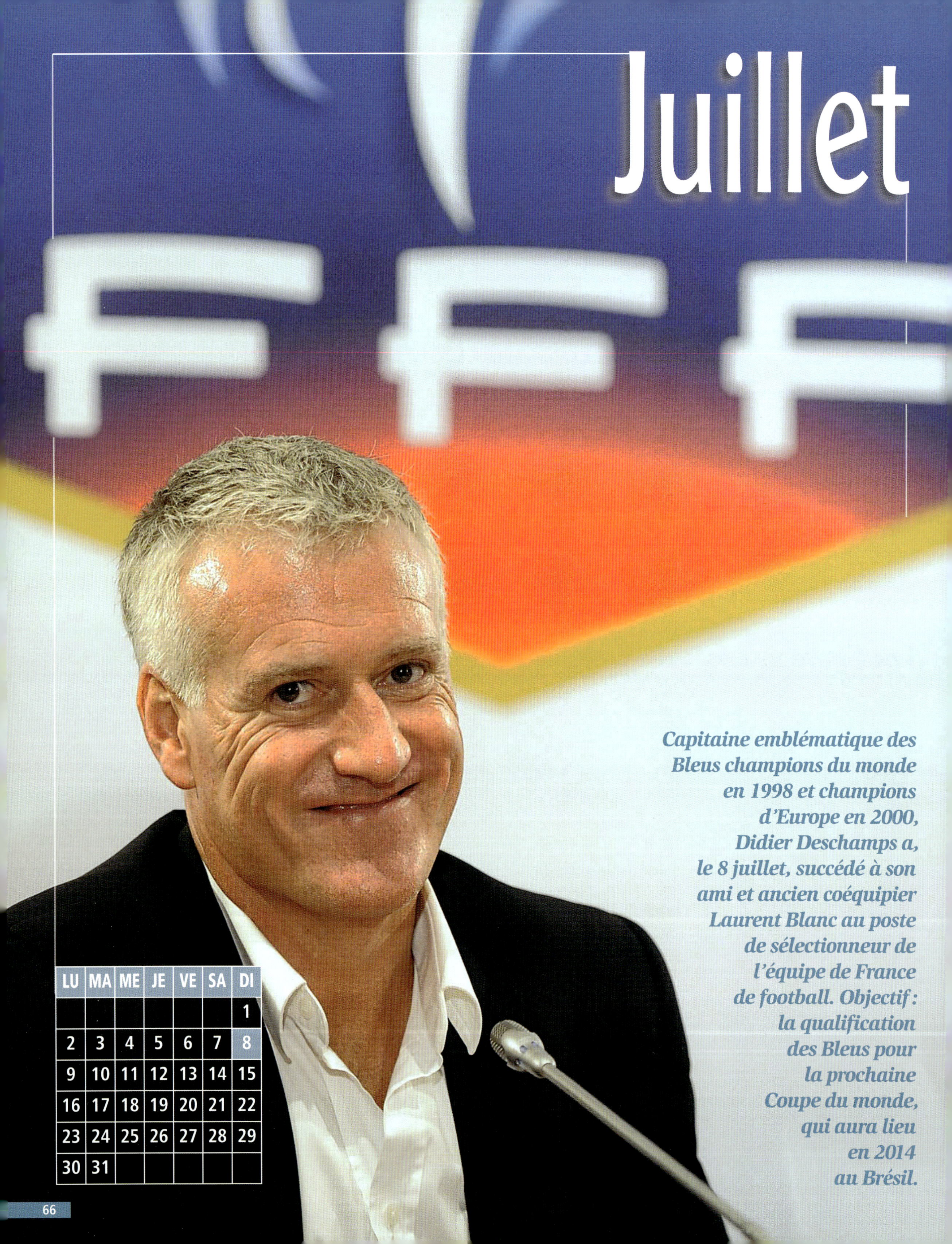

LU	MA	ME	JE	VE	SA	DI
						1
2	3	4	5	6	7	8
9	10	11	12	13	14	15
16	17	18	19	20	21	22
23	24	25	26	27	28	29
30	31					

Capitaine emblématique des Bleus champions du monde en 1998 et champions d'Europe en 2000, Didier Deschamps a, le 8 juillet, succédé à son ami et ancien coéquipier Laurent Blanc au poste de sélectionneur de l'équipe de France de football. Objectif : la qualification des Bleus pour la prochaine Coupe du monde, qui aura lieu en 2014 au Brésil.

Plus de foie gras dans l'assiette des Californiens

CALIFORNIE, DIMANCHE 1er Produire, importer ou commercialiser du foie gras en Californie est à partir d'aujourd'hui un délit puni de 1 000 dollars (789 euros) d'amende. C'est donc une victoire pour les associations de défense des animaux, un jour noir pour les gastronomes californiens et un affront à la cuisine française, classée par l'Unesco en 2010 au Patrimoine culturel immatériel de l'humanité. Cette loi « anti-foie gras » avait été signée en 2004 par Arnold Schwarzenegger, le très médiatique gouverneur de l'époque ; il aura fallu huit ans pour vaincre tous les obstacles à sa mise en application. La nouvelle législation ne pénalisera d'ailleurs pas beaucoup les producteurs français, la Californie étant pour eux un marché des plus marginaux. Mais ce serait évidemment plus grave si d'autres États adoptaient à leur tour la prohibition du foie gras. Seuls sont pour le moment touchés les producteurs locaux et les producteurs canadiens, qui ont annoncé leur intention de porter plainte : ils estiment que la loi est anticonstitutionnelle.

Les Mexicains ramènent le PRI

MEXICO, DIMANCHE 1er Les électeurs mexicains étaient appelés à désigner le président de la République et à renouveler le Parlement, au scrutin uninominal majoritaire à un tour. La présidentielle n'a pas créé de réelle surprise : comme le prévoyaient les sondages, c'est le candidat du Parti révolutionnaire institutionnel (PRI), Enrique Peña Nieto, 45 ans, qui l'a emporté sur celui du Parti de la révolution démocratique (PRD), Andrés Manuel López Obrador, par 38,21 % des voix contre 31,59 %. Pour le PRI, le vieux parti populiste et attrape-tout qui régna sur le Mexique de 1929 à 2000, la victoire est parachevée par un excellent score aux législatives (213 sièges sur 500). Toutefois, ces élections se sont déroulées dans un contexte dramatique, et on peut considérer que le vote des Mexicains a sanctionné l'ancien président Felipe Calderón, incapable d'éradiquer le crime organisé. La candidate de son parti, le Parti action nationale (PAN), Josefina Vázquez Mota, n'est que troisième, avec 25,41 % des voix.

Ce dimanche 1er août,, à Kiev (Ukraine), l'équipe d'Espagne de football, championne d'Europe et du monde en titre, a de nouveau remporté l'Euro. Un exploit inédit. Opposée en finale à une valeureuse équipe d'Italie, la Roja s'est imposée sur le score sans appel de 4 à 0 ! De retour à Madrid le 2, Iker Casillas et ses coéquipiers, ont été fêtés comme des héros par une foule en délire. Ils ont été reçus par le roi Juan Carlos, en présence du prince héritier Felipe, de la princesse Letizia, et de leurs deux filles, Leonor, 6 ans, et Sofia, 5 ans, qui ont pour l'occasion endossé le maillot des champions (ci-contre).

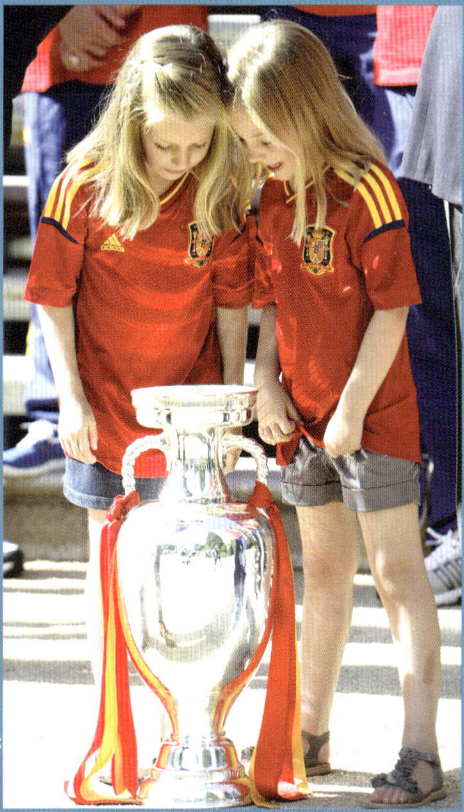

Les Championnats d'Europe d'athlétisme s'achèvent

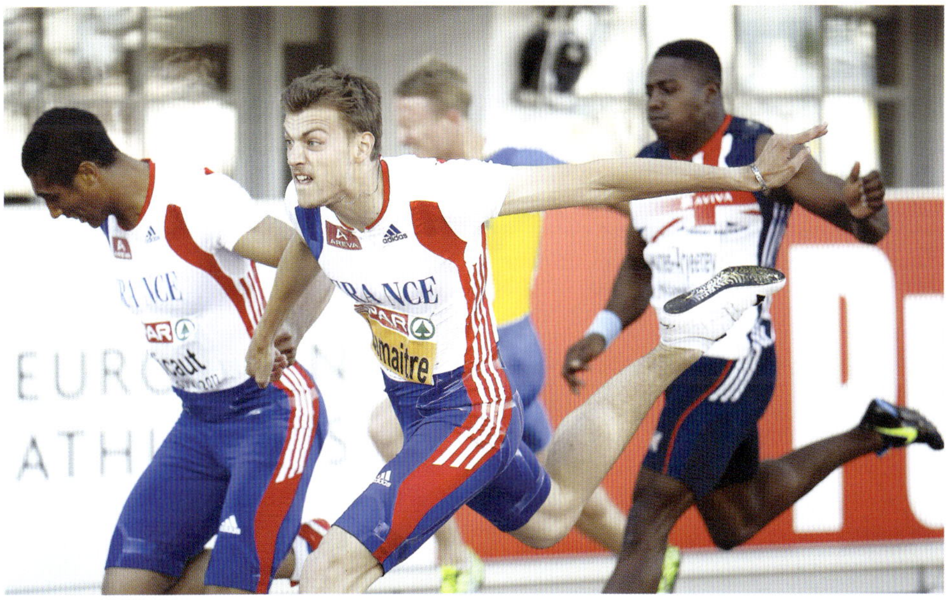

Le jeudi 28 juin, Christophe Lemaitre avait, comme aux Championnats d'Europe de Barcelone de 2010, remporté le 100 mètres. Mais sa victoire avait été bien plus étriquée. Et c'est un autre Français, Jimmy Vicaut (à gauche), qui avait pris la deuxième place, avec un retard sur la ligne d'arrivée de trois centièmes de seconde seulement.

HELSINKI, DIMANCHE 1er Avec 14 médailles (5 en or, 4 en argent et 5 en bronze) et une belle troisième place au classement des médailles derrière l'Allemagne et la Russie, l'équipe de France d'athlétisme peut se montrer satisfaite de sa prestation lors des Championnats d'Europe qui ont pris fin ce soir. En effet, si l'on excepte le record de 18 médailles obtenues en 1992 à Barcelone, c'est là son meilleur résultat depuis trente ans. Est-ce de bon augure à quelques semaines de l'ouverture des Jeux olympiques de Londres ? Pas si sûr. Certes, Mahiedine Mekhissi-Benabbad, roi du 3 000 mètres steeple, et Renaud Lavillenie, magnifique vainqueur à la perche, peuvent raisonnablement espérer monter sur le podium olympique. Mais pour les autres tricolores, l'affaire semble plutôt mal engagée. Y compris pour la « star » Christophe Lemaitre. Car si le sprinteur licencié à Aix-les-Bains a conservé son titre au 100 mètres, il ne l'a fait qu'avec un temps de 10''9, bien insuffisant pour espérer rivaliser à Londres avec Usain Bolt, Yohan Blake et autres Justin Gatlin…

La banque par qui le scandale est arrivé à la City

LONDRES, MARDI 3 Bob Diamond, directeur général américain de la banque britannique Barclays, a été prié de démissionner avec effet immédiat. Hier, Marcus Agius, le président non exécutif, l'avait devancé. Et le 27 juin, la FSA, l'autorité britannique de régulation des marchés financiers, avait infligé à la banque une amende de 290 millions de livres (360 millions d'euros), ce qui ne s'était jamais vu. Mais cela n'aura pas suffi, car Barclays est l'objet, tant à la City qu'à Wall Street, d'une enquête sur la fixation des taux d'intérêt interbancaires pour un certain nombre de devises. En fait, il s'agit d'une extraordinaire manipulation du Libor. Qu'est-ce que le Libor ? Le Libor, acronyme de « London Interbank Offered Rate », est le taux que se consentent entre elles les banques et que valide quotidiennement la British Bankers' Association (BBA). Or, de 2005 à 2009, des traders de Barclays avaient monté un système visant à abaisser ou à élever le Libor en fonction de leur intérêt ou de celui de leurs partenaires d'autres banques. Enfin, au sein de Barclays, ils s'étaient assurés de la bienveillance d'employés de la trésorerie, dont la position est incontournable… Le même système avait été appliqué à l'Euribor, équivalent européen du Libor.

L'Assemblée vote la confiance au gouvernement

PARIS, MARDI 3 C'est son président Claude Bartolone qui l'a annoncé : l'Assemblée nationale a voté ce mardi la confiance au gouvernement de Jean-Marc Ayrault. Sur 544 votants et 527 suffrages exprimés ont été décomptées 302 voix pour et 225 contre. Le PS, les radicaux de gauche et les députés d'Europe Écologie-Les Verts ont, comme prévu, voté la confiance. Les députés UMP et l'Union des démocrates indépendants (UDI), le nouveau groupe centriste présidé par Jean-Louis Borloo, ont voté contre. Les dix députés du Front de gauche ont quant à eux choisi l'abstention. Une « abstention constructive », avait expliqué dès ce matin André Chassaigne, président du groupe de la Gauche démocrate et républicaine (GDR), car visant à rappeler qu'« il y a un objectif auquel on ne dérogera pas : tout mettre en œuvre pour que la gauche réussisse et réponde aux exigences de changement qui se sont exprimées lors de la présidentielle et des législatives ». Monté à la tribune après l'annonce des résultats, Jean-Marc Ayrault a remercié les députés pour leur vote. Avant d'ajouter : « Le gouvernement ne peut pas avancer s'il ne dispose pas de la confiance de la majorité : vous l'avez exprimée nettement. Maintenant, nous avons notre feuille de route et ensemble, nous allons réussir ! »

Le boson de Higgs était plus qu'une simple hypothèse

GENÈVE, MERCREDI 4 Ce matin, les chercheurs du CERN ont annoncé à la communauté scientifique une découverte dont ils estiment qu'elle constitue un « grand bond en avant pour l'humanité », selon les mots employés par le physicien Michel Spiro. Le collisionneur de hadrons du CERN, autrement dit le gigantesque microscope électromagnétique de 27 km de rayon enfoui sous terre de part et d'autre de la frontière franco-suisse, a permis d'observer le boson de Higgs. Cette particule élémentaire, qui fut théorisée en 1964 par les Belges Robert Brout et François Englert, d'une part, et par l'Écossais Peter Higgs, d'autre part, serait celle qui donne une masse aux particules initiales présentes dans l'Univers naissant, au moment du « Big Bang ». La découverte du boson de Higgs, dont la dénomination scientifique est « boson BEH » (pour Brout, Englert et Higgs), n'est cependant pas une certitude absolue ; mais elle est de l'ordre de 99,9999 %. Prudent, le CERN évite donc de pécher par triomphalisme et parle plutôt de « particule compatible avec le boson de Higgs ». C'est le 11 juin dernier, en pleine nuit, que le collisionneur a fait apparaître sur les écrans une courbe correspondant presque à 100 %, donc, à l'hypothèse des trois physiciens. Reste à en évaluer maintenant les conséquences.

Une épine dans le cœur de Londres

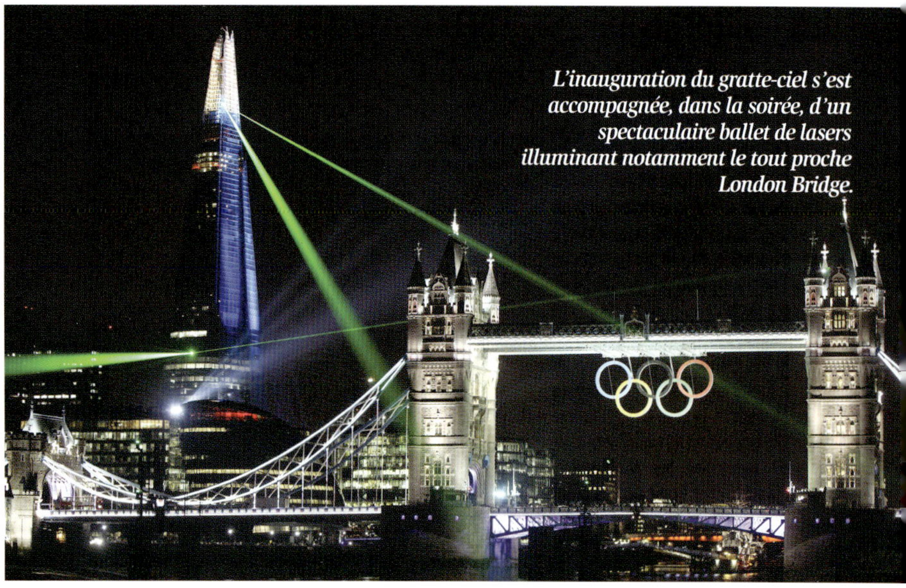

L'inauguration du gratte-ciel s'est accompagnée, dans la soirée, d'un spectaculaire ballet de lasers illuminant notamment le tout proche London Bridge.

LONDRES, JEUDI 5 Douze ans après le lancement du projet, la London Bridge Tower a été inaugurée en présence du prince Andrew et d'Hamad bin Jassim al-Thani, le Premier ministre du Qatar qui a financé sa construction. Avec ses 310 mètres de hauteur et ses 95 étages, The Shard (« l'éclat »), comme est aussi appelée cette tour conçue par l'Italien Renzo Piano, est le plus grand gratte-ciel d'Europe. Les défenseurs du patrimoine ont reproché à cette gigantesque épine de verre, qui s'élève en plein centre de Londres, de porter atteinte à l'intégrité visuelle de plusieurs monuments historiques, et son édification n'a pas manqué de susciter de vives polémiques. Il est toutefois à parier que le Shard, couronné à son sommet d'un observatoire offrant au public une vue panoramique à 360°, est destiné à devenir une des grandes attractions touristiques de la capitale britannique.

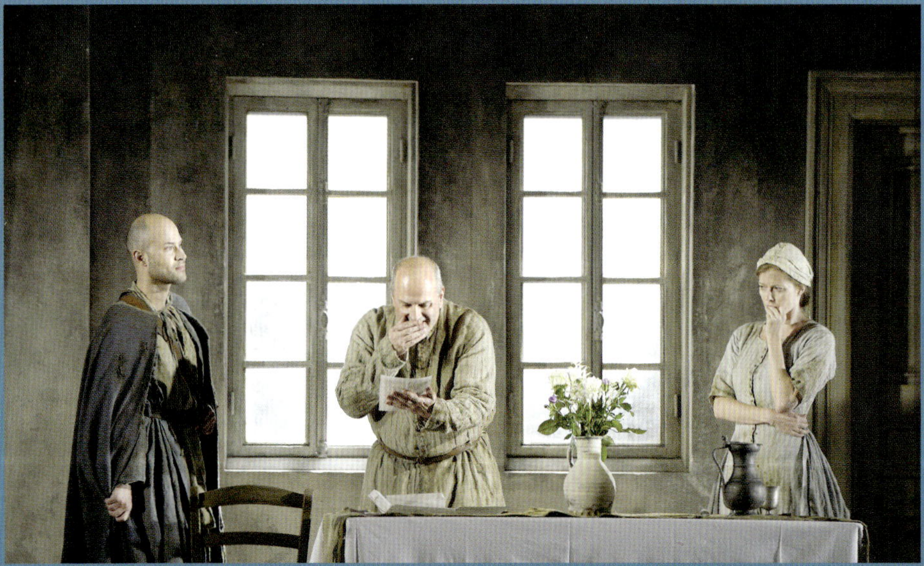

Samedi 7, le Festival d'Aix-en-Provence (13) a été illuminé par la création de Written on Skin *(« Écrit sur la peau »), premier opéra du compositeur britannique George Benjamin. Auteur d'œuvres instrumentales envoûtantes, ce disciple d'Olivier Messiaen est unanimement considéré comme l'un des plus grands musiciens apparus outre-Manche depuis Benjamin Britten. Mis en scène par Katie Mitchell, l'ouvrage est ici interprété par Bejun Mehta, Christopher Purves et Barbara Hannigan (de gauche à droite).*

Pluies meurtrières au bord de la mer Noire

KRYMSK (RUSSIE), SAMEDI 7 Des trombes d'eau se sont abattues dans le kraï de Krasnodar, au bord de la mer Noire. Dans la petite ville de Krymsk, qui a été la plus touchée, on dénombre 159 victimes, emportées par les eaux ou des glissements de terrain. Le bilan pour la région serait de 172 morts et près de 50 000 sans-abri. C'est dans la nuit de vendredi à samedi que la catastrophe s'est produite, sans précédent selon Alexandre Tkatchev, le gouverneur du kraï. Mais ce dernier est contesté par la population qui l'accuse de ne pas avoir pris les mesures de sécurité indispensables lorsque les pluies ont commencé à tomber. Pour faire oublier ce que d'aucuns qualifient d'« incurie », Alexandre Tkatchev a promis à tous les sinistrés des indemnisations substantielles et de nouveaux logements. Quant au président Vladimir Poutine, il s'est rendu sur place en hélicoptère, en éclaireur et en justicier. Il annoncera lundi une aide de l'État et, le même jour, le responsable du raïon de Krymsk tiendra le rôle du lampiste : il sera limogé.

Renzo Piano architecte tous azimuts

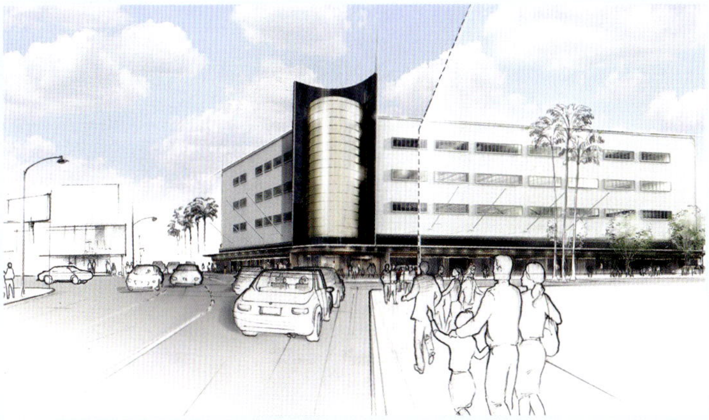

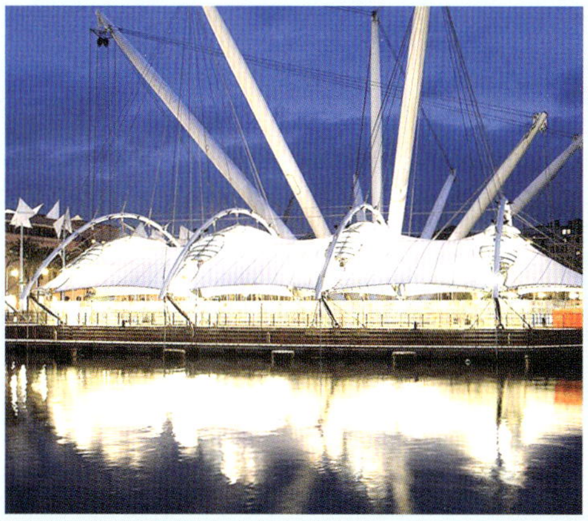

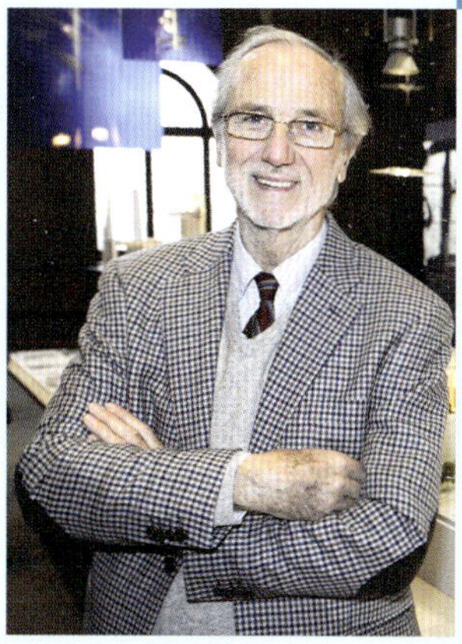

Renzo Piano est né le 14 septembre 1937 à Gênes (Italie). C'est tout naturellement que ce fils, petit-fils et neveu d'architectes étudie à son tour l'architecture, à Florence d'abord, puis à l'École polytechnique de Milan. Diplômé en 1964, il commence ensuite à travailler auprès de son père, avant de partir compléter sa formation aux États-Unis et au Royaume-Uni. C'est au cours de cette période, à la fin des années 1960, qu'il rencontre Richard Rogers (né en 1933) qui, comme lui, enseigne à l'Architectural Association de Londres. À l'époque, Renzo Piano jouit déjà d'une certaine notoriété, mais elle ne dépasse guère les frontières de l'Italie.

Tout va changer à partir de 1970. Car cette année-là, à la surprise générale compte tenu de leur jeune âge, Renzo Piano et Richard Rogers remportent le concours international pour la construction au cœur de Paris d'un grand espace culturel : le futur Centre Georges-Pompidou (ou Beaubourg, du nom du quartier où il s'élèvera). Immense parallélépipède orné de cheminées de paquebot et de tubulures métalliques aux couleurs vives, le bâtiment imaginé par les deux jeunes architectes est d'une conception très novatrice. Mais il va susciter de vives réactions à Paris et dans le monde entier, l'édifice gagnant au passage les surnoms peu flatteurs d'« usine à gaz », « Notre-Dame de la tuyauterie », etc.

Quoi qu'il en soit, la carrière de Renzo Piano, dont l'association avec Richard Rogers prend fin en 1977, est lancée, et les projets prestigieux vont s'enchaîner dans le monde entier. Des projets à l'esthétique souvent *hi-tech* et marqués par la volonté de l'architecte d'intégrer au mieux (grâce aux formes imaginées, mais aussi aux matériaux utilisés) les édifices à leur environnement.

Lauréat du prix Pritzker en 1998

Depuis Beaubourg, c'est une trentaine d'autres musées conçus par l'architecte italien qui sont sortis de terre, tel l'Astrup Fearnley Museet, inauguré à Oslo en septembre 2012. Et d'autres doivent encore voir le jour, comme l'Academy Museum of Motion Pictures de Los Angeles, dont le projet a été rendu public en octobre 2012. Pour autant, l'activité de Renzo Piano est loin de se limiter aux seuls musées. Peuvent en témoigner notamment le Bigo, cette étrange structure dont il a doté en 1992 le port antique de sa ville natale de Gênes, ou encore Central Saint Giles, un complexe multifonctionnel inauguré à Londres en 2010, deux ans donc avant le controversé Shard. Sans oublier le nouveau palais de justice de Paris, dont la maquette a été dévoilée en février 2012 et qui devrait être prêt en 2017.

Lauréat en 1998 du prix Pritzker (le Nobel des architectes), il dirige depuis 1981 le Renzo Piano Building Workshop, qui emploie une centaine de collaborateurs à Paris, où il vit, Gênes et New York. Et en 2004, il a créé à Gênes la Fondation Renzo-Piano, qui a pour vocation la conservation et la valorisation de ses archives, et la formation de jeunes architectes venus du monde entier.

En haut, à gauche : le projet du futur Academy Museum of Motion Pictures de Los Angeles, conçu en collaboration avec le Californien Zoltan Pali.
À droite : construit pour l'Exposition spécialisée de 1992, le Bigo est devenu une des principales attractions de Gênes.
Ci-dessus : Renzo Piano photographié en février 2012.

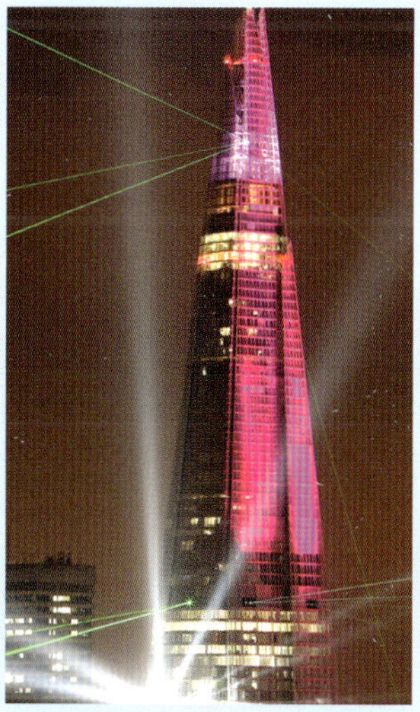

Ci-dessus : avec sa forme effilée caractéristique, le Shard deviendra-t-il la « nouvelle icône » de Londres, comme l'affirment ses défenseurs ?
Ci-contre : inauguré en 1977, le Centre Georges-Pompidou est l'un des monuments les plus fréquentés de Paris, avec près de 6 millions de visiteurs par an.
À gauche : Central Saint Giles, véritable quartier tout en couleurs, a été la première réalisation londonienne de Renzo Piano.

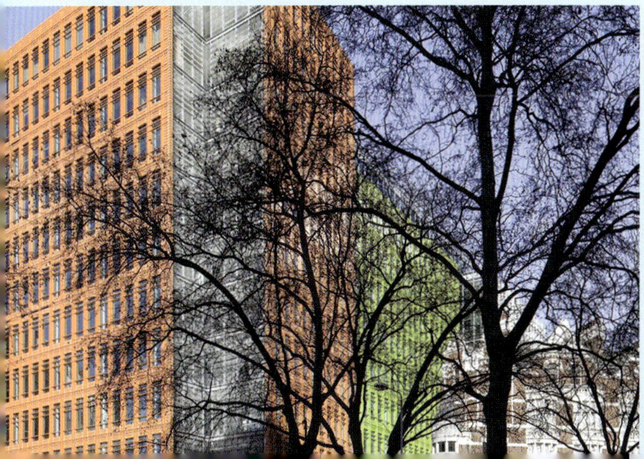

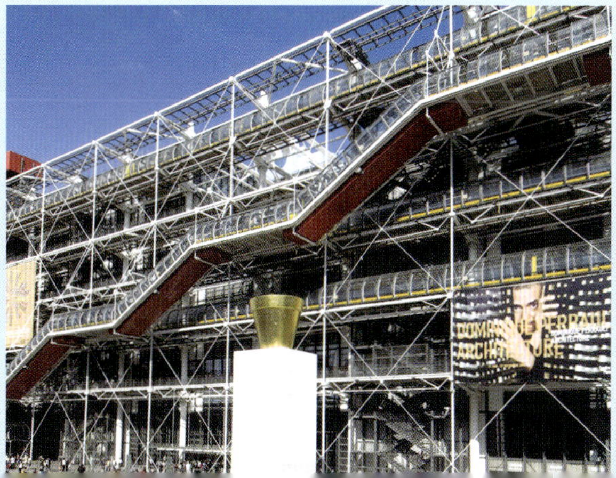

Deschamps aux commandes des Bleus

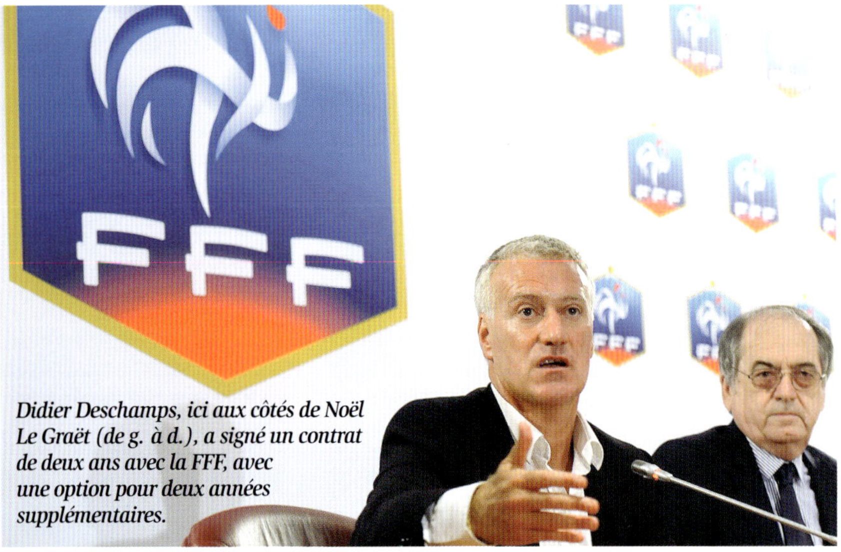

Didier Deschamps, ici aux côtés de Noël Le Graët (de g. à d.), a signé un contrat de deux ans avec la FFF, avec une option pour deux années supplémentaires.

PARIS, LUNDI 9 Il y a à peine une semaine, *France Football* croyait savoir que Didier Deschamps, dont le contrat avec l'Olympique de Marseille (OM) avait été résilié, refusait de succéder à son ami Laurent Blanc à la tête de l'équipe de France. Le magazine avait-il obtenu une information erronée? Ou bien son indéfectible amour du maillot bleu, que Didier Deschamps a porté 103 fois (dont 53 en tant que capitaine), l'a-t-il fait changer d'avis ? Toujours est-il qu'on apprenait samedi, l'information se propageant comme une traînée de poudre, qu'il avait entamé des négociations avec Noël Le Graët, le président de la Fédération française de football (FFF). Et hier, la Fédération annonçait qu'un accord avait été trouvé entre les deux parties. C'est donc bien en tant que nouveau sélectionneur des Bleus que Didier Deschamps a tenu ce soir, avec Noël Le Graët, une conférence de presse au cours de laquelle il a notamment martelé que les «joueurs [de l'équipe de France] n'ont plus droit à l'erreur».

Neuf alpinistes tués par une avalanche sur le Mont-Blanc

CHAMONIX (74), JEUDI 12 C'est l'accident le plus grave qu'aient connu les Alpes françaises depuis dix ans. Très tôt ce matin, sur la face nord du mont Maudit, une avalanche a emporté deux cordées d'alpinistes qui avaient entrepris l'ascension du Mont-Blanc par cette voie classique réputée non difficile. Le bilan de cette coulée de neige, qui s'est produite à environ 4200 m d'altitude, est très lourd. On déplore en effet pas moins de neuf morts: trois Britanniques, trois Allemands, deux Espagnols et un Suisse. L'avalanche a en outre fait douze blessés: trois Espagnols, deux Américains, deux Danois, un Serbe, un Français et un Suisse. Demain, le parquet de Bonneville annoncera l'ouverture d'une enquête destinée à établir les circonstances de la tragédie, mais l'erreur humaine semblera écartée d'emblée. Le procureur de la République de Bonneville, Jean-Louis Verdier, indiquant qu'«il s'agit *a priori* d'une avalanche de plaque, qui fait partie des risques objectifs de la montagne». Mais cet accident n'en soulève pas moins une nouvelle fois la question de la surfréquentation des voies d'accès faciles au Mont-Blanc, qui chaque été sont empruntées quotidiennement par plus de 300 personnes. Après-demain, une cérémonie sera organisée à Chamonix en hommage aux neuf victimes, qui étaient âgées de 33 à 63 ans.

La biodiversité traditionnelle est mise en question

LUXEMBOURG, JEUDI 12 La Cour de justice de l'Union européenne a donné raison à l'entreprise Graines Baumaux qui attaquait l'association Kokopelli pour «concurrence déloyale». Fondée en 1999 et basée à Alès (30), Kokopelli maintient une collection planétaire unique de plus de 2200 variétés de plantes potagères, céréalières, médicinales, condimentaires et ornementales, ainsi que des variétés anciennes, peu connues ou en voie de disparition. Appuyée sur un vaste réseau de producteurs, cette association à but non lucratif vise à sauvegarder la biodiversité et à contribuer à l'autonomie alimentaire des peuples en voie de développement. Elle distribue ainsi chaque année plus de 100000 sachets de semences reproductibles. Parmi elles figurent 233 variétés similaires aux produits Baumaux. Pour éliminer cette concurrence, Graines Baumaux a fait valoir que, contrairement aux siennes, les variétés de Kokopelli n'étaient pas inscrites au catalogue officiel de l'Union européenne, qui exige notamment l'homogénéité, à savoir que les plantes d'une même variété doivent être toutes identiques. Ce qui n'est pas le cas, en effet, des variétés traditionnelles promues par Kokopelli. Or, la circulation des semences non enregistrées au catalogue est interdite. Mais l'affaire n'est pas terminée: les plaideurs se retrouveront en 2013 à la cour d'appel de Nancy.

Le régime syrien frappé

DAMAS, MERCREDI 18 C'est un attentat aussi étrange que spectaculaire qui a ébranlé ce matin le régime de Bachar Al-Assad, au cœur de Damas. Spectaculaire parce que l'explosion s'est produite au siège de la Sécurité nationale et qu'elle visait des personnalités de haut rang. Ont ainsi été tués par la déflagration le ministre de la Défense Daoud Rajha, le vice-ministre de la Défense Assef Chawkat, beau-frère du président, et le chef de la cellule mise en place pour mater la rébellion, Hassan Tourkmani. Le directeur de la Sécurité nationale Hicham Ikhtiar succombera à ses blessures, de même, probablement (car ce ne sera pas officiellement confirmé), que le général Amin Charabeh, adjoint d'Hassan Tourkmani. Parmi les blessés figurent le ministre de l'Intérieur Mohammed Al-Chaar et le secrétaire national du parti Baas Mohammad Saïd Bakhtian. Le frère cadet de Bachar Al-Assad, Maher Al-Assad, aurait été lui aussi grièvement blessé. Mais cet attentat est étrange parce qu'il a été revendiqué à la fois par l'Armée syrienne libre (ASL) et par les djihadistes du groupe Liwa Al Islam (La Brigade de l'Islam). Une charge aurait été posée il y a quelques jours et déclenchée à distance par quelqu'un de l'entourage d'Hicham Ikhtiar. Deux revendications pour une même attaque, il n'en faudra pas plus pour voir une rumeur folle se répandre. L'attentat portant la marque des services secrets syriens, ce sont ces services eux-mêmes, en tant que tels, qui l'auraient organisé afin d'éliminer des «branches mortes» du régime. Ce qui est peu crédible au sujet d'Hicham Ikhtiar et de Maher Al-Assad; mais les autres victimes, il est vrai, n'appartenaient pas au cercle le plus élevé du régime. (→ 17.8)

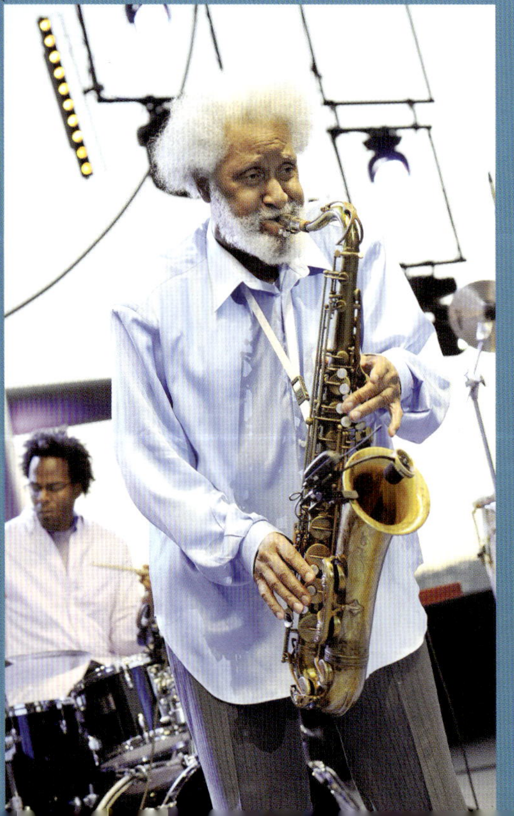

Grand moment d'émotion mardi 17, au Festival de jazz d'Antibes-Juan-les-Pins (06). Le saxophoniste ténor Sonny Rollins a prouvé qu'il n'avait rien perdu de sa sensibilité, de sa vitalité et, bien sûr, de son immense talent. À bientôt 82 ans, cette légende du jazz moderne est un exemple, et la fraîcheur miraculeuse de son art perpétue la grande et glorieuse époque des Charlie Parker, des Miles Davis, des Dizzy Gillespie, des John Coltrane ou des Thelonious Monk. Il est sur cette photo accompagné du jeune batteur Kobie Watkins, qui pourrait être son petit-fils ! Sonny Rollins a enregistré son premier disque en 1949…

Les Israéliens et les Bulgares sont sous le choc

EBOURGAS (BULGARIE), MERCREDI 18 Pour le Premier ministre Boïko Borissov, le choc est terrible. Jamais la Bulgarie n'avait été touchée par le terrorisme, et pendant la Seconde Guerre mondiale ce fut le seul pays d'Europe occupée où aucun juif n'a été déporté. Or, un attentat a frappé un autocar qui venait chercher des touristes israéliens à l'aéroport de Bourgas, sur la mer Noire, pour les conduire à leur hôtel. L'explosion a fait 7 morts (dont un Bulgare) et une trentaine de blessés. L'émotion est considérable en Israël, d'autant que la Bulgarie, destination touristique très appréciée, était jusqu'à présent considérée comme un pays « sûr ». Ce soir, le premier ministre israélien Benyamin Nétanyahou a dénoncé l'Iran, la Force Al-Qods des gardiens de la Révolution et ses alliés du Hezbollah étant plus particulièrement mis en cause par les services secrets hébreux. Reste que l'attentat n'a toujours pas été revendiqué, et que l'on ne sait pas s'il a été perpétré par un kamikaze ou s'il a été provoqué par une bombe.

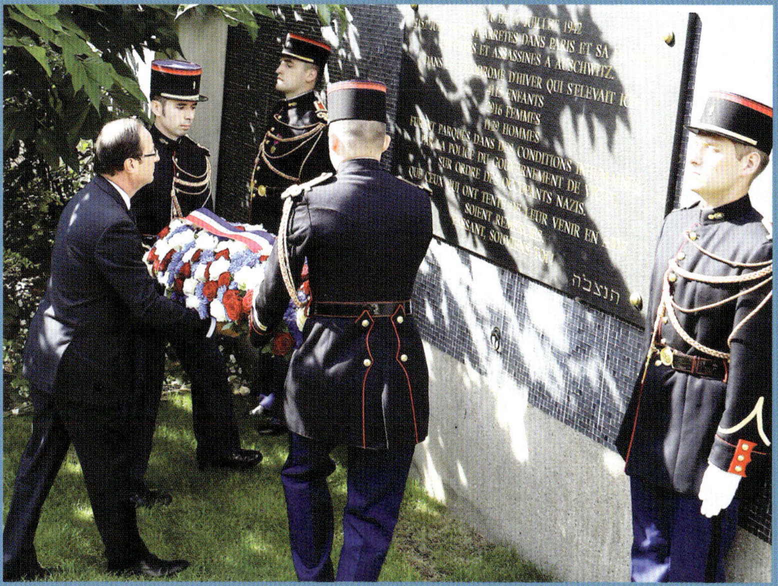

« La vérité, c'est que ce crime fut commis en France, par la France. » Dimanche 22, au square des Martyrs-Juifs situé à l'emplacement de l'ancien Vélodrome d'hiver de Paris, François Hollande a repris à son compte le discours de Jacques Chirac. Celui-ci, en 1995, avait attribué à la France en tant que telle, et non plus seulement au gouvernement de Vichy, la rafle du 16 juillet 1942, au cours de laquelle 13 152 juifs, dont 4 115 enfants, furent enfermés au Vel' d'Hiv par la police et la gendarmerie françaises pour être ensuite déportés dans les camps nazis. La thèse de la culpabilité de la France a été contestée par Henri Guaino, ancien conseiller de Nicolas Sarkozy, et par l'ancien ministre socialiste Jean-Pierre Chevènement, pour qui la vraie France était dans la Résistance, pas à Vichy.

Première séance sanglante pour le nouveau Batman

AURORA (COLORADO), VENDREDI 20 Minuit avait à peine sonné lorsque James Holmes est entré dans la salle de cinéma où avait lieu la première séance de *The Dark Knight Rises*, le nouvel épisode des aventures de Batman. Il portait un pistolet Glock G22, un fusil d'assaut Smith & Wesson AR-15 et un fusil à pompe Remington 870, tous achetés le plus légalement du monde. Étudiant en neurosciences de 24 ans, James Holmes a d'abord jeté des grenades avant de tirer sur les spectateurs. Bilan : 12 morts et 58 blessés. Ce crime de masse ressemble beaucoup à celui de Columbine, perpétré en 1999 dans le même État et qui inspira le documentaire *Bowling for Columbine* de Michael Moore, ainsi que le film *Elephant* de Gus Van Sant. Arrêté juste après les faits, James Holmes avait peu auparavant consulté des psychiatres et s'interrogeait lui-même sur son état mental. Aucun des deux candidats à la présidentielle, Barack Obama et Mitt Romney, n'a mis en cause la liberté du port d'armes aux États-Unis.

L'Espagne toujours plus dans la tourmente

MADRID, SAMEDI 21 Par la voix de son ministre des Affaires étrangères José Manuel García-Margallo, le gouvernement de Mariano Rajoy a proposé à la Banque centrale européenne d'intervenir sur les marchés financiers pour réduire les coûts de financement de l'Espagne. Proche de celle formulée en vain depuis des semaines, pour son propre pays, par le président du Conseil italien Mario Monti, cette requête en dit long sur l'impasse dans laquelle se trouve l'Espagne. Hier, les ministres des Finances européens, réunis à Bruxelles, ont entériné le plan de 100 milliards destiné à aider les banques espagnoles. Mais ni ce plan ni les réformes et autres mesures d'austérité mises en œuvre ne semblent à même d'apaiser les marchés. Résultat, les taux d'emprunt à dix ans de l'Espagne ne cessent de grimper. Hier, ils ont atteint un nouveau record, à plus de 7,3 %. Il faut dire que l'appel au secours, hier également, de la région de Valence, fortement endettée, n'est pas fait pour arranger les choses et conforte ceux qui estiment que le plan d'aide sera insuffisant. Côté rue, où la tension est extrême deux jours après les manifestations qui ont mobilisé des centaines de milliers de personnes dans tout le pays, plusieurs centaines de chômeurs ont encore défilé aujourd'hui à Madrid pour protester contre la politique de rigueur de leur gouvernement.

Dramatique incendie en Catalogne

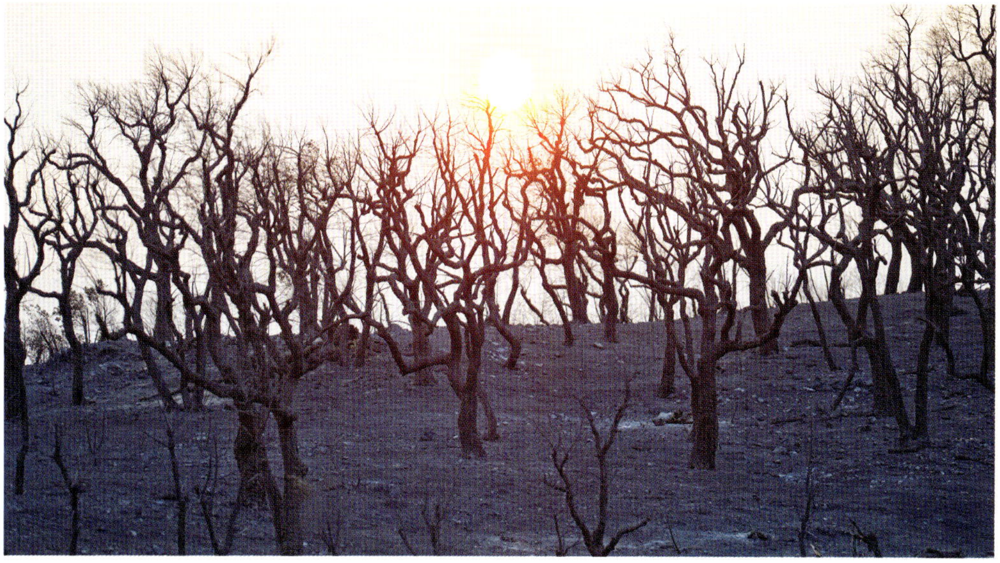

L'incendie a laissé derrière lui des paysages dévastés. Et l'intense fumée dégagée a entraîné la fermeture, le 22, de l'autoroute reliant la France à l'Espagne.

ESPAGNE, DIMANCHE 22 Un gigantesque incendie, provoqué semble-t-il par un mégot mal éteint, s'est déclaré près de la ville frontalière de La Jonquera, en Catalogne. Attisé par la tramontane et la chaleur, il s'est ensuite rapidement propagé vers le sud sur une vingtaine de kilomètres. Le bilan humain est lourd : dans le secteur de Port-Bou, deux Français, un père et sa fille de 15 ans, ont péri en sautant dans la mer pour échapper aux flammes ; et près de La Jonquera, un retraité espagnol est mort d'une crise cardiaque en voyant sa maison cernée par les flammes. Cet incendie, qui fera demain une quatrième victime, un autre Français, ne sera définitivement éteint que le lundi 30. Il aura ravagé 13 000 hectares de végétation.

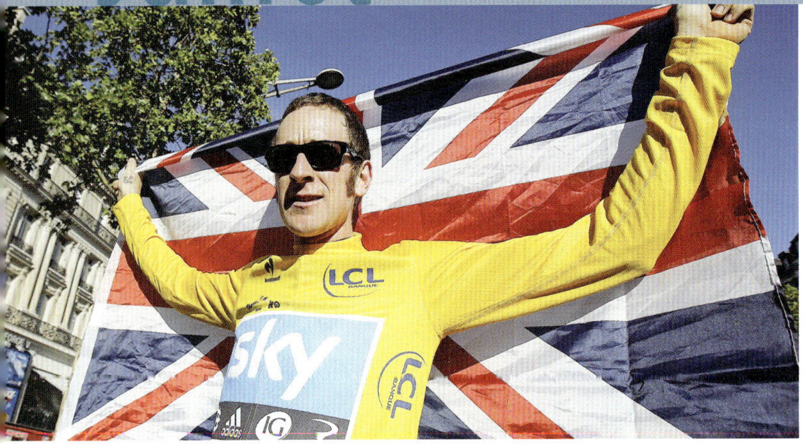

Le Tour de France de Sa Majesté

Jamais un Britannique n'avait déployé l'Union Jack sur les Champs-Élysées. La victoire de Bradley Wiggins sur ce 99e Tour de France a été complétée par celle de son coéquipier et compatriote Mark Cavendish sur la dernière étape.

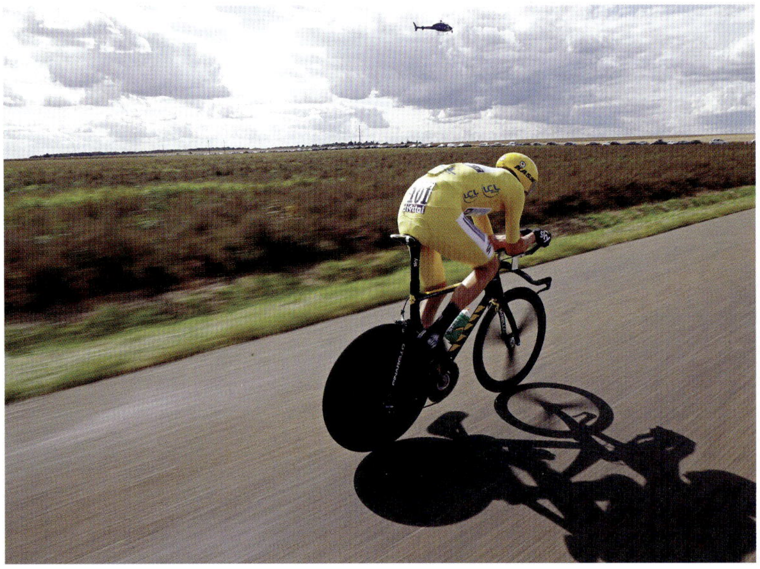

Bradley Wiggins dans le contre-la-montre de Chartres, la veille de l'arrivée. Il laisse le deuxième de l'étape à 1 min 16 s, et ce deuxième est son propre « second », Christopher Froome !

PARIS, DIMANCHE 22 Il était l'homme à battre, mais nul n'a pu lui contester sa supériorité. Le Britannique Bradley Wiggins, 32 ans, est donc le premier sujet de Sa Majesté à remporter le Tour de France. Le leader de l'équipe Sky faisait peur… Auréolé d'une juste réputation de formidable rouleur, plusieurs fois champion olympique de poursuite, il avait cette saison prouvé sa capacité à tenir son rang dans les courses par étapes et à franchir les cols en remportant successivement Paris-Nice, le Tour de Romandie et le Critérium du Dauphiné ! Un épouvantail, qui prendra le maillot jaune le 7 juillet dans les Vosges, à la Planche-des-Belles-Filles, et qui ne le lâchera plus.

Sans minimiser le talent de Bradley Wiggins, il faut quand même se souvenir que les deux seuls coureurs qui auraient pu lui disputer la victoire étaient absents : l'Espagnol Alberto Contador, suspendu pour dopage, et le Luxembourgeois Andy Schleck (victime d'une fracture du bassin au Critérium du Dauphiné et convalescent). Seul l'Australien Cadel Evans, beau vainqueur l'an dernier, semblait *a priori* en mesure de déstabiliser le champion de la perfide Albion. Il fut malheureusement vite évident, aussi bien dans les plus forts pourcentages que dans les contre-la-montre, que le si sympathique coureur de BMC accusait le poids de ses 35 printemps.

Les Français ont répondu présent

Impérial dans les deux grands contre-la-montre, le 9 juillet à Besançon et le 21 à Chartres, Wiggins n'a laissé aucune chance à l'excellent Italien Vincenzo Nibali (Liquigas), 3e au classement général à Paris. Le seul qui lui a fait de l'ombre n'est autre que son coéquipier britannique Christopher Froome, qui l'a littéralement « tiré » en montagne, au point de s'en agacer dans l'étape pyrénéenne de Peyragudes, le 19 juillet, où il fut contraint de se sacrifier pour son leader alors que la victoire d'étape était à sa portée. Classé 2e à Paris, vainqueur de l'étape de la Planche-des-Belles-Filles, Froome, 27 ans, semble avoir déjà les yeux fixés sur le 100e Tour de France, où il pourrait courir pour son propre compte.

La domination du tandem Wiggins-Froome a fait reporter le suspense sur le duel que se sont livrés les sprinters dans les étapes qui leur étaient dédiées, avec trois victoires pour chacun des trois meilleurs spécialistes : le porteur du maillot de champion du monde Mark Cavendish, le géant allemand André Greipel et le brillantissime Slovaque Peter Sagan qui, à 22 ans, s'adjuge le maillot vert.

Le temps n'est pas encore venu où un Français pourra prétendre à la victoire finale. Mais les coureurs tricolores n'ont pas démérité avec les victoires d'étape du prometteur Thibaut Pinot (22 ans), futur grand de la montagne, de Pierre Rolland, qui a fait plus que confirmer ses capacités dans les cols, et du baroudeur Pierrick Fédrigo, qui ne laisse, lui, jamais passer la bonne occasion. Enfin, gloire au populaire Thomas Voeckler qui finit avec deux étapes dans sa musette et le maillot à pois du meilleur grimpeur !

Un point noir : le Français Rémy Di Grégorio a été arrêté le 10 juillet pour une affaire de dopage.

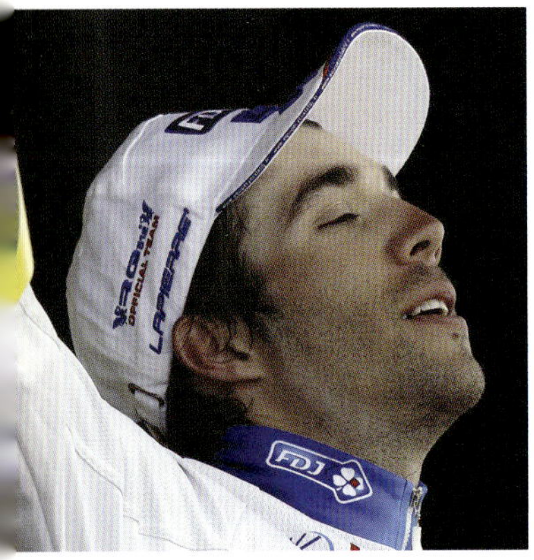

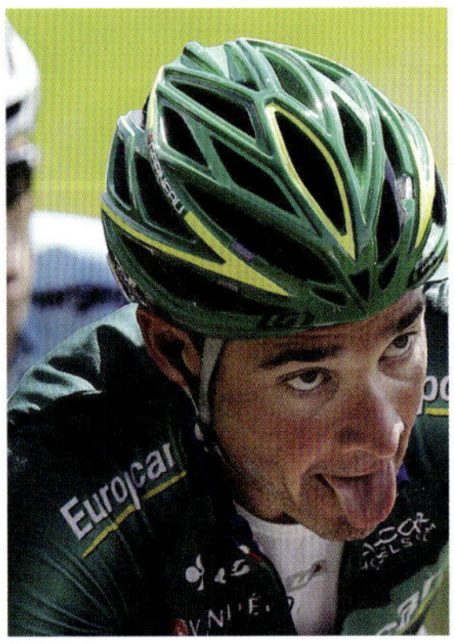

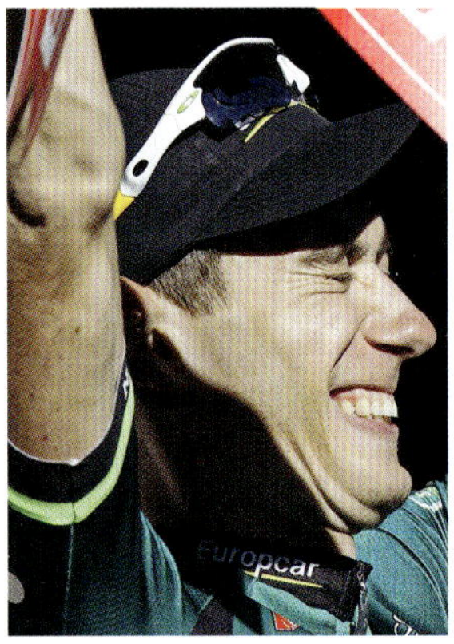

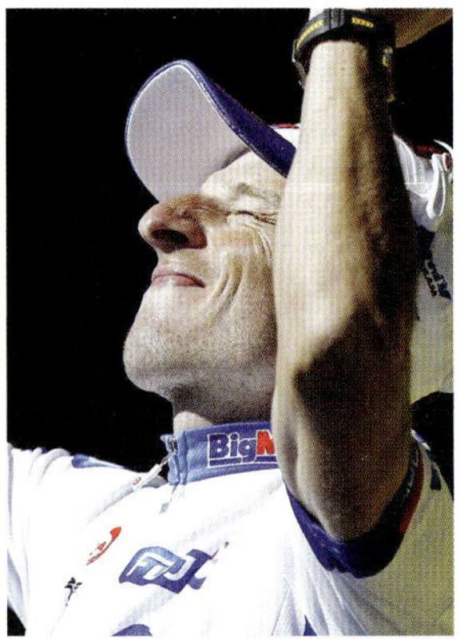

De gauche à droite : Thibaut Pinot (FDJ-BigMat) l'emporte à Porrentruy, en Suisse, le 8 juillet ; Thomas Voeckler (Europcar) à la bataille dans l'étape qu'il remportera à Bellegarde-sur-Valserine le 11, avant de rééditer cet exploit à Bagnères-de-Luchon le 18 ; Pierre Rolland (Europcar) exulte à Fontcouverte-la-Toussuire après avoir vaincu les Alpes ; Pierrick Fédrigo (FDJ-BigMat), qui fut champion de France en 2005, signe à Pau une victoire digne de son rang.

La Chine renforce sa souveraineté sur les Paracels

MER DE CHINE MÉRIDIONALE, MARDI 24 Bordée par la Chine et Taïwan au nord, le Vietnam à l'ouest, la Malaisie et Brunei au sud, et l'archipel des Philippines à l'est, la mer de Chine méridionale est un enjeu stratégique majeur. Pour ses ressources halieutiques et pour les hydrocarbures dont elle pourrait être gorgée, mais aussi parce qu'elle est le sas par lequel transite presque toute la navigation de l'Asie du Sud-Est. C'est bien pourquoi l'archipel inhospitalier des Paracels est revendiqué à la fois par la Chine, le Vietnam et Taïwan. Mais les Chinois ont une bonne longueur d'avance sur leurs concurrents. Des pêcheurs chinois y résident ou y transitent, et Pékin argue de son bon droit historique : les Paracels, rattachées à l'Indochine française en 1932, furent reconquises par les Chinois en 1945 (d'abord sous la houlette nationaliste, puis sous celle de la Chine communiste). Pékin vient toutefois de franchir un pas supplémentaire dans l'intégration en décidant de créer une préfecture à Sansha, sur l'île à l'Arbre, et d'y installer une base militaire. (→ 26.8)

Les Jeux olympiques de Londres sont ouverts

LONDRES, VENDREDI 27 Entre féerie, humour « so british » et musique pop rock anglaise, la cérémonie d'ouverture des Jeux olympiques de Londres promettait d'être exceptionnelle, et elle l'a été. Conçu par le réalisateur Danny Boyle, le spectacle aura mis à contribution jusqu'à la reine Élisabeth II elle-même, mise en scène dans un film montrant Daniel Craig, *alias* James Bond, la conduisant en hélicoptère au Stade olympique. J. K. Rowling, « mère » du célébrissime magicien Harry Potter, était également de la partie, tout comme Rowan « M. Bean » Atkinson, promu exceptionnellement membre (et, de l'orchestre philharmonique de Londres comme toujours, maladroit). À quoi il faut ajouter, entre autres, des dizaines de Mary Poppins descendant du ciel, Kenneth Branagh récitant du Shakespeare et Paul McCartney entonnant *Hey Jude*… Autre grand moment, plus traditionnel cette fois, le défilé des 204 délégations a vu une partie des quelque 10 500 sportifs qui participeront à ces JO faire un tour de piste dans une ambiance de fête. Quant à la flamme olympique, à la grande surprise des bookmakers qui avaient pris les paris, elle n'a pas été allumée par le footballeur David Beckham, mais par sept jeunes sportifs britanniques. (→ 12.8)

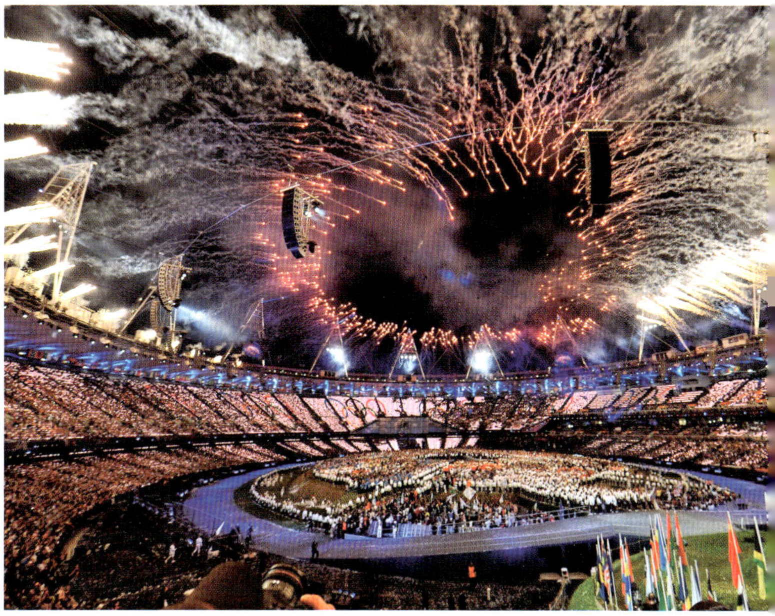

Quelque 80 000 personnes, dont près de 70 chefs d'État et de gouvernement, étaient venues au stade de Stratford pour assister à cette cérémonie, qui a aussi été suivie par 1 milliard de téléspectateurs à travers le monde.

Les Européens ont peur de la précarité

PARIS, VENDREDI 27 Le moral des Européens est en berne, si l'on en croit un sondage réalisé par Ipsos-Logica Business Consulting pour Crédit Agricole Assurances et paru en avant-première dans *Le Monde*. Ce sondage visait à évaluer les réactions des Européens face à la crise, en retenant un échantillon représentatif de sept pays de l'Union européenne – l'Allemagne, l'Espagne, la France, la Grèce, l'Italie, la Pologne et le Royaume-Uni. Les résultats sont plutôt inquiétants : 63 % des Européens interrogés considèrent que leur risque de basculer dans la précarité est plus important qu'il y a cinq ans (35 % beaucoup plus, 28 % un peu plus), tandis que, toujours depuis cinq ans, 71 % d'entre eux pensent avoir désormais plus de risques d'être confrontés à des difficultés financières (43 % beaucoup plus, 28 % un peu plus). Plus surprenantes et assez contrastées sont toutefois les attitudes des Européens devant la notion de risque. Pour 77 % des Grecs, le risque est plutôt un stimulant, tandis que pour 57 % des Allemands, c'est un danger à éviter. Les Français, eux, aiment le paradoxe. Quand ils sont 62 % à préférer éviter les risques, ils sont aussi 86 % à considérer qu'en prendre est une chose positive !

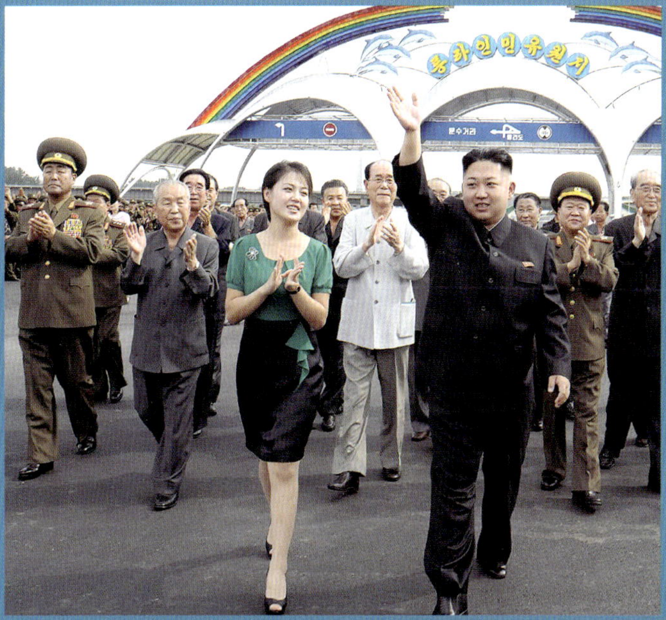

Mercredi 25, les médias nord-coréens diffusent les toutes premières images de Ri Sol-ju, l'épouse du dirigeant nord-coréen communiste Kim Jong-un. Elle aurait 24 ans, et l'on peut voir sur cette photographie non datée, où elle marche à la droite de son époux, qu'elle affiche une modernité vestimentaire assez nouvelle dans l'austère société nord-coréenne. Mais on n'en sait guère plus sur la jeune femme, sinon qu'elle aurait été danseuse et même pom-pom girl. Bien entendu, la presse sud-coréenne n'est pas avare de « révélations » : Kim Jong-un aurait épousé Ri Sol-ju dès 2009, et il s'agissait vraisemblablement d'un mariage arrangé par Kim Jong-il, le père de Kim Jong-un.

Ombr-mortel assassine son père et ses deux frères

ALBERTVILLE (73), VENDREDI 27 Oui, Jordan Lénisa a des antécédents psychiatriques. Mais selon le spécialiste qui l'a rencontré aujourd'hui, il n'est pas irresponsable et ne saurait donc être hospitalisé. Mais alors, pourquoi ce jeune homme de 24 ans a-t-il abattu plusieurs membres de sa famille ? Le mystère reste entier. La tragédie s'est déroulée hier à Bozel (73), près de Courchevel, dans la maison de ses parents. Il était environ 18 h 30 quand, avec une arme de poing, Jordan Lénisa a tué son père, un chef d'entreprise très connu dans la région, et son petit frère de 8 ans. Il a également tiré sur son autre frère qui, âgé de 17 ans, a succombé ce soir à ses blessures. Quant à sa mère, elle a réussi à s'échapper et a pu prévenir les gendarmes d'Albertville, qui ont interpellé le jeune homme sur les lieux du crime. L'addiction de Jordan pour les jeux de rôle en ligne, sous le pseudo d'Ombr-mortel, peut-elle expliquer son geste ? Ou faut-il plutôt chercher du côté de possibles dissensions au sein de cette famille aisée ? Quoi qu'il en soit, selon les enquêteurs, différents « éléments laissent à penser qu'il y a eu préméditation »… Présenté demain devant un juge d'instruction de Chambéry, le jeune homme sera mis en examen, puis écroué.

1,5 million d'entrées au Festival d'Avignon

Ci-contre : Sebastian Rudolph et Daniel Lommatzsch dans Les Contrats du commerçant *de l'Autrichienne Elfriede Jelinek, transposé en forme de cabaret anticapitaliste par le metteur en scène Nicolas Stemann, avec le Thalia Theater de Hambourg.*

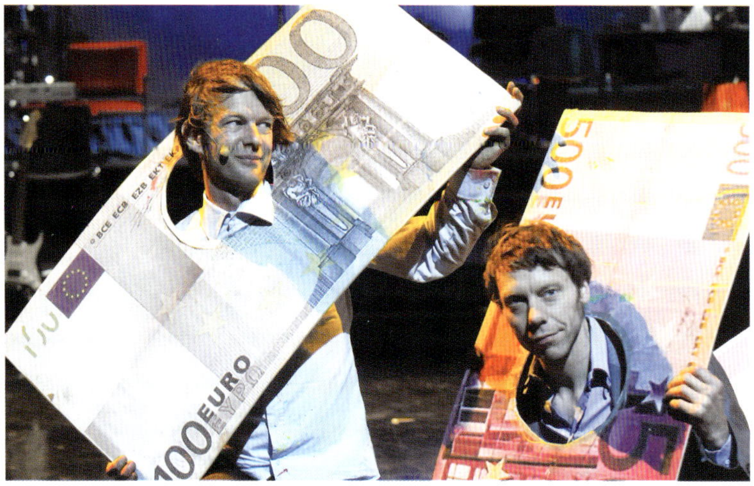

Ci-dessous : Adèle Haenel et Mounir Margoum dans La Mouette, *d'Anton Tchekhov, adaptée et mise en scène par Arthur Nauzyciel, directeur du Centre dramatique national d'Orléans. Un spectacle donné dans la cour d'honneur du palais des papes d'Avignon.*

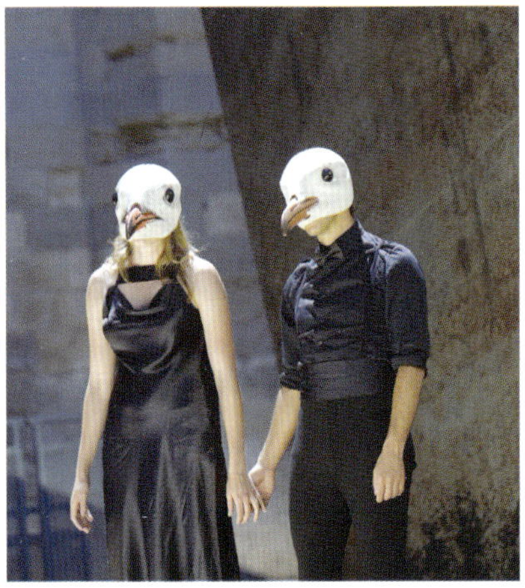

AVIGNON, SAMEDI 28 La fête est finie. Le 66e Festival d'Avignon a fermé ses portes et rendu la cité des papes à ses habitants : ce sont quelque 150 m^3 d'affiches que les services de la ville devront, dès demain, décoller ! Ouvert samedi 7 juillet, le festival était placé sous les auspices de son fondateur, Jean Vilar, qui aurait eu 100 ans le 25 mars dernier. On a d'ailleurs donné en lecture une pièce inédite du grand metteur en scène, *Dans le plus beau pays du monde*. Les chiffres donnent le vertige : 1,5 million d'entrées ont été enregistrées, tous spectacles compris, *in* et *off*. Le festival *in* a bénéficié d'un taux de remplissage de 93 %, mais ce n'était pas la peine, pour certains spectacles, de chercher une place au dernier moment : c'était à guichets fermés. Les plus remarqués ? Deux productions allemandes très politiquement engagées, *Un ennemi du peuple* d'Ibsen, mis en scène par Thomas Ostermeier, et *Les Contrats du commerçant* d'Elfriede Jelinek (Prix Nobel de littérature en 2004), par Nicolas Stemann. On a aussi dit le plus grand bien de *La Mouette* de Tchekhov, dans une mise en scène de l'Orléanais Arthur Nauzyciel. Côté festival *off*, comment choisir ? Il y a eu 1 161 spectacles différents ! Citons le succulent et cinéphilique *Hitch* d'Alain Riou et Stéphane Boulan…

Trop d'enfants sont victimes de chauffards

SAINT-DENIS (93), DIMANCHE 29 Triste série. Vers 15 h 20 cet après-midi, un garçonnet de 10 ans a été violemment percuté par un 4 x 4 alors qu'il jouait au bord d'un trottoir avec d'autres enfants. Gravement blessé, le petit garçon a été évacué vers l'hôpital Necker-Enfants malades de Paris. C'est là qu'il décédera mardi. Le chauffard, un homme de 50 ans, sera mis en examen pour « homicide involontaire », « défaut de maîtrise » et « pour avoir omis de céder le passage à un piéton engagé sur la voie ». Circulait-il à une vitesse excessive ? Oui, selon une source proche de l'enquête. En revanche, les tests d'alcoolémie et de présence de stupéfiants dans l'organisme se révéleront négatifs. À l'inverse, le Bosniaque de 23 ans qui, hier soir à La Ciotat (13), a mortellement fauché un enfant de 11 ans marchant sur un trottoir avec ses parents était bel et bien ivre. Il sera mis en examen demain pour « homicide involontaire commis par un conducteur sous l'empire d'un état alcoolique ». Ces deux drames consécutifs font malheureusement suite à un troisième accident similaire survenu le 22. Ce jour-là, dans le 19e arrondissement de Paris, ce sont une fillette de 11 ans et sa mère qui ont été tuées après avoir été percutées par une BMW. Le chauffard, qui avait pris la fuite, a été interpellé dix minutes après l'accident avec les quatre autres occupants de la voiture. Connu des services de police, il conduisait ivre et sans permis après avoir consommé du cannabis.

Traian Basescu évite de peu la destitution

BUCAREST, DIMANCHE 29 Traian Basescu, le président centre-droit de la Roumanie, est pratiquement assuré de rester à son poste. Mais le boulet est passé tout près. Accusé par la majorité parlementaire conduite par le Premier ministre socialiste Victor Ponta d'avoir « sapé la démocratie » et « imposé des mesures d'austérité qui ont appauvri la population », il avait vu, le 6, le Parlement voter en faveur de sa destitution au terme d'une procédure très critiquée par l'Union européenne et les États-Unis. Mais pour être effective, cette destitution devait être approuvée par le peuple roumain. Lequel s'est prononcé ce dimanche à 87,55 % pour le départ de Traian Basescu. Mais le seuil minimum de participation requis (50 % des inscrits plus un) n'ayant pas été atteint, le référendum devrait être invalidé par la Cour constitutionnelle.

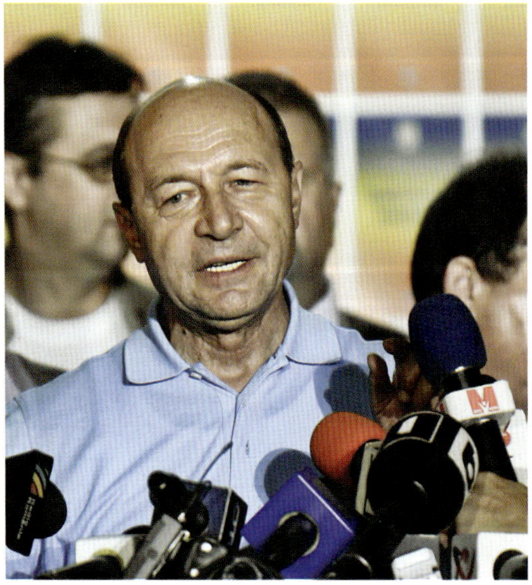

Élu président de Roumanie en 2004, l'ancien marin Traian Basescu avait déjà « survécu » à un référendum de destitution en 2007. Réélu de justesse en 2009, il a, l'année suivante, engagé le pays dans une cure d'austérité draconienne qui l'a rendu particulièrement impopulaire auprès des Roumains.

Yasser Arafat a-t-il été empoisonné ?

NANTERRE (92), MARDI 31 Souha Arafat, la veuve du président de l'Autorité palestinienne décédé en France le 11 novembre 2004 à l'hôpital d'instruction des armées Percy, à Clamart (92), a porté plainte à Nanterre pour « empoisonnement ». Selon des analyses effectuées par l'Institut de radiophysique de Lausanne (Suisse) et révélées par la chaîne Al-Jazira le 3 juillet dernier, les effets personnels de Yasser Arafat recélaient une quantité anormalement élevée de polonium 210. Or, cet isotope radioactif est employé comme poison létal par divers services secrets. On se souvient que c'est avec du polonium 210 qu'a été assassiné à Londres le transfuge russe Alexandre Litvinenko, en 2006. Pour Souha Arafat, il ne fait aucun doute que son époux a été, lui aussi, empoisonné. Par qui ? Elle ne se fait pas prier pour insinuer que les États-Unis et Israël voulaient s'en débarrasser…

FRANCE

PARIS, LUNDI 2 La commission de révision des condamnations pénales accepte de saisir la Cour de révision en faveur d'Abdelkader Azzimani et Abderrahim El-Jabri, deux anciens dealers qui ont fait douze et quatorze ans de prison pour un meurtre qu'ils n'auraient pas commis.

PARIS, LUNDI 2 Un nouveau rapport dans l'enquête sur le crash du vol AF447 Rio-Paris de 2009 relativise la responsabilité des pilotes et met en cause les systèmes de l'avion, un Airbus A330-203.

PARIS, LUNDI 2 Le ministre du Redressement productif Arnaud Montebourg nomme 22 commissaires pour aider les entreprises en difficulté et les empêcher de tomber entre les mains de « prédateurs ».

PARIS, LUNDI 2 Remise au Premier ministre du rapport de Didier Migaud, premier président de la Cour des comptes, sur l'audit des comptes publics. Selon lui, il faut trouver 33 milliards d'euros pour tenir l'engagement de revenir à un déficit de 3 % en 2013.

PARIS, JEUDI 5 Selon la Cour de cassation, un sans-papiers ne pourra être mis en garde à vue au seul motif de sa situation irrégulière.

STRASBOURG (67), JEUDI 5 La Cour européenne des droits de l'homme condamne la France à restituer à la branche française des Témoins de Jéhovah 4,6 millions d'euros perçus au terme d'un redressement fiscal.

LONDRES, VENDREDI 6 Dans une interview accordée au quotidien *The Times*, Jean-Marie Le Pen accuse sa fille Marine d'être une « petite bourgeoise ».

CERGY (95), VENDREDI 6 Le ministre de l'Intérieur Manuel Valls inaugure une grande mosquée.

PARIS, VENDREDI 6 France Télécom est mis en examen pour harcèlement moral dans l'affaire des suicides de salariés du groupe.

PARIS, VENDREDI 6 François Hollande confirme qu'il fera voter une nouvelle loi pénalisant la négation du génocide arménien.

FRANCE, VENDREDI 6 Panne géante du réseau Orange. 30 millions d'usagers sont privés d'accès pendant près de 12 heures.

REIMS (51), DIMANCHE 8 François Hollande et Angela Merkel célèbrent le 50e anniversaire de la réconciliation franco-allemande.

PARIS, LUNDI 9 Jean-Marc Ayrault limite à 2 % la hausse des tarifs d'EDF et GDF Suez.

PARIS, MERCREDI 11 La Cour de cassation rejette le pourvoi d'Yvan Colonna, condamné à la prison à perpétuité pour l'assassinat du préfet Claude Érignac.

PARIS, JEUDI 12 Le juge Roger Le Loire lance un mandat d'arrêt contre Teodoro Nguema Obiang, fils du président de la Guinée équatoriale, pour détournement de fonds publics et blanchiment.

PARIS, JEUDI 12 Alexis Brézet remplace Étienne Mougeotte à la direction du *Figaro*.

PARIS, VENDREDI 13 Audrey Pulvar, compagne d'Arnaud Montebourg, est nommée directrice générale des *Inrockuptibles*.

PARIS, SAMEDI 14 Aux cérémonies du 14-Juillet, un texte de Gambetta est lu par une jeune comédienne bretonne issue du Conservatoire, Sterenn Guirriec.

LES TROIS-BASSINS (97), LUNDI 23 Un surfeur est tué par un requin à La Réunion.

PARIS, MERCREDI 25 Ouverture de négociations sur les dépassements d'honoraires entre l'Assurance maladie, les complémentaires de santé et les syndicats de médecins libéraux.

LA PALUD-SUR-VERDON (04), MERCREDI 25 Six salariés d'Eurocopter trouvent la mort dans le crash, dans les gorges du Verdon, d'un hélicoptère AS532 AL Cougar.

PARIS, VENDREDI 27 *Le Parisien-Aujourd'hui en France* révèle que la région Île-de-France dirigée par le socialiste Jean-Paul Huchon a attribué un marché public de relations clients à un opérateur basé au Maroc.

LE HAVRE (76), LUNDI 30 Le conseil des prud'hommes condamne Renault à verser 20 000 euros à chacun des 91 anciens salariés du site de Sandouville dont le licenciement n'avait pas été conforme aux engagements de leur employeur.

GENNEVILLIERS (92), MARDI 31 Le maire Jacques Bourgoin annule la suspension des moniteurs de colonies de vacances qui faisaient le ramadan pendant leur service. Dans un premier temps, la municipalité avait estimé qu'ils mettaient en danger la vie des enfants dont ils avaient la charge et ne respectaient pas leur contrat.

UNION EUROPÉENNE

BUCAREST, VENDREDI 6 Les sénateurs et députés roumains votent la destitution du président Traian Basescu.

STRASBOURG (67), MARDI 10 La Cour européenne des droits de l'homme condamne l'Espagne à libérer « dans les plus brefs délais » la militante basque Inés Del Río Prada (53 ans), condamnée à 3 000 ans de prison, et à lui verser 30 000 euros de dédommagement.

LONDRES, JEUDI 12 Le président de la Conférence des rabbins d'Europe, Pinchas Goldschmidt, estime que l'interdiction de la circoncision par un tribunal de Cologne est « l'une des plus graves attaques contre la vie juive en Europe depuis l'Holocauste ».

BUDAPEST, MERCREDI 18 Arrestation de László Csatáry (97 ans), soupçonné d'avoir participé pendant la Seconde Guerre mondiale à la déportation de juifs.

LONDRES, MARDI 24 Le Royaume-Uni et la France signent un accord pour lancer l'étude d'un futur drone de combat franco-britannique, sur la base du projet présenté par Dassault et BAE Systems.

INTERNATIONAL

LA HAYE, DIMANCHE 1er Selon Fatou Bensouda, procureur de la Cour pénale internationale (CPI), la destruction de mausolées maliens de Tombouctou par les islamistes est un « crime de guerre ».

HONG KONG, DIMANCHE 1er Manifestation contre le chef de l'exécutif Leung Chun-ying le jour de son installation en présence du président chinois Hu Jintao.

ROME, LUNDI 2 Benoît XVI nomme Mgr Gerhard Ludwig Müller, évêque de Ratisbonne (Allemagne), à la tête de la Congrégation pour la doctrine de la foi.

SILIVRI (TURQUIE), LUNDI 2 Ouverture du procès de 205 opposants kurdes ou prokurdes, et parmi eux l'éditeur militant Ragip Zarakolu, cité pour le prix Nobel de la paix.

STRASBOURG (67), MARDI 3 La Cour européenne des droits de l'homme condamne l'Ukraine pour l'arrestation, l'incarcération et la condamnation à quatre ans de prison de l'ancien ministre de l'Intérieur Iouri Loutsenko.

ISLAMABAD, MARDI 3 Le Pakistan rouvre sa frontière pour l'acheminement en Afghanistan de convois de ravitaillement de l'Otan, en échange du versement par les États-Unis d'une aide de 1,1 milliard de dollars à l'armée pakistanaise.

ALGER, MERCREDI 4 L'Algérie fête le 50e anniversaire de son indépendance. La France n'a pas été invitée.

BAHAWALPUR (PAKISTAN), JEUDI 5 Accusé d'avoir brûlé des pages du Coran, un handicapé mental est lynché par la foule.

BUENOS AIRES, JEUDI 5 Les généraux Jorge Rafael Videla (86 ans) et Reynaldo Bignone (84 ans) sont respectivement condamnés à 50 ans et 15 ans de prison pour le vol de bébés d'opposants disparus pendant la dictature.

TURQUIE, VENDREDI 6 Le général syrien Manaf Tlass, considéré comme un proche de Bachar Al-Assad, fait défection et se réfugie en Turquie.

JÉRUSALEM, DIMANCHE 8 Benyamin Nétanyahou s'engage à faire voter une loi supprimant l'exemption du service militaire pour les juifs orthodoxes et les Arabes israéliens.

LE CAIRE, DIMANCHE 8 Le nouveau président égyptien Mohamed Morsi annule la dissolution du Parlement égyptien décrétée le 16 juin par le Conseil suprême des forces armées.

MOSCOU, LUNDI 9 La Russie s'engage à ne pas conclure de nouveaux contrats d'armement avec la Syrie, mais elle honorera les contrats en cours.

LA HAYE, MARDI 10 La Cour pénale internationale condamne Thomas Lubanga, chef de milice de la République démocratique du Congo (RDC), à quatorze ans de prison .

ALEXANDRIE (ÉGYPTE), DIMANCHE 15 La secrétaire d'État américaine Hillary Clinton est prise à partie par la foule.

NEW YORK, MARDI 17 Rapport d'Human Rights Watch sur la dérive autoritaire du régime vénézuélien.

KABOUL, MARDI 17 Le soldat afghan Abdul Sabor, qui avait tué quatre soldats français le 20 janvier (un cinquième ayant succombé à ses blessures), est condamné à mort par la justice afghane.

DOHA, LUNDI 23 La Ligue arabe promet une « sortie sûre » à Bachar Al-Assad et à sa famille s'il abandonne le pouvoir.

IRAK, LUNDI 23 Plus de 110 morts dans une vague d'attentats perpétrés dans 18 villes dont Bagdad.

INDE, MARDI 24 Déploiement de l'armée indienne dans l'Assam suite aux violences qui ont opposé immigrés musulmans et autochtones hindous. Ces violences ont fait au moins 35 morts et provoqué le déplacement de 130 000 personnes.

BAMAKO, VENDREDI 27 Retour du président du Mali Dioncounda Traoré, après deux mois de convalescence en France. Il avait été agressé le 21 mai.

MACAPA (BRÉSIL), VENDREDI 27 Arrestation de l'un des assassins présumés des deux militaires français tués en Guyane le 27 juin.

SYRIE, SAMEDI 28 Selon les informations de l'Observatoire syrien des droits de l'homme, la guerre civile aurait fait à ce jour plus de 20 000 morts.

MOSCOU, LUNDI 30 Ouverture du procès des trois chanteuses du groupe Pussy Riot poursuivies pour exhibition blasphématoire dans la cathédrale du Christ-Sauveur le 21 février.

BUENOS AIRES, MARDI 31 Un bébé né d'une mère porteuse en Inde est reconnu par l'état civil comme l'enfant légitime d'un couple homosexuel.

ÉCONOMIE

BLAGNAC (31), LUNDI 2 Le PDG d'Airbus Fabrice Brégier confirme l'implantation d'une usine d'assemblage d'A320neo aux États-Unis, à Mobile (Alabama). Le premier appareil sortira des chaines en 2016.

PARIS, VENDREDI 6 Chute de 13 % des ventes mondiales de PSA Peugeot Citroën au premier semestre.

PARIS, MERCREDI 11 Chute de 3,3 % des ventes mondiales de Renault au premier semestre.

PARIS, JEUDI 12 PSA Peugeot Citroën annonce la suppression de 14 000 emplois (dont 8 000 en France) d'ici à 2014. Le site d'Aulnay-sous-Bois (93) sera fermé.

NEW YORK, VENDREDI 13 L'agence de notation Moody's dégrade la note de l'Italie, qui passe à Baa2.

NEW YORK, LUNDI 23 L'agence de notation Moody's met l'Allemagne sous surveillance négative.

PARIS, JEUDI 26 Alcatel-Lucent annonce 5 000 suppressions d'emploi dans le monde.

CULTURE

PARIS, VENDREDI 20 Le Conseil constitutionnel valide la loi sur la rémunération de la copie privée.

SPORTS

ZURICH (SUISSE), MERCREDI 4 La Fédération internationale de football association (FIFA) autorise le port du foulard islamique pour les footballeuses.

AMSTERDAM, JEUDI 5 Selon le quotidien *De Telegraaf*, cinq anciens coéquipiers de Lance Armstrong auraient témoigné contre lui auprès de l'Agence américaine antidopage (Usada).

DÉCÈS

LOS ANGELES (CALIFORNIE), DIMANCHE 8 Ernest Borgnine (*24.1.1917), acteur américain.

PARIS, LUNDI 9 Denise René (*25.6.1913, Denise Bleibtreu, dite), galeriste française.

BRUXELLES, DIMANCHE 15 Tsilla Chelton (*21.6.1919), actrice française.

PARIS, SAMEDI 21 Jean Ferniot (*10.10.1918), journaliste français.

ACCRA, MARDI 24 John Atta-Mills (*21.7.1944), président du Ghana.

PARIS, DIMANCHE 29 Chris Marker (*29.7.1921, Christian-François Bouche-Villeneuve, dit), cinéaste français.

NEW YORK, MARDI 31 Gore Vidal (*3.10.1925), écrivain américain.

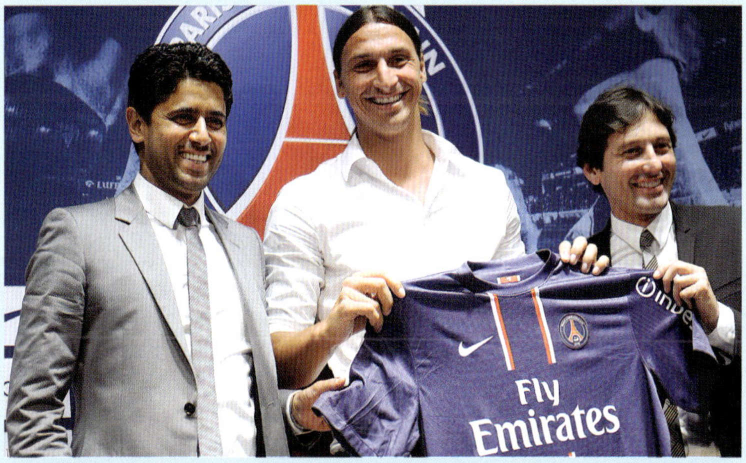

Mercredi 18, le footballeur suédois Zlatan Ibrahimovic exhibe son maillot du PSG. Son transfert du Milan AC a coûté 20 millions d'euros, et son salaire annuel sera de 14 millions nets d'impôts. Il est ici photographié avec le président qatari du PSG Nasser Al-Khelaïfi (à gauche) et le manager général brésilien Leonardo.

Août

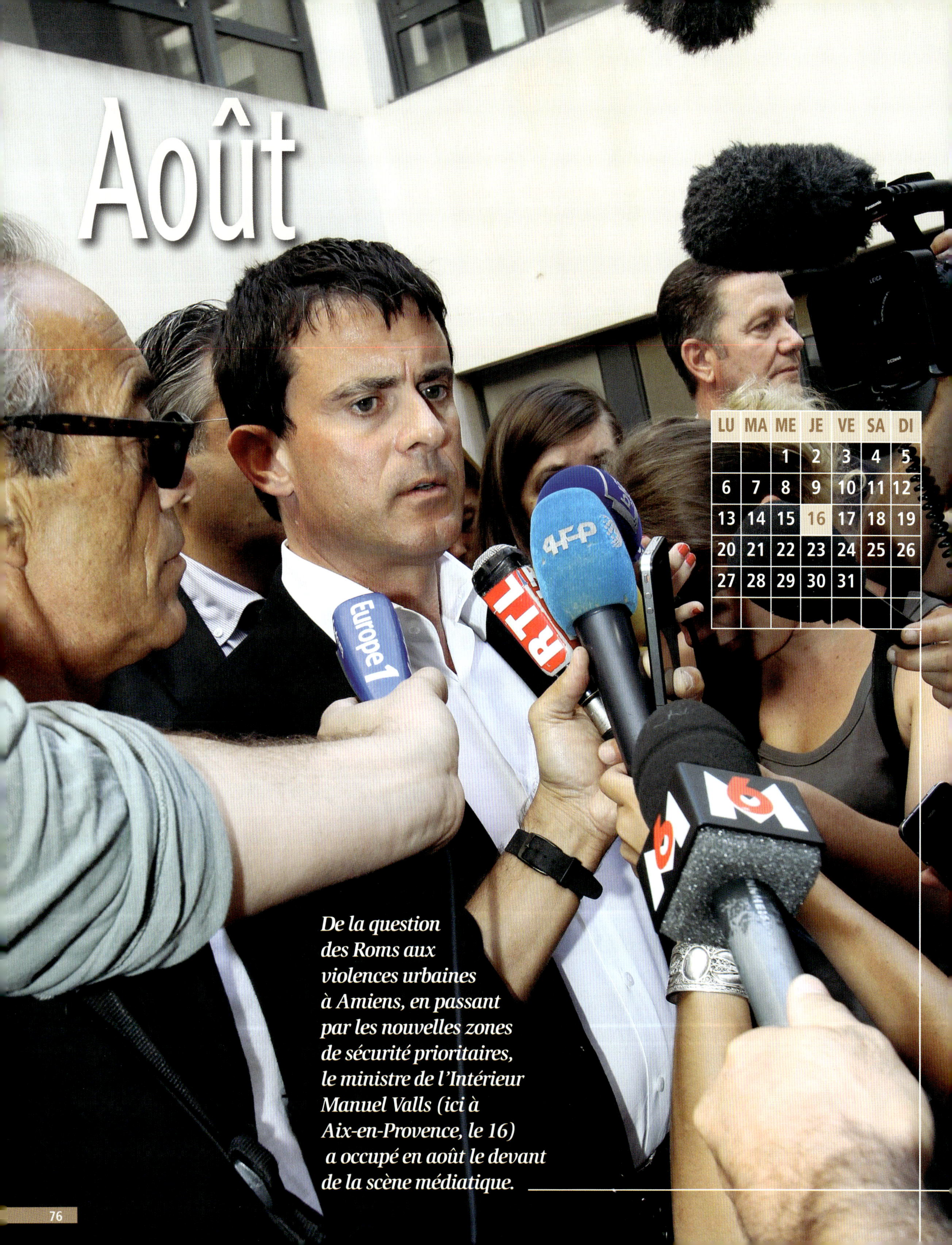

LU	MA	ME	JE	VE	SA	DI
		1	2	3	4	5
6	7	8	9	10	11	12
13	14	15	16	17	18	19
20	21	22	23	24	25	26
27	28	29	30	31		

De la question des Roms aux violences urbaines à Amiens, en passant par les nouvelles zones de sécurité prioritaires, le ministre de l'Intérieur Manuel Valls (ici à Aix-en-Provence, le 16) a occupé en août le devant de la scène médiatique.

Plus de postes à l'école, moins dans l'armée

PARIS, JEUDI 2 Dans les lettres de cadrage adressées aux membres du gouvernement le 28 juin, Jean-Marc Ayrault prévoyait une substantielle réduction des dépenses de fonctionnement : 7 % en 2013, puis 4 % de 2013 à 2015. Était aussi annoncée une baisse de 2,5 % par an des effectifs publics d'ici 2015 (hors éducation, justice et sécurité, les trois priorités budgétaires des socialistes). Mais c'est seulement ce jeudi que le Premier ministre a fait parvenir à chaque ministère les lettres-plafond fixant le montant global des crédits qui lui seront alloués pour la période 2013-2015, ainsi que l'évolution de ses effectifs. 40 000 postes doivent être créés dans l'enseignement, la justice et la sécurité, dont 11 000 en 2013 (10 000 au bénéfice de l'Éducation nationale et de l'enseignement supérieur, et un millier pour la gendarmerie et la police), mais ces créations seront compensées par autant de suppressions. Et c'est le ministère de la Défense qui est de loin le plus affecté (7 200 postes en moins), suivi de l'Économie et des Finances (2 500 postes supprimés) et des ministères du Logement et de l'Écologie (moins 1 300 postes).

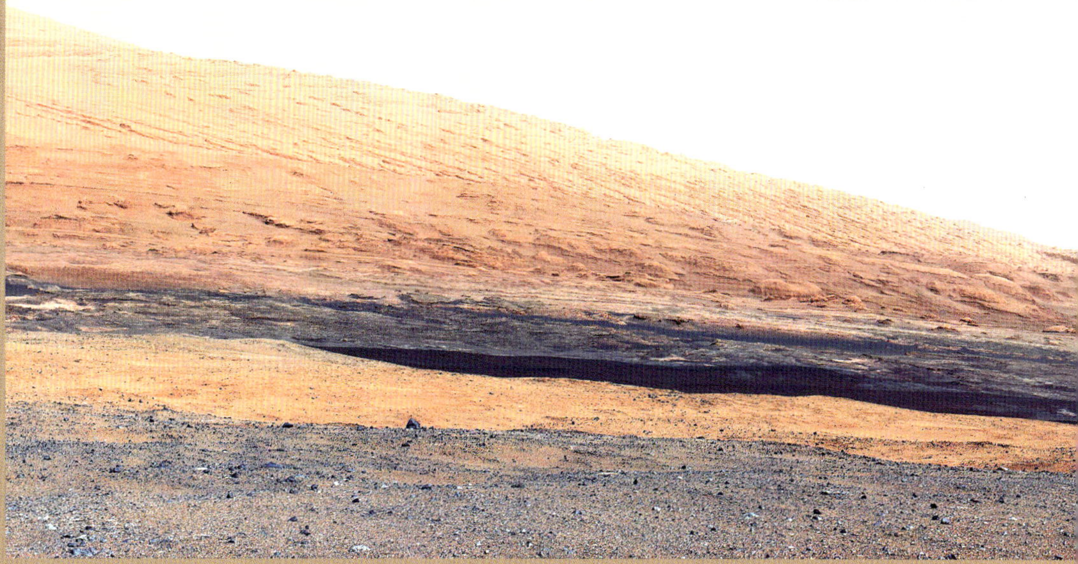

Il était 7 h 31 (heure française) lundi 6 lorsque le robot Curiosity s'est posé sur Mars. Il avait décollé de Cap Canaveral le 26 novembre 2011. Encapsulé avec sa grue volante par deux boucliers thermiques, Curiosity a été freiné par parachute lors de son entrée dans l'atmosphère, après quoi les deux boucliers ont été largués. Le robot de la Nasa a été ensuite descendu sur le sol martien par sa grue volante, elle-même ralentie par des rétrofusées. Et lorsque ses six roues sont entrées en contact avec le cratère de Gale, la grue a été éjectée. La mission Mars Science Laboratory durera deux ans. Pesant 899 kg, le robot est en effet un extraordinaire laboratoire mobile, apte à exécuter d'innombrables tâches scientifiques. Parmi ses principaux instruments figurent la ChemCam fabriquée par le français Thales, dont le rayon laser permet d'analyser la matière, et la MastCam, couple de caméras couleur à qui l'on doit cette photographie prise le 23 de ce mois.

Les zones de sécurité prioritaires façon Manuel Valls

PARIS, SAMEDI 4 « L'idée, c'est de mettre le paquet là où il faut, pour ce qu'il faut, avec souplesse, adaptation. » C'est en ces termes et devant les préfets réunis place Beauvau que Manuel Valls avait annoncé mardi dernier la création, dès septembre prochain, de quinze zones de sécurité prioritaires (ZSP). Prédéfinies en vertu de critères objectifs, ces ZSP devaient être réparties de la manière suivante : neuf en zone police (dont trois au sein de la police de proximité), cinq en zone gendarmerie et enfin une en zone mixte. Aujourd'hui, *Le Parisien/Aujourd'hui en France* a révélé la liste de ces quinze premières zones, qui feront office de test avant une possible extension du dispositif. Y figurent notamment le 18e arrondissement de Paris, Saint-Denis et Saint-Ouen (93), Mantes-la-Jolie (78), le 19e arrondissement de Lyon (69), Vauvert (30) Cayenne, Remire-Montjoly et Matoury (Guyane), les quartiers nord de Marseille (13), Amiens (80)… Au total 24 villes sont concernées par ces zones où seront menées des « actions de sécurité renforcées » pour lesquelles le ministère de l'Intérieur devrait notamment utiliser une partie des postes supplémentaires prévus pour la police et la gendarmerie (voir ci-dessus).

Attaque islamiste à la frontière israélo-égyptienne

KARM ABOU SALEM (ÉGYPTE), DIMANCHE 5 Le président égyptien Mohamed Morsi, issu des Frères musulmans, est confronté à sa première grande épreuve sécuritaire et politique. Ce matin, un commando islamiste apparemment venu de Gaza a attaqué un poste égyptien à la frontière de l'Égypte, d'Israël et de Gaza. Après avoir tué seize gardes-frontières égyptiens, le commando s'est emparé d'un camion et d'un véhicule blindé pour forcer le passage vers Israël, appuyé par des tirs de mortier. Mais les services secrets israéliens avaient décelé des signes d'une attaque possible, et un avion était prépositionné pour intervenir. À peine le véhicule blindé avait-il franchi la frontière (le camion servant de bélier pour lui ouvrir le chemin) qu'il était pris en chasse et détruit. Cinq islamistes ont été tués. Au total, 35 hommes auraient pris part à cette attaque, qui n'a pas été revendiquée et qui a duré une quinzaine de minutes. Personne, du côté égyptien comme du côté israélien, ne paraît désireux de jeter de l'huile sur le feu. Pour Mohamed Morsi, l'enjeu est désormais le suivant : rétablir la sécurité dans le Sinaï et ne pas remettre en cause les accords de paix qui unissent son pays à Israël.

Des camps roms démantelés

VILLENEUVE-D'ASCQ (59), JEUDI 9 « Sarkozy ne nous a jamais expulsés, finalement c'est le PS ! » Yann Lafolie, président de l'Atelier Solidaire, ne cachait pas son indignation après le démantèlement par les forces de l'ordre de deux campements de Roms de l'agglomération lilloise, à Villeneuve-d'Ascq et à Hellemmes. Faisant suite à une procédure judiciaire engagée par la communauté urbaine de Lille, présidée par la maire de Lille et première secrétaire du PS Martine Aubry, ces opérations étaient « dans l'air » depuis plusieurs jours. C'est pourquoi, dès le 1er, des associations avaient dénoncé cette menace d'expulsion qui, sans solution alternative, allait à l'encontre des promesses électorales de François Hollande. Du reste, la Commission européenne placera demain la France sous surveillance, comme cela avait été le cas en août 2010 après des opérations similaires menées par la droite. Le nouveau gouvernement s'est-il donc mis dans les pas de l'ancien ? Pas du tout, protestera le ministre de l'Intérieur Manuel Valls le 14 : « Aucune politique que je mène ne sera focalisée sur tel ou tel groupe culturel. » Mais il ajoutera cependant : « Aucun campement illicite ne peut être toléré. Le laisser-faire ne résout rien. »

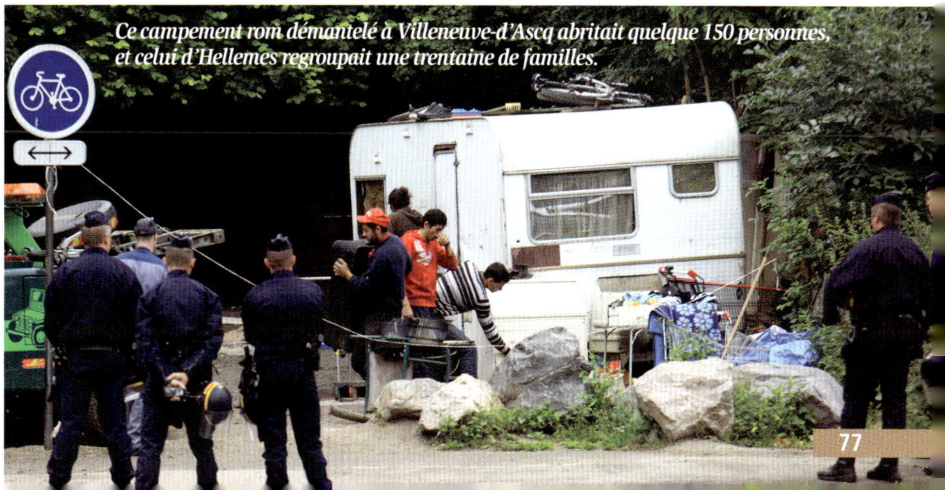

Ce campement rom démantelé à Villeneuve-d'Ascq abritait quelque 150 personnes, et celui d'Hellemmes regroupait une trentaine de familles.

Le nord-ouest de l'Iran dévasté

IRAN, SAMEDI 11 Un double séisme a frappé cet après-midi, à quelques minutes d'intervalle, la province de l'Azerbaïdjan-Oriental, au nord-ouest de l'Iran. Selon un premier bilan communiqué par la ministre iranienne de la Santé, Marzieh Vahid Dastjerdi, le nombre des victimes serait de 306 morts et 3037 blessés, dont certains dans un état grave. Ce sont des femmes et des enfants pour la plupart, tués dans l'effondrement de leurs maisons alors que les hommes travaillaient aux champs. Difficile d'accès en raison de son relief montagneux, l'Azerbaïdjan-Oriental était particulièrement vulnérable. L'aide médicale d'urgence a tardé à venir, et les autorités font l'objet de vives critiques sur les réseaux sociaux en raison de leur manque de réactivité. Invoquant l'embargo auquel est soumis l'Iran pour expliquer la pénurie de médicaments, elles opposeront une fin de non-recevoir aux propositions de secours offertes par certains pays occidentaux, les États-Unis en tête. Seul le Croissant-Rouge turc a été autorisé à intervenir sur zone. Toutefois, le gouvernement iranien s'est engagé à indemniser les sans-abri.

Les femmes tunisiennes manifestent pour leurs droits

TUNIS, LUNDI 13 « Ghannouchi, laisse tomber, tu ne fais pas le poids face à la femme tunisienne ! » Lancé à l'adresse du président d'Ennahda, le parti islamiste au pouvoir, ce slogan a été scandé par des milliers de femmes, mais aussi par des hommes, avenue Mohamed-V, ce soir, à la rupture du ramadan. Par-delà la personne de Rached Ghannouchi, la manifestation visait l'article 28 de la nouvelle Constitution en cours d'élaboration, dont Ennahda est l'inspirateur. Or, selon les démocrates tunisiens, cet article annonce une régression pour les femmes. Au lieu de l'égalité instaurée en 1956 par Habib Bourguiba avec le Code du statut personnel (CSP), les islamistes veulent imposer la « complémentarité » de l'homme et de la femme. Cette manifestation avait été interdite, le ministère de l'Intérieur excipant de son « incapacité à assurer sa sécurité ». Une seconde manifestation, autorisée, n'a réuni que quelques centaines de personnes sur la prestigieuse avenue Habib-Bourguiba, mais son objectif était le même. Leur jonction a été empêchée par les forces de l'ordre. (→ 30.11)

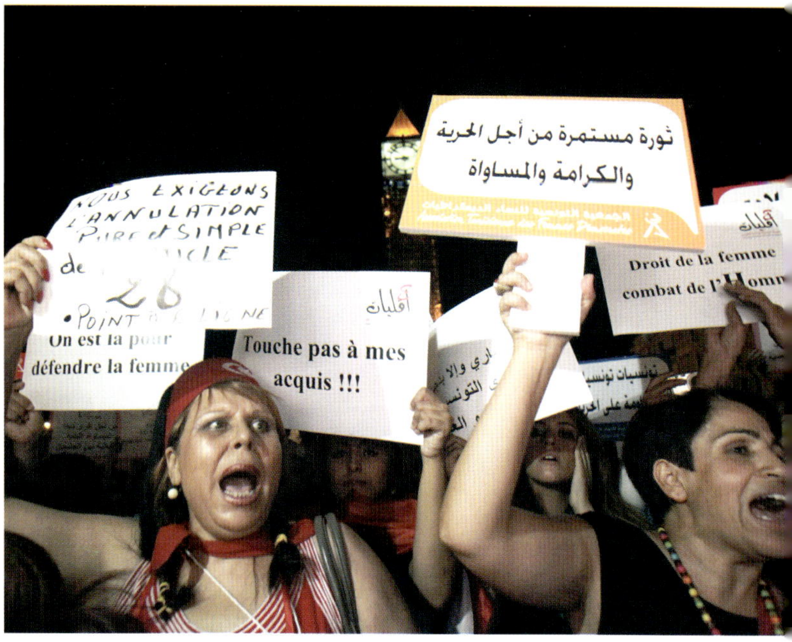

La date du 13 août n'avait pas été choisie par hasard : c'est l'anniversaire de la promulgation du Code du statut personnel par Habib Bourguiba, le 13 août 1956.

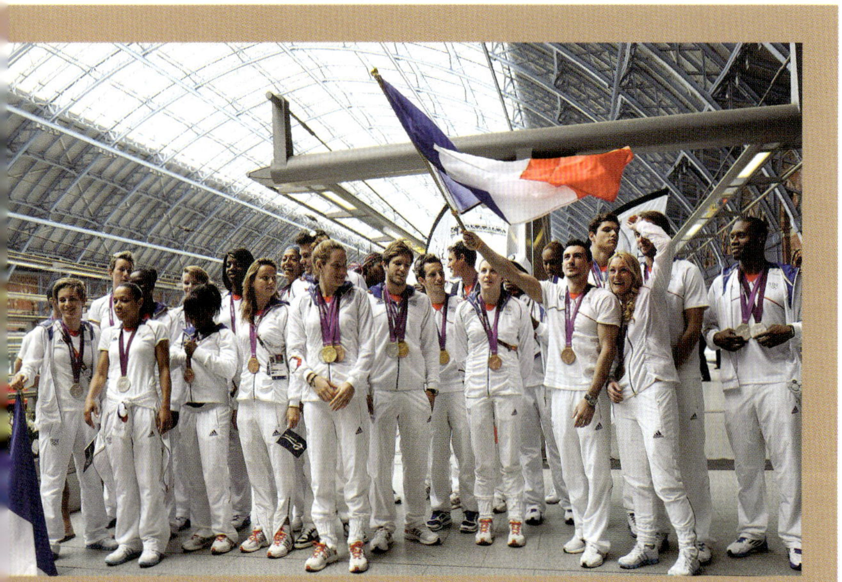

C'est par une cérémonie de clôture grandiose, mais tout aussi festive, dynamique et musicale que la cérémonie d'ouverture, qu'ont pris fin dimanche 12 ces Jeux de Londres, les 30e de l'ère moderne. Des Jeux de l'avis de tous très réussis, grâce au travail, à la disponibilité et à la bonne humeur des quelque 70 000 volontaires auxquels les organisateurs ont rendu hommage. Cette dernière soirée dans le stade de Stratford a été marquée par la présence de nombreuses stars britanniques (du comédien Eric Idle au chanteur George Michael en passant par le groupe des Spice Girls, reformé pour l'occasion). Le lendemain, la délégation française a repris l'Eurostar, direction Paris. Sur cette photo prise en gare de Londres St. Pancras, on reconnaîtra quelques-uns des médaillés tricolores, notamment la basketteuse Céline Dumerc (à l'extrême gauche), la nageuse Camille Muffat (au centre, avec ses trois médailles), le gymnaste Hamilton Sabot (brandissant le drapeau tricolore) ou encore le cycliste Grégory Baugé (à l'extrême droite).

La banque anglaise qui travaillait avec l'Iran

LONDRES, MARDI 14 Pour le directeur général de la plus vieille banque de la City, la Standard Chartered, c'est tout simplement une humiliation. Peter Sands, qui avait fait prospérer l'établissement depuis son arrivée en 2002, a dû accepter de payer une amende de 340 millions de dollars (276 millions d'euros) au département des services financiers de l'État de New York pour éviter d'être interdit d'exercer aux États-Unis. Banque spécialisée dans les transactions sur les matières premières, bien implantée à Wall Street et utilisant principalement le dollar comme monnaie d'échange, la Standard Chartered avait été accusée d'avoir violé les sanctions financières imposées par les États-Unis à l'Iran en procédant depuis au moins dix ans à 60 000 transactions illicites avec Téhéran, pour un montant de 250 milliards de dollars. Bien qu'assurant que ces transactions portent en fait sur moins de 14 millions de dollars, Peter Sands ne pouvait prendre le risque d'être mis en quarantaine. Travaillant pour l'essentiel avec l'Asie et l'Afrique du Sud, la Standard Chartered s'était largement décentralisée dans le cadre de son expansion. Des subordonnés du directeur général, peu regardants, avaient peut-être alors échappé à son contrôle…

Scènes de guérilla urbaine au quartier d'Amiens-Nord

AMIENS (80), MARDI 14 Dix-sept policiers blessés par des tirs de chevrotines, de mortiers de feux d'artifice et autres projectiles, sans compter d'importants dégâts matériels : tel est le lourd bilan des violences urbaines qui ont frappé, pour la seconde nuit consécutive, le quartier d'Amiens-Nord, récemment classé parmi les zones de sécurité prioritaires par le ministère de l'Intérieur (voir p. 77). Tout avait commencé dimanche, suite à un contrôle routier effectué près du lieu où les proches d'un jeune homme, mort à moto jeudi 9, s'étaient réunis pour une cérémonie. Ce contrôle qui avait mal tourné a entraîné de la part de la police une intervention jugée excessive au regard des circonstances. Manuel Valls, qui s'est rendu sur place cet après-midi, a été pris à partie par des riverains, et son service d'ordre a été bousculé. Mais le ministre de l'Intérieur n'en a pas moins réaffirmé son credo de fermeté : « Rien ne peut excuser qu'on tire sur des policiers, qu'on tire sur les forces de l'ordre et qu'on brûle des équipements publics », a-t-il martelé. Tout en précisant, claire allusion à la phrase prononcée en 2005 à La Courneuve par un Nicolas Sarkozy qui occupait alors le même poste : « Je ne suis pas venu pour qu'on passe au Kärcher ce quartier. »

L'Église catholique défend la famille traditionnelle

FRANCE, MERCREDI 15 En ce jour de l'Assomption, c'est une prière universelle très orientée – et contestée – qui a été lue dans la plupart des églises de l'Hexagone. Écrit par le président de la Conférence épiscopale de France, le cardinal André Vingt-Trois, ce texte invite en effet les catholiques à prier pour les victimes de la crise économique mais aussi afin que les enfants « cessent d'être les objets des désirs et des conflits des adultes pour bénéficier pleinement de l'amour d'un père et d'une mère ». Et c'est bien sûr ce dernier point qui est à l'origine de la polémique. Car il marque clairement, au nom de la famille traditionnelle, l'opposition de l'Église au projet du gouvernement d'accorder aux homosexuels le droit de se marier et d'adopter. D'autant plus clairement, du reste, que le texte invite aussi à prier pour « ceux qui ont été récemment élus, pour que leur sens du bien commun de la société l'emporte sur les requêtes particulières ». Il est à noter que cette prière a été loin de faire l'unanimité auprès des catholiques eux-mêmes (45 % d'entre eux seraient en effet favorables au mariage gay, selon un sondage Ifop). Et certains prêtres, l'assimilant à un message de propagande malvenu, ont refusé de la lire dans leur église.

Attaques et tueries se multiplient au nord du Pakistan

PAKISTAN, JEUDI 16 L'attaque perpétrée cette nuit est l'une des plus audacieuses lancées par les islamistes du groupe Tehrik-e-Taliban contre les forces armées pakistanaises. Il était 2 heures du matin quand le commando de neuf hommes, divisé en deux équipes de cinq et quatre, a réussi à s'introduire par deux entrées différentes dans la grande base aérienne Minhas de Kamra, à 70 km de la capitale Islamabad. Au terme du combat qui s'ensuivit, les neuf islamistes ont été tués, tandis que l'armée pakistanaise déplorait la mort de deux soldats. Le commandant de la base lui-même aurait été blessé, et un avion de combat JF-17 de fabrication nationale (mais de conception chinoise) a été endommagé. Ce même jeudi, un crime atroce a été perpétré dans la passe de Babusar, à 100 km au nord d'Islamabad. Quinze hommes en uniforme ont fait stopper trois autocars, fait descendre les passagers et, au vu de leurs cartes d'identité, séparé les sunnites des chiites. Ceux-ci, au nombre de vingt-deux, ont alors été froidement abattus. Trois sunnites qui s'étaient interposés pour tenter d'empêcher le massacre ont subi le même sort. Le 28 février, dix-huit chiites avaient été assassinés dans les mêmes circonstances au Kohistan.

Émeutes dans les mines sud-africaines

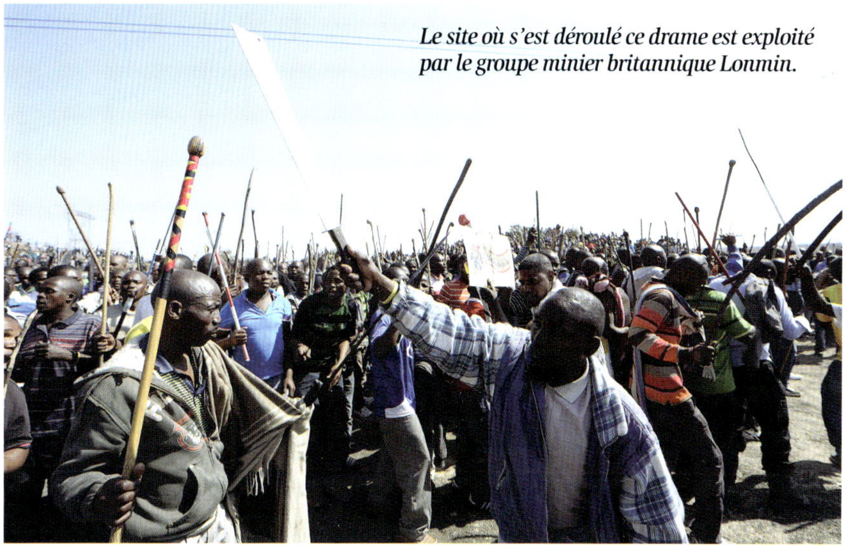

Le site où s'est déroulé ce drame est exploité par le groupe minier britannique Lonmin.

MARIKANA (AFRIQUE DU SUD), JEUDI 16 Les forces de l'ordre assurent avoir agi en état de légitime défense. Mais les terribles images, qui vont rapidement faire le tour du monde, parlent d'elles-mêmes. À la mine de platine de Marikana, dans le nord-ouest de l'Afrique du Sud, les policiers, armés de fusils d'assaut AK-47, se sont livrés à un véritable massacre en tirant sans sommation et à balles réelles sur les mineurs en grève qui avançaient vers eux en brandissant des bâtons, des machettes et quelques armes à feu. Le bilan, terrible, fait état de 34 morts et quelque 80 blessés – qui viennent s'ajouter aux huit mineurs et aux deux policiers tués lors des violences entre syndicats survenues depuis dimanche sur ce site où 3 000 grévistes réclament des augmentations de salaire. Demain, le président sud-africain Jacob Zuma ordonnera l'ouverture d'une enquête officielle sur cette opération policière, la plus meurtrière depuis la fin de l'apartheid en 1991.

La colonie pénitentiaire pour les Pussy Riot

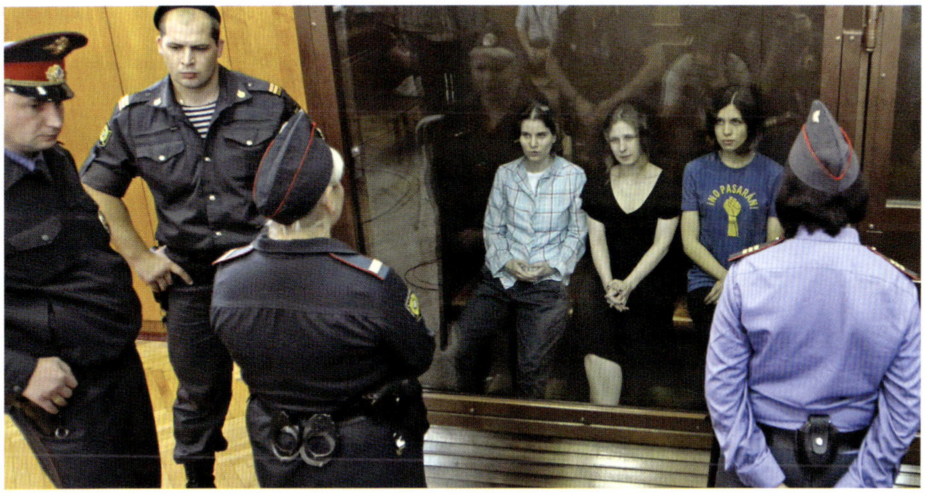

De gauche à droite : Ekaterina Samoutsevitch, Maria Alekhina et Nadejda Tolokonnikova comparaissent menottes aux poignets devant le tribunal Khamovnitcheski de Moscou. Nadejda Tolokonnikova porte un tee-shirt vendu par un site anarchiste français.

MOSCOU, VENDREDI 17 Nadejda Tolokonnikova (22 ans), Maria Alekhina (24 ans) et Ekaterina Samoutsevitch (30 ans) ont été condamnées à deux ans de colonie pénitentiaire pour « hooliganisme ». Elles en risquaient sept. Membres du groupe de punk-rock Pussy Riot, les trois jeunes femmes, opposantes à Vladimir Poutine, avaient fait scandale le 21 février dernier en se livrant à une exhibition blasphématoire à l'intérieur de la cathédrale du Christ-Sauveur de Moscou, avec des chants dont certaines paroles (« Merde, merde, merde du Seigneur », par exemple) avaient choqué une grande partie de l'opinion. Le politologue conservateur Alexandre Douguine y avait même vu une attaque préméditée contre le « modèle byzantin », fondé sur l'alliance traditionnelle du pouvoir temporel et du pouvoir spirituel. Des incidents ont éclaté à l'extérieur du tribunal, conduisant à l'arrestation du célèbre opposant Garry Kasparov, ancien champion du monde d'échecs.

Les Occidentaux ne sont pas prêts à intervenir en Syrie

KILIS (TURQUIE), VENDREDI 17 La position de la France dans le conflit syrien a été précisée aujourd'hui par Laurent Fabius, lors de sa visite du camp de réfugiés de Kilis, en Turquie, à la frontière syrienne. Pour le ministre des Affaires étrangères français, « le régime syrien doit être abattu et rapidement ». Il a même été jusqu'à déclarer, au terme de cette visite où il a écouté les témoignages des réfugiés, que Bachar Al-Assad « ne mériterait pas d'être sur la terre ». Toutefois, Laurent Fabius ne s'est pas engagé sur une éventuelle aide militaire de la France à la rébellion. La plupart des pays occidentaux y sont hostiles, craignant d'ajouter le chaos au chaos. Lundi 20, le président américain Barack Obama mettra d'ailleurs les choses au point en précisant qu'un recours à la force ne serait envisageable que dans le cas où l'armée syrienne utiliserait ses armes chimiques. Mais Damas, le 23 juillet, avait tenté de rassurer la communauté internationale en affirmant que ces armes ne seraient employées « qu'en cas d'agression étrangère ». (→ 20.9)

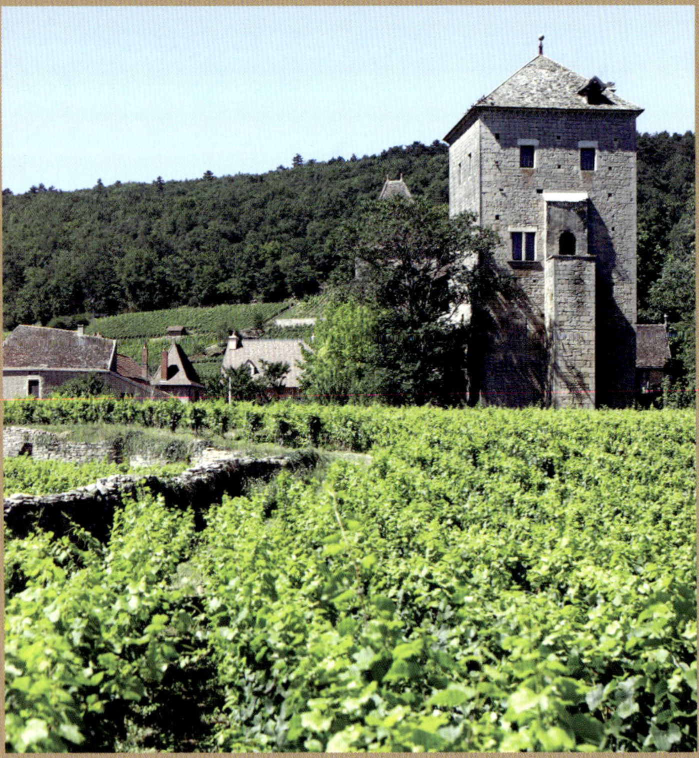

Grand émoi en Bourgogne dans le vignoble de Gevrey-Chambertin, l'une des plus prestigieuses appellations de la Côte de Nuits : le mercredi 22, on apprenait qu'un propriétaire de casinos de Macao avait acheté le château de Gevrey-Chambertin, bâti au XIe siècle et classé monument historique, ainsi que ses deux hectares de vigne ! Appartenant à la même famille française depuis 1858, ce bien exceptionnel était estimé à 3,5 millions d'euros. Mais ce sont quelque 8 millions que l'investisseur chinois, Louis Ng Cgi Sing, a finalement mis sur la table, ruinant les espoirs du syndicat des vignerons de Gevrey-Chambertin, qui avait offert en vain 4 puis 5 millions d'euros.

Lance Armstrong perdra-t-il tous ses maillots jaunes ?

AUSTIN (TEXAS), JEUDI 23 « Vient un moment, dans la vie de tout homme, où il doit dire "trop, c'est trop". Pour moi, ce moment est venu. » C'est par le biais d'une lettre écrite sur son site Internet que Lance Armstrong a annoncé ce soir qu'il renonçait à faire appel des accusations de dopage formulées contre lui par l'agence antidopage américaine, l'United States Anti-Doping Agency (Usada). Pendant des mois, pourtant, le cycliste texan avait tenté de bloquer la procédure disciplinaire engagée contre lui par cette agence qui, à ses yeux, n'était pas compétente pour le poursuivre. Mais lundi 20, le tribunal fédéral d'Austin lui a donné tort. Il ne restait plus à Lance Armstrong qu'à faire appel ou à jeter l'éponge et à accepter, de ce fait, les sanctions de l'Usada. Tout en continuant à clamer son innocence, l'ex-champion a donc choisi la seconde voie : « Je tourne la page, je ne m'occuperai pas plus longtemps de cette affaire... » La réaction de l'Usada ne s'est pas fait attendre. Dès ce soir, son président Travis Tygart a affirmé que le champion cycliste serait dépossédé de tous les titres obtenus depuis le 1er août 1998, et donc de ses sept victoires d'affilée sur le Tour de France (1999-2005). Une annonce toutefois prématurée : l'Usada n'ayant de compétence que sur le territoire américain, c'est à l'Union cycliste internationale (UCI) qu'il reviendra de trancher... (→22.10)

La condamnation d'Anders Breivik

OSLO, VENDREDI 24 Le verdict prononcé par le tribunal d'Oslo a ceci de très particulier qu'il satisfait tout le monde : la défense, l'accusation et les parties civiles. Anders Breivik a été condamné à la peine maximale de 21 ans de prison pour le massacre d'Utoya et pour l'attentat à la bombe d'Oslo qui, le 22 juillet 2011, ont fait 77 morts et 151 blessés. L'une des principales questions posées lors de ce procès était de savoir si le tueur d'extrême droite était pénalement responsable ou non. Une première expertise avait conclu à une « schizophrénie paranoïde » qui, si elle avait été suivie, aurait conduit tout droit Breivik dans un établissement psychiatrique. Mais une seconde expertise l'a jugé parfaitement responsable, et c'est cette conclusion que le tribunal d'Oslo a retenue. C'était également le vœu de l'accusé qui voulait pleinement assumer ses actes, allant jusqu'à réclamer l'acquittement, eu égard au service qu'il estimait avoir rendu à sa patrie... Breivik ne se faisait bien entendu aucune illusion, et c'est avec un sang-froid total, sans une ombre de remords, qu'il a accueilli sa condamnation. Il a fait un salut néonazi avant de quitter la salle d'audience, non sans avoir exprimé le regret de « ne pas avoir exécuté davantage de personnes ». Selon la loi norvégienne, le criminel sera libérable après avoir purgé les dix premières années de sa peine.

Neil Armstrong était fait de l'étoffe des héros

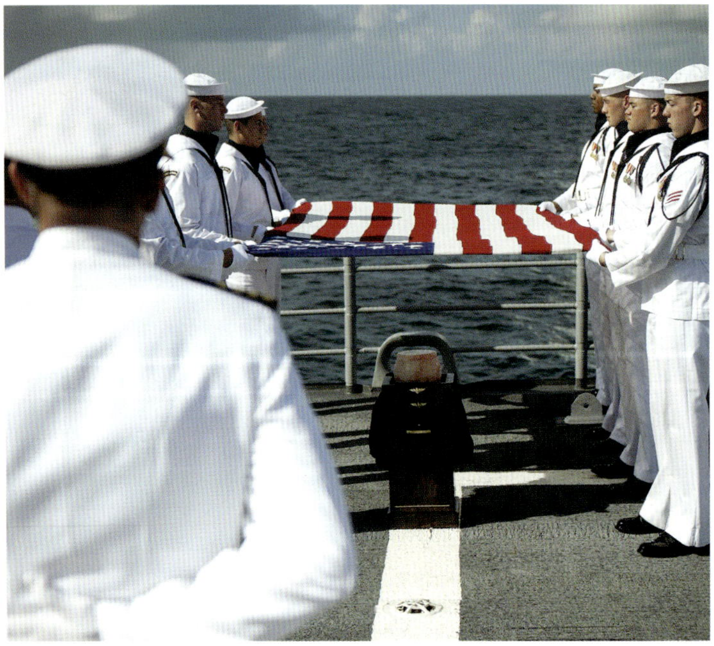

CINCINNATI (OHIO), SAMEDI 25 L'homme qui, le 21 juillet 1969, fut le premier à marcher sur la Lune est mort des suites d'une intervention cardiaque. Neil Armstrong avait fêté ses 82 ans le 5 août dernier. Ancien pilote de l'US Navy, il s'était distingué pendant la guerre de Corée par son aptitude exceptionnelle à répondre aux situations d'urgence et par son calme impavide face au danger. Devenu ingénieur et pilote d'essai après sa démobilisation, Neil Armstrong intégra la Nasa en 1962, se portant volontaire pour le programme Apollo. Le relatif échec de la mission Gemini 8 (amarrage orbital et sortie extravéhiculaire), en 1966, n'entama pas la confiance qu'il inspirait aux dirigeants de la Nasa. Et c'est lui qui, en 1968, sera choisi pour commander la mission Apollo 11. Neil Armstrong était un homme discret, secret même, qui ne céda jamais aux sirènes de la politique ou du vedettariat.

Neil Armstrong sera inhumé le 14 septembre en mer, depuis un bâtiment de l'US Navy.

Pékin et Tokyo se disputent des îlots

CHINE, DIMANCHE 26 La controverse qui oppose la Chine au Japon au sujet des îlots Senkaku (appelés Diaoyu par les Chinois) continue de faire rage. Cet archipel de la mer de Chine orientale est revendiqué par Pékin et Tokyo. Ce week-end encore, plusieurs manifestations antijaponaises ont eu lieu en Chine, faisant suite à celles, de plus grande ampleur, qui avaient éclaté le week-end précédent. Dimanche 19, des Chinois venus de Hongkong avaient débarqué sur l'un des îlots et avaient été aussitôt arrêtés par les autorités japonaises (puis rapidement libérés). Il faut savoir que, si aucun traité international n'a attribué la souveraineté des Senkaku à l'un ou l'autre pays, le Japon s'y est implanté à la fin du XIXe siècle, sans susciter de réactions particulières. Cependant, d'un point de vue géologique, les îlots font plutôt partie de la Chine (bien que plus proches du Japon en distance). Ce qui n'a pas empêché, vendredi, la chambre basse japonaise de réaffirmer sa souveraineté... (→18.9)

Le jour où Kennedy a choisi la Lune

La mission Apollo 11 trouve son origine dans le discours prononcé le 25 mai 1961 par John F. Kennedy. Le président américain promettait d'envoyer un homme sur la Lune « avant la fin de la décennie ». Cette promesse répondait au traumatisme qu'avaient provoqué aux États-Unis les deux coups d'éclat de l'Union soviétique : la mise sur orbite du premier satellite artificiel, Spoutnik 1, le 4 octobre 1957, puis, surtout, le vol orbital de Youri Gagarine, le 12 avril 1961. En réalité, les États-Unis travaillaient déjà à rattraper leur retard : la Nasa (National Aeronautics and Space Administration) avait été créée en 1958 par le prédécesseur de Kennedy, Dwight D. Eisenhower. Quant à l'homme grâce à qui la promesse de 1961 a pu être tenue, ce n'était autre que le célèbre ingénieur allemand Wernher von Braun, constructeur à la fin de la Seconde Guerre mondiale du V2, le premier missile balistique du monde. C'est lui qui, récupéré par les Américains après la défaite de l'Allemagne nazie, développa à la Nasa un programme de fusées dont l'apothéose devait être la gigantesque Saturn V à trois étages et d'un poids de 3000 tonnes, qui permit à Neil Armstrong d'être le premier homme à marcher sur la Lune le 21 juillet 1969. Apollo 11 fut suivie de six autres missions, numérotées 12, 13, 14, 15, 16 et 17, de 1970 à 1972, après quoi le programme fut arrêté pour des raisons budgétaires. Seul l'équipage d'Apollo 13 ne put aller sur la Lune, en raison d'un accident technique qui faillit tourner à la catastrophe. L'histoire a été racontée par Ron Howard dans son film *Apollo 13* (1995).

Quand la science-fiction précède l'histoire

Officiellement, c'est à partir de 1959 que furent étudiés par la Nasa les différents scénarios d'une future expédition lunaire. En fait, on peut penser que les études ont été lancées beaucoup plus tôt. L'un de ces scénarios, qui n'a finalement pas été retenu, consistait à établir une station spatiale autour de la Terre, à partir de laquelle un vaisseau irait se poser sur la Lune. Sorti pour la première fois en France en 2012 (en DVD), *Project Moonbase* est un film en noir et blanc de Richard Talmadge qui met en scène ce scénario, avec une précision troublante… Or, cet excellent film qu'on hésite à qualifier de « science-fiction » a été tourné en 1953 ! Le programme Apollo était-il déjà dans les « cartons », et plus particulièrement dans ceux de Wernher von Braun ? Et est-ce dans ces « cartons » que les scénaristes auraient puisé leur sujet ? On peut d'autant le supposer que, faute de fusée américaine crédible à l'époque, Richard Talmadge a utilisé de vieilles images de décollage de V2 allemandes !

Enfin, on ne peut pas ne pas évoquer une thèse complotiste qui a beaucoup circulé sur Internet, thèse selon laquelle la mission Apollo 11 aurait été « bidonnée » par la Nasa pour damer le pion à l'URSS : les images que le monde entier a vues en direct auraient été secrètement tournées en studio… Les arguments des « révisionnistes » étaient suffisamment astucieux pour inspirer un film, le divertissant *Capricorne One* de Peter Hyams (1978).

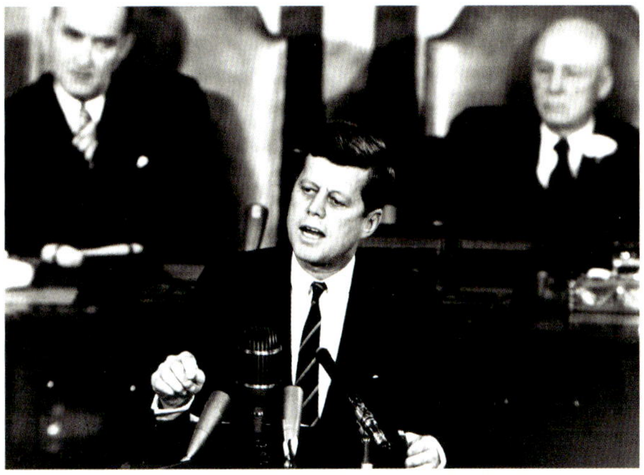

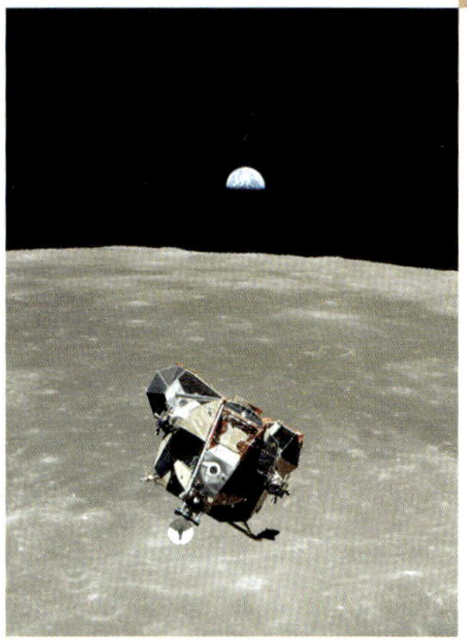

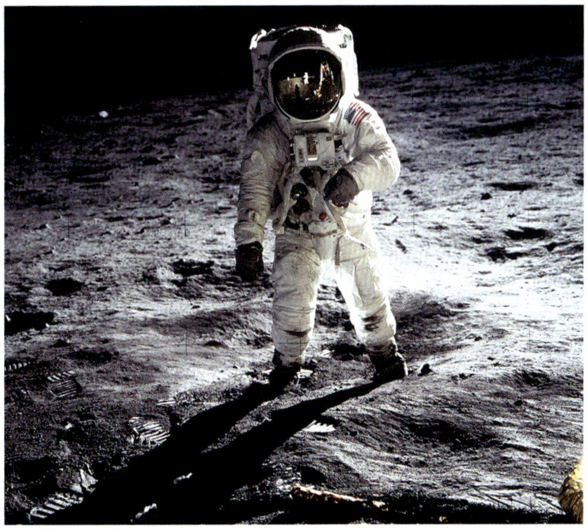

Ci-dessus, à gauche : le 25 mai 1961, le président John F. Kennedy annonce au Congrès qu'un astronaute américain posera le pied sur la Lune avant la fin de la décennie. À droite : promesse tenue. Neil Armstrong et Buzz Aldrin ont marché sur la Lune le 21 juillet 1969 et, à bord du LEM, reviennent s'amarrer au module de commande et de service (CSM) qui tourne autour de la Lune, avec Michael Collins à son bord. Le CSM ramènera les trois cosmonautes sur la Terre avec une cargaison de roches lunaires. Ci-contre : Buzz Aldrin photographié par Neil Armstrong dans la mer de la Tranquillité.

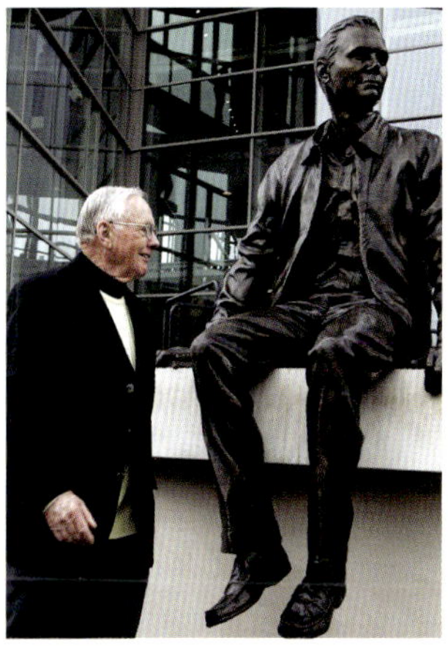

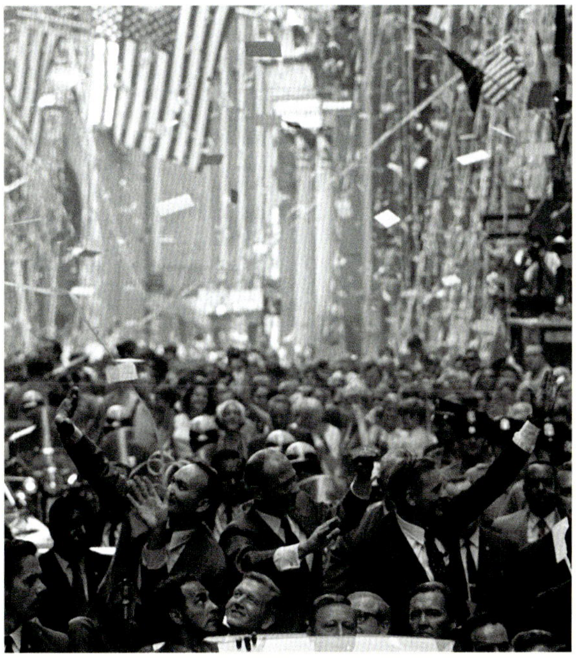

Ci-dessus : Neil Armstrong en 2007 devant sa statue érigée à la Purdue University de West Lafayette (Indiana). Armstrong y avait été formé. Ci-contre : parade triomphale pour l'équipage d'Apollo 11 à Broadway, le 13 août 1969.

Montebourg défend le nucléaire !

PARIS, DIMANCHE 26 S'agit-il d'une provocation qui pourrait conduire les écologistes à s'interroger sur la validité des accords les liant au Parti socialiste, comme l'affirmera demain Noël Mamère, en appelant le Premier ministre à clarifier ses positions ? Ou bien, et pour reprendre les termes du porte-parole d'EELV Jean-Philippe Magnen, faut-il y voir les « propos isolés » d'un « pronucléaire » notoire ? Toujours est-il qu'en déclarant ce soir sur l'antenne de BFM TV que le nucléaire est « une filière d'avenir », le ministre du Redressement productif Arnaud Montebourg va provoquer de sérieux remous au sein de la majorité présidentielle. Rien d'étonnant puisque les écologistes prônent la sortie du nucléaire et que François Hollande a promis de réduire d'un tiers la part du nucléaire dans la production d'électricité (de 75 % à 50 %) à l'horizon 2025, conformément à l'accord électoral signé dans la douleur fin 2011 entre le PS et EELV. Un grand débat national sur la transition énergétique est d'ailleurs prévu pour la rentrée prochaine.

L'ancienne femme de Dutroux a été libérée

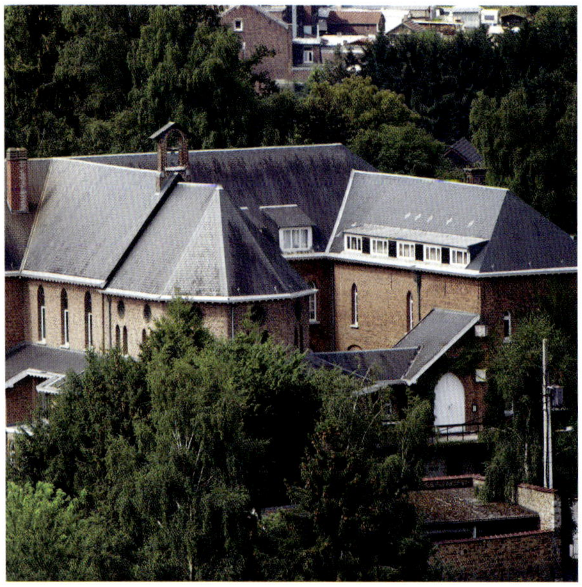

C'est, ont-elles expliqué, pour honorer la tradition d'hospitalité monastique et le principe de miséricorde que les sœurs clarisses du couvent de Malonne ont accepté d'accueillir à leurs côtés Michelle Martin, qui a divorcé de Marc Dutroux en 2003.

MALONNE (BELGIQUE), MARDI 28 Michelle Martin a été conduite ce soir au couvent des sœurs clarisses de Malonne, près de Namur. C'est là que vivra désormais l'ex-femme et complice du violeur et meurtrier pédophile Marc Dutroux. Arrêtée avec lui en 1996, elle avait été condamnée en 2004 à trente ans de prison pour séquestrations (Dutroux étant, lui, condamné à la prison à perpétuité pour l'enlèvement, le viol et la séquestration de six fillettes, et le meurtre de quatre d'entre elles). Selon la loi belge, un condamné ayant purgé plus de la moitié de sa peine est libérable sous conditions. Le 31 juillet, le tribunal d'application des peines de Mons avait donc décidé d'accorder la liberté conditionnelle à Michelle Martin et de la placer à sa demande dans ce couvent, où elle n'entrera toutefois pas dans les ordres. Cette décision avait provoqué en Belgique des réactions d'indignation à la mesure de l'immense émoi qu'y avait suscité l'affaire Dutroux. Et le parquet avait interjeté appel. Mais la Cour de cassation a rejeté cet appel aujourd'hui, confirmant ainsi la décision du tribunal de Mons.

Une épidémie dans un parc américain ?

CALIFORNIE, VENDREDI 31 Le parc national de Yosemite est en état d'alerte sanitaire. Ce vendredi, le Centre fédéral de contrôle et de prévention des maladies des États-Unis a averti que 10 000 personnes ayant fréquenté ce parc de la Sierra Nevada au cours de l'été sont susceptibles d'avoir été en contact avec le virus du syndrome pulmonaire à hantavirus (SPH), dont les symptômes apparaissent après six semaines d'incubation. Ce virus rare mais dangereux (plus d'un cas sur trois est mortel) est véhiculé par les excréments ou la salive d'animaux, notamment des souris. À ce jour, au moins six visiteurs récents du parc auraient été contaminés, et deux en seraient morts. Or, toutes les victimes identifiées à ce jour ont dormi, au cours de leur séjour dans le parc, sous les tentes du « Curry Village », où des souris avaient fait leur nid. C'est pourquoi le Service des parcs nationaux tente de contacter tous les visiteurs qui ont séjourné dans ce camping entre le 10 juin et le 24 août. Et tous ceux qui présenteraient des manifestations d'état grippal, avec fièvre, maux de tête, problèmes intestinaux et toux, sont invités à consulter un médecin au plus vite. Car ces symptômes sont aussi ceux du SPH, et seule une prise en charge rapide peut empêcher une issue fatale.

C'est bien Mitt Romney qui tentera de battre Obama

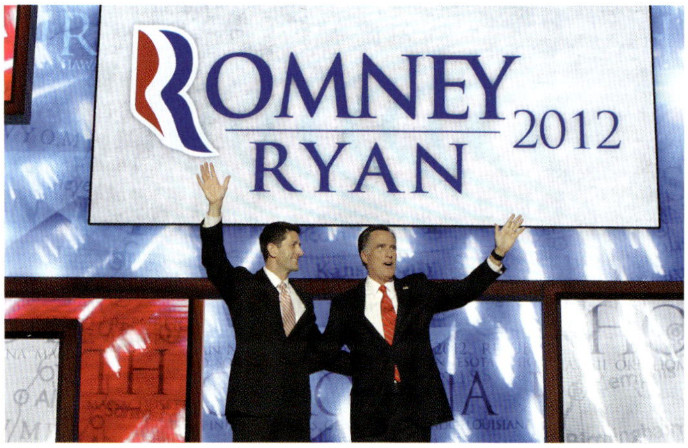

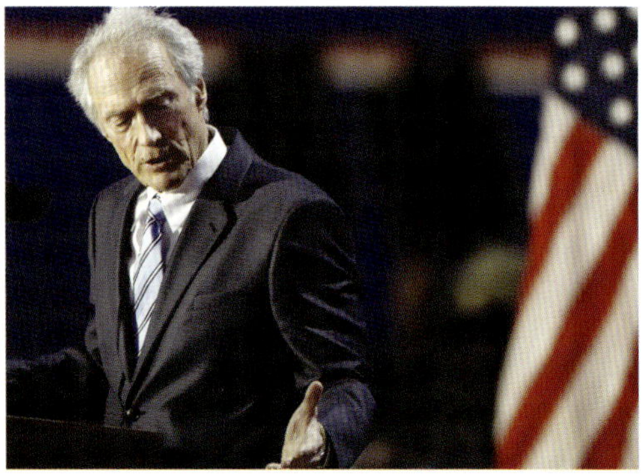

Ci-dessus : Mitt Romney (65 ans) et son colistier catholique Paul Ryan (42 ans). Ci-contre : invité de la convention républicaine, Clint Eastwood s'est livré à un sketch balbutiant contre Obama. Le public en était visiblement gêné.

TAMPA (FLORIDE), VENDREDI 31 Sans vraie surprise, Mitt Romney a été désigné comme le candidat du Parti républicain à l'élection présidentielle américaine du 6 novembre. Jusqu'au dernier moment, ses deux concurrents, Newt Gingrich et Ron Paul, ont fait de la résistance, pour le principe. La seule vraie perturbation est venue de la tempête Isaac qui a frappé la Floride, obligeant le parti à retarder de 24 heures l'ouverture de la convention. Dans quelle mesure l'ex-gouverneur du Massachusetts peut-il être une menace pour Barack Obama, candidat à sa propre succession ? Ce milliardaire mormon (il fut évêque de l'Église de Jésus-Christ des saints des derniers jours) a axé sa campagne sur des thèmes conservateurs, son credo ultralibéral l'amenant même à envisager le démantèlement de plusieurs agences fédérales et du système d'assurance-maladie si difficilement mis en place par Obama. Réduire le budget de l'État à la portion congrue, tel était jusqu'à ce soir son programme, exception faite pour les forces armées dont il promet en revanche l'expansion. Et son colistier Paul Ryan était plus réactionnaire que lui, en particulier sur les questions de société (l'avortement et la contraception, par exemple). Mais, ce soir, Romney a habilement recentré son programme, en axant son discours sur l'emploi et le redressement économique. Résultat : un sondage Reuters/Ipsos lui donnera demain un point d'avance sur Obama. (→ 6.10)

Août

FRANCE

PARIS, VENDREDI 3 Selon les notes déclassifiées de la DCRI sur Mohamed Merah, le tueur de Montauban et de Toulouse était considéré depuis janvier 2011 comme « en phase de radicalisation ».

NOUMÉA (NOUVELLE-CALÉDONIE), SAMEDI 4 Émeute à la prison Camp Est de Nouméa, considérée comme l'une des plus insalubres du monde.

MOROSAGLIA (20), MARDI 7 Assassinat de Maurice Costa, parrain du gang corse de La Brise de mer.

PARIS, MARDI 7 La ministre de la Justice Christiane Taubira remet en cause les centres éducatifs fermés (CEF) dont François Hollande avait annoncé le doublement.

SAINT-DENIS (97), MARDI 7 Le préfet de La Réunion autorise le prélèvement de requins (espèce protégée), devant la colère des surfeurs (dont l'un a été blessé le 5) et des pêcheurs.

PARIS, JEUDI 9 Le Conseil constitutionnel estime qu'il n'est pas nécessaire de réviser la Constitution pour faire adopter la « règle d'or » budgétaire par le Parlement.

LACANAU (33), JEUDI 16 Plus de 450 ha de pinèdes sont ravagés par le feu, à moins de 10 km des plages. Cinq maisons ont dû être évacuées.

PARIS, DIMANCHE 19 Violente attaque de Jean-Luc Mélenchon contre le gouvernement dans *Le Journal du dimanche*.

NICE (06), MARDI 21 Le député-maire UMP de Nice Christian Estrosi annonce qu'il créera lui-même une zone de sécurité prioritaire (ZSP) dans sa ville, qui ne figure pas dans la liste des quinze ZSP créées par le ministre de l'Intérieur Manuel Valls.

PARIS, MARDI 21 Le ministère de l'Enseignement supérieur supprime la filière « criminologie » créée par Alain Bauer au Conseil national des universités.

PARIS, MERCREDI 22 Le gouvernement annonce l'assouplissement des conditions d'embauche des Roms originaires de Bulgarie et de Roumanie.

PARIS, VENDREDI 24 Le juge Roger Le Loire ordonne le renvoi en correctionnelle de dix personnes dans l'affaire de la caisse noire de l'Union des industries et des métiers de la métallurgie (UIMM), ainsi que celui de l'UIMM en tant que personne morale.

PARIS, VENDREDI 24 La Cour de cassation rejette la question prioritaire de constitutionnalité (QPC) qui avait interrompu le procès du Mediator. Ce procès pourra donc reprendre, sans doute en 2013.

LA ROCHELLE (17), SAMEDI 25 Le ministre de l'Intérieur Manuel Valls est ovationné à l'université d'été du Parti socialiste.

ORGON (13), DIMANCHE 26 Un incendie criminel ravage un millier d'hectares de pinèdes, de garrigues et de terres agricoles. Le pyromane est un garçon de 14 ans.

NANTERRE (92), MARDI 28 Ouverture d'une information judiciaire contre X pour assassinat, suite à la plainte déposée le 31 juillet par Souha Arafat, veuve de Yasser Arafat (voir page 74).

MARSEILLE (13), JEUDI 30 La sénatrice socialiste Samia Ghali demande l'intervention de l'armée pour rétablir la sécurité à Marseille.

PARIS, JEUDI 30 La ministre de l'Écologie Delphine Batho déclare que « la France a durablement besoin du nucléaire ».

UNION EUROPÉENNE

BUCAREST, LUNDI 6 Le Premier ministre socialiste roumain Victor Ponta suscite une polémique en confiant le ministère des Relations avec le Parlement à Dan Sova, connu pour ses propos négationnistes.

BUGAC (HONGRIE), DIMANCHE 12 Le Festival Kurultaj rassemble plusieurs dizaines de milliers de Hongrois revendiquant leur ascendance asiatique. Ils ont été rejoints par des représentants de peuples du Caucase et d'Asie estimant aussi descendre des Huns.

OSLO, LUNDI 13 La commission dite « du 22 juillet », chargée d'enquêter sur les circonstances du massacre perpétré à Utoya par Anders Breivik, met gravement en cause les défaillances de la police norvégienne.

HAMBOURG (ALLEMAGNE), MARDI 14 La ville-État de Hambourg reconnaît les jours fériés musulmans.

BRUXELLES, VENDREDI 17 Des milliers de personnes manifestent contre la libération éventuelle de Michelle Martin.

BUCAREST, MARDI 21 La Cour constitutionnelle invalide le référendum sur la destitution du président Traian Basescu. Celui-ci reste donc en place.

INTERNATIONAL

NEW YORK, JEUDI 2 Kofi Annan annonce qu'il mettra fin à son mandat de médiateur de l'ONU et de la Ligue arabe en Syrie à la fin du mois.

SYRIE, SAMEDI 4 48 pèlerins iraniens sont enlevés par des rebelles. Ces pèlerins pourraient être en réalité des pasdarans venus pour soutenir Bachar Al-Assad.

PARIS, SAMEDI 4 Le ministre de la Défense français Jean-Yves Le Drian estime qu'une intervention militaire au Mali est inéluctable, mais exclut que la France soit en première ligne.

OAK CREEK (WISCONSIN), DIMANCHE 5 Un « suprémațiste » blanc tue 6 personnes et en blesse 3 autres dans un temple sikh. Il se suicide ensuite.

AMMAN, LUNDI 6 Le Premier ministre syrien (sunnite) Riad Hijab fait défection et se réfugie en Jordanie.

ABIDJAN, LUNDI 6 Depuis hier, des attaques d'anciens partisans de Laurent Gbagbo contre des postes militaires ivoiriens ont fait au moins 10 morts.

BRÉSIL, LUNDI 6 Près de 10 000 hommes sont engagés par l'armée brésilienne dans l'opération Agara 5 pour sécuriser les frontières.

AFGHANISTAN, MARDI 7 L'adjudant-chef Franck Bouzet, du 13e bataillon de chasseurs alpins de Chambéry, est tué en opération.

DAMAS, MARDI 7 En visite à Damas, le président iranien Mahmoud Ahmadinejad réaffirme son soutien à Bachar Al-Assad.

ÉGYPTE, MERCREDI 8 Raid de l'aviation égyptienne contre des terroristes dans le Sinaï.

TRIPOLI, MERCREDI 8 Installation du Congrès général national libyen issu des élections. Il succède au Conseil national de transition.

ALEP (SYRIE), JEUDI 9 Un convoi de vivres et de médicaments de la Croix-Rouge parvient à Alep, où il est pris en charge par le Croissant-Rouge syrien.

ANKARA, JEUDI 9 La Turquie accuse Bachar Al-Assad de livrer des armes aux rebelles kurdes du PKK.

SIDI BOUZID (TUNISIE), VENDREDI 10 Violents affrontements entre la police tunisienne et des opposants aux islamistes au pouvoir.

TOKYO, VENDREDI 10 Le gouvernement japonais dénonce la visite du président sud-coréen Lee Myung-bak sur les Rochers Liancourt, dont la souveraineté est revendiquée par les deux pays.

LE CAIRE, DIMANCHE 12 Le président égyptien Mohamed Morsi limoge le maréchal Tantaoui et annule tous les pouvoirs que s'était attribué le Conseil suprême des forces armées (CSFA).

AFGHANISTAN, MARDI 14 Une vague d'attentats visant des civils et des policiers fait au moins 50 morts.

BUENOS AIRES, MARDI 14 Ouverture du procès de l'ancien président argentin Fernando de la Rúa. Il est poursuivi pour corruption et détournement de fonds.

CANBERRA, MERCREDI 15 La justice australienne rejette l'extradition en Hongrie de Karoly Zentai, soupçonné d'avoir assassiné un jeune juif en 1944 et poursuivi pour crime de guerre dans son pays. Les juges australiens ont estimé cette extradition impossible, ce chef d'accusation n'existant pas en Hongrie à l'époque des faits.

TEL-AVIV, MERCREDI 15 Le ministre israélien de la Défense passive Matan Vinaï, qui quitte ses fonctions ce même jour, déclare au quotidien *Maariv* que son pays est prêt pour une guerre de 30 jours sur tous les fronts.

IRAK, JEUDI 16 Plus de 50 personnes sont tuées dans une série d'attaques.

MEHRABAD (PAKISTAN), JEUDI 16 Une petite chrétienne de 11 ans est arrêtée pour blasphème. Elle encourt la peine de mort.

QUITO, JEUDI 16 L'Équateur accorde l'asile politique à Julian Assange. Le fondateur de WikiLeaks est actuellement réfugié à l'ambassade équatorienne de Londres.

HEFEI (CHINE), LUNDI 20 Gu Kailai, l'épouse de l'ancien cadre du Parti communiste chinois Bo Xilai, est condamnée à mort avec deux ans de sursis pour assassinat.

NAYPYIDAW, LUNDI 20 Le gouvernement du Myanmar (Birmanie) annonce la fin de la censure dans les médias.

BAMAKO, LUNDI 20 Le président de transition du Mali, Dioncounda Traoré, forme un gouvernement d'union nationale.

MEXICO, LUNDI 20 Selon des chiffres rendus publics ce lundi, 17 199 personnes ont été victimes du crime organisé en 2011.

JÉRUSALEM, MARDI 21 Le Premier ministre israélien Benyamin Nétanyahou demande à l'Égypte de retirer les chars qu'elle a engagés dans le Sinaï pour lutter contre le terrorisme.

DAKAR, MERCREDI 22 Accord entre le Sénégal et l'Union africaine pour juger Hissène Habré. Accusé de crimes contre l'humanité et de torture, l'ancien chef d'État tchadien était réfugié au Sénégal depuis 1990.

KABOUL, MERCREDI 22 L'Otan suspend pour deux mois la formation des policiers afghans.

DAMAS, JEUDI 23 Arrestation du cinéaste syrien Orwa Nyrabia.

SYRIE, SAMEDI 25 Les rebelles syriens transmettent des images montrant un massacre perpétré à Daraya et ayant fait au moins 330 victimes.

AMUAY (VENEZUELA), DIMANCHE 26 Une explosion dans la principale raffinerie du Venezuela fait plus de 40 victimes.

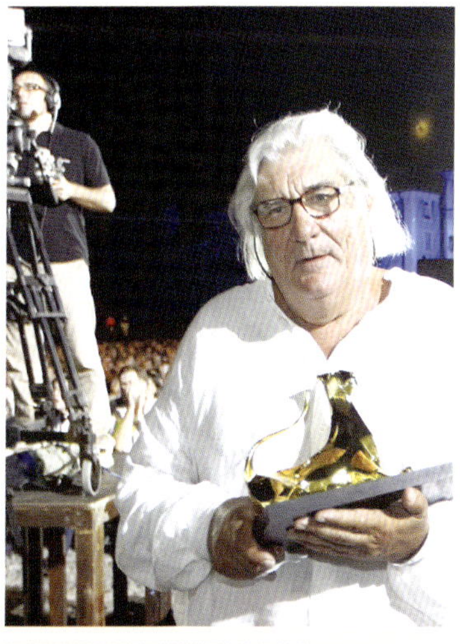

Samedi 11, le cinéaste français Jean-Claude Brisseau reçoit le Léopard d'or du Festival de Locarno (Suisse) pour son nouveau film, La Fille de nulle part, *dont il est lui-même l'un des acteurs, aux côtés de Virginie Legeay et de Claude Morel. C'était la 65e édition de cet exigeant festival consacré au cinéma d'auteur.*

KABOUL, LUNDI 27 Les autorités afghanes annoncent que les talibans ont décapité 17 villageois (dont deux femmes) dans leur fief du Helmand.

BOGOTA, LUNDI 27 Le président colombien Juan Manuel Santos annonce que le gouvernement a engagé des négociations avec les Farc.

MOMBASA (KENYA), MARDI 28 L'assassinat d'un prêcheur islamique déclenche des violences faisant quatre morts et une dizaine de blessés.

KIEV, MERCREDI 29 La Haute Cour ukrainienne rejette le pourvoi de l'ex-Premier ministre Ioulia Timochenko, condamnée en octobre 2011 à deux ans de prison.

BRASILIA, JEUDI 30 La Cour suprême brésilienne reconnaît coupable de corruption, de blanchiment et de détournement de fonds João Paulo Cunha, ancien président de la Chambre des députés et figure de premier plan du Parti des travailleurs au pouvoir.

WASHINGTON, JEUDI 30 Le ministre de la Justice annonce le classement sans suite de l'enquête sur la mort sous la torture de deux hommes détenus dans des prisons secrètes de la CIA.

MEXICO, VENDREDI 31 Le Tribunal électoral valide l'élection contestée d'Enrique Peña Nieto à la présidence du Mexique.

ÉCONOMIE

PARIS, MARDI 14 Selon l'Insee, la France a connu une croissance nulle au cours des trois derniers trimestres.

GENÈVE, MERCREDI 22 La Russie intègre l'Organisation mondiale du commerce (OMC).

SAN JOSÉ (CALIFORNIE), VENDREDI 24 Samsung est condamné à verser 1,05 milliard de dollars à Apple pour violation de brevets.

CULTURE

BARBIZON (77), DIMANCHE 26 La chanteuse française Léo Marjane (nom d'artiste de Thérèse Gendebien), baronne de Ladoucette, fête ses 100 ans.

SCIENCES

WASHINGTON, DIMANCHE 26 Selon une étude publiée par la revue en ligne *Proceedings of the National Academy of Sciences* (*PNAS*), la consommation de cannabis à l'adolescence freinerait le développement de la forme d'intelligence mesurée par le quotient intellectuel.

DÉCÈS

CUERNAVACA (MEXIQUE), DIMANCHE 5 Chavela Vargas (*17.4.1919, María Isabel Anita Carmen de Jesús Vargas Lizano, dite), chanteuse mexicaine « ranchera ».

LARUSCADE (33), DIMANCHE 5 Roland C. Wagner (*6.9.1960), écrivain de science-fiction français.

PALM SPRINGS (CALIFORNIE), LUNDI 6 Ruggiero Ricci (*24.7.1918), violoniste américain.

PERPIGNAN (66), MARDI 7 Michel Polac (*10.4.1930), journaliste, écrivain et cinéaste français.

SAN PEDRO (CALIFORNIE), DIMANCHE 19 Tony Scott (*21.7.1944, Anthony Scott, dit), cinéaste américain.

PARIS, DIMANCHE 19 Catherine Lépront (*6.1951), romancière française, lauréate du prix Goncourt de la nouvelle en 1992.

BRUXELLES, MARDI 21 Meles Zenawi (*8.5.1955), Premier ministre d'Éthiopie.

ROCHESTER (NEW YORK), MARDI 21 William Thurston (*30.10.1946), mathématicien américain, Médaille Fields 1982.

NEUILLY-SUR-SEINE (92), JEUDI 23 Jean-Luc Delarue (*24.6.1964), animateur de télévision.

GALLARATE (ITALIE), VENDREDI 31 Carlo Maria Martini (*15.2.1927), cardinal italien et figure de proue de l'aile progressiste de l'Église.

Une organisation quasi parfaite, du très beau spectacle… Tout le monde ou presque en convient, les Jeux olympiques de Londres auront été un grand cru. Côté français, le bilan est plus mitigé : avec 34 médailles au total, les Tricolores ont fait moins bien qu'en 2008 (41 médailles). Mais ils ont glané davantage de médailles d'or (11, contre 7 à Pékin)… Voici quelques-uns des Français qui nous ont fait vibrer lors de ces JO par ailleurs marqués par les incroyables exploits de deux géants du sport mondial, Michael Phelps et Usain Bolt.

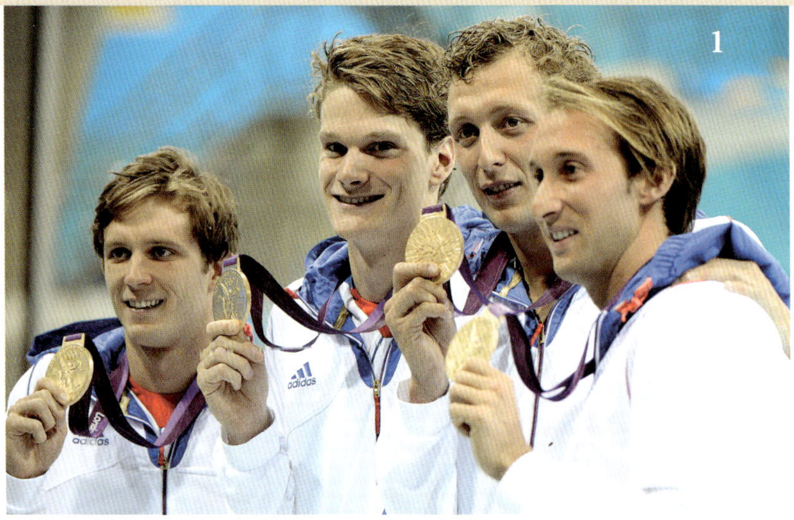

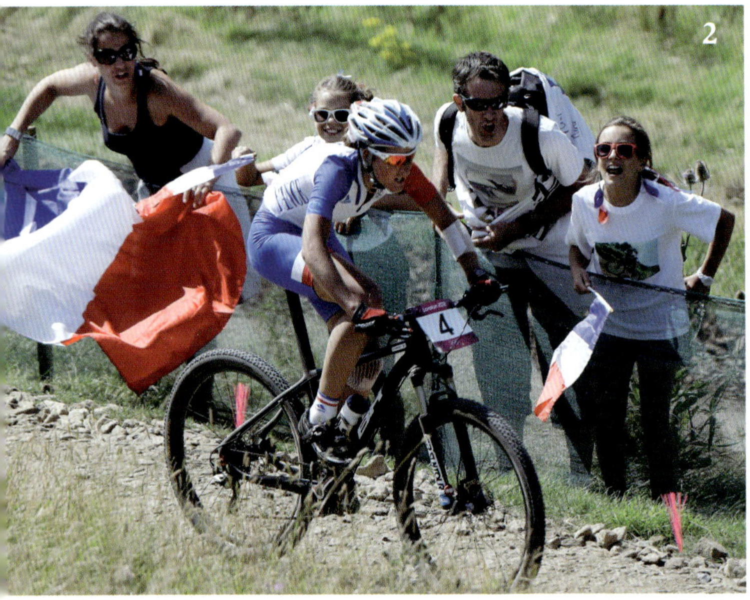

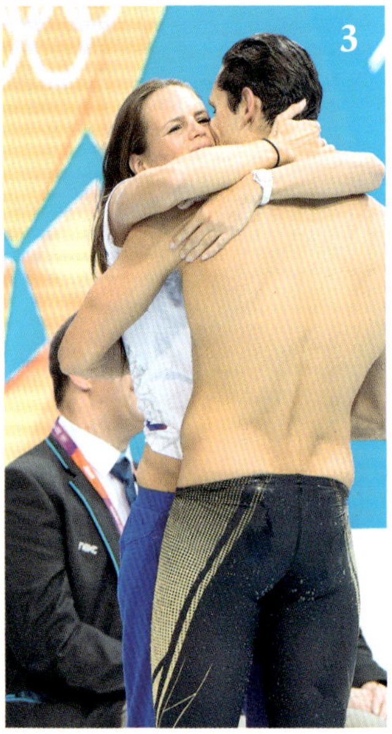

1. Le 29 juillet, les Français Clément Lefert, Yannick Agnel, Amaury Leveaux et Fabien Gilot (de g. à d.) ont remporté la médaille d'or au relais 4 x 100 m nage libre. Yannick Agnel sera aussi médaillé d'or au 200 m nage libre, et d'argent avec le relais 4 x 200 m. 2. Quel été pour Julie Bresset ! Le 11 août, la jeune Bretonne est devenue championne olympique de VTT ; le 8 septembre, elle décrochera le titre mondial à Saalfelden (Autriche)… 3. C'est l'une des images fortes de ces JO. Le 3 août, la star de la natation française Laure Manaudou s'est précipitée dans les bras de son jeune frère Florent, vainqueur surprise du 50 m nage libre. 4. Incroyables « Experts » ! Double championne du monde, l'équipe de France de handball (ici, au tir, Cédric Sorhaindo) a remporté l'or olympique pour la seconde fois consécutive en battant la Suède en finale, le 12 août. 5. Le judoka Teddy Riner était aussi très attendu, et lui non plus n'a pas déçu. Le 3 août, le Guadeloupéen, quintuple champion du monde, a obtenu le premier titre olympique de sa jeune carrière en s'imposant dans la catégorie des plus de 100 kg.

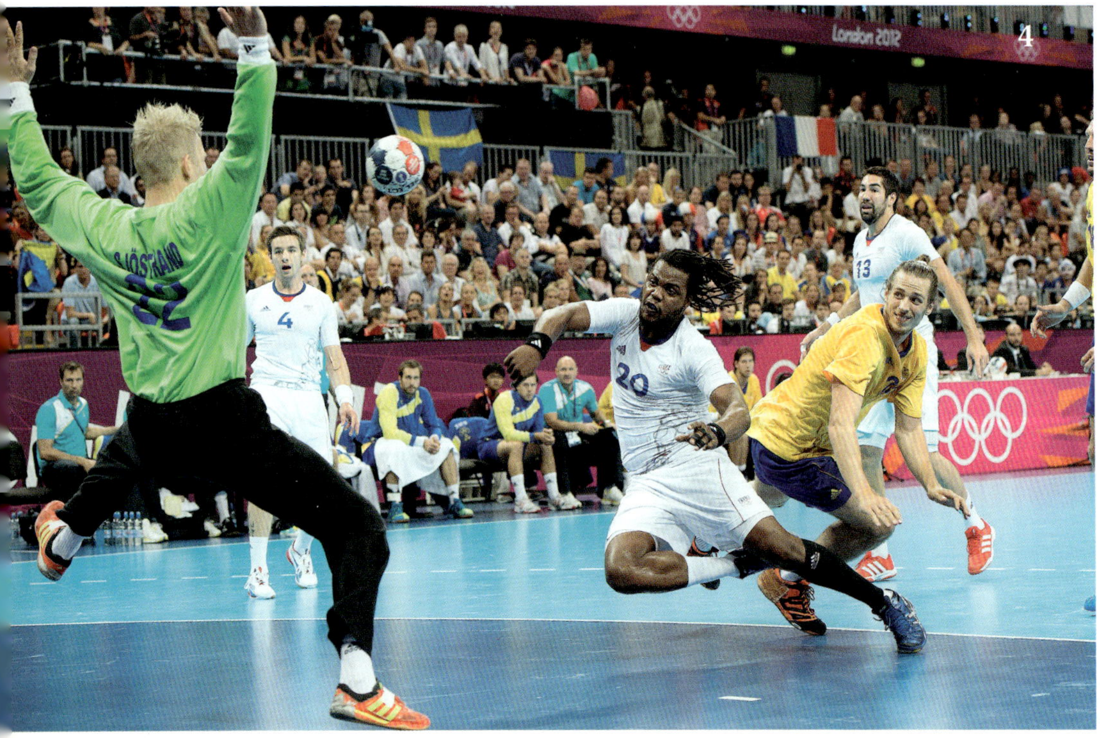

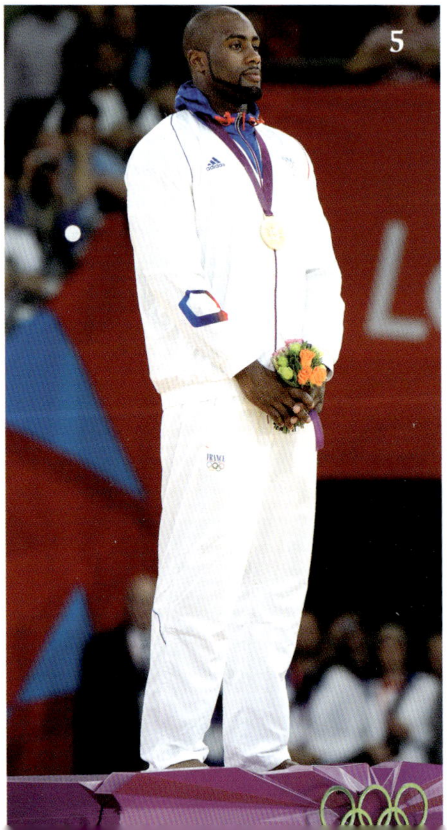

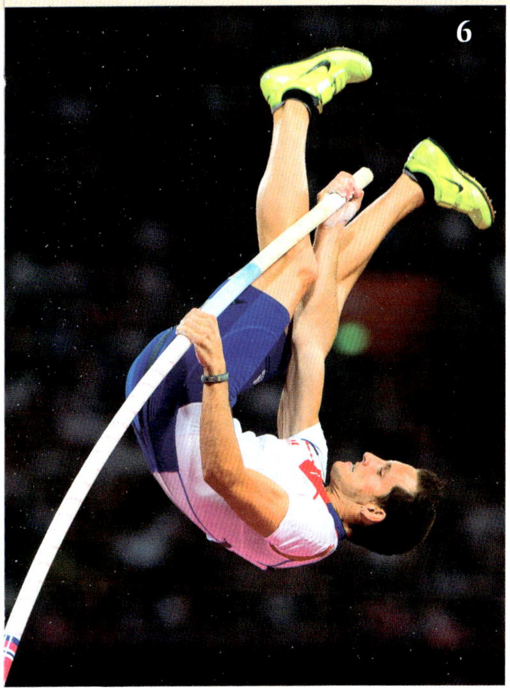

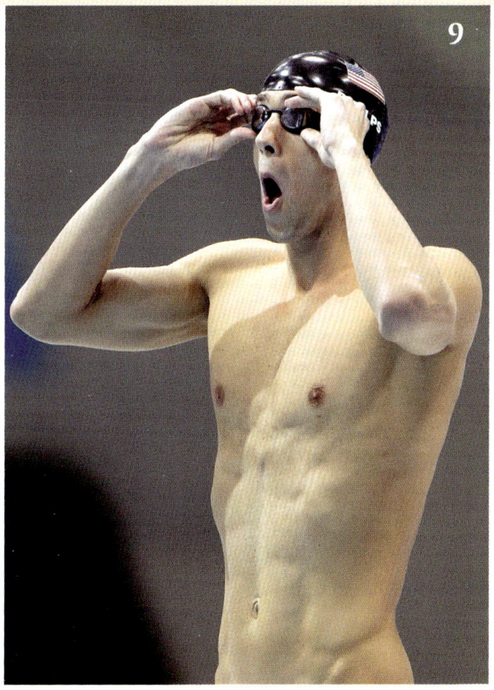

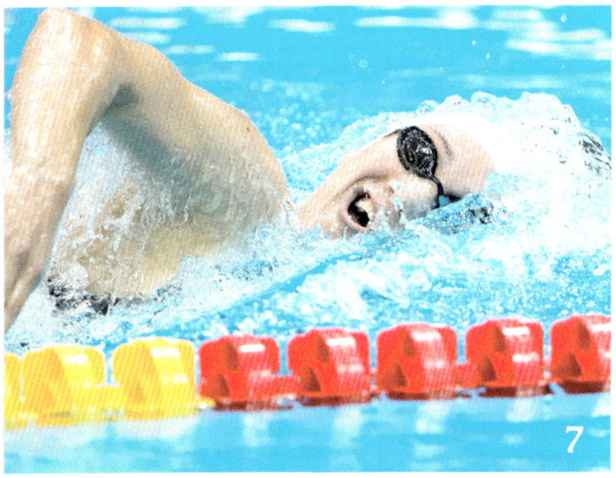

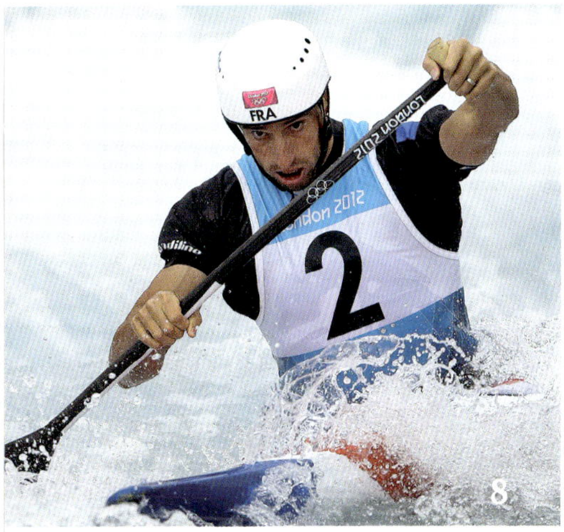

6. Le 10 août, le Français Renaud Lavillenie a remporté l'or au saut à la perche. 7. En gagnant le 400 m nage libre, Camille Muffat avait le 30 juillet apporté à la France sa première médaille d'or. Elle s'adjugera aussi l'argent au 200 m nage libre et le bronze avec le relais 4 x 200 m nage libre. 8. Vainqueur en slalom comme en 2000 et 2004, le canoéiste Tony Estanguet est devenu le 31 juillet le premier Français triple champion olympique.

9. En razziant quatre médailles d'or (relais 4 x 200 m nage libre, relais 4 x 100 m 4 nages, 100 m papillon, 200 m 4 nages) et deux d'argent (200 m papillon et 4 x 100 m nage libre), l'Américain Michael Phelps est devenu, avec un total de 22 médailles (dont 18 en or), le sportif le plus titré de l'histoire des JO. 10. Autre star incontestée de ces Jeux, le fantasque athlète jamaïcain Usain Bolt a, comme en 2008 à Pékin, été sacré au 100 m, au 200 m (ici, le 9 août) et au relais 4 x 100 m.

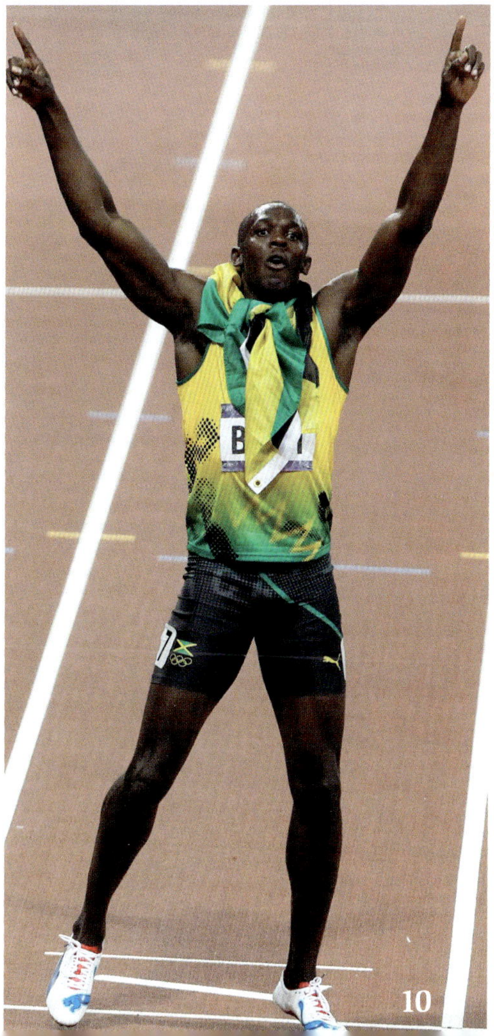

Classement par médailles		or	argent	bronze	total
1	États-Unis	46	29	29	104
2	Chine	38	27	23	88
3	Royaume-Uni	29	17	19	65
4	Russie	24	26	32	82
5	Corée du Sud	13	8	7	28
6	Allemagne	11	19	14	44
7	France	11	11	12	34
8	Italie	8	9	11	28
9	Hongrie	8	4	5	17
10	Australie	7	16	12	35
11	Japon	7	14	17	38
12	Kazakhstan	7	1	5	13
13	Pays-Bas	6	6	8	20
14	Ukraine	6	5	9	20
15	Nouvelle-Zélande	6	2	5	13
16	Cuba	5	3	6	14
17	Iran	4	5	3	12
18	Jamaïque	4	4	4	12
19	République tchèque	4	3	3	10
20	Corée du Nord	4	0	2	6
21	Espagne	3	10	4	17
22	Brésil	3	5	9	17
23	Afrique du Sud	3	2	1	6
24	Éthiopie	3	1	3	7
25	Croatie	3	1	2	6
26	Biélorussie	2	5	5	12
27	Roumanie	2	5	2	9
28	Kenya	2	4	5	11
29	Danemark	2	4	3	9
30	Azerbaïdjan	2	2	6	10
30	Pologne	2	2	6	10
32	Turquie	2	2	1	5
33	Suisse	2	2	0	4
34	Lituanie	2	1	2	5
35	Norvège	2	1	1	4
36	Canada	1	5	12	18
37	Suède	1	4	3	8
38	Colombie	1	3	4	8
39	Géorgie	1	3	3	7
39	Mexique	1	3	3	7
41	Irlande	1	1	3	5
42	Argentine	1	1	2	4
42	Slovénie	1	1	2	4
42	Serbie	1	1	2	4
45	Tunisie	1	1	1	3
46	République dominicaine	1	1	0	2
47	Trinité-et-Tobago	1	0	3	4
47	Ouzbékistan	1	0	3	4
49	Lettonie	1	0	1	2
50	Algérie	1	0	0	1
50	Bahamas	1	0	0	1
50	La Grenade	1	0	0	1
50	Ouganda	1	0	0	1
50	Venezuela	1	0	0	1
55	Inde	0	2	4	6
56	Mongolie	0	2	3	5
57	Thaïlande	0	2	1	3
58	Égypte	0	2	0	2
59	Slovaquie	0	1	3	4
60	Arménie	0	1	2	3
60	Belgique	0	1	2	3
60	Finlande	0	1	2	3
63	Bulgarie	0	1	1	2
63	Estonie	0	1	1	2
63	Indonésie	0	1	1	2
63	Malaisie	0	1	1	2
63	Porto Rico	0	1	1	2
63	Taïwan	0	1	2	2
69	Botswana	0	1	0	1
69	Chypre	0	1	0	1
69	Gabon	0	1	0	1
69	Guatemala	0	1	0	1
69	Monténégro	0	1	0	1
69	Portugal	0	1	0	1
75	Grèce	0	0	2	2
75	Moldavie	0	0	2	2
75	Qatar	0	0	2	2
75	Singapour	0	0	2	2
79	Afghanistan	0	0	1	1
79	Bahreïn	0	0	1	1
79	Hong Kong	0	0	1	1
79	Arabie saoudite	0	0	1	1
79	Koweït	0	0	1	1
79	Maroc	0	0	1	1
79	Tadjikistan	0	0	1	1

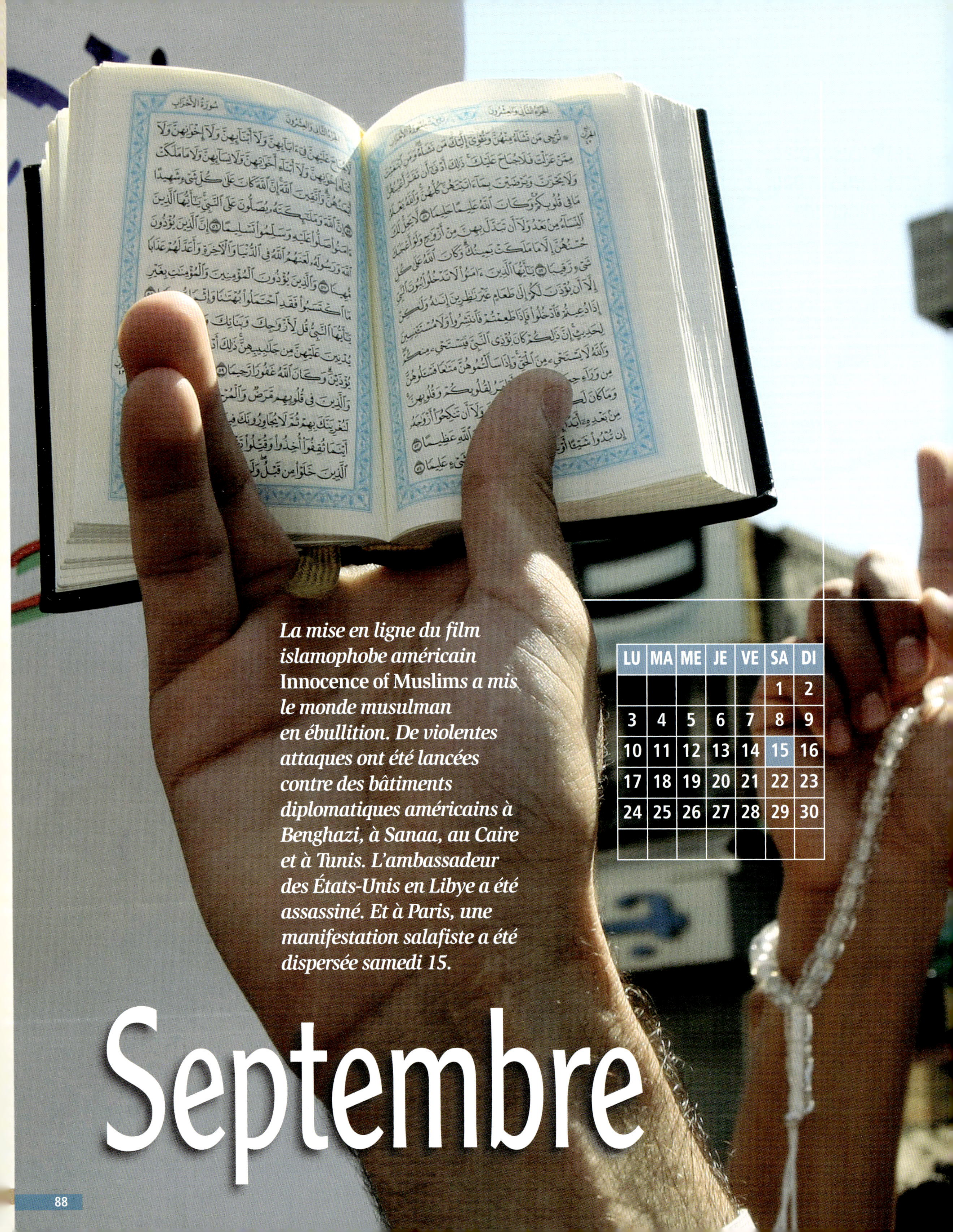

Septembre

La mise en ligne du film islamophobe américain Innocence of Muslims *a mis le monde musulman en ébullition. De violentes attaques ont été lancées contre des bâtiments diplomatiques américains à Benghazi, à Sanaa, au Caire et à Tunis. L'ambassadeur des États-Unis en Libye a été assassiné. Et à Paris, une manifestation salafiste a été dispersée samedi 15.*

LU	MA	ME	JE	VE	SA	DI
					1	2
3	4	5	6	7	8	9
10	11	12	13	14	15	16
17	18	19	20	21	22	23
24	25	26	27	28	29	30

Des excuses bien trop tardives pour la thalidomide

STOLBERG (ALLEMAGNE), SAMEDI 1er Harald Stock, PDG du laboratoire allemand Grünenthal, n'a pas convaincu les victimes de la thalidomide à en juger par les réactions mitigées enregistrées ce matin. Créé par le laboratoire suisse Ciba et développé par Grünenthal, ce tranquillisant mis sur le marché en 1956 dans une cinquantaine de pays – sous plusieurs noms, dont celui de Contergan – était recommandé aux femmes enceintes pour soigner les nausées de début de grossesse. Mais dès 1961, des chercheurs sonnaient l'alarme: de très graves malformations étaient observées chez des enfants dont la mère avait pris de la thalidomide. Grünenthal retira aussitôt son produit, mais le mal était fait. Plus de 10 000 enfants dans le monde en ont conservé d'irrémédiables séquelles. Pour éviter un procès au pénal qui aurait sans doute signifié sa disparition, le laboratoire a dédommagé les familles. Mais jamais il ne s'était clairement excusé. C'est chose faite depuis hier, avec l'inauguration d'un monument commémorant la tragédie et le discours d'un Harald Stock passablement embarrassé: «Nous vous demandons d'interpréter notre long silence comme le signe du choc silencieux que votre sort nous a causé.»

Les Farc vont s'asseoir à la table des négociations

BOGOTA, LUNDI 3 Ce n'est certes pas encore la paix, mais le bout du tunnel est peut-être en vue. Dans une vidéo préenregistrée, le chef des Forces armées révolutionnaires de Colombie (Farc) a confirmé que des négociations de paix seraient engagées avec le gouvernement colombien. Ce chef, Rodrigo Londoño Echeverri, plus connu sous le nom de guerre de Timochenko, a même précisé que les Farc iraient à la table des négociations «sans rancœur et sans arrogance». De son côté, le président colombien Juan Manuel Santos a fait une déclaration dans le même sens, ce qui a suscité la réprobation de son prédécesseur Álvaro Uribe. Pour ce dernier, l'ouverture de pourparlers constitue «une gifle à la démocratie». Tel n'est pas le point de vue de la communauté internationale qui, dès demain, saluera à la quasi-unanimité cette initiative. Toutefois, Juan Manuel Santos a précisé que les négociations, qui doivent se dérouler en Norvège puis à Cuba, ne mettaient pas un terme au conflit et que la lutte contre la guérilla ne prendrait fin qu'avec la conclusion d'un accord de paix définitif. Aujourd'hui même, l'armée colombienne a d'ailleurs annoncé qu'elle avait tué sept guérilleros et qu'elle en avait capturé cinq autres.

Une femme pour la Belle Province

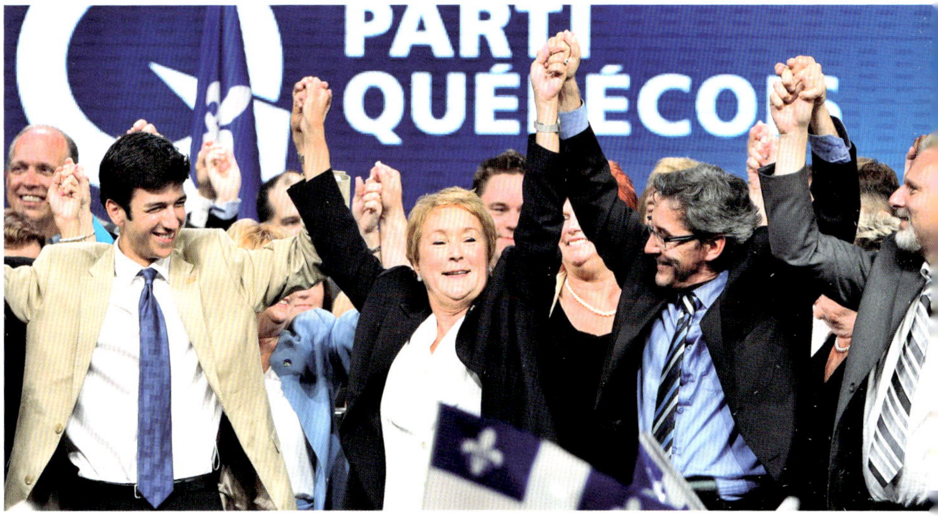

Pauline Marois fête la victoire de son parti à Montréal. Une fête endeuillée par l'irruption d'un Canadien anglais qui a tiré dans la salle, tuant une personne et en blessant une autre.

MONTRÉAL, MARDI 4 «Nous voulons un pays et nous l'aurons.» Par ces paroles, Pauline Marois a voulu assurer qu'elle ne perdait pas de vue l'objectif du Parti québécois (PQ) dont elle est le chef, à savoir l'indépendance de la Belle Province. Mais la victoire de son parti aux élections législatives du Québec ne peut guère lui laisser d'illusions. Certes, Pauline Marois sera la première femme Premier ministre du Québec, mais sa marge de manœuvre sera des plus étroites: le PQ ne lui offre qu'une majorité relative, avec 54 sièges. Elle devra donc gouverner en cohabitant avec deux partis conservateurs pour qui l'indépendance n'est pas à l'ordre du jour, le Parti libéral du Québec (50 sièges) et la Coalition Avenir Québec (19 sièges).

Le groupe Gallimard rachète Flammarion

PARIS, MERCREDI 5 On savait l'opération imminente depuis le jeudi 30 août, date à laquelle l'Autorité de la concurrence l'avait autorisée sans condition. Mais c'est maintenant officiel: le groupe Gallimard, à travers la holding Madrigall, a acquis les éditions Flammarion et leurs filiales. Ce rachat met fin à un feuilleton qui a secoué des mois durant le monde de l'édition française. Tout avait débuté en janvier lorsque l'italien RCS MediaGroup, très endetté, avait décidé de mettre en vente Flammarion, acquis en 2000. Aussitôt, de nombreux prétendants au rachat de ce fleuron de l'édition française s'étaient mis sur les rangs. Mais, les enchères montant, seuls étaient restés en lice le groupe Gallimard et le duo Albin Michel-Chequers Capital. Ce dernier s'étant finalement retiré, Gallimard et RCS MediaGroup sont tombés d'accord en juin sur une transaction dont le montant s'élève à 251 millions d'euros (185 millions hors dettes). Le nouvel ensemble Gallimard-Flammarion forme le troisième groupe d'édition en France, derrière Hachette Livre (groupe Lagardère) et Editis (groupe Planeta).

Le mystérieux massacre de Chevaline

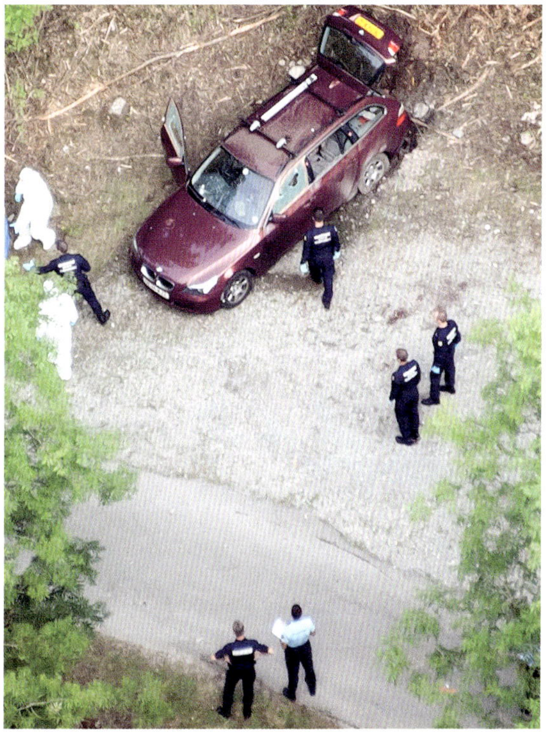

CHEVALINE (74), MERCREDI 5 Une véritable scène de crime digne «d'un film d'Hollywood». C'est ce qu'a vu l'Anglais Brett Martin quand, faisant un tour à vélo, il est arrivé à la hauteur d'un parking forestier de Chevaline. Là, dans un break BMW, cet ancien de la Royal Air Force a en effet découvert les corps criblés de balles de Saad Al-Hilli, un touriste britannique d'origine irakienne, de son épouse Iqbal et de sa belle-mère Suhaila Al-Allaf, de nationalité suédoise. Près du véhicule gisait le cadavre d'un cycliste, le Français Sylvain Mollier, également tué par balles, ainsi qu'une fillette grièvement blessée, Zainab, 7 ans, la fille aînée du couple. Mais dans la voiture se cachait aussi Zeena, sa sœur de 4 ans, que les enquêteurs n'ont découverte, indemne, que huit heures plus tard… Qui est l'auteur de ce carnage? Sylvain Mollier a-t-il été la victime collatérale d'une attaque visant Saad Al-Hilli et les siens? Ou était-il la cible du tueur? L'enquête menée conjointement de part et d'autre de la Manche n'a pas permis de l'établir, pas plus que les témoignages des fillettes.

Cette tuerie aurait été perpétrée par un seul tireur, qui a utilisé un pistolet automatique de calibre 7,65 mm, considéré comme ancien par les experts.

Barack Obama veut briguer un second mandat

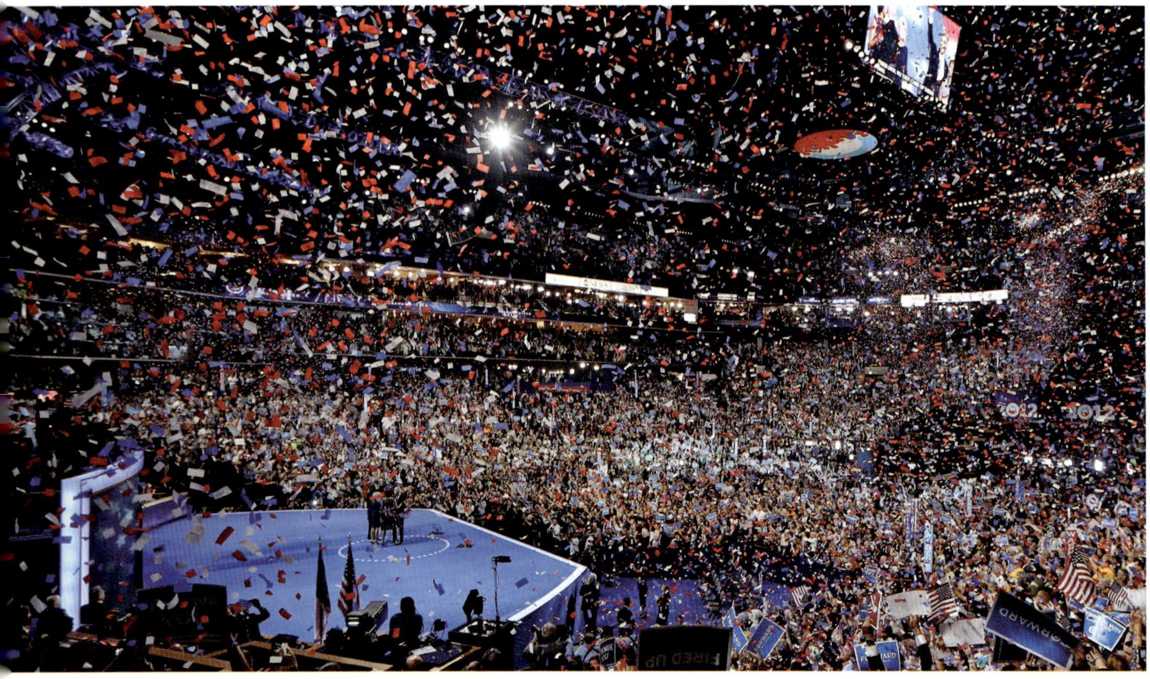

Standing ovation à la Time Warner Cable Arena de Charlotte, au soir de la convention démocrate (qui a commencé mardi 4). Sur le podium, Barack et Michelle Obama, avec le vice-président Joseph « Joe » Biden et son épouse.

CHARLOTTE (CAROLINE DU NORD), JEUDI 6 Barack Obama sera donc candidat à sa succession. Sans surprise, les délégués du Parti démocrate l'ont désigné pour porter leurs couleurs, dans deux mois, contre le candidat du Parti républicain Mitt Romney. Mais le discours final par lequel Obama a clos la convention démocrate ne ressemblait guère à celui du candidat charismatique et prophétique (« *Yes we can* ! ») de 2008. C'était celui d'un président responsable, défendant sobrement son bilan et annonçant prudemment son programme à venir. Manque de chaleur et de mordant ? En réalité, les rôles avaient été habilement répartis durant cette convention. La chaleur, c'est Michelle Obama qui l'a amenée, avec sa façon prodigieuse de toucher le cœur des foules américaines. Quant au meilleur avocat du président, ce fut sans nul doute l'ancien président Bill Clinton qui, hier soir, a ébloui les délégués démocrates en soulignant les progrès réalisés aux États-Unis depuis l'arrivée de Barack Obama à la Maison Blanche. Bien sûr, le but de la manœuvre était de mettre en évidence l'irresponsabilité prêtée à Mitt Romney : le populaire Clinton était pour ce faire l'homme de la situation ! (→ 6.11)

Une preuve de vie des quatre otages français d'Aqmi

MALI, SAMEDI 8 Voici maintenant près de deux ans qu'ils sont détenus dans le nord du Mali par Al-Qaida au Maghreb islamique (Aqmi). Daniel Larribe, Pierre Legrand, Marc Féret et Thierry Dole sont apparus ce samedi sur une vidéo rendue publique par le site d'information mauritanien Sahara Medias. Tous employés du groupe nucléaire français Areva et de son sous-traitant Sogea-Satom (du groupe Vinci), les quatre hommes ont été enlevés dans le nord du Niger le 16 septembre 2010 avec trois autres personnes (un Togolais et un Malgache, qui travaillaient avec eux, ainsi que Françoise, l'épouse de Daniel Larribe), libérées en février 2011. Tournée le 29 août, la vidéo en question les montre, visiblement fatigués, s'exprimant successivement devant la caméra avec, au second plan, des hommes tenant des armes automatiques et dont seul apparaît le bas du corps. Leur message ne comporte aucun ultimatum particulier. Mais l'un après l'autre, les quatre otages pressent les pouvoirs publics français et surtout leurs employeurs de reprendre les négociations avec Aqmi et de verser la rançon réclamée par leurs ravisseurs en échange de leur libération.

Bernard Arnault voudrait être belge

BELGIQUE, SAMEDI 8 C'est le quotidien *La Libre Belgique* qui l'a annoncé ce matin : Bernard Arnault, le président de l'empire de luxe LVMH, a demandé fin août à être naturalisé belge. Son dossier serait à présent aux mains de la Commission des naturalisations, qui doit s'assurer que l'homme le plus riche de France, originaire de Roubaix (59), possède des « attaches véritables avec la Belgique ». Pays qui, rappelons-le, offre une fiscalité bien plus avantageuse pour les grandes fortunes que celle de la France. Faut-il donc voir dans cette requête une tentative d'exil fiscal de la part du multimilliardaire, qui s'était déjà exilé pendant trois ans aux États-Unis après la victoire de la gauche en 1981, et qui mercredi dernier a réaffirmé son opposition à la taxe instaurée par le gouvernement français pour les très hauts revenus ? Absolument pas, ont assuré dès aujourd'hui ses services par le biais d'un communiqué. Lequel, confirmant que Bernard Arnault a bien demandé la double nationalité franco-belge, a précisé que son obtention ne changerait absolument rien à la situation du milliardaire, qui resterait résident fiscal français. Alors, quel serait le but de la manœuvre ? Faciliter par cette naturalisation un projet « sensible » d'investissement en Belgique, ainsi que l'a confié ce samedi à l'Agence France-Presse une source proche du groupe Arnault ?

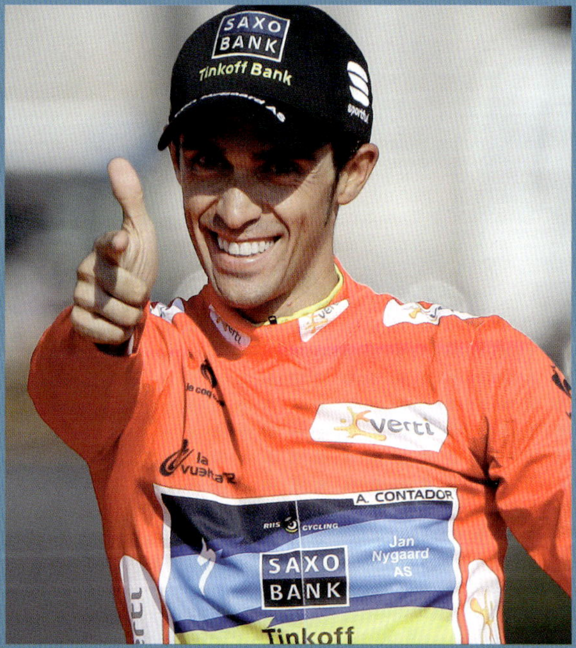

Interdit de Tour de France pour cause de suspension pour dopage au clenbutérol (ce qu'il a toujours contesté), l'Espagnol Alberto Contador prend sa revanche en remportant dimanche 9, à Madrid, le Tour d'Espagne (la « Vuelta »). Une victoire acquise au terme d'une lutte acharnée et passionnante contre son compatriote Joaquim Rodríguez. À 33 ans, le « pistolero » n'a pas dit son dernier mot !

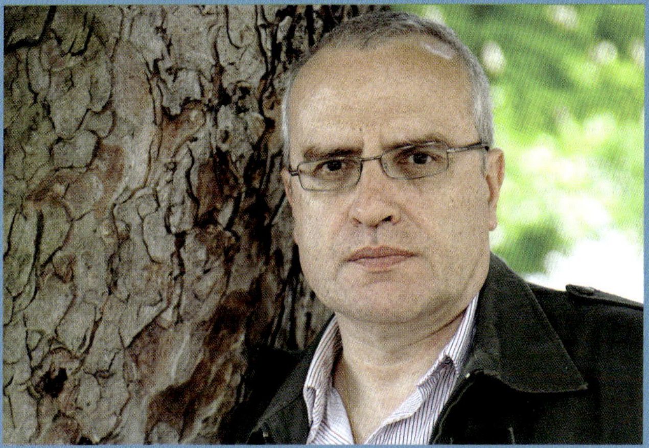

En quelques jours, Richard Millet est devenu l'homme à abattre de l'édition française. La campagne déclenchée contre lui a atteint lundi 10 un pic de violence avec la publication, dans Le Monde, *d'un manifeste de l'écrivaine Annie Ernaux, contresigné par quelques dizaines d'auteurs peu connus pour la plupart. Annie Ernaux accuse Richard Millet d'avoir fait paraître « un pamphlet fasciste qui déshonore la littérature ». De quoi s'agit-il ? Éditeur heureux (et jalousé) chez Gallimard, auteur de romans loués pour leur profondeur et leur beauté, Richard Millet a publié le 24 août, aux éditions Pierre-Guillaume de Roux, un essai crépusculaire sur la décadence du roman français,* Langue fantôme. *Ce texte était suivi, en appendice, par un bref* Éloge littéraire d'Anders Breivik *dont le titre provocateur se voulait ironique : l'assassin d'Utoya y est en effet considéré comme un symptôme du déclin de l'Occident, et non comme l'étendard de son redressement ! L'épithète « fasciste » n'était peut-être pas appropriée.*

François Hollande annonce 20 milliards d'impôts en plus

PARIS, DIMANCHE 9 « Ce sera l'effort budgétaire le plus important depuis trente ans. » Vendredi, dans son discours devant la Cour des comptes, François Hollande avait annoncé la couleur. Invité ce soir au journal de 20 heures de TF1, il a précisé en quoi consisterait cet effort. Réaffirmant son engagement à contenir le déficit public à 3 % du produit intérieur brut en 2013, le chef de l'État a annoncé 20 milliards d'euros d'impôts supplémentaires pour l'année prochaine. Ces nouvelles recettes fiscales pèseront à parts égales sur les entreprises et sur les ménages. Comme prévu, ce sont les Français les plus aisés qui seront particulièrement visés, avec la fin des niches fiscales accordées par la précédente majorité, l'instauration d'une nouvelle tranche d'imposition à 45 % pour les revenus supérieurs à 150 000 euros, et la création d'une taxe exceptionnelle à 75 % pour les revenus dépassant un million d'euros (comme François Hollande l'avait promis durant la campagne présidentielle). Ce tour de vis prévoit en outre 10 milliards d'euros d'économies à réaliser par l'État, dont 2,5 milliards d'euros qui devront être récupérés sur le budget de la Sécurité sociale, ainsi que 5 milliards provenant des mesures prises cet été, comme la fiscalisation des heures supplémentaires.

Quatre Américains tués à Benghazi

BENGHAZI (LIBYE), MERCREDI 12 Ce n'est pas une coïncidence. Pour le onzième anniversaire de l'attaque du 11 septembre 2001, les Américains ont connu une nuit d'enfer. Des salafistes déchaînés et armés ont pris d'assaut, hier soir, le consulat américain de Benghazi. L'ambassadeur des États-Unis en Libye, J. Christopher Stevens, a été tué alors qu'il tentait de fuir, trois autres Américains (deux anciens commandos et un fonctionnaire) trouvant également la mort. Cette attaque, qui répliquait à la diffusion sur Internet du film islamophobe américain *Innocence of Muslims*, soulève plusieurs questions. D'abord, elle a été à l'évidence planifiée, sans doute par le groupe Ansar Al-Charia, implanté en Cyrénaïque. Les assaillants étaient munis d'armes de guerre, notamment de lance-roquettes (RPG). On a peine à croire que les services américains n'avaient rien vu venir. Mais alors, question complémentaire, que faisait J. Christopher Stevens dans ce guêpier ? Ce qui ne peut être non plus une coïncidence, c'est que la version arabe d'*Innocence of Muslims* a été mise en ligne à la veille du 11 septembre, alors que la version originale américaine était visible depuis le 1er juillet. (→ 15)

Manifestation indépendantiste à Barcelone

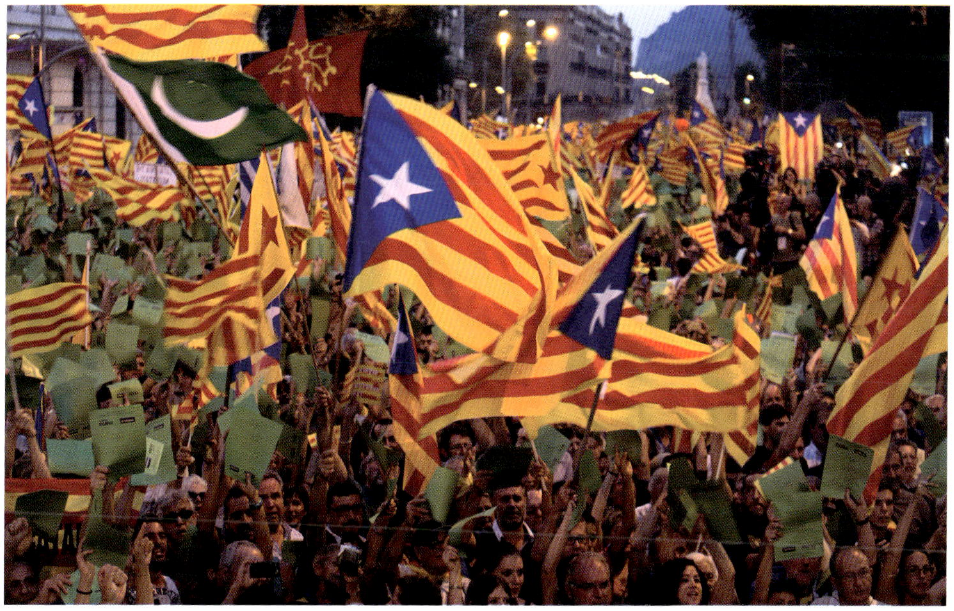

Selon la police barcelonaise, la manifestation a rassemblé de 1 million à 1,6 million de personnes. Le drapeau catalan est officiel depuis le rétablissement de la Généralité en 1979. C'est l'un des plus anciens d'Europe : il était arboré au XIe siècle par les comtes de Catalogne.

BARCELONE (ESPAGNE), MARDI 11 « Indépendance maintenant ! » C'était l'un des slogans repris par les Catalans qui étaient dans les rues de Barcelone pour réclamer la révision du statut de leur province. Ils estiment être la « vache à lait » de l'Espagne, car ils payent 12 à 16 milliards d'euros d'impôts de plus que ce qu'ils reçoivent de Madrid en services publics. Aussi revendiquent-ils une totale autonomie fiscale qui, si elle n'était pas accordée, pourrait pousser la Catalogne à déclarer son indépendance. Le président de la Généralité de Catalogne, le nationaliste Artur Mas, a aujourd'hui clairement brandi cette menace. Il ne dispose pas de la majorité absolue au Parlement régional mais, en cas d'échec dans ses négociations avec le Premier ministre espagnol Mariano Rajoy, il pourrait tenter de l'obtenir en organisant des élections anticipées. (→ 25.11)

La justice allemande donne son feu vert au sauvetage de l'euro

KARLSRUHE (ALLEMAGNE), MERCREDI 12 C'est un immense « ouf » de soulagement que la chancelière Angela Merkel a pu pousser aujourd'hui, et avec elle tous les autres dirigeants de la zone euro. Car la Cour constitutionnelle allemande a autorisé la ratification par Berlin des textes de loi sur le futur Mécanisme européen de stabilité (MES) et le Pacte budgétaire européen. Ardemment défendus par Angela Merkel mais mal accueillis par l'opinion publique allemande (en vertu de son statut de première économie de la zone euro, l'Allemagne sera le pays le plus mis à contribution), ces textes avaient été adoptés fin juin par le Parlement. Mais des plaintes avaient été aussitôt déposées, notamment par les députés de la gauche radicale et une association d'Allemands eurosceptiques. En rejetant ces recours, les juges suprêmes de la cour de Karlsruhe ont donc mis fin au suspense : déjà adopté par tous les autres pays de la zone euro, le MES, qui aurait dû entrer en vigueur début juillet, va pouvoir remplacer comme prévu l'actuel Fonds européen de stabilité financière. Quant au Pacte de stabilité, il entrera en vigueur début 2013, sous réserve qu'il ait été approuvé par 12 des 17 pays de la zone euro.

Un Laguiole produit en Orient est-il un Laguiole ?

PARIS, JEUDI 13 Les Laguiolais sont consternés. Le tribunal de grande instance de Paris a débouté leur commune, qui poursuivait Gilbert Szajner pour contrefaçon. Fort du dépôt d'une marque « Laguiole » en 1993, cet industriel français produisait en Orient des imitations bon marché des couteaux traditionnels fabriqués à Laguiole (12). Les Laguiole ont beaucoup contribué à la notoriété de l'Aubrac depuis que leur fabrication a été relancée à la fin des années 1980. Et il n'était venu à personne l'idée de déposer le nom d'un couteau si étroitement associé à la commune depuis le XIXe siècle, et à son nom bien sûr. Mais le tribunal a considéré que « le couteau Laguiole est un nom de couteau entré dans le langage courant sans lien direct évident avec la demanderesse, celle-ci demeurant peu connue contrairement à ce qu'elle prétend ». Ce qui a fait bondir Vincent Alazard, maire de Laguiole. Mercredi prochain, il retirera un panneau d'entrée de la commune – « puisque notre nom ne nous appartient plus »…

Le charpentier ne connaissait pas la loi Hadopi

BELFORT (90), LUNDI 17 Serait-ce une première victoire pour les défenseurs de la très controversée loi Création et Internet, dite loi Hadopi (pour Haute autorité pour la diffusion des œuvres et la protection des droits sur Internet), censée endiguer le téléchargement illégal ? En condamnant Alain Prévot, 39 ans, à 150 euros d'amende pour avoir téléchargé deux morceaux de la chanteuse britannique Rihanna, le tribunal de police de Belfort a en effet fait de lui le premier internaute sanctionné pour avoir enfreint cette loi, adoptée dans la douleur en 2009. Or, ce charpentier de profession, qui avoue « ne pas connaître grand-chose à Internet », n'est pas le véritable auteur de ces téléchargements. Ceux-ci ont été effectués à son insu par son ex-compagne, qui utilise encore sa connexion internet. La faute d'Alain Prévot aura donc été de ne pas avoir sécurisé ses accès, comme il en a théoriquement l'obligation… Si victoire il y a, elle est en tout cas en demi-teinte, laissant du grain à moudre pour tous ceux qui voient dans l'Hadopi une réponse inadaptée – et bien trop coûteuse – à la question du téléchargement illégal. À commencer par la ministre de la Culture Aurélie Filippetti, qui, le mois dernier, avait demandé la réduction drastique des crédits de fonctionnement…

Le film qui a déclenché la colère de l'Islam

PARIS, SAMEDI 15 La colère qui embrase le monde musulman depuis la diffusion d'*Innocence of Muslims* n'a pas épargné la France. Aujourd'hui, quelque 250 salafistes, dont des femmes entièrement voilées de noir, ont tenté, en vain, de s'approcher de l'ambassade des États-Unis. En revanche, depuis l'attaque de Benghazi (voir page précédente), les incidents se sont multipliés dans les pays arabes contre les bâtiments diplomatiques américains. Mardi 11, c'est l'ambassade du Caire qui était prise à partie, mais les protestataires, du reste assez peu nombreux, ont seulement réussi à franchir le mur et à arracher le drapeau américain. Au Yémen, jeudi 13, des centaines de manifestants ont réussi à pénétrer dans l'enceinte de l'ambassade de Sanaa, contraignant les forces de l'ordre à les disperser brutalement. Bilan : quatre manifestants tués. Hier, Tunis a été le théâtre d'affrontements extrêmement violents, après que des milliers de salafistes eurent envahi l'ambassade des États-Unis. Cinq personnes, dont un policier, ont été tuées, et l'on a dénombré 109 blessés (dont 65 policiers). Par ailleurs, on en sait un peu plus sur le film qui a déclenché la vague de violences. Il s'agit d'un court métrage de 13 minutes, présenté comme la bande annonce d'un long métrage qui, en réalité, n'a probablement jamais été achevé. Le nom du réalisateur, Sam Bacile, serait le pseudonyme d'un copte égyptien vivant en Californie, Nakoula Basseley Nakoula, qui l'aurait tourné avec l'aide du cinéaste Alan Roberts, habituellement spécialisé dans les productions érotiques. Nakoula Basseley Nakoula aurait monté seul le film, lui donnant alors son contenu islamophobe en faisant doubler les comédiens. C'était à l'origine un petit « péplum » biblique où il n'était nullement question de Mahomet… (→ 19)

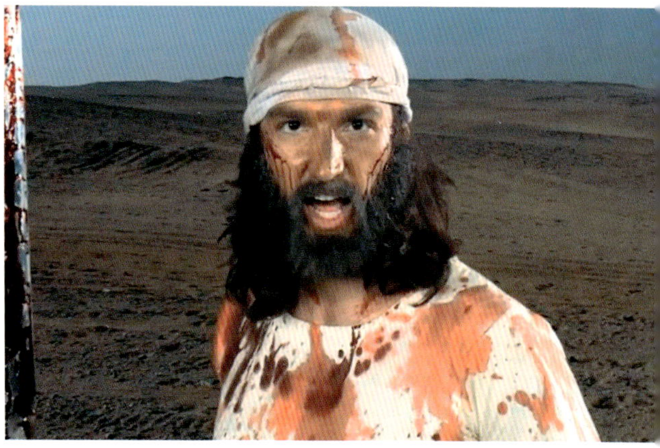

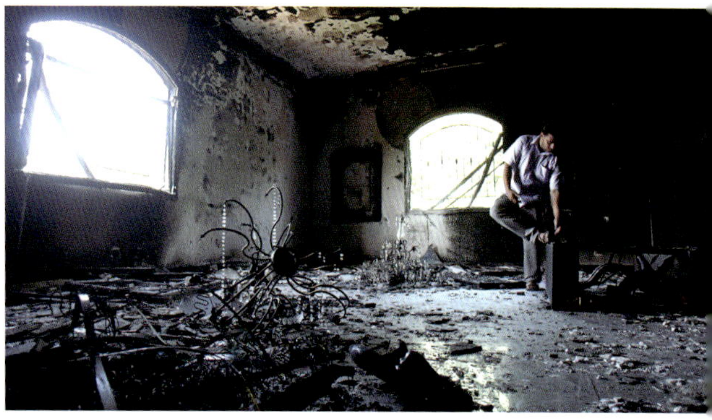

Ci-dessus : ce qu'il restait du consulat américain de Benghazi au lendemain de l'attaque de mardi 11. Au-dessus : le personnage de Mahomet dans Innocence of Muslims. *Ce film, totalement ridicule d'un point de vue cinématographique, représente le prophète sous les dehors d'un pervers sexuel et sadique. On avait fait croire aux acteurs qu'ils tournaient un film biblique…*

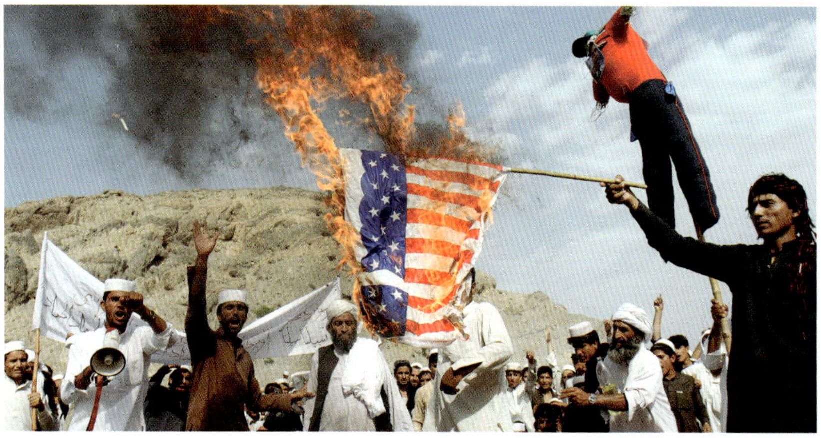

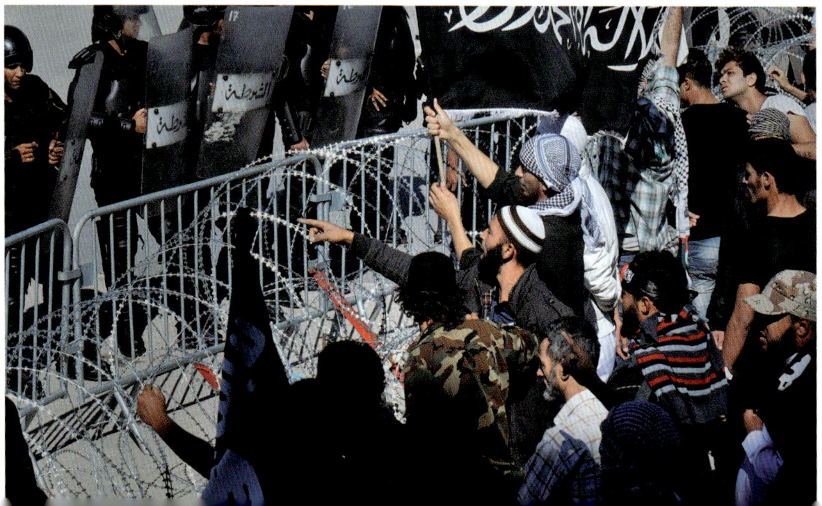

Ci-contre, en haut : manifestation antiaméricaine en Afghanistan, dans la province de Nangarhar, à l'est de Kaboul, vendredi 14. Un pantin à l'effigie du président américain Barack Obama est porté au bout d'une perche. Ci-contre : face-à-face tendu entre forces de l'ordre et militants salafistes devant l'ambassade des États-Unis à Tunis, vendredi 14. Les affrontements qui suivront feront cinq morts et plus de 100 blessés.

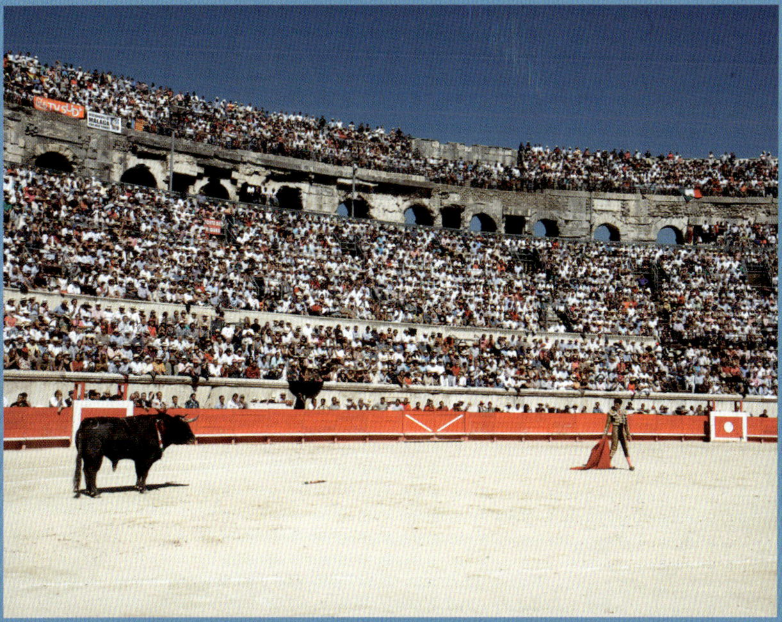

La Feria des Vendanges, à Nîmes (30), est toujours l'une des grandes séquences de la saison tauromachique européenne. Mais dimanche 16, elle a offert un spectacle sans précédent de mémoire d'aficionado. Dans le cadre grandiose et elliptique des arènes romaines, le torero espagnol José Tomás, 37 ans, a livré le combat de sa vie. Il a affronté six taureaux de superbe présentation, provenant des élevages de Victoriano del Río, Jandilla, El Pilar, Parladé, Garcigrande et Cortés. Déclinant avec maîtrise et décision toutes les facettes de son art, il a recueilli le plus grand nombre de trophées jamais conquis dans une arène de cette importance: onze oreilles, une queue et un animal gracié! Le public l'a acclamé debout. On reconnaissait le philosophe Alain Finkielkraut et l'acteur Denis Podalydès.

L'euroscepticisme progresse en France et en Allemagne

FRANCE, LUNDI 17 Le 20 septembre 1992, 51,04 % des Français votaient en faveur du traité de Maastricht, qui prévoyait entre autres l'instauration de la monnaie unique européenne. Vingt ans plus tard, feraient-ils de même? Apparemment non. Si l'on en croit un sondage Ifop publié par *Le Figaro*, 64 % des Français voteraient aujourd'hui contre ce texte, qui n'est soutenu que par 34 % des personnes interrogées. Plus généralement, 67 % des sondés considèrent que l'Union européenne va plutôt «dans la mauvaise direction» depuis l'adoption du traité. Pour 63 % des sondés, le passage à l'euro a contribué à aggraver le chômage, et il a nui à la compétitivité de l'économie française pour 61 % d'entre eux. Majoritairement eurosceptiques, les Français? Peut-être. Mais moins, semble-t-il, que leurs voisins d'outre-Rhin. Selon une étude publiée ce jour par la fondation allemande Bertelsmann, 34 % seulement des Français estiment que leur situation personnelle serait meilleure si l'Union européenne n'existait pas, alors que cette vision négative est partagée par près d'un Allemand sur deux (49 %).

L'armée turque a lancé une offensive contre le PKK

DENIZLI (TURQUIE), LUNDI 17 Depuis un mois, l'armée turque aurait tué environ 500 rebelles kurdes du Parti des travailleurs du Kurdistan (PKK) dans le sud-est du pays, majoritairement peuplé de Kurdes. C'est Recep Tayyip Erdogan qui l'a annoncé ce lundi lors de l'inauguration d'une école à Denizli, dans l'ouest de la Turquie. Et le Premier ministre turc de préciser, dans son discours diffusé à la télévision, que dans les dix derniers jours pas moins de 123 «terroristes» ont été «neutralisés» dans la seule province de Hakkari, aux confins de l'Iran et de l'Irak. Ces propos surviennent après l'annonce, ces derniers jours, de la mort d'une douzaine de soldats turcs, tués par des mines posées par le PKK, qui a multiplié cet été les attaques dans le sud-est du pays. Et cela, selon Ankara, grâce notamment aux armes fournies par la Syrie. Le régime de Bachar al-Assad chercherait ainsi à mettre en difficulté la Turquie qui a pris fait et cause pour la rébellion syrienne. C'est en riposte à ces attaques qu'Ankara a lancé le 8 septembre une vaste opération impliquant environ 5 000 hommes et des avions de chasse.

Édouard Leclerc était un visionnaire

SAINT-DIVY (29), LUNDI 17 Le créateur de la grande distribution est mort cet après-midi dans son manoir de La Haye, à 15 heures, des suites d'un arrêt cardio-respiratoire. Édouard Leclerc avait été retrouvé inconscient une heure avant. C'est une figure de l'histoire de France qui disparaît avec lui. Né à Landerneau (29) le 20 novembre 1926, ce fils d'une famille de quinze enfants s'était destiné à la prêtrise avant de se lancer, en 1949, dans l'aventure qui, à l'enseigne de son nom, allait révolutionner le paysage commercial de la France et les habitudes de consommation des Français. Sa mémoire sera saluée de façon appuyée par les socialistes, François Hollande en tête. Selon le président de la République, il avait fait «de la défense des consommateurs et d'une certaine éthique commerciale un combat». Pas moins prodigue d'éloges, Pierre Moscovici, le ministre de l'Économie et des Finances, dira que «son esprit visionnaire était unanimement reconnu». Édouard Leclerc était marié depuis 1950 à Hélène Diquelou, qui le seconda efficacement dans son entreprise et dont il eut trois enfants. Le plus connu, Michel-Édouard Leclerc, né en 1952, sera le brillant adjoint de son père avant de lui succéder pleinement à la tête du groupe ACDLec en 2005. (Voir page suivante.)

Le bras de fer sino-japonais continue

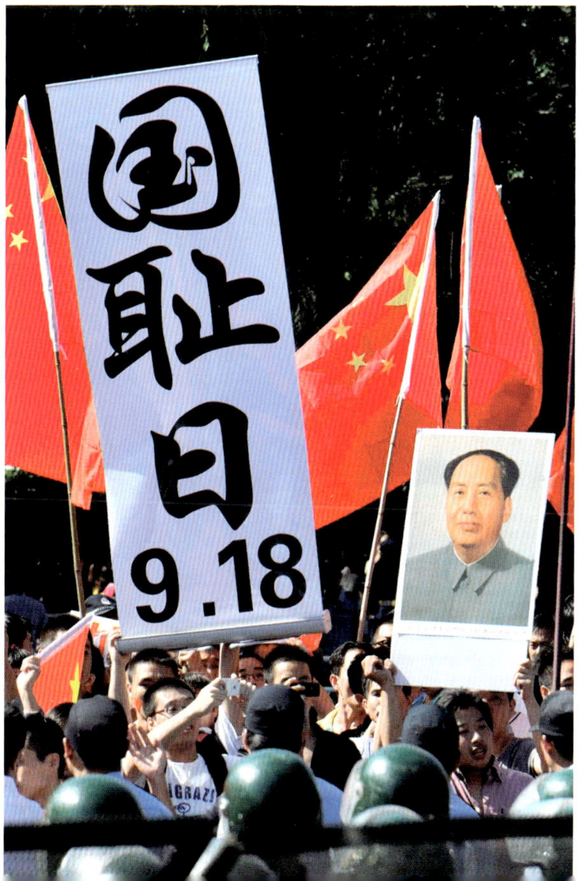

CHINE, MARDI 18 La «Journée de l'humiliation» commémore en Chine le sabotage d'une voie ferrée de Mandchourie, le 18 septembre 1931, sabotage qui fut le prétexte à l'invasion japonaise. Cette commémoration n'a pas manqué de cristalliser les sentiments antijaponais, qui se sont aggravés depuis la décision annoncée par Tokyo, lundi 10, de nationaliser trois des îlots Senkaku disputés depuis des lustres (voir page 80). Des manifestations ont eu lieu dans plusieurs villes du pays. Strictement encadrées, elles n'ont toutefois pas donné lieu aux débordements observés samedi et dimanche derniers, avec d'importantes destructions de biens ou de produits japonais. Cette fièvre désormais récurrente a des conséquences économiques négatives pour le Japon, dont les exportations sur l'immense marché chinois chutent et dont les usines implantées en Chine tournent au ralenti. Le secteur automobile est particulièrement touché. Jusqu'à quel point Pékin laissera-t-il la passion nationaliste s'exprimer? Dans ce bras de fer autour des Senkaku, c'est évidemment Tokyo qui a le plus à perdre.

La manifestation devant l'ambassade du Japon, à Pékin, pour la traditionnelle «Journée de l'humiliation».

Comment Leclerc a changé la France

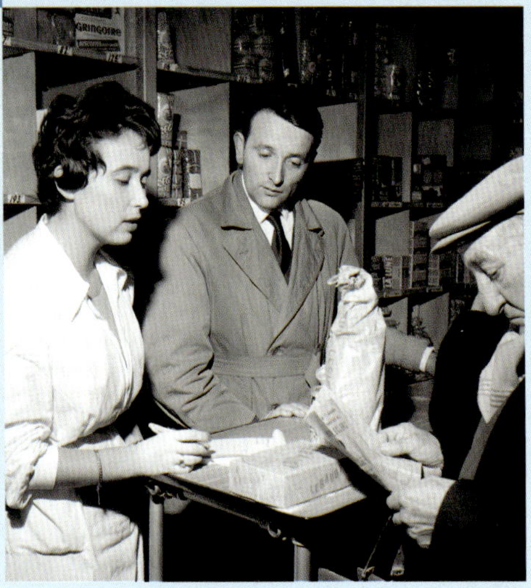

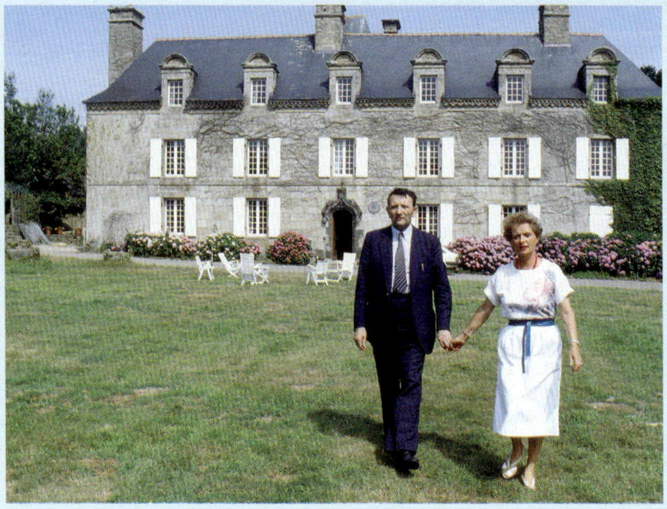

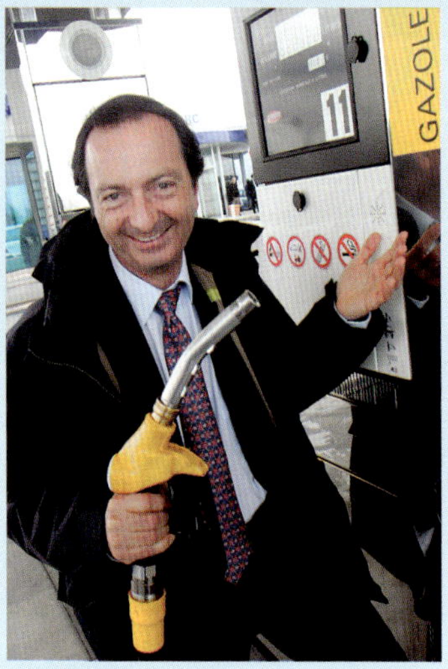

Ci-dessus : Édouard Leclerc dans l'un de ses magasins, en 1959. La réduction systématique des frais généraux se traduit clairement, ici, par la modestie de l'installation. Édouard Leclerc était célèbre pour la simplicité de ses mœurs et son goût du contact direct avec la clientèle. À droite : Édouard Leclerc avec son épouse Hélène devant son manoir breton de La Haye, en 1983. À l'extrême droite : son fils Michel-Édouard Leclerc, qui lui a succédé en 2005, inaugure une station-service à l'enseigne E. Leclerc sur l'autoroute A62.

Lorsque Édouard Leclerc ouvre sa première épicerie à Landerneau (29), en 1949, ses motivations ne sont pas seulement économiques. Marqué par la doctrine sociale de l'Église, cet ancien séminariste veut faire baisser les prix à la consommation dans une France appauvrie par la guerre et en phase de reconstruction. Son principe est simple : court-circuiter les intermédiaires entre producteurs et consommateurs, ramener les frais généraux au strict minimum. Les biscuits qu'il vend à Landerneau en 1949 sont 30 % moins chers que chez ses concurrents.

Très vite, Édouard Leclerc développe son idée de base en proposant à d'autres commerçants de s'associer à lui. La règle est simple. Chaque associé est propriétaire de son magasin et se fournit directement au centre de distribution fondé par Leclerc, bénéficiant des bas prix obtenus grâce à des achats groupés. À charge pour le commerçant, bien entendu, de répercuter ces bas prix sur le prix de vente en magasin. Le succès sera considérable, en Bretagne d'abord, puis dans toute la France, où l'on comptera 420 « centres Leclerc » en 1964.

Entre-temps, d'autres centres de distribution avaient vu le jour, et la chaîne de magasins avait été unifiée en 1959 au sein de l'ACDLec (Association des centres distributeurs E. Leclerc). La grande distribution était née. Elle fera un nouveau bond en avant quand Édouard Leclerc créera son premier hypermarché à Brest, en 1969. Il y en aura 187 en 1989. La progression de l'enseigne ira de pair avec une diversification tous azimuts de l'offre, l'obsession de Leclerc étant la lutte contre les monopoles. Il brisera ainsi celui de la parapharmacie et vendra de l'essence à prix réduit, avec la bénédiction de la justice européenne. Il échouera, en revanche, à casser le prix unique des livres, instauré en 1981 par la loi Lang.

Un adversaire nommé Pierre Poujade

Habité par une sorte de vocation prophétique, ce croyant, qui envisagea en 1987 de se présenter à l'élection présidentielle, avait rencontré beaucoup d'adversaires sur sa route, tels Pierre Poujade et Gérard Nicoud, défenseurs des petits commerçants, ou le ministre du Commerce et de l'Artisanat Jean Royer, dont la loi de 1973, qui porte son nom, limitait l'implantation des grandes surfaces. Il se heurta aussi, à ses débuts, à des refus de vente ; il fallut en 1953 un décret d'Edgar Faure, alors ministre des Finances, pour les interdire.

Admirateur du général de Gaulle qui le reçut à l'Élysée, Édouard Leclerc fut l'objet de polémiques nées d'une incarcération de plusieurs mois à la Libération. Accusé par des journalistes d'avoir collaboré avec les Allemands, il gagna successivement quatre procès en diffamation. Pour le même motif, il avait porté plainte en 2011 contre le journaliste et éditeur Bertrand Gobin, qui avait mis en ligne des documents « accablants ». Ce cinquième procès devait avoir lieu début 2013.

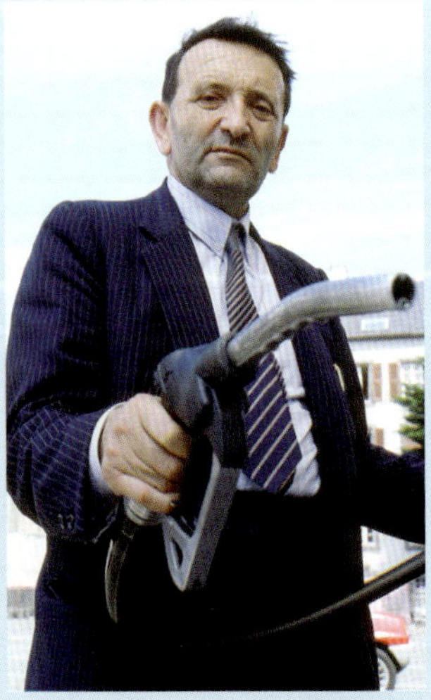

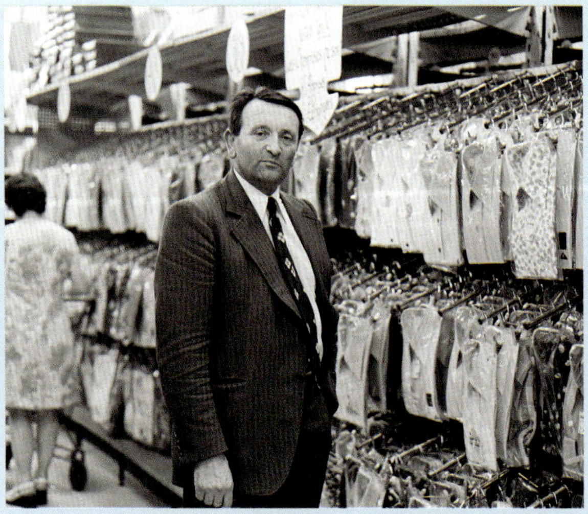

Ci-contre : Édouard Leclerc photographié en 1976 dans l'hypermarché de Brest, qu'il avait créé en 1969.
À gauche : Leclerc combat pour l'essence moins chère (1983).

Un supermarché casher est attaqué à Sarcelles

SARCELLES (95), MERCREDI 19 Il était environ 12 h 30 quand deux individus ont fait irruption dans un supermarché casher de cette sous-préfecture du Val-d'Oise où vit une importante communauté juive. Ils y ont lancé un engin explosif, heureusement de faible puissance, et on ne déplore qu'un blessé léger, trois personnes choquées et des dégâts matériels peu importants. Mais l'émotion est très vive à Sarcelles, d'autant que cette attaque survient en pleines fêtes juives et sur fond de tensions engendrées par le film *Innocence of Muslims* et les nouvelles caricatures de Mahomet publiées dans *Charlie Hebdo* (voir p. 92 et ci-dessous). Pour autant, dans la mesure où « il n'y a pas eu de revendication particulière, pas de cris, pas d'inscriptions, ni de propos tenus », le procureur de la République de Pontoise Yves Jannier a refusé de parler d'acte « antisémite ». Quoi qu'il en soit, les deux agresseurs, qui ont pris la fuite juste après avoir commis leur méfait, sont activement recherchés. (→ 6.10)

Des pasdarans iraniens aux côtés de Bachar Al-Assad

SYRIE, JEUDI 20 Selon un rapport de services secrets occidentaux rendu public par l'agence de presse britannique Reuters, l'Iran fournirait massivement en armes le régime de Bachar Al-Assad, principalement par voie aérienne. Téhéran bénéficierait de l'accord de l'Irak pour survoler son territoire, et deux Boeing 747 d'Iran Air, achetés avant la révolution de 1979, seraient affectés à cette mission. Toutefois, l'aide iranienne ne se bornerait pas au matériel, et il est à peu près certain que des pasdarans (les « gardiens de la révolution ») ont été acheminés à Damas pour former l'armée syrienne à la guérilla urbaine, voire pour prendre part directement aux combats. Une photo mise en ligne ces jours-ci sur le site iranien Vahid Online pourrait en fournir la preuve : c'est la tombe, au cimetière Behesht-e Zahra de Téhéran, de Moharram Tork, un pasdaran « mort en martyr pour la patrie » le 19 janvier 2012 à Damas, le lieu du décès étant précisé. En mai dernier, le général Esmaïl Ghani, commandant en second de la brigade Al-Qods des pasdarans, déclarait que la présence d'Iraniens en Syrie avait « empêché de grands massacres de civils ». Ces propos maladroits étaient un aveu. Ils n'ont pas été clairement démentis. (→ 8.10)

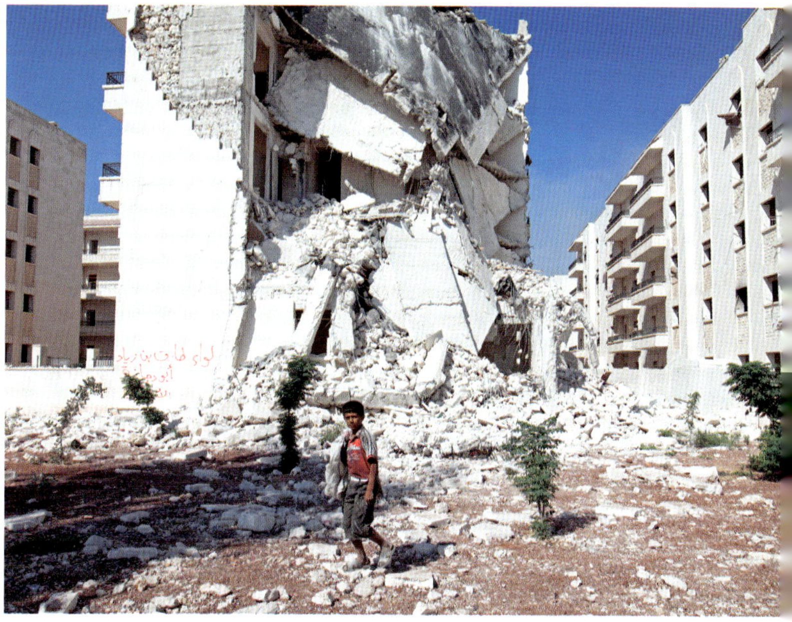

Un quartier d'Alep après le passage de l'aviation syrienne, le 27 septembre. Depuis le 20 juillet, des combats opposent les rebelles de l'Armée syrienne libre aux forces loyalistes pour le contrôle de la capitale économique du pays.

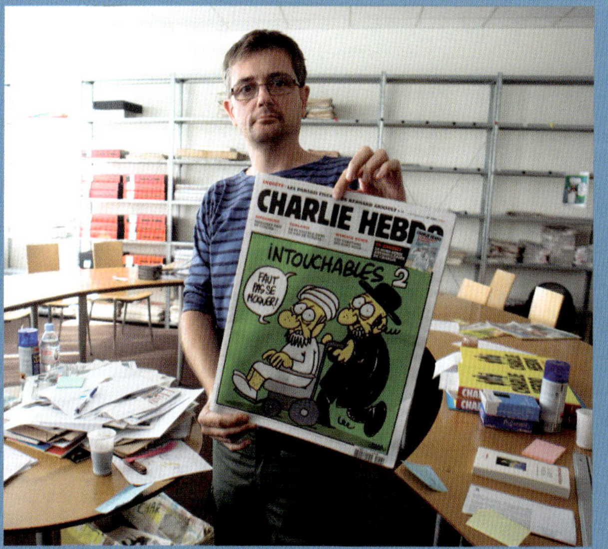

L'hebdomadaire satirique Charlie Hebdo *n'a pas failli à sa réputation en publiant mercredi 19 un numéro dont la couverture (ici présentée par son directeur, Charb) fait indirectement écho, à sa manière bien sûr, aux violentes protestations que le film* Innocence of Muslims *a suscitées dans les pays musulmans. Mais c'est moins cette parodie de l'affiche d'*Intouchables *qui fait scandale que les caricatures de Mahomet publiées en dernière page. Tandis que le Conseil français du culte musulman dénonce ce « nouvel acte d'islamophobie », le Premier ministre Jean-Marc Ayrault en appelle à « l'esprit de responsabilité de chacun », ce qui a pu être interprété comme une invitation à l'autocensure. Interviewé dans* Le Monde *du vendredi 21 par Xavier Ternisien, Charb fera observer que les innombrables caricatures où le pape est ridiculisé dans son journal n'entraînent aucune réaction…*

Les Français sont contre le droit de vote des étrangers

FRANCE, JEUDI 20 François Hollande l'avait promis durant la campagne présidentielle : s'il était élu, il donnerait aux étrangers non communautaires, à partir de 2013, le droit de vote aux élections municipales. Or, mercredi 12, *Le Canard enchaîné* affirmait que le gouvernement s'apprêtait à enterrer le projet car la gauche ne dispose pas au Parlement des trois cinquièmes permettant de faire adopter cette réforme constitutionnelle. Cet article avait d'ailleurs incité 75 députés socialistes à publier dans *Le Monde*, lundi 17, une tribune visant à rappeler sa promesse à François Hollande et à en accélérer la réalisation. Ont-ils été entendus ? Un sondage CSA publié aujourd'hui fait justement état d'un rapide et radical changement d'opinion des Français sur la question. Dans cette enquête, 63 % des sondés se disent en effet contre le vote des étrangers, alors qu'ils n'étaient que 42 % en 2010. Ce qui confirme les résultats d'une enquête Ifop diffusée hier, selon laquelle 39 % seulement des Français (contre 55 % en décembre 2011) seraient favorables au droit de vote aux élections locales des étrangers non européens. Est-ce à dire que François Hollande devra renoncer à sa promesse, qui d'ailleurs figurait déjà en 1981 parmi les 110 propositions du candidat François Mitterrand ? Non, a assuré hier le Premier ministre Jean-Marc Ayrault, qui n'a pas exclu l'idée d'un référendum sur la question. Mais « il faut un peu de temps et ne pas se précipiter ».

Le faux directeur de l'aéroport de Limoges condamné

LIMOGES (87), VENDREDI 21 Est-ce un roi de l'imposture ? Ou un « loser », un « escroc de base » comme l'affirme le procureur de la République de Limoges Michel Garrandaux, qui s'est dit fatigué « d'entendre dire qu'il est brillant » ? Quoi qu'il en soit, l'histoire de Jean-Philippe Gaillard aura défrayé la chronique. Bardé de faux diplômes, ce prétendu ancien pilote de chasse a réussi en novembre 2011 à se faire recruter comme directeur de l'aéroport de Limoges-Bellegarde. Et au début, tout se passe bien, très bien même aux dires de plusieurs responsables. Au point que l'usurpateur va jusqu'à se faire interviewer par France 3 Limousin. Hélas pour lui, il est démasqué en février 2012 par une ancienne amie, qui a appris sa nomination et connaît son passé d'escroc. Un escroc mythomane qui a déjà été condamné à Agen, Bordeaux et Périgueux, notamment pour « usurpation de titre et d'identité ». L'éphémère directeur d'aéroport, qui comparaissait libre, a été condamné aujourd'hui par le tribunal correctionnel de Limoges à deux ans de prison, dont un avec sursis, et 5 000 euros de dommages et intérêts pour « escroquerie, faux et usage de faux ». N'ayant pas fait l'objet d'un mandat de dépôt, il a pu quitter libre le tribunal.

Le Mali réclame une intervention militaire

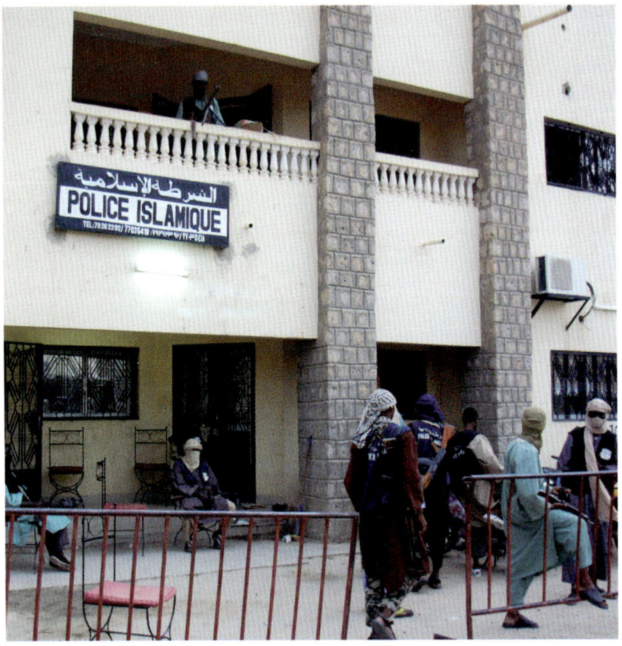

NEW YORK, LUNDI 24 Longtemps hostile à la présence d'une force armée étrangère sur son sol, le Mali a fini par céder à la pression de la Communauté économique des États de l'Afrique de l'Ouest (Cédéao) et à celle, plus discrète, de la France. En marge de l'Assemblée générale de l'ONU, dont le débat général commencera demain, le ministre des Affaires étrangères français Laurent Fabius a annoncé que le président malien Dioncounda Traoré avait demandé au Conseil de sécurité de voter une résolution autorisant le déploiement d'une force de 3 300 hommes fournie par la Cédéao pour appuyer la reconquête du nord du pays. Cela risque de prendre du temps, car il faudra convaincre la Russie et la Chine, hostiles à l'immixtion de tiers dans les affaires intérieures d'un pays, et aussi les États-Unis, ce à quoi s'emploie d'ailleurs François Hollande. De plus, la France ne souhaite pas apparaître en première ligne et ne veut pas s'exposer à l'accusation de néocolonialisme. Elle privilégie plutôt la formation de l'armée malienne, et là, malheureusement, tout est à faire. (→ 11.12)

Cette photographie prise le 16 à Tombouctou témoigne de l'emprise des islamistes dans le nord du Mali. Ils seraient environ 6 000 combattants.

Combien valent sept ans de prison ?

RENNES (35), MARDI 25 797 395 euros. C'est le montant, fixé par la cour d'appel de Rennes, de l'indemnisation accordée à Loïc Sécher en compensation du préjudice matériel et moral subi. Cette indemnisation est l'une des plus élevées jamais accordées par la justice française. Mais lors de l'audience du 6 juillet, l'avocate de l'ex-ouvrier agricole avait réclamé 2,4 millions d'euros… Loïc Sécher, rappelons-le, a passé à tort sept ans et trois mois en prison. Accusé de viol par une adolescente habitant comme lui La Chapelle-Saint-Sauveur (44), il avait été arrêté fin 2000 et condamné en 2003 à seize ans de prison. Mais son accusatrice ayant finalement avoué avoir menti, Loïc Sécher avait vu sa condamnation annulée en avril 2010. Puis, en juin 2011, il avait été définitivement innocenté en révision. Depuis lors, en attendant que la justice fixe le montant de son indemnisation, il vivait avec le RSA (soit 417 euros mensuels) pour tout revenu. Une situation qu'il avait dénoncée par le biais de diverses actions publiques depuis le mois de juin dernier.

L'automobile française en danger

PARIS, JEUDI 27 Porte de Versailles, le Mondial de l'automobile ouvrait aujourd'hui ses portes aux professionnels, et toutes les oreilles étaient tournées vers Carlos Ghosn, PDG de Renault Nissan, et Carlos Tavares, son directeur général délégué. Interrogés respectivement par *Le Figaro* et l'hebdomadaire allemand *Automobilwoche*, tous deux ont clamé haut et fort que seule une amélioration de la compétitivité permettra au groupe d'enrayer la chute des ventes, qui aura été de 16,5 % au premier semestre. Carlos Tavares souhaite par exemple que les sites de production français atteignent le même niveau qualitatif et quantitatif que les sites espagnols et britanniques de Renault Nissan. Pour Ghosn et Tavares, la flexibilité est la solution permettant de maintenir les emplois tout en revenant à la croissance, et ils entendent bien en convaincre les syndicats. C'est cependant l'automobile française dans son ensemble qui souffre, et le ministre du Redressement productif Arnaud Montebourg a profité de l'ouverture de ce Mondial pour mettre en cause les constructeurs sud-coréens Hyundai et Kia, qu'il a carrément accusés de « dumping commercial et social ». Alors que les immatriculations d'automobiles françaises s'effondraient au cours des huit premiers mois de 2012, Hyundai et Kia enregistraient une progression de 24,6 % et de 37,5 %.

Les Marseillais chassent les Roms

MARSEILLE, JEUDI 27 Il y a quatre jours, des Roms (une cinquantaine en tout, adultes et enfants) avaient installé leur campement sur un terrain vague du quartier des Créneaux (15e arrondissement). Ils n'y seront pas restés bien longtemps. Ce soir, chassés par les habitants de ce quartier (et sous les yeux de policiers qui, en l'absence de violence physique, n'ont procédé à aucune interpellation), ils ont dû précipitamment quitter les lieux avec leurs huit caravanes et leurs treize voitures. Deux heures plus tard, les restes de leur campement brûlaient dans un incendie… Révélée par *La Provence*, l'affaire suscitera au sein de la classe politique des réactions très gênées, oscillant entre la condamnation de tels actes et la compréhension envers les habitants du quartier, exaspérés d'avoir subi ces derniers jours dégradations et cambriolages.

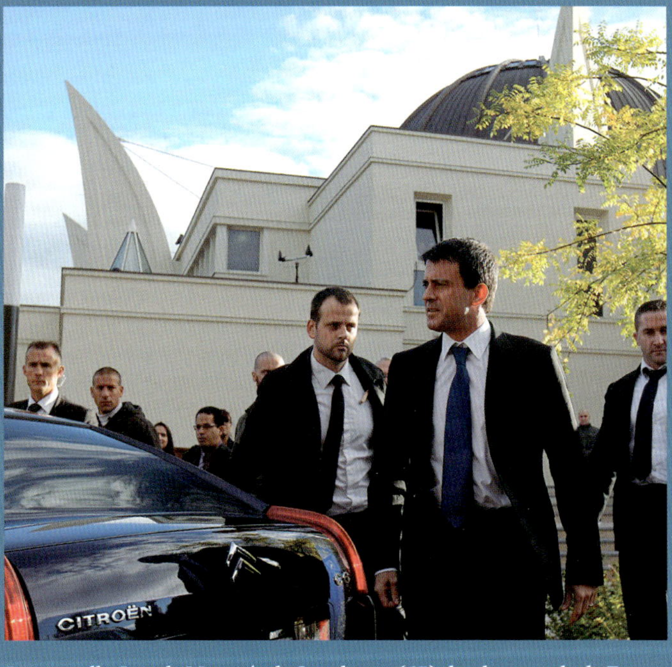

La nouvelle Grande Mosquée de Strasbourg (67), la plus grande de France, était déjà utilisée par les fidèles depuis août 2011. Mais l'édifice n'avait pas encore connu d'inauguration officielle. C'est le jeudi 27 que cette cérémonie a eu lieu, en présence de 1 200 personnalités, dont le président du Conseil français du culte musulman Mohammed Moussaoui et le ministre de l'Intérieur Manuel Valls, en charge des Cultes (ci-dessus). Une occasion pour ce dernier de saluer « le discernement, la maturité dont ont fait preuve les musulmans de France » dans un contexte explosif (voir pages 92 et 95) ; mais aussi de rappeler qu'il ferait expulser « ceux qui se réclament de l'islam et représentent une menace grave pour l'ordre public et qui, étrangers dans notre pays, ne respectent pas nos lois et nos valeurs ».

Septembre

FRANCE

PARIS, SAMEDI 1er SFR accorde le congé de parentalité aux couples homosexuels en attente d'enfant.

BORDEAUX (33), MERCREDI 5 Dans le cadre de l'affaire Bettencourt, l'ancien ministre du Budget Éric Woerth, interrogé par le juge Jean-Michel Gentil et confronté à Claire Thibout, ex-comptable de Liliane Bettencourt, nie tout financement illégal de la campagne électorale de Nicolas Sarkozy en 2007.

PARIS, VENDREDI 7 Une étude de l'Insee révèle que les écarts entre riches et pauvres se sont creusés et que 14,1 % des Français vivaient en 2010 sous le seuil de pauvreté (évalué à 954 euros).

AIX-EN-PROVENCE (13), LUNDI 10 Inauguration du site-mémorial du camp des Milles, ouvert en septembre 1939 pour y interner des étrangers « indésirables », puis des Juifs sous le régime de Vichy.

LYON (69), MARDI 11 Arrestation de sept policiers de Vénissieux et de deux délégués du procureur. Ils sont soupçonnés de compromissions avec des délinquants.

TOULON (83), SAMEDI 15 Mgr Dominique Rey, évêque de Toulon, demande l'organisation d'un référendum sur le mariage homosexuel et sur l'adoption par les couples homosexuels.

PARIS, DIMANCHE 16 François Fillon et Jean-François Copé sont les seuls candidats à la présidence de l'UMP, les autres prétendants n'ayant pas recueilli le nombre de parrainages requis.

TOULON (81), VENDREDI 21 La justice donne raison au maire de La Seyne-sur-Mer qui avait refusé de marier une femme voilée.

PARIS, DIMANCHE 23 Selon un sondage Ifop pour *Le Journal du dimanche*, seulement 43 % des Français sont satisfaits de François Hollande.

TOULOUSE (31), LUNDI 24 Dans l'affaire de l'explosion de l'usine AZF (qui avait fait 31 morts en 2001), la cour d'appel de Toulouse condamne son directeur Serge Biechlin à trois ans de prison dont un ferme (convertible en semi-liberté).

PARIS, MARDI 25 La Cour de cassation confirme la condamnation de Total dans l'affaire du naufrage du pétrolier *Erika* en 1999.

PARIS, JEUDI 27 Le journal *Libération* révèle qu'Arcelor-Mittal a décidé de fermer définitivement ses deux derniers hauts-fourneaux de Florange (57).

ÉCHIROLLES (38), VENDREDI 28 Deux jeunes gens âgés de 21 ans, Kevin et Sofiane, sont lynchés dans un parc du quartier de la Villeneuve.

UNION EUROPÉENNE

BELFAST (IRLANDE DU NORD), MERCREDI 5 Fin de trois jours d'affrontements entre jeunes loyalistes protestants et forces de l'ordre. 47 policiers ont été blessés.

ITALIE, JEUDI 6 Au moins 50 clandestins tunisiens trouvent la mort dans le naufrage de leur embarcation au large de l'île de Lampedusa.

LA HAYE, MARDI 11 Élections législatives aux Pays-Bas. Les libéraux du VVD obtiennent 41 sièges (soit + 10 par rapport à la précédente législature), les sociaux-démocrates du PvdA, 38 (+ 10), les populistes du PVV, 15 (- 9), les socialistes du SP, 15 (idem), les démocrates-chrétiens du CDA, 13 (- 8). Le fait marquant est le net recul du PVV, le parti de Geert Wilders.

BRUXELLES, VENDREDI 14 Manifestation dans la capitale contre le système fiscal belge qui privilégie les exilés fiscaux étrangers.

LISBONNE, SAMEDI 15 Manifestation géante contre l'austérité, ainsi que dans d'autres villes du Portugal.

ROME, MERCREDI 19 La Cour de cassation confirme la condamnation par contumace à neuf ans de prison de l'Américain Robert Seldon Lady, responsable de la CIA dans le nord de l'Italie et organisateur du rapt d'un imam radical à Milan en 2003.

INTERNATIONAL

WARDAK (AFGHANISTAN), SAMEDI 1er Double attentat-suicide sur une base américaine de l'Otan. Au moins 12 Afghans tués, des dizaines de blessés.

DOUENTZA (MALI), SAMEDI 1er La ville passe sous le contrôle des islamistes du Mouvement pour l'unicité et le jihad en Afrique de l'Ouest (Mujao).

MALI, DIMANCHE 2 Le Mujao annonce avoir exécuté un diplomate algérien enlevé le 5 avril à Gao.

BIRMANIE, DIMANCHE 2 Des centaines de moines bouddhistes manifestent pour demander l'expulsion ou le regroupement dans des camps de la minorité musulmane des Rohingyas.

NEW YORK, DIMANCHE 2 Les services du procureur de New York annoncent qu'ils enquêtent sur des fraudes fiscales dont sont soupçonnés des fonds de capital-investissement, notamment Bain Capital dirigé de 1984 à 1999 par Mitt Romney.

PESHAWAR (PAKISTAN), LUNDI 3 Attentat-suicide contre un véhicule consulaire américain. Bilan : 2 morts et 19 blessés (dont 2 Américains).

ISLA DE TIERRA (ESPAGNE), MARDI 4 Opération conjointe des polices espagnole et marocaine pour déloger des clandestins de cet îlot.

NOUAKCHOTT, MERCREDI 5 La Mauritanie extrade vers la Libye Abdallah Al-Senoussi, ancien chef des services secrets du régime de Kadhafi. Une extradition critiquée par la Cour pénale internationale (CPI) qui voulait le juger à La Haye.

INGOUCHIE (RUSSIE), MERCREDI 5 Six policiers sont tués dans une attaque terroriste.

ISLAMABAD, JEUDI 6 Le Pakistan expulse les employés étrangers de l'ONG Save the Children, soupçonnée d'avoir aidé la CIA à localiser Ben Laden.

TURQUIE, JEUDI 6 Un navire transportant des réfugiés syriens coule au large d'Izmir. Au moins 61 personnes (dont 31 enfants) meurent noyées.

BAGDAD, DIMANCHE 9 Alors que l'ancien vice-président irakien sunnite Tarek Al-Hachémi est condamné à mort par contumace, une vague d'attentats dans la capitale fait au moins 92 morts et 350 blessés.

HONG KONG, DIMANCHE 9 Les élections législatives donnent la majorité aux partisans du régime chinois.

PRISTINA (KOSOVO), LUNDI 10 Fermeture du Bureau civil international (Union européenne et États-Unis) chargé de superviser la mise en place d'institutions démocratiques dans la province serbe sécessionniste. Cette fermeture est considérée comme un aveu d'échec.

ISTANBUL (TURQUIE), LUNDI 10 Ouverture du procès pour « terrorisme » de 44 journalistes turcs.

MOGADISCIO, LUNDI 10 Élection par le Parlement de l'universitaire islamiste Hassan Cheikh Mohamoud à la présidence de la Somalie.

AFGHANISTAN, VENDREDI 14 Attaque des talibans contre le camp Bastion où sert le prince Harry. Deux militaires alliés sont tués, et six avions détruits.

BEYROUTH, DIMANCHE 16 Le voyage de Benoît XVI au Liban s'achève avec une messe dite devant environ 350 000 personnes.

ÉTATS-UNIS, LUNDI 17 Le site Mother Jones met en ligne une vidéo où Mitt Romney raille les 47 % d'Américains qui bénéficient des aides publiques et annonce son intention, s'il est élu, de mettre un terme à ces aides.

QUÉBEC, JEUDI 20 Le nouveau gouvernement dirigé par l'indépendantiste Pauline Marois annonce la fermeture de l'unique centrale nucléaire de la province.

SILIVRI (TURQUIE), VENDREDI 21 326 militaires turcs sont lourdement condamnés pour leur participation au complot Balyoz, ourdi en 2003 contre le gouvernement.

BENGHAZI (LIBYE), SAMEDI 22 Des dizaines de milliers de Libyens manifestent contre les milices islamistes. Des affrontements avec la brigade Raf Allah Al-Sahati font au moins quatre morts.

NÉPAL, DIMANCHE 23 Une avalanche dans l'Himalaya cause la mort de neuf alpinistes, dont quatre Français. Trois autres sont portés disparus.

LOS ANGELES (CALIFORNIE), JEUDI 27 Arrestation de Nakoula Basseley Nakoula, le producteur d'*Innocence of Muslims*. Condamné en 2010 pour fraude bancaire, il avait enfreint les règles de la liberté conditionnelle.

ADDIS-ABEBA, JEUDI 27 Les présidents soudanais et sud-soudanais Omar El-Béchir et Salva Kiir signent un accord de sécurité et de coopération.

NEW YORK, VENDREDI 28 Le département d'État retire de la liste des organisations terroristes l'Organisation des moudjahidines du peuple, mouvement d'opposition au régime islamique iranien.

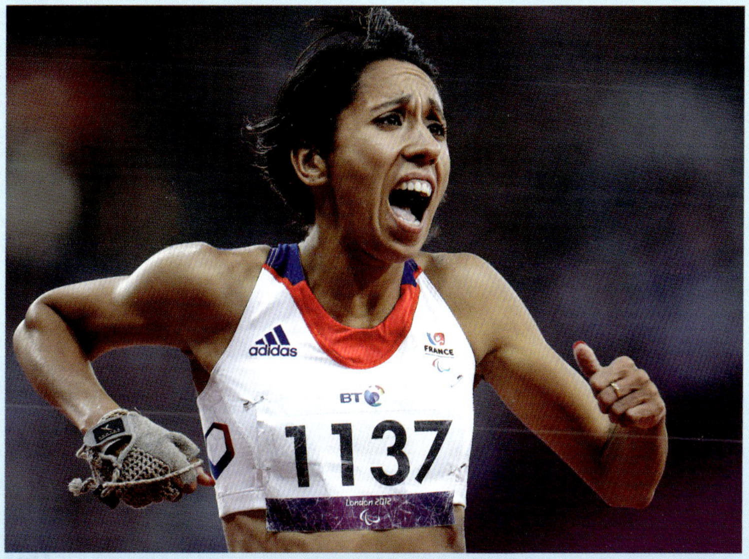

Jeudi 6, victoire de la Française Assia El Hannouni dans le 200 m aux Jeux paralympiques de Londres, catégorie T12 (malvoyants), et record du monde. C'est sa huitième médaille d'or après celles qu'elle a gagnées aux Jeux paralympiques de 2004 (quatre) et 2008 (deux), et celle qu'elle a arrachée avant-hier sur le 400 m.

ÉCONOMIE

PARIS, SAMEDI 1er L'État français accorde sa garantie au Crédit immobilier de France, menacé d'effondrement. Néanmoins, la banque devrait progressivement cesser son activité.

PARIS, DIMANCHE 2 Le ministre du Travail Michel Sapin annonce que le cap des 3 millions de chômeurs a été franchi en France métropolitaine.

MADRID, LUNDI 3 Le gouvernement de Mariano Rajoy injecte 4,5 milliards d'euros dans Bankia, qui a été nationalisée en mai.

PARIS, MARDI 11 Après François Hollande dimanche 9, le ministre du Redressement productif Arnaud Montebourg entérine la suppression de 8 000 emplois chez PSA Peugeot Citroën, ainsi que la fermeture du site d'Aulnay-sous-Bois (93) en 2014.

LISBONNE, MARDI 11 La Commission européenne, la BCE et le FMI autorisent le Portugal à ramener son déficit en 2013 à 4,5 % du PIB, et non plus à 3 %.

NEW YORK, MERCREDI 12 L'agence Bloomberg LP annonce que BAE Systems et EADS étudient leur éventuelle fusion.

PARIS, MARDI 18 Le CSA autorise Canal+ à racheter les chaînes gratuites Direct Star et Direct 8.

BRUXELLES, VENDREDI 21 La Commission européenne autorise le rachat d'EMI par Universal.

CULTURE

MADRID, SAMEDI 1er La TVA des produits culturels espagnols passe de 8 % à 21 %. Pour la profession, c'est la mort programmée du cinéma espagnol.

BERLIN, MARDI 4 Évacuation du Kunsthaus Tacheles, squat considéré comme un haut lieu de la contre-culture contemporaine.

VENISE (ITALIE), VENDREDI 7 Le Lion d'or du Festival de Venise est attribué au film *Pietà* du cinéaste sud-coréen Kim Ki-duk.

PARIS, VENDREDI 21 Le Conseil constitutionnel confirme la constitutionnalité des corridas en France.

SAINT-DENIS (93), VENDREDI 21 Inauguration de la Cité du cinéma fondée par Luc Besson.

TOULOUSE (31), DIMANCHE 30 Première représentation, dans une mise en scène de Jorge Lavelli, de *Rienzi* de Richard Wagner. Cet opéra n'avait jamais été donné en France depuis sa création parisienne en 1869.

SPORTS

HELSINKI, VENDREDI 7 En match de qualification pour le Mondial 2014, l'équipe de France de football bat la Finlande (1-0).

SAALFELDEN (AUTRICHE), SAMEDI 8 La Française Julie Bresset remporte le Championnat du monde de VTT.

SAINT-DENIS (93), MARDI 11 En match de qualification pour le Mondial 2014, l'équipe de France de football bat la Biélorussie (3-0).

VALKENBURG (PAYS-BAS), DIMANCHE 23 Le Belge Philippe Gilbert remporte le Championnat du monde de cyclisme sur route.

DÉCÈS

PARIS, DIMANCHE 2 Emmanuel Nunes (*31.8.1941), compositeur portugais.

GAPYEONG (CORÉE DU SUD), LUNDI 3 Moon Sun-myung (*25.2.1920), fondateur de l'Église de l'unification.

PARIS, MERCREDI 5 Christian Marin (*8.2.1929), acteur français.

PARIS, SAMEDI 15 Pierre Mondy (*10.2.1925, Pierre Cuq, dit), acteur français.

MADRID, MARDI 18 Santiago Carrillo (*18.1.1915), ancien secrétaire général du Parti communiste espagnol.

Octobre

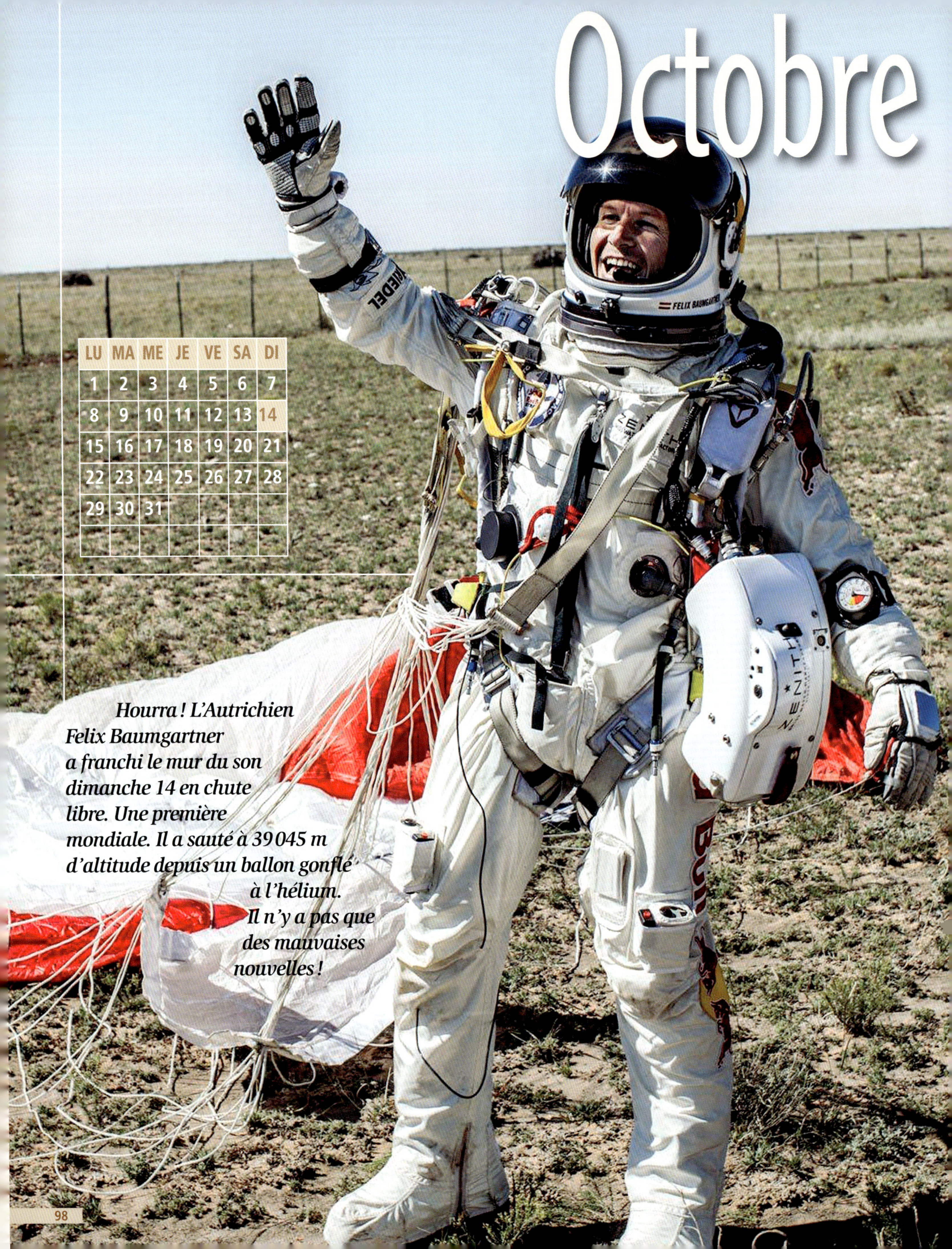

LU	MA	ME	JE	VE	SA	DI
1	2	3	4	5	6	7
8	9	10	11	12	13	14
15	16	17	18	19	20	21
22	23	24	25	26	27	28
29	30	31				

Hourra ! L'Autrichien Felix Baumgartner a franchi le mur du son dimanche 14 en chute libre. Une première mondiale. Il a sauté à 39 045 m d'altitude depuis un ballon gonflé à l'hélium. Il n'y a pas que des mauvaises nouvelles !

Les paris stupides du handball

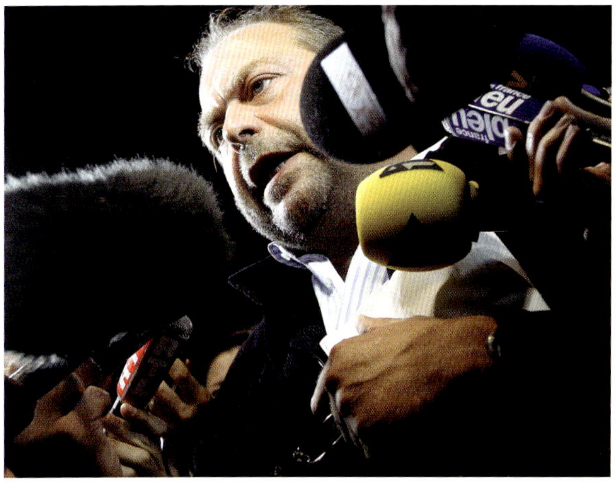

À la sortie du tribunal, Éric Dupond-Moretti, l'un des avocats des frères Karabatic, annonce qu'il fera appel des conditions de contrôle judiciaire de ses clients, auxquels le juge a interdit tout contact avec leur club. Surnommé « Acquittator », il s'était illustré dans l'affaire du match truqué Valenciennes-OM et en obtenant l'acquittement de Loïc Sécher en 2011.

MONTPELLIER (34), MARDI 2 Treize personnes ont été mises en examen pour escroquerie dans l'affaire qui secoue le handball français depuis une semaine. Notamment Nikola Karabatic, la star de ce sport qui, aux derniers JO, a porté une nouvelle fois haut les couleurs de la France. Mais aussi sa compagne, son frère Luka ainsi que sept coéquipiers ou ex-coéquipiers du Montpellier Agglomération Handball (MAHB). Retour sur les faits. Le 12 mai dernier, le MAHB, déjà assuré d'être une nouvelle fois champion de France et privé de plusieurs de ses titulaires (dont précisément Nikola Karabatic), s'incline contre le très modeste club breton de Cesson-Sévigné (28-31). Or, la Française des jeux (FDJ) a enregistré sur cette partie des mises anormalement élevées, les paris portant à 99 % sur la victoire des Bretons à la mi-temps (ce qui a été le cas). Et il s'avérera que les paris en question ont été effectués dans plusieurs points de vente bien précis de la FDJ et que les parieurs sont des proches de certains joueurs montpelliérains. Ceux-ci ont d'ailleurs reconnu hier avoir parié sur ce match, ce qui leur est interdit, mais nient catégoriquement l'avoir truqué…

Douze policiers marseillais sont mis en garde à vue

MARSEILLE (13), MARDI 2 Le procureur de la République de Marseille Jacques Dallest n'hésitera pas à parler de « véritable gangrène ». Au terme d'une enquête de près d'un an, l'Inspection générale de la police nationale (IGPN), la « police des polices » familière aux fans de la série *Engrenages*, a mis en garde à vue douze policiers de la brigade anticriminalité (BAC) nord de Marseille. Ils sont soupçonnés d'avoir extorqué de la drogue, de l'argent et des cigarettes à des petits dealers, soit pour leur usage personnel, soit pour infiltrer des réseaux. C'est ce que devront déterminer les deux juges d'instruction à qui cette affaire a été confiée, Patricia Krummenacker et Caroline Charpentier. Dimanche 7, la situation sera la suivante : les douze policiers ont été mis en examen, sept d'entre eux ont été incarcérés, tous ont été suspendus par Manuel Valls. Le ministre de l'Intérieur a également prononcé la dissolution de la BAC nord. La Place Beauvau a fait ce commentaire : « Les faits pour lesquels ils sont poursuivis sont d'une exceptionnelle gravité », car « ils portent atteinte à l'honneur et à la probité dont doivent être porteurs celles et ceux qui assurent la sécurité de nos concitoyens », du moins s'ils sont avérés. Dans ce cas, les policiers mis en examen risquent jusqu'à vingt ans de prison en cour d'assises.

Le ministre des Finances reçoit les « pigeons »

PARIS, JEUDI 4 La fronde des « pigeons » n'aura pas été vaine. Tout a commencé vendredi dernier quand un collectif de jeunes entrepreneurs et créateurs de start-up, les « Geonpi » (autrement dit pigeons, en verlan), a fait son apparition sur les réseaux sociaux pour dénoncer le projet de loi de finances 2013. En cause, la modification de l'imposition des plus-values, découlant de l'alignement de la taxation des revenus du capital sur ceux du travail. En quelques jours, l'initiative des « pigeons » a créé un immense « buzz » sur la Toile, au point que leur page Facebook réunissait hier plus de 33 000 fans et leur compte Twitter, plus de 6 000 abonnés. Pierre Moscovici n'est pas resté insensible à cette levée de boucliers. Après avoir reçu à Bercy quelques-uns des contestataires, le ministre de l'Économie et des Finances a signifié que les créateurs d'entreprises bénéficieront bien du système actuel, soit environ 34,5 % (bien loin, donc, des 60 % redoutés). Il a également indiqué qu'un entrepreneur cédant sa société et réinvestissant une partie de l'argent ainsi gagné bénéficiera d'une exonération à la hauteur de sa part de réinvestissement, comme le réclamaient les jeunes patrons en colère. Une reculade du gouvernement ? Matignon préférera parler de « correctif »…

Un réseau djihadiste est démantelé en France

STRASBOURG (67), SAMEDI 6 Français d'origine antillaise converti à l'islam radical, Jérémie Louis-Sidney, 33 ans, a été abattu après qu'il a ouvert le feu sur les policiers venus l'arrêter à son domicile du quartier de l'Esplanade. Cette arrestation s'inscrivait dans le cadre d'un coup de filet contre un réseau djihadiste présentant la particularité d'être animé par des Français convertis, ceux-là qui, selon Manuel Valls, « se construisent une identité politique *via* l'islam radical », souvent en passant par la case prison. Repris de justice, Jérémie Louis-Sidney voulait « finir en martyr », dira l'instruction. Ce soir, douze hommes sont sous les verrous (onze seront mis en examen). Ils ont été arrêtés à Cannes (06) et en région parisienne. Il semble que Louis-Sidney ait été la « tête pensante » et la figure charismatique du réseau. Il aurait effectué un ou plusieurs voyages en Tunisie, où il aurait été en contact avec des salafistes, et il entretenait plusieurs « épouses ». Celle de Strasbourg, Inès, était présente à l'Esplanade au moment du drame. Le réseau était déjà passé à l'acte : l'ADN de Louis-Sidney a en effet été retrouvé sur la cuiller de la grenade à plâtre lancée contre le supermarché casher de Sarcelles, le 19 septembre dernier (voir p. 95).

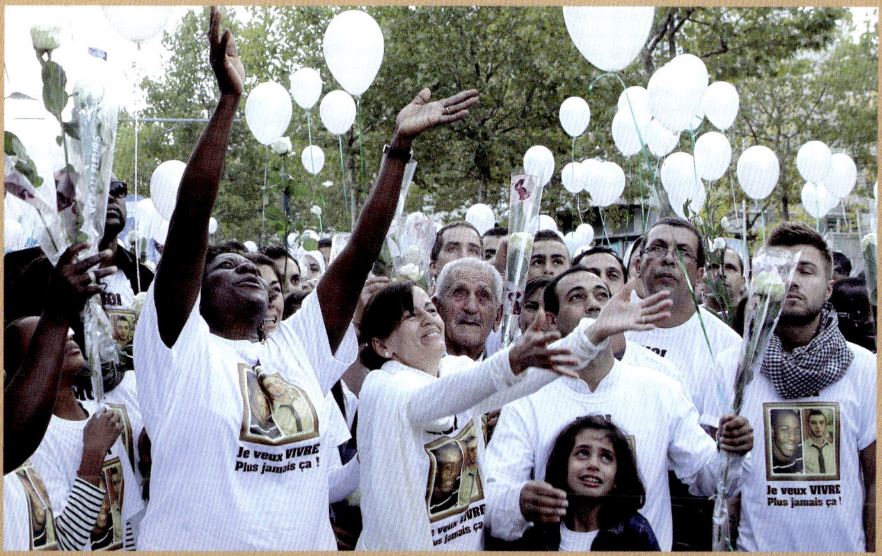

À Échirolles (38), mardi 2, quelque 10 000 personnes ont participé à une « marche blanche » en mémoire de Kevin et Sofiane, deux jeunes lynchés vendredi dernier dans des circonstances encore obscures. Hier, François Hollande et Manuel Valls se sont rendus dans cette ville de la banlieue de Grenoble. Le président de la République a été interpellé par une habitante qui lui a lancé : « C'est devenu le Texas. On est où, là, Monsieur le président ? » François Hollande lui a répondu qu'il était venu à Échirolles pour apporter « sécurité, justice et réussite ».

Octobre

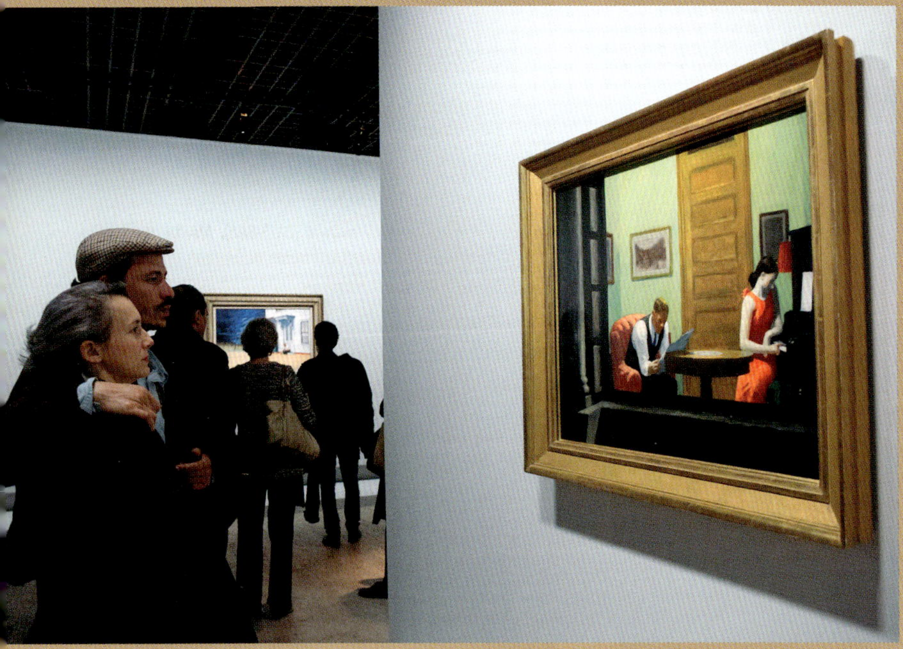

Le public ne s'y est pas trompé. Organisée au Grand Palais, à Paris, la plus importante rétrospective consacrée aux tableaux, gravures, aquarelles et illustrations du peintre américain Edward Hopper (1882-1967) a attiré plus de 5 000 visiteurs le jour même de l'ouverture, le mercredi 10. Du jamais vu. Cette exposition, qui s'achèvera le 28 janvier 2013, est sans doute la première à mettre ainsi en valeur les années de formation parisienne de cet artiste qui sut si bien faire ressentir le quotidien empreint de mélancolie des classes moyennes des États-Unis. Ci-dessus, des visiteurs admirant Room in New York, *(1932).*

Attaque contre une chambre de torture du régime syrien

DAMAS, LUNDI 8 Un coup particulièrement dur a été porté ce soir au régime de Bachar Al-Assad par le groupe islamiste Jabhat Al-Nosra, qui promet une application rigoureuse de la charia en Syrie. Il était 20 h 30 (heure locale) quand un véhicule bourré d'explosifs a sauté dans une base des services de renseignement de l'armée de l'air située à Harasta, dans la banlieue de la capitale. Vingt-cinq minutes après, c'est une ambulance qui sautait « pour détruire le reste de ce siège et tuer les survivants », comme le revendiquera Jabhat Al-Nosra sur Internet. La seconde explosion fut suivie de tirs d'obus. Selon l'Observatoire syrien des droits de l'homme (OSDH), organe officieux de l'opposition au régime, ce double attentat-suicide a fait plusieurs dizaines de victimes. On ignore en revanche s'il y a eu des effets collatéraux. Le centre d'Harasta avait la réputation d'être l'une des principales « chambres de torture » du régime, et l'on s'interroge sur le sort des nombreux prisonniers qui y croupissaient. Jabhat Al-Nosra n'en dit pas un mot et les médias officiels font silence. (→ 19)

L'Allemagne fait capoter la fusion aérospatiale

LEYDE (PAYS-BAS), MERCREDI 10 Les visages sont en berne au siège social d'EADS. Le groupe aérospatial européen a dû mettre dans un tiroir son projet de fusion avec le britannique BAE Systems. Or, cette fusion se serait probablement réalisée si Angela Merkel ne s'y était opiniâtrement opposée. Pour l'Allemagne, qui n'est pourtant pas un actionnaire direct d'EADS (contrairement à la France), c'était vraiment non : rien n'a pu la faire fléchir à la date butoir à laquelle le projet devait être finalisé ou abandonné. Guillaume Lecompte-Boinet, rédacteur en chef du magazine *Air & Cosmos*, dira que ce non prouve que « l'Allemagne, pays de la compétitivité par excellence, considère qu'elle n'a pas besoin d'un géant comme EADS-BAE pour tenir son rang ». Cet échec est un coup dur pour l'industrie aéronautique européenne, qui perd probablement une occasion historique de tenir la dragée haute à l'américain Boeing. Il est à noter que le français Dassault était hostile à une fusion qui risquait de fragiliser la position qu'il occupe dans le secteur des drones et des avions de combat.

Incompréhension après le verdict dans l'affaire des « tournantes »

CRÉTEIL (94), JEUDI 11 Dix accusés acquittés. Quatre autres condamnés à des peines allant de trois ans de prison avec sursis à un an ferme. Le verdict rendu cette nuit par les jurés de la cour d'assises des mineurs de Créteil dans l'affaire des « tournantes » de Fontenay-sous-Bois (94) n'a satisfait personne. Il a aussi provoqué la colère de plusieurs associations féministes (« un permis de violer », selon le mouvement Osez le féminisme), et les femmes ministres Najat Vallaud-Belkacem et Marisol Touraine ont fait part de leur émotion et de leur malaise. C'est entre 1999 et 2001, rappelons-le, que Nina et Aurélie (alors mineures) auraient subi des viols collectifs et à répétition. Les deux jeunes femmes en ont conservé de graves séquelles psychologiques. Du reste, trop éprouvées, elles étaient absentes à l'énoncé du verdict. Jugeant celui-ci trop éloigné du réquisitoire de l'avocate générale (qui avait requis des peines de cinq à sept ans de prison pour huit des accusés) et considérant qu'« il ne correspond pas au déroulement des crimes et à leur appréciation », le parquet général et celui de Créteil annonceront demain avoir interjeté appel d'un commun accord.

La victoire des séparatistes flamands

ANVERS (BELGIQUE), DIMANCHE 14 Bart De Wever a gagné son pari. Aux élections municipales belges, la Nieuw-Vlaamse Alliantie (N-VA) est arrivée en tête à Anvers avec 37,68 % des suffrages et devient incontournable. Toutefois, la victoire des séparatistes de la N-VA ne se fait pas tant aux dépens des formations traditionnelles, de droite ou de gauche, que du Vlaams Belang. Ce parti nationaliste d'extrême droite chute en effet très lourdement, passant de 33,51 % des voix au précédent scrutin à 10,18 %. Si le jeune président de la N-VA ne dispose pas de la majorité absolue (et devra contracter des alliances pour gouverner Anvers), il se considère assez fort, ce soir, pour inviter le Premier ministre, le socialiste wallon Elio Di Rupo, à mettre en place un système confédéral pour la Belgique, sans attendre les élections législatives de 2014. Si Elio Di Rupo a décliné l'invitation, le vice-Premier ministre Didier Reynders, un libéral wallon, a montré une certaine résignation en déclarant : « On a le sentiment que les Flamands ne veulent plus payer pour la Wallonie et Bruxelles. Donc, de grandes réformes socio-économiques sont nécessaires. »

Bart De Wever salue ses électeurs au balcon de l'hôtel de ville d'Anvers. Âgé de 41 ans, le président de la N-VA s'est aussi rendu célèbre avec une cure d'amaigrissement qui lui a fait perdre plus de 60 kg en moins d'un an. Il en a tiré un livre à succès paru cette année, Het Regime van Bart De Wever *(« Le régime de Bart De Wever »).*

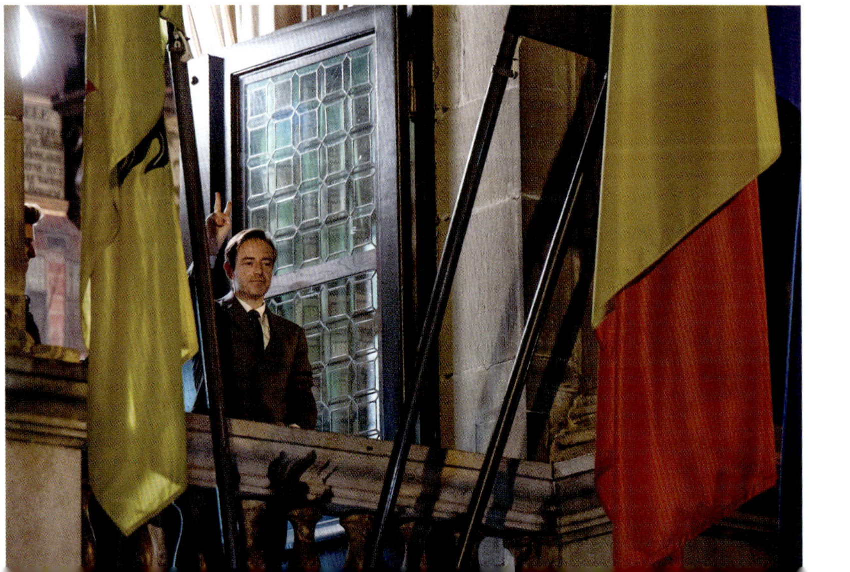

L'ancien avocat d'Yvan Colonna a été assassiné

AJACCIO (2A), MARDI 16 Ex-bâtonnier du barreau d'Ajaccio, il était l'un des plus célèbres avocats de Corse. Antoine Sollacaro (*30.1.1949) est mort frappé de plusieurs balles, ce matin, alors qu'il descendait de sa voiture après s'être arrêté dans une station-service de la route des îles Sanguinaires, entre son domicile et le centre-ville d'Ajaccio. Ses assassins, qui étaient à moto, ont pris la fuite. Longtemps proche des milieux nationalistes, Antoine Sollacaro avait défendu de nombreux militants du Front de libération nationale corse (FLNC) puis du Mouvement pour l'autodétermination (MPA). Il avait aussi été, jusqu'au printemps 2012, le tonitruant avocat d'Yvan Colonna, l'assassin du préfet Erignac. Et il défendait encore l'ex-dirigeant nationaliste et président du club de football l'AC Ajaccio Alain Orsoni, dont un autre proche, Antoine Nivaggioni, avait lui aussi été tué en 2010… L'assassinat d'Antoine Sollacaro, qui a suscité une vive émotion dans la magistrature, porte à quinze le nombre d'homicides depuis janvier dans une Corse, dénoncera demain le ministre de l'Intérieur Manuel Valls, « gangrenée » par la « mafia ».

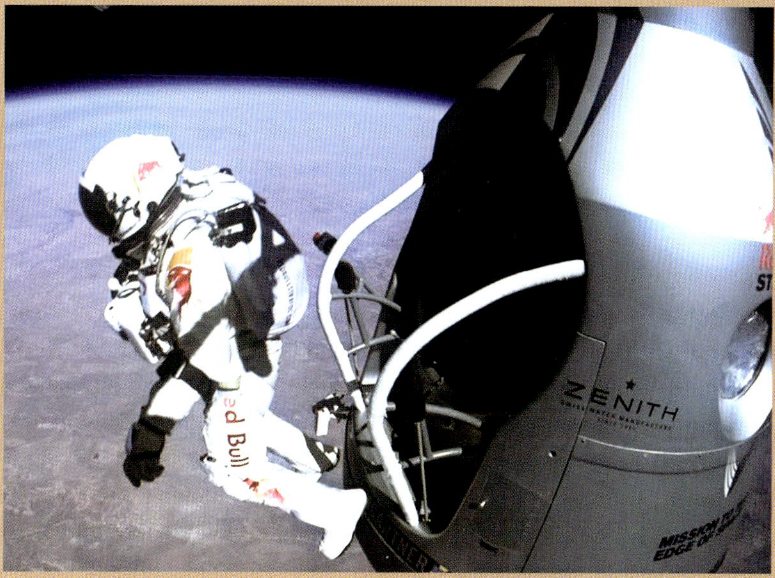

Connu pour relever les défis les plus fous, comme sauter de la main de la statue du Christ Rédempteur à Rio de Janeiro (1999) ou faire un « base jump » depuis le viaduc de Millau (2004), le parachutiste autrichien Felix Baumgartner, 43 ans, a réussi dimanche 14 le plus bel exploit de sa carrière. Sautant à 39 045 mètres de la nacelle d'un ballon gonflé à l'hélium, il a fait la chute libre la plus longue jamais homologuée (4 minutes 17 secondes). Mais surtout, au cours de sa descente, il aura été le premier parachutiste à franchir le mur du son, atteignant la vitesse de 1 342,8 km/h (Mach 1,24). Après avoir ouvert son parachute, il s'est posé près de Roswell, au Nouveau-Mexique. Sponsorisé par Red Bull, le saut avait aussi un but scientifique : expérimenter une nouvelle combinaison pressurisée, dotée de cinq caméras vidéo HD préparées spécialement par l'opérateur américain Jay Nemeth (FlightLine Films).

Sept tableaux de maître ont été volés à Rotterdam

ROTTERDAM (PAYS-BAS), MARDI 16 Deux Monet, un Picasso, un Matisse, un Gauguin, un Meyer de Haan et un Lucian Freud. Tel est le butin du cambriolage dont a été victime le Kunsthal de Rotterdam, dans la nuit du 15 au 16. Ces tableaux, prêtés au musée par une fondation privée, étaient exposés depuis le 9 octobre. Les voleurs ont opéré à la vitesse de l'éclair : lorsque les policiers sont arrivés sur place, cinq minutes après le déclenchement de l'alarme, ils étaient déjà partis. La proximité d'un nœud autoroutier a sans doute facilité leur fuite, et aussi l'absence de gardien de nuit. Ce n'est pas la première fois que le Kunsthal fait parler de lui à la rubrique des faits divers. En 2002, deux œuvres de Van Gogh avaient été dérobées ; elles n'ont toujours pas été retrouvées. Pour la directrice du Kunsthal, Emily Ansenk, les tableaux volés cette nuit sont invendables car « ils sont enregistrés dans le monde entier ». Leur valeur étant estimée entre 150 et 200 millions d'euros, les enquêteurs s'attendent plutôt à une demande de rançon. Les voleurs étaient en tout cas des « professionnels », dont le coup avait été parfaitement préparé.

Wissam Al-Hassan était la bête noire de Bachar Al-Assad

BEYROUTH, VENDREDI 19 Quatre morts et 110 blessés, c'est le bilan de l'attentat à la voiture piégée qui a coûté la vie au général Wissam Al-Hassan, chef du renseignement des Forces de sécurité intérieure (FIS) libanaises. L'explosion a eu lieu dans le quartier chrétien d'Achrafieh, alors que le général se rendait chez lui. Sunnite et proche des Saoudiens, Al-Hassan était devenu la bête noire des services secrets syriens en dirigeant l'enquête sur l'assassinat du Premier ministre libanais Rafic Hariri en 2005, et en orientant cette enquête sur Damas. Au sein de l'appareil d'État libanais, il représentait la tendance la plus hostile au régime de Bachar Al-Assad, le FIS faisant contrepoids au service de renseignement de l'armée, jugé comme inféodé à la Syrie. Le général se savait menacé et avait envoyé sa femme et ses enfants en France. Son destin a été probablement scellé quand il a fait arrêter, le 9 août dernier, l'ancien ministre libanais Michel Samaha, lequel avait apporté de Syrie des explosifs destinés à déclencher une vague de terreur au Liban. Il est alors tentant de voir la main de Damas derrière l'attentat d'aujourd'hui. (→ 11.11)

Les identitaires occupent une mosquée à Poitiers

POITIERS (86), DIMANCHE 21 Ce matin, tandis que le Parti socialiste, le Parti communiste, le Parti de gauche et le MRAP demandaient la dissolution de Génération identitaire, quatre jeunes militants de cette « filiale » du Bloc identitaire étaient toujours en garde à vue. Dans la lignée des opérations « coup-de-poing » médiatisées qui portent la marque de ce mouvement de la droite radicale, 73 jeunes gens et jeunes filles ont occupé hier, une dizaine d'heures durant, le toit de la mosquée de Poitiers. Une mosquée dont la construction n'est d'ailleurs pas tout à fait achevée. Opposés à l'« islamisation » de la France, les organisateurs de cette occupation n'avaient évidemment pas choisi Poitiers par hasard puisque c'est là que, selon la tradition, Charles Martel arrêta les Arabes en 732. Parmi les slogans scandés à Poitiers, on pouvait précisément entendre : « Charles Martel ! Charles Martel ! » Malgré la promesse qui leur a été faite de repartir librement, aucun incident ne s'étant produit, quatre jeunes considérés par la police comme des meneurs ont été placés sous les verrous. Ils seront mis demain en examen, notamment pour « incitation à la haine raciale », et libérés sous contrôle judiciaire. Un contrôle judiciaire très rigoureux, que la cour d'appel de Poitiers allégera le 28 novembre.

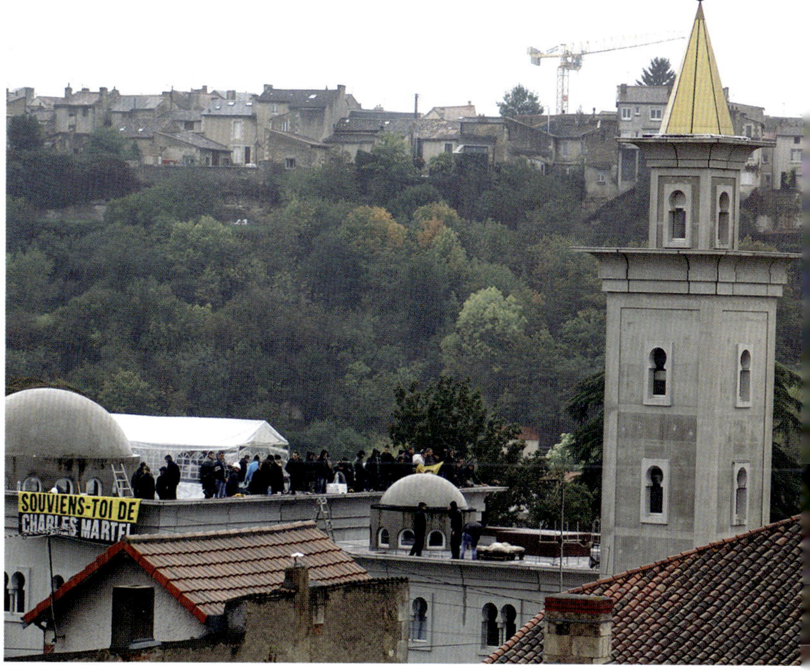

Arrivés à 5 h 45, les militants de Génération identitaire ont déployé des banderoles dont celle-ci, peu vue dans les médias, était la plus démonstrative.

Jean-Louis Borloo a placé l'UDI en orbite

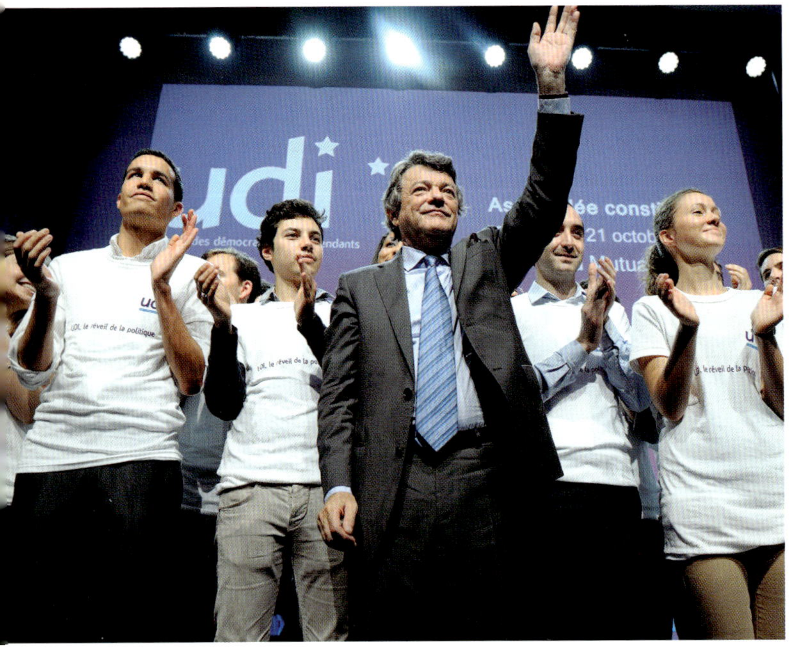

Jean-Louis Borloo, ici sur la scène de la Mutualité où il a réussi une belle démonstration de force, a dit voir dans l'UDI un « TGV lancé à vive allure ».

PARIS, DIMANCHE 21 Il en avait été élu président ce matin même, à l'unanimité. Devant plus de 3 000 personnes, dont de nombreuses personnalités centristes, radicales et divers droite, Jean-Louis Borloo a officiellement lancé, à la Mutualité, l'Union des démocrates et indépendants (UDI). S'affirmant l'héritière de l'UDF (un message vidéo de soutien de Valéry Giscard d'Estaing a été projeté, et Simone Veil était dans la salle), cette nouvelle formation de centre droit a « vocation à devenir le premier parti de France », a déclaré l'ex-ministre de l'Écologie, qui a également insisté sur la volonté d'indépendance de l'UDI, destinée cependant à constituer « une coalition gagnante » avec l'UMP. « L'indépendance, c'est la puissance. Mais l'indépendance, ce n'est pas l'isolement », a ainsi expliqué Jean-Louis Borloo. L'allusion à François Bayrou, qui lui a récemment tendu la main, pouvait difficilement être plus limpide… Regroupant sept formations politiques (dont le Nouveau Centre d'Hervé Morin), l'UDI compte quelque 50 000 adhérents. Dernier ralliement en date, et c'était une des grandes surprises de cette journée, celui de Chantal Jouanno, ex-ministre des Sports UMP de Nicolas Sarkozy.

Le maïs NK603 est-il dangereux ?

PARIS, LUNDI 22 Pour l'Agence nationale de sécurité sanitaire de l'alimentation, de l'environnement et du travail (Anses), les travaux du chercheur français Gilles-Éric Séralini (université de Caen) sur la possible nocivité du maïs transgénique NK603 et du Roundup (l'herbicide qui lui est associé) ne sont pas convaincants. Publiés, après contrôle par un comité de lecture exigeant, dans la prestigieuse revue américaine *Food and Chemical Toxicology*, le 19 septembre dernier, ces travaux concluaient à l'apparition de tumeurs mammaires et de troubles hépatiques et rénaux chez des rats exposés aux produits commercialisés par le géant américain Monsanto. Pour l'Anses, comme d'ailleurs pour le Haut Conseil des biotechnologies (HCB), Gilles-Éric Séralini n'a pas appliqué un protocole suffisamment fiable. Ce que conteste le chercheur normand, qui fait observer que l'Anses et le HCB sont beaucoup plus tatillons avec lui qu'ils ne l'avaient été avec Monsanto, dont ils ont autorisé les produits en 2003. Consolation, l'Anses concède à Séralini « l'originalité des questions qu'il soulève »…

Sept scientifiques condamnés pour le séisme de L'Aquila

L'AQUILA (ITALIE), LUNDI 22 Le considérant comme ridicule et soulignant que la science n'est pas, à l'heure actuelle, en mesure de prévoir les séismes, des scientifiques du monde entier avaient dénoncé la tenue de ce procès. Alors que le parquet avait requis quatre ans d'emprisonnement, le tribunal de L'Aquila a condamné à six ans de prison, pour « homicide par imprudence », les sept membres de la commission italienne « grands risques ». Soit six spécialistes et experts en séismes, vulcanologie, inondations et glissements de terrain, et le sous-directeur de la protection civile. Leur tort : avoir sous-estimé les risques avant le tremblement de terre qui, le 6 avril 2009, a ravagé la ville de L'Aquila, faisant plus de 300 morts et des dizaines de milliers de sans-abri. Six jours avant le drame, a-t-il été rappelé durant le procès, la commission s'était réunie dans cette ville des Abruzzes, en proie depuis des semaines à de petites secousses. Une réunion à l'issue de laquelle aucune mesure de sécurité particulière n'avait été prise… Les avocats de tous les condamnés ont fait part de leur intention d'interjeter appel de ce verdict, qui a déclenché un tollé dans la communauté scientifique internationale.

Lance Armstrong à la trappe

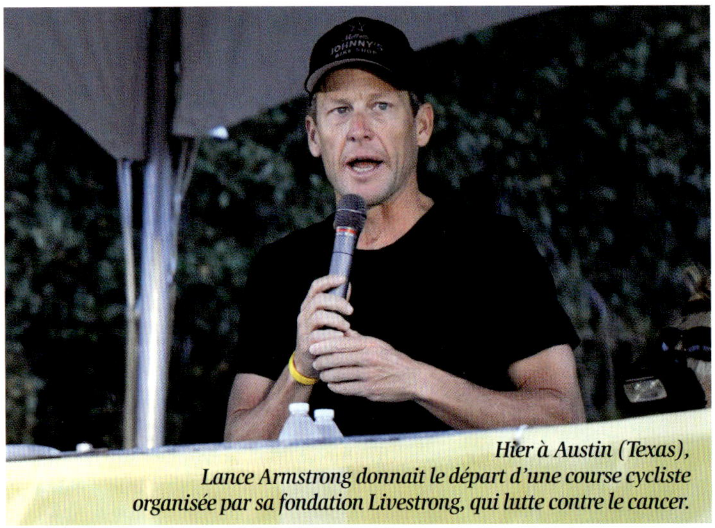

Hier à Austin (Texas), Lance Armstrong donnait le départ d'une course cycliste organisée par sa fondation Livestrong, qui lutte contre le cancer.

GENÈVE, LUNDI 22 Le couperet est tombé. Abondant dans le sens des conclusions de l'Agence américaine antidopage (voir p. 80), l'Union cycliste internationale (UCI) a privé Lance Armstrong, accusé de dopage systématique, de l'ensemble de son palmarès depuis le 1er août 1998. Le Texan perd donc définitivement les sept Tours de France successifs gagnés de 1999 à 2005, mais aussi 24 étapes remportées dans cette épreuve, deux éditions du Dauphiné et un Tour de Suisse. Lance Armstrong, qui a pris sa retraite sportive en janvier 2011, a également été suspendu à vie. Il « n'a aucune place dans le cyclisme, il doit être oublié », a commenté le président de l'UCI Pat McQuaid lors d'une conférence de presse organisée à Genève.

Le gouvernement a réussi à arracher un accord sur les dépassements d'honoraires

PARIS, MARDI 23 Le gouvernement de Jean-Marc Ayrault avait menacé à plusieurs reprises, en cas d'échec des négociations, de faire encadrer par la loi les dépassements d'honoraires des médecins, devenus selon lui un véritable obstacle à l'accès aux soins. Après plus de vingt heures de discussions, et l'intervention téléphonique de la ministre de la Santé Marisol Touraine alors que le dialogue entre les négociateurs était rompu, les cinq centrales syndicales des médecins et l'assurance maladie sont finalement parvenus à un consensus pour limiter les dépassements d'honoraires. Cet accord *a minima* est en fait un avenant à la convention des médecins. Il prévoit une procédure de sanctions à l'encontre de praticiens qui pratiqueraient des dépassements d'honoraires excessifs. Mais aussi un « contrat d'accès aux soins » non obligatoire pour les médecins qui s'engagent à limiter leurs dépassements en échange d'avantages sociaux. Demain, des associations de patients, déplorant de ne pas avoir été invitées à la table des négociations, et plusieurs spécialistes de la santé feront part de leur profond scepticisme face à ce texte qualifié d'« historique » par l'Élysée.

Option américaine pour PSA Peugeot Citroën

PARIS, MERCREDI 24 La situation de PSA Peugeot Citroën n'est pas bonne. Philippe Varin, le président du directoire du groupe, a présenté des résultats à la baisse. Pour les neuf premiers mois de cette année, son chiffre d'affaires de 42,5 milliards d'euros représente un recul de 4,7 %. Et sur cette même période, les ventes d'automobiles ont enregistré une chute de 15,2 %. Conséquence, l'endettement du constructeur devrait passer de 2,4 milliards à 3 milliards d'euros en 2012. Pourtant, PSA est mobilisé pour redresser la barre. Trois facteurs entrent en ligne de compte. D'abord, la garantie de 7 milliards d'euros sur trois ans que lui a accordée l'État, en échange de l'entrée d'un représentant des pouvoirs publics au conseil de surveillance. Ensuite, le programme de désendettement du groupe, avec notamment la fermeture en 2014 du site d'Aulnay-sous-Bois (93) et 8 000 licenciements, le tout avec l'aval de François Hollande. Enfin, Philippe Varin a confirmé le projet d'alliance entre PSA et General Motors, *via* ses filiales européennes Opel et Vauxhall. Un projet suffisamment avancé pour que des véhicules conçus en commun voient le jour en 2016. Mais il y a un revers de la médaille. Pour s'allier à GM, PSA a été contraint de se soumettre à la loi américaine et de renoncer à alimenter le marché iranien, soit 200 000 véhicules par an !

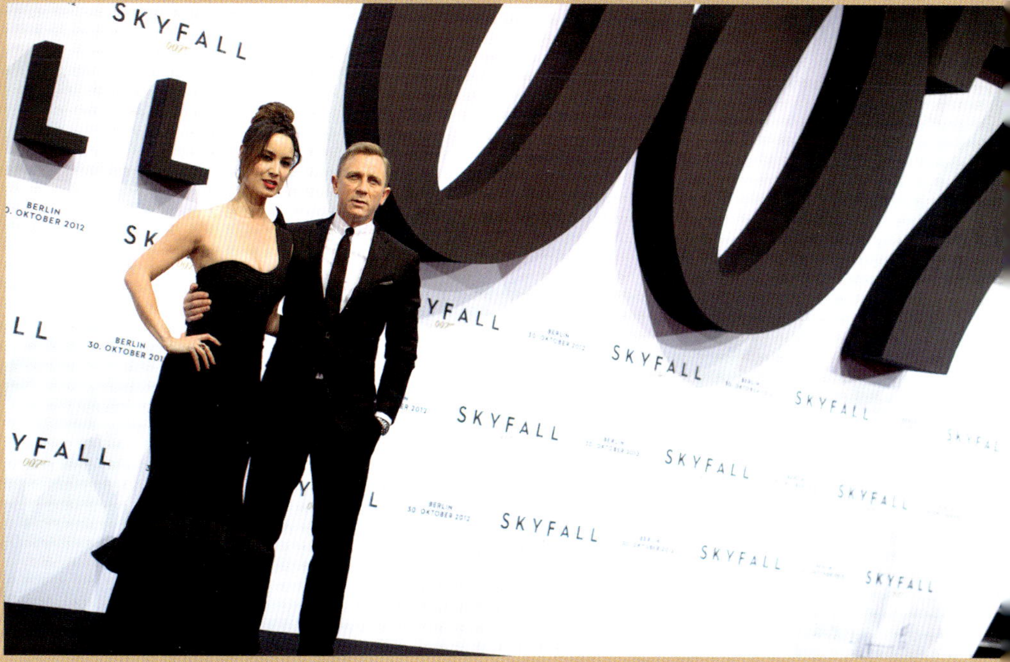

Sorti vendredi 26 en France, le nouveau James Bond, Skyfall, *battra le record d'entrées de la série lancée en 1962 avec* James Bond 007 contre Dr No. *Après* Casino Royale *(2006) et* Quantum of Solace *(2008), ce film est le troisième James Bond de Daniel Craig, lequel pourrait reprendre le rôle dans deux autres opus, en 2014 et 2016. L'acteur britannique est ici photographié lors de la première de* Skyfall *à Berlin, mardi 30. À ses côtés se trouve Bérénice Marlohe, dont la carrière s'était jusqu'à présent limitée à des séries télévisées. Elle ajoute son nom à la prestigieuse liste des « James Bond girls » françaises, après Claudine Auger, Carole Bouquet et Sophie Marceau…*

Harlem Désir à la barre du PS

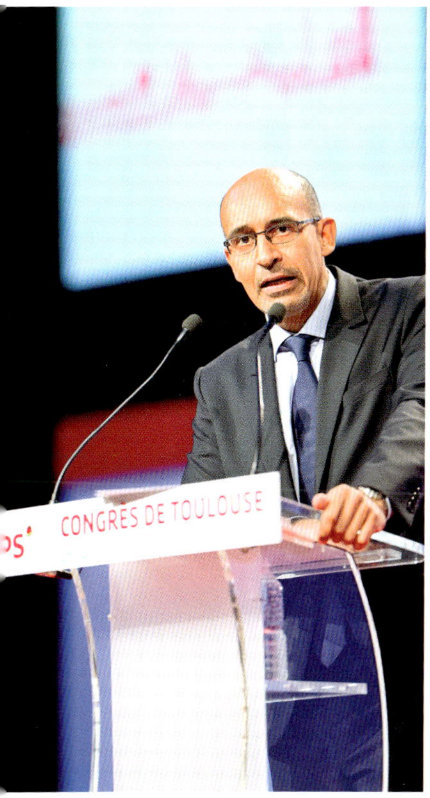

TOULOUSE (31), DIMANCHE 28 Les socialistes ne voulaient pas se souvenir des conditions pour le moins problématiques dans lesquelles, en novembre 2008, Martine Aubry avait été élue première secrétaire du parti, devançant Ségolène Royal d'une poignée de voix. La gauche étant au pouvoir, et François Hollande étant le candidat naturel à sa succession en 2017, les ambitions étaient plus limitées. C'est donc dans un climat apaisé qu'a pris fin à Toulouse le 76e congrès du Parti socialiste. Avec pour principal objectif de souder autour d'Harlem Désir une équipe dévouée à l'action gouvernementale. Le fondateur de SOS Racisme avait été facilement élu premier secrétaire par les militants le 18 octobre (72,5 % des voix), avec la bénédiction du président de la République et de Jean-Marc Ayrault. Il succédait à Martine Aubry qui avait renoncé à son mandat (et qui en avait fait son dauphin). Reste au nouveau premier secrétaire à gérer la pression que les « poids lourds » du parti (en particulier Pierre Moscovici, Benoît Hamon, Stéphane Le Foll et Manuel Valls) risquent d'exercer sur lui, et à faire entendre sa propre musique.

Le discours de clôture d'Harlem Désir : c'était trois jours après son 53e anniversaire.

L'ouragan Sandy s'abat sur New York

ÉTATS-UNIS, MARDI 30 Le pire est passé, mais la côte est des États-Unis a été durement touchée par Sandy, un ouragan de catégorie 1 qui avait auparavant ravagé les Caraïbes, où il aurait fait une centaine de victimes, principalement en Haïti. Les autorités américaines, fédérales et locales, avaient dès vendredi 26 pris des mesures pour limiter les dégâts. Washington, New York et Philadelphie, notamment, étaient mises sous un quasi-contrôle militaire, avec une réduction parfois totale des transports en commun et, significativement, la fermeture hier et aujourd'hui de la Bourse de New York. L'ouragan a frappé hier, privant 8 millions d'Américains d'électricité, avant de s'atténuer en poursuivant sa route vers l'ouest. Le bilan définitif sera impressionnant, avec 131 morts aux États-Unis et une facture peut-être supérieure à 50 milliards de dollars, dont près de la moitié pour le seul New Jersey. L'histoire du cinéma retiendra la perte de la réplique du *HMS Bounty*, construite pour *Les Révoltés du Bounty*, le film avec Marlon Brando (1962), et dont deux hommes d'équipage sont portés disparus au large de la Caroline du Nord. Le gouverneur républicain du New Jersey, Christopher Christie, a félicité le président Obama pour sa gestion de la catastrophe.

Quand Dark Vador rejoint Mickey

BURBANK (CALIFORNIE), MARDI 30 L'empire Disney, déjà gigantesque (voir page suivante), s'agrandit encore, et de quelle manière ! Les studios Disney ont en effet annoncé avoir acheté Lucasfilm, la maison de production créée par George Lucas en 1971 et qu'il possédait à 100 %. Avec cette acquisition, c'est rien moins que la très lucrative saga Star Wars qui tombe dans l'escarcelle des studios Disney. Lesquels ont aussitôt annoncé la sortie d'une troisième trilogie, dont le premier épisode sera sur les écrans à l'horizon 2015 (George Lucas doit en être le « consultant créatif »). Mais la « prise » de Disney ne s'arrête pas là. Car en faisant passer Lucasfilm sous sa bannière, le géant du divertissement s'empare aussi de la franchise Indiana Jones, également très juteuse, et de l'un des leaders mondiaux de la postproduction et des effets spéciaux. « J'ai toujours été un grand fan de Disney », déclarera demain George Lucas dans une vidéo postée sur YouTube. Un fan ravi, à l'évidence, et pour cause : le montant de la transaction est estimé à 4,05 milliards de dollars. Une moitié en numéraire et l'autre en actions, ce qui fait de Lucas le deuxième actionnaire individuel de Disney, derrière les héritiers d'un certain Steve Jobs.

L'empire Disney

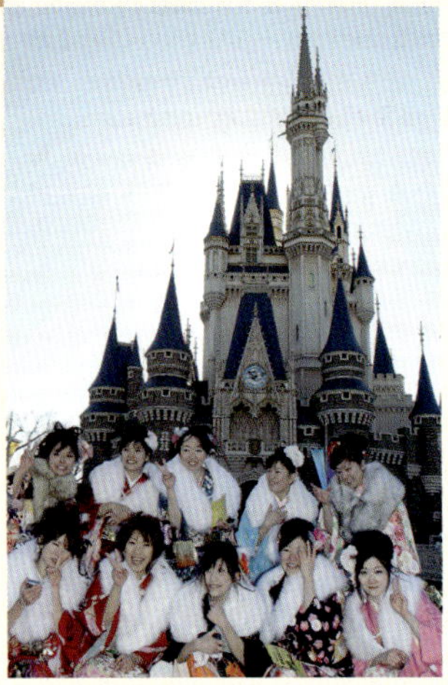

Ci-dessus : ces jeunes Japonaises en kimono version Disney posent devant le château de Cendrillon du Tokyo Disney Resort. S'étendant sur 2 km² près de la ville d'Urayasu, située à une quinzaine de kilomètres de la capitale nippone, ce parc accueille chaque année quelque 20 millions de visiteurs.

En intégrant la saga *Star Wars* à son empire, la Walt Disney Company a en même temps mis la main sur l'une des plus puissantes marques du cinéma mondial. Et cette marque, surtout, est multisupport : le cinéma, d'abord, mais aussi la télévision, les médias interactifs, les produits dérivés… Autant de domaines où la société fondée en 1923 (sous le nom de Disney Brothers Studios) par les frères Disney, Walt (1901-1966) et Roy (1893-1971), avait déjà placé ses pions au fil des années jusqu'à devenir le premier groupe mondial de divertissement. Un groupe tentaculaire dont l'organigramme donne le tournis.

Cœur de métier « historique » de Disney, le cinéma y a naturellement la part belle. Car au sein du Walt Disney Motion Pictures Group, on trouve les studios Walt Disney Pictures, où ont vu le jour Mickey Mouse, Pluto et autres Donald, et tous les mythiques longs métrages qui ont fait rêver des générations d'enfants, de *Blanche-Neige* à *Bambi* en passant par *Fantasia*… Mais également les sociétés de production Touchstone Pictures et Hollywood Pictures. À quoi il faut ajouter, outre le nouveau venu Lucasfilm, deux mastodontes récemment acquis par Disney dans le cadre d'une politique agressive d'achats de contenus : Pixar (*Toys' Story*, *Monstres & Cie*…), vendu en 2006 par Steve Jobs, le père d'Apple (qui l'avait lui-même acheté vingt ans plus tôt à… George Lucas, son fondateur !),

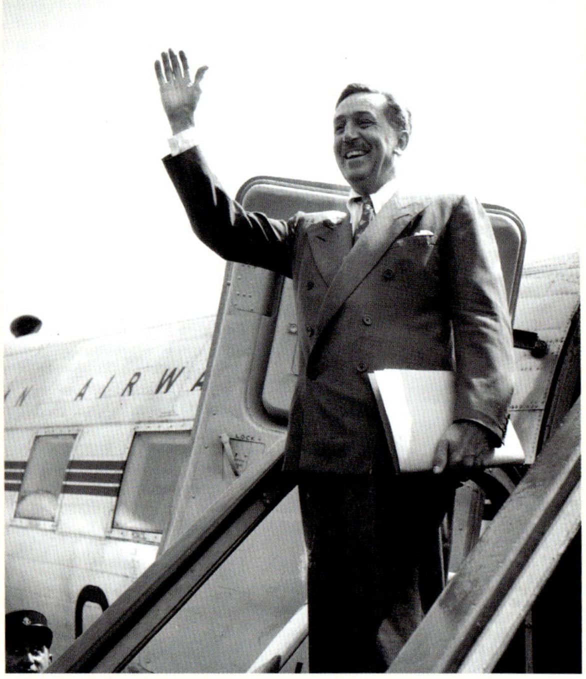

Ci-dessus : c'est déjà à la manière d'un chef d'État que Walt Disney arrivait à l'aéroport d'Orly, en juin 1949. Pourtant, une grande part de son immense empire restait encore à construire…

et Marvel Entertainment et son phénoménal catalogue de super-héros (que l'on pense à Thor, Hulk, Iron Man ou encore aux Avengers), acquis en 2009 pour quelque 4 milliards de dollars.

Côté télévision, secteur dans lequel le visionnaire Walt Disney s'est introduit dès le début des années 1950, le géant californien possède, depuis 1996, le groupe audiovisuel American Broadcasting Company (ABC), d'où sont sorties durant les années 2000 tant de séries à succès : *Lost*, *Grey's Anatomy* ou *Desperate Housewives*. Mais il détient aussi la chaîne sportive ESPN et naturellement les célèbres chaînes Disney Channel. Entre autres…

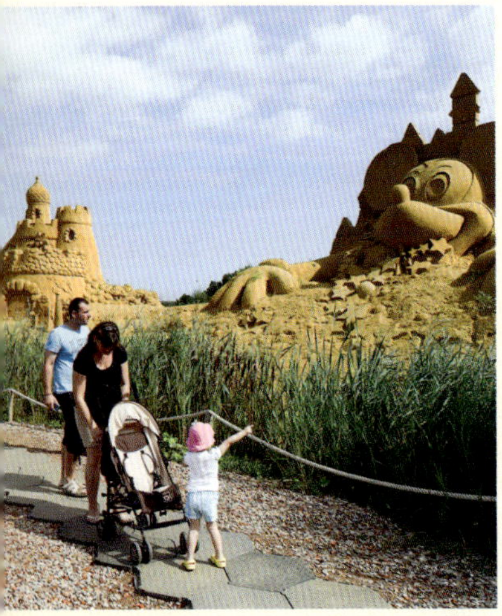

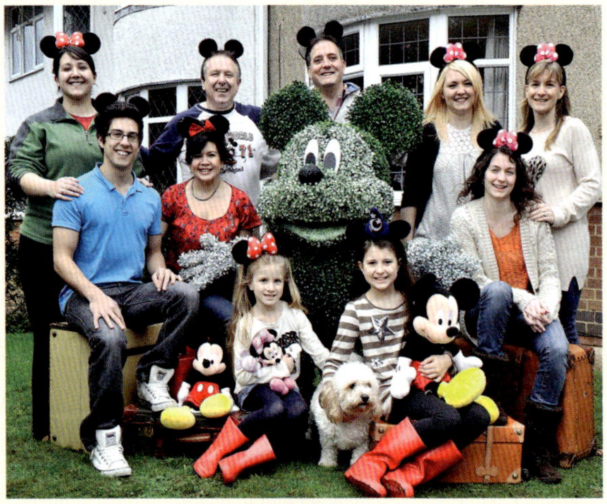

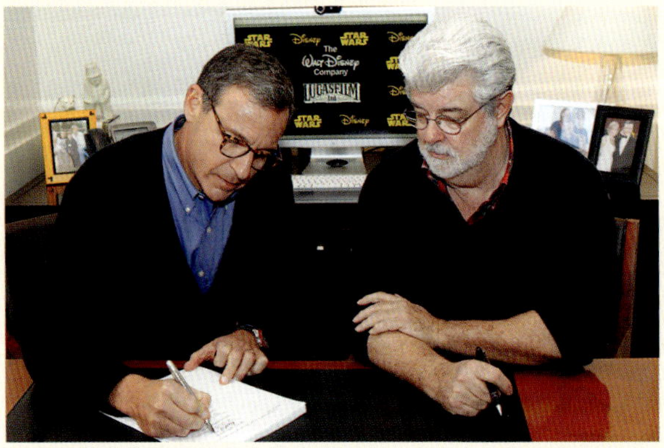

Ci-dessus : éternel Mickey ! À près de 84 ans, la souris de Disney a été durant l'été 2012 l'une des vedettes du Festival de sculptures de sable de Blankenberge, en Belgique. À droite : exemplaire dans son amour du monde de Disney et son enthousiasme, la famille Frith, de Northampton (Royaume-Uni), a été élue en novembre 2012 « toute première famille du Walt Disney World ». Ci-contre : Robert Iger, l'actuel PDG de la Walt Disney Company (à gauche), et George Lucas.

Les parcs à thème, de la Californie à Hong Kong

Passons rapidement sur la très juteuse Disney Consumer Products (qui gère les produits dérivés), le Disney Interactive Media Group (la division « jeux vidéo et Internet »), le Buena Vista Theatrical Group (la division « spectacles »), le Buena Vista Publishing Group (le secteur « livres »)… et arrêtons-nous pour finir sur une activité indissociable du label Disney (au même titre que le dessin animé) : les parcs à thème, qui relèvent de la division Walt Disney Parks and Resorts. Là encore, tout part de Walt Disney en personne. En 1952, il fonde une société destinée à donner le jour en Californie à Disneyland Resort, un parc où les visiteurs de tous âges pourraient retrouver, « grandeur nature », toute la magie de l'univers Disney. Ce parc sera inauguré en 1955. Ce sera du reste le seul que connaîtra le père de Mickey. Car il faudra attendre 1971 pour que le gigantesque Walt Disney World Resort ouvre à son tour ses portes à Orlando (Floride). Suivront le Tokyo Disney Resort (Japon) en 1983, Disneyland Paris (qui, ouvert en 1992 sous le nom d'Euro Disney, est devenu depuis la première destination touristique d'Europe !), et le Hong Kong Disneyland Resort (Chine) en 2005.

Octobre

FRANCE

PARIS, LUNDI 1er Augmentation du prix du paquet de cigarettes. Le paquet de Gauloises passe de 6 euros à 6,40 euros.

PARIS, LUNDI 8 Selon un sondage Harris Interactive pour la CGT, 73 % des Français sont favorables à l'interdiction des licenciements dans les entreprises réalisant des bénéfices.

MARSEILLE (13), LUNDI 8 Trente policiers de la brigade anticriminalité (BAC) sont suspendus.

PARIS, MARDI 9 L'Assemblée nationale ratifie le traité sur la stabilité, la coordination et la gouvernance (TSCG), dit traité budgétaire européen.

LOURDES (65), MARDI 9 Annonce officielle par l'Église de la guérison miraculeuse, en 1965, de la religieuse italienne Luigina Traverso.

PARIS, MERCREDI 10 Selon une étude de l'Insee menée en Île-de-France, 90 % des enfants ou petits-enfants d'immigrés déclarent se sentir français.

DOUAI (59), MERCREDI 10 Maurice Boisart, le maire « gifleur » de Cousolre (59), est acquitté par la cour d'appel (voir p. 19).

PARIS, JEUDI 11 Selon un sondage Ifop pour *La Croix*, 1 % seulement des 25-34 ans va à la messe le dimanche.

PARIS, SAMEDI 13 Florence Lamblin, conseillère écologiste du 13e arrondissement, est mise en examen pour « blanchiment en bande organisée ».

PARIS, DIMANCHE 14 Le ministre de l'Éducation nationale Vincent Peillon se déclare favorable à un débat sur la dépénalisation du cannabis.

PARIS, MARDI 16 Le Premier ministre Jean-Marc Ayrault refuse d'élargir l'ISF aux œuvres d'art d'une valeur supérieure à 50 000 euros.

PARIS, MERCREDI 17 Le conseil des ministres adopte le projet de création de la Banque publique d'investissement (BPI) pour appuyer la réindustrialisation.

PARIS, JEUDI 18 Le Conseil constitutionnel annule les élections des députés UMP Patrick Devedjian (92) et Henri Plagnol (94).

PARIS, JEUDI 18 Le grand rabbin de France Gilles Bernheim dénonce le projet d'extension du mariage aux homosexuels.

CORSE, SAMEDI 20 Fin de l'exercice Tigre 2 qui réunissait des forces spéciales françaises et saoudiennes. C'est la première fois que l'armée saoudienne était projetée dans un pays européen.

PARIS, MERCREDI 24 La cour d'appel de Paris condamne Jérôme Kerviel à 5 ans de prison, dont 3 ferme. L'ancien trader se pourvoit en cassation.

PARIS, MERCREDI 31 Le ministre de l'Intérieur Manuel Valls expulse l'imam tunisien Mohamed Hammami qui appelle à fouetter les femmes adultères, prône le djihad et se répand en imprécations antisémites. Le 15 mai, la commission d'expulsion l'avait jugé intégré.

PARIS, MERCREDI 31 La Cour de cassation annule le non-lieu prononcé en avril 2011 en faveur des deux policiers impliqués dans la mort accidentelle de deux jeunes à Clichy-sous-Bois (93), en 2005.

UNION EUROPÉENNE

MILDENHALL (ROYAUME-UNI), SAMEDI 6 Expulsion vers les États-Unis de l'imam radical Abou Hamza, figure du « Londonistan », après huit années de procédure.

BERLIN, MERCREDI 10 Selon Destatis, institut allemand de statistiques, l'Allemagne est le pays le plus « vieux » d'Europe avec 20,4 % d'habitants de plus de 65 ans et seulement 13,5 % de moins de 15 ans.

OSLO, VENDREDI 12 Le Prix Nobel de la paix est attribué à l'Union européenne.

LONDRES, LUNDI 15 Le Premier ministre britannique David Cameron autorise l'organisation en 2014 d'un référendum en Écosse sur l'indépendance.

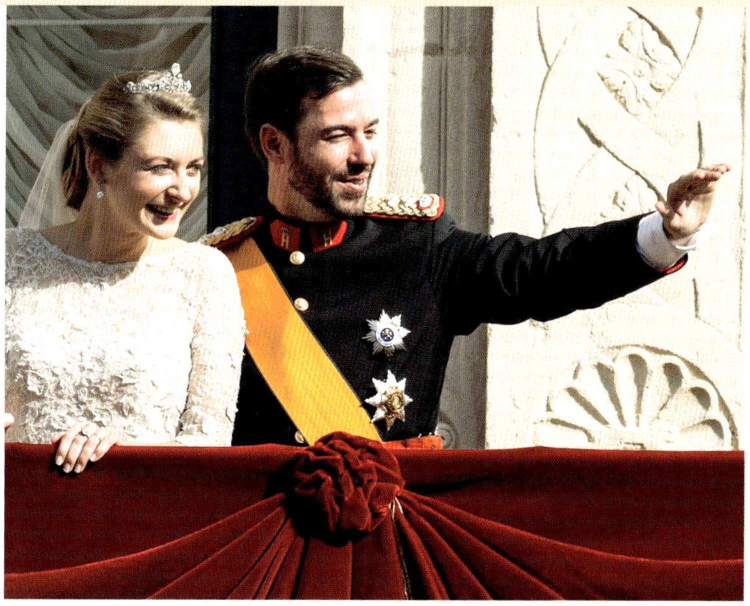

Héritier de la couronne du Grand-Duché de Luxembourg, Guillaume de Nassau épouse samedi 20 la comtesse belge Stéphanie de Lannoy. Après la cérémonie religieuse en la cathédrale Notre-Dame de Luxembourg, le couple salue la foule depuis le balcon du palais grand-ducal. Un feu d'artifice sera tiré ce soir.

ESPAGNE, DIMANCHE 21 Les partis nationalistes triomphent aux élections régionales basques.

STRASBOURG (67), VENDREDI 26 Le Parlement européen décerne le prix Sakharov pour la liberté de l'esprit à deux dissidents iraniens, l'avocate Nasrin Sotoudeh et le cinéaste Jafar Panahi.

MILAN (ITALIE), VENDREDI 26 Silvio Berlusconi est condamné à 4 ans de prison ferme, à l'interdiction de fonction publique pendant 5 ans et à 10 millions d'euros de dommages et intérêts pour fraude fiscale. Cette condamnation sera toutefois sans effet immédiat en raison des appels et des délais de prescription.

BRUXELLES, MARDI 30 Selon un rapport de vingt-deux ONG, l'Union européenne favorise la colonisation en Palestine en important quinze fois plus de produits des colonies israéliennes que de la Palestine elle-même.

INTERNATIONAL

TBILISSI, LUNDI 1er Défaite du président géorgien Mikheil Saakachvili aux élections législatives, remportées par la coalition d'opposition du Rêve géorgien, conduite par l'homme d'affaires Bidzina Ivanichvili.

TÉHÉRAN, MERCREDI 3 Manifestation contre la dépréciation du rial, la monnaie nationale iranienne, et contre la vie chère.

DENVER (COLORADO), MERCREDI 3 Premier débat télévisé entre les deux candidats à l'élection présidentielle américaine, Barack Obama et Mitt Romney. Le candidat républicain prend le dessus sur son adversaire, entraînant une remontée des sondages en sa faveur.

AKÇAKALE (TURQUIE), MERCREDI 3 Une femme et ses quatre enfants sont tués par des tirs de mortier syriens. La Turquie se déclare prête à riposter.

ÉTATS-UNIS, JEUDI 4 Le réseau de surveillance américain SITE découvre sur Internet une courte vidéo où l'agent de la DGSE français Denis Allex, enlevé en juillet 2009 en Somalie, supplie François Hollande d'intervenir. Elle aurait été enregistrée en juillet dernier.

AMMAN, VENDREDI 5 Manifestation des Frères musulmans. Ils réclament des réformes institutionnelles.

WASHINGTON, VENDREDI 5 Le chômage repasse aux États-Unis sous la barre des 8 %, ce qui donne un avantage incontestable au président Barack Obama en vue de l'élection présidentielle.

ISRAËL, SAMEDI 6 Un drone du Hezbollah libanais est abattu au-dessus d'Israël.

CITÉ DU VATICAN, SAMEDI 6 L'ancien majordome du pape, Paolo Gabriele, est condamné par la justice du Vatican à 18 mois de prison avec sursis. Il était la « taupe » dans l'affaire dite du Vatileaks.

CARACAS, DIMANCHE 7 Réélection du président vénézuélien Hugo Chávez, avec 54,42 % des voix.

MANILLE, DIMANCHE 7 Le président philippin Benigno Aquino III annonce un accord de paix avec les séparatistes musulmans de Mindanao. Depuis 50 ans, le conflit a fait 150 000 morts.

MINGORA (PAKISTAN), MARDI 9 La militante pakistanaise du droit des femmes Malala Yousafzai, âgée de 14 ans, est grièvement blessée par des talibans.

ISRAËL, MARDI 9 Le Premier ministre israélien Benyamin Nétanyahou annonce l'organisation d'élections législatives anticipées.

MOSCOU, MERCREDI 10 Au procès en appel des Pussy Riot, Ekaterina Samoutsevitch est acquittée. La peine de deux ans de prison est confirmée pour Nadejda Tolokonnikova et Maria Alekhina.

TURQUIE, MERCREDI 10 L'aviation turque arraisonne un avion civil russe soupçonné de transporter des armes pour la Syrie.

PODGORICA, DIMANCHE 14 Les élections législatives du Monténégro sont remportées par la coalition formée autour du Parti démocratique des socialistes (PDS).

HEMPSTEAD (NEW YORK), MARDI 16 Deuxième débat télévisé entre Barack Obama et Mitt Romney. Cette fois, Mitt Romney est mis en difficulté.

ISTANBUL, JEUDI 18 Ouverture du procès du pianiste et compositeur turc Fazil Say. Il est poursuivi pour « insulte aux valeurs de la religion musulmane ».

BOCA RATON (FLORIDE), LUNDI 22 Troisième et dernier débat télévisé entre Barack Obama et Mitt Romney. Il est plutôt à l'avantage d'Obama, mais Romney continue de le devancer légèrement dans les sondages.

GAZA, MARDI 23 Visite officielle de l'émir du Qatar, qui sera considérée comme une reconnaissance officielle de la souveraineté du Hamas sur la bande de Gaza.

KIEV, DIMANCHE 28 Victoire du Parti des régions du président Viktor Ianoukovitch aux élections législatives ukrainiennes. L'OSCE observe des irrégularités.

ÉCONOMIE

TOULOUSE (31), JEUDI 11 Le plan de réorganisation de Sanofi France prévoit 914 suppressions de postes sans licenciements.

NANTERRE (92), JEUDI 11 Le tribunal de commerce prononce la liquidation de Thomson Angers, dernier site européen du groupe Technicolor.

STOCKHOLM, LUNDI 15 Le prix Nobel d'économie est attribué aux Américains Lloyd Shapley et Alvin Roth.

LONDRES, LUNDI 22 Alliance entre le géant du pétrole britannique BP et son homologue russe Rosneft.

GENK (BELGIQUE), MERCREDI 24 Annonce de la fermeture du site Ford de Genk et du licenciement de ses 4 300 salariés. Cette fermeture pourrait entraîner la destruction de 6 000 emplois chez les sous-traitants.

CULTURE

TOULOUSE (31), MERCREDI 3 Sous la pression des islamistes toulousains, l'artiste tunisien Mounir Fatmi retire son œuvre *Technologia* du festival Le Printemps de Septembre. Elle était jugée « blasphématoire ».

CITÉ DU VATICAN, DIMANCHE 7 La mystique, théologienne, médecin et compositrice allemande Hildegarde de Bingen (1098-1179) est faite docteur de l'Église par Benoît XVI. Elle est la quatrième femme à qui ce titre est conféré, après Catherine de Sienne, Thérèse d'Avila et Thérèse de Lisieux.

STOCKHOLM, MERCREDI 10 Le prix Nobel de littérature est attribué au chinois Mo Yan.

SCIENCES

STOCKHOLM, MARDI 9 Le prix Nobel de physique est attribué au Français Serge Haroche et à l'Américain David Wineland.

STOCKHOLM, MERCREDI 10 Le prix Nobel de chimie est attribué aux Américains Robert Lefkowitz et Brian Kobilka.

SPORTS

MADRID, MARDI 16 En match de qualification pour la Coupe du monde de football de 2014, l'Espagne et la France font match nul (1-1).

DÉCÈS

NEUILLY-SUR-SEINE (92), VENDREDI 5 Claude Pinoteau, cinéaste français (*25.5.1925).

ALGER, SAMEDI 6 Chadli Bendjedid, ancien président algérien (*1.7.1929).

PARIS, JEUDI 11 Frank Alamo, chanteur français (*12.10.1941, Jean-François Grandin, dit).

JÉRUSALEM, VENDREDI 12 Torkom II Manougian, patriarche arménien apostolique (orthodoxe) de Jérusalem (*16.2.1919).

MAISONS-ALFORT (94), SAMEDI 13 Georges Chaulet, écrivain français, auteur de la série des *Fantômette* (*25.1.1931).

PÉKIN, LUNDI 15 Norodom Sihanouk, ancien roi du Cambodge (*31.10.1922).

PARIS, LUNDI 15 Claude Cheysson, ancien ministre des Affaires étrangères (*13.4.1920).

TOKYO, MERCREDI 17 Koji Wakamatsu, cinéaste japonais (*1.4.1936).

AMSTERDAM, MERCREDI 17 Sylvia Kristel, actrice néerlandaise (*28.9.1952).

SALLANCHES (74), MERCREDI 17 Émile Allais, skieur alpin français (*25.2.1912).

SAINT-TROPEZ (83), MARDI 23 Roland de La Poype, ancien pilote du groupe de chasse Normandie-Niémen (*28.7.1920, Roland Paulze d'Ivoy de La Poype, dit).

DRESDE (ALLEMAGNE), SAMEDI 27 Hans Werner Henze, compositeur allemand (*1.7.1926).

Novembre

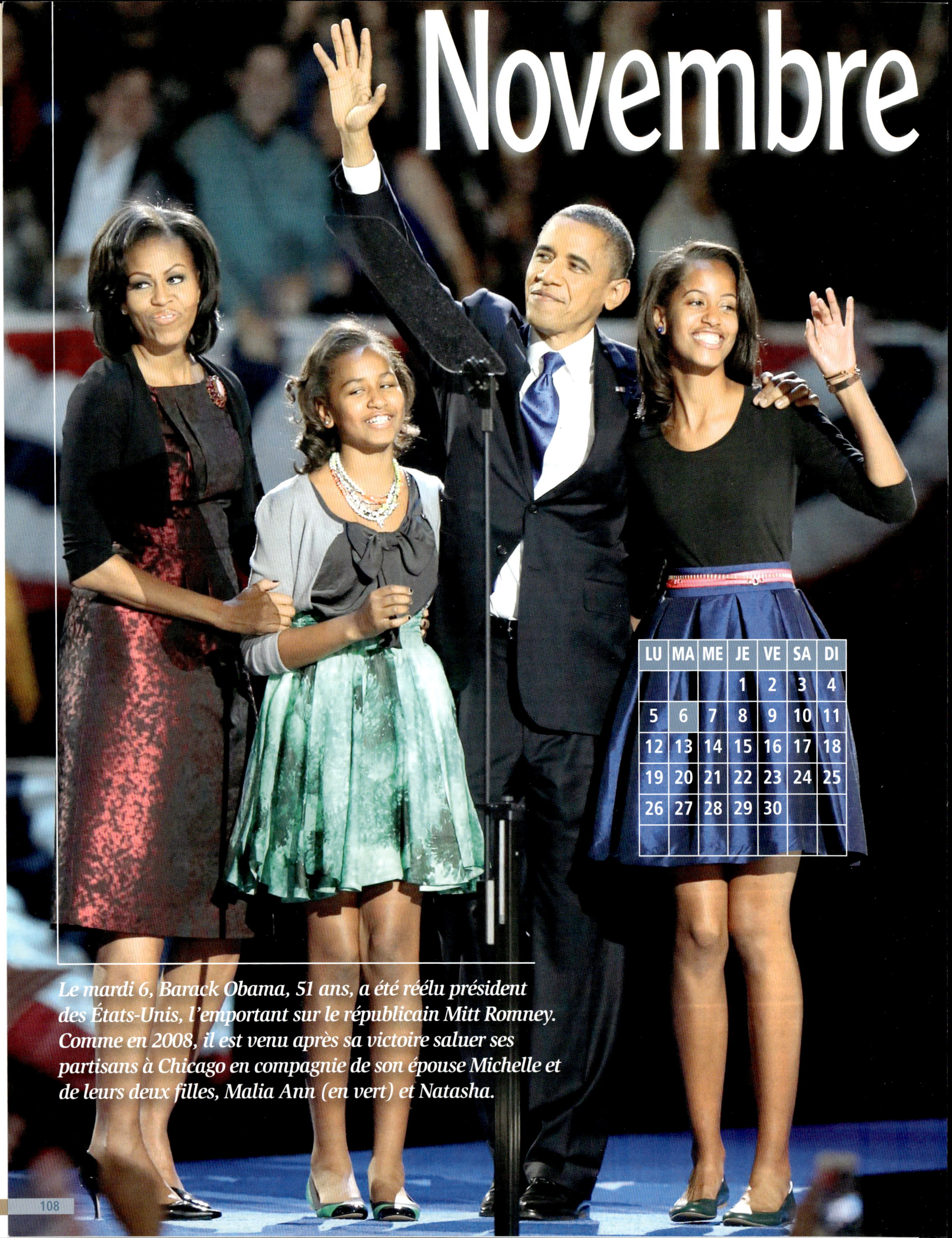

LU	MA	ME	JE	VE	SA	DI
			1	2	3	4
5	6	7	8	9	10	11
12	13	14	15	16	17	18
19	20	21	22	23	24	25
26	27	28	29	30		

Le mardi 6, Barack Obama, 51 ans, a été réélu président des États-Unis, l'emportant sur le républicain Mitt Romney. Comme en 2008, il est venu après sa victoire saluer ses partisans à Chicago en compagnie de son épouse Michelle et de leurs deux filles, Malia Ann (en vert) et Natasha.

Second mandat pour Obama

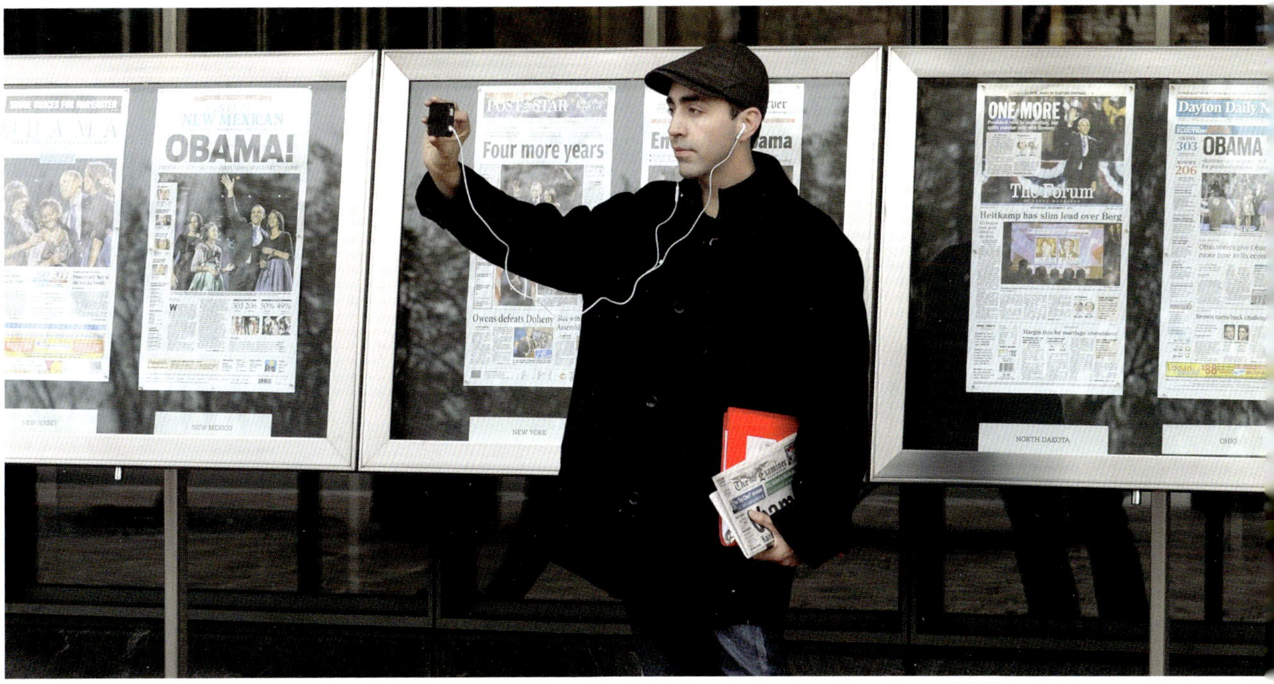

La réélection de Barack Obama a suscité aux États-Unis beaucoup moins d'enthousiasme et d'espoir que son élection, il y a quatre ans. Mais cet habitant de San Antonio (Texas) n'en a pas moins tenu à s'immortaliser, le 7, devant les journaux annonçant la victoire du candidat démocrate.

ÉTATS-UNIS, MARDI 6 *« Four more years »* (« quatre ans de plus »). C'est par ces mots que Barack Obama a annoncé aujourd'hui sur Twitter sa victoire à l'élection présidentielle américaine. Le président sortant a obtenu les suffrages de 332 grands électeurs, contre 206 pour son adversaire républicain Mitt Romney. Mais sa victoire a mis de longues heures à se dessiner. Elle est surtout bien plus serrée qu'il n'y paraît, et partant, moins triomphale que celle qui l'avait porté à la Maison Blanche en 2008. Chacun des deux candidats l'ayant remporté tour à tour dans les États où il était à peu près sûr de s'imposer, tout s'est joué, comme prévu, dans l'Ohio, qui a une nouvelle fois voté démocrate. Toutefois, la tâche de Barack Obama ne s'annonce pas aisée. Car si, à l'issue des autres élections qui se déroulaient ce mardi, son camp est resté majoritaire au Sénat, à la Chambre des représentants, les républicains ont au contraire préservé la majorité conquise aux élections de mi-mandat en 2010.

Une Française livrée par la France à un pays étranger

PARIS, LUNDI 5 Dans *Le Parisien*, le ministre de l'Intérieur Manuel Valls estime qu'il n'a pas « à s'excuser qu'une décision de justice soit appliquée ». La réponse ne satisfait pas les élus de droite et de gauche qui, dans la région Aquitaine, se sont émus de l'arrestation et de l'extradition en Espagne, jeudi dernier, d'Aurore Martin. La jeune femme, qui a embrassé la cause des indépendantistes basques, était depuis le 13 octobre 2010 sous le coup d'un mandat d'arrêt européen (MAE) lancé par la justice espagnole, « pour faits de participation à une organisation terroriste et terrorisme ». Des faits qui se réduisent à la participation d'Aurore Martin à deux meetings de Batasuna en Espagne… Or, si Batasuna est interdit en Espagne, où il est considéré comme l'aile politique de l'ETA, il est tout à fait légal en France, où il a d'ailleurs des élus. Successivement, la cour d'appel de Pau, la Cour de cassation et la Cour européenne des droits de l'homme avaient toutefois rejeté les recours d'Aurore Martin, malgré l'article 695-22 du Code de procédure pénale qui prévoit la possibilité de refuser un MAE « s'il est établi que ledit mandat d'arrêt a été émis dans le but de poursuivre ou de condamner une personne en raison […] de ses opinions politiques ». Vivant dans la clandestinité depuis le rejet de ses recours, Aurore Martin a été arrêtée à Mauléon-Licharre (64) lors d'un contrôle routier. Pour le Parti communiste comme pour le Front national (par la voix de Marine Le Pen), cette extradition est un scandale : Aurore Martin risque douze ans de prison.

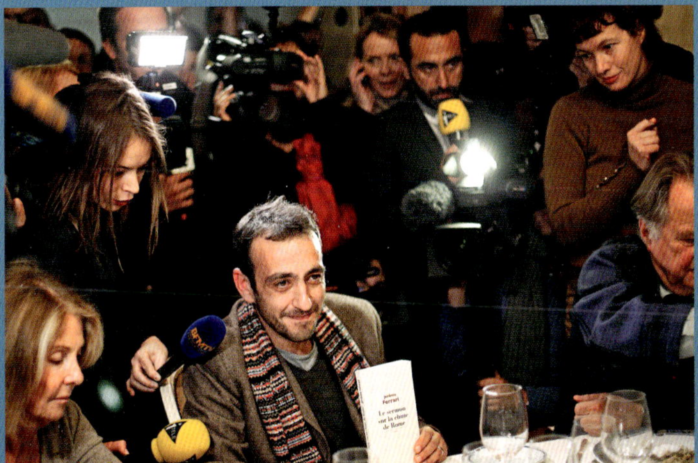

Il s'était déjà fait remarquer par ses cinq précédents ouvrages. Le mercredi 7, au restaurant parisien Drouant, l'écrivain, traducteur et professeur de philosophie Jérôme Ferrari (44 ans) s'est vu décerner le plus convoité des prix littéraires, le Goncourt, pour Le Sermon sur la chute de Rome *(Actes Sud), ouvrage dont le titre se réfère à des sermons de saint Augustin. L'intrigue de cet ambitieux roman se déroule en Corse, où Jérôme Ferrari a vécu et a enseigné.*

Les Argentins dans la rue contre Cristina Kirchner

ARGENTINE, JEUDI 8 Un an après sa facile reconduction à la présidence de la Nation argentine, la péroniste Cristina Kirchner a perdu à l'évidence le soutien d'une partie de son électorat. À l'appel de plusieurs groupes actifs sur les réseaux sociaux, des centaines de milliers d'Argentins, issus pour la plupart des classes moyennes, ont protesté dans les principales villes du pays contre sa politique, son « arrogance » et ses « mensonges » concernant l'inflation (en 2011, l'État a déclaré un taux d'inflation de 9,5 %, alors que des instituts privés l'évaluaient au moins à 23 %). Dénonçant par ailleurs la corruption et l'insécurité, les manifestants ont également crié leur indignation face à un projet de réforme de la Constitution qui, élaboré par certains parlementaires péronistes, permettrait à Cristina Kirchner de briguer un troisième mandat.

Petraeus avait une maîtresse

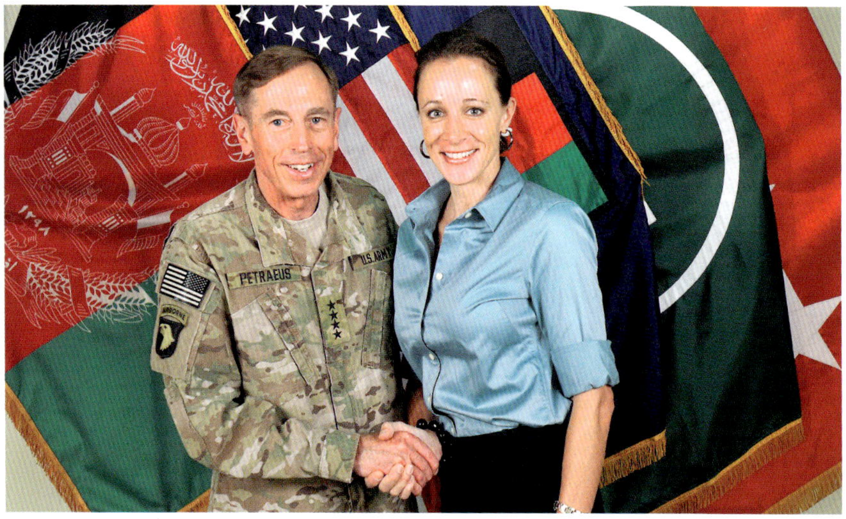

WASHINGTON, VENDREDI 9 La fin d'une brillante carrière ? Quatorze mois seulement après avoir été nommé à la tête de la CIA par Barack Obama, le médiatique David Petraeus a annoncé aujourd'hui avoir démissionné. Pourquoi ? Parce que celui qui fut un populaire commandant en chef des armées américaines en Irak et en Afghanistan a entretenu une relation extraconjugale et qu'un tel comportement est « inacceptable à la fois comme mari et comme dirigeant d'une organisation comme la nôtre », a-t-il expliqué dans un message adressé aux employés de la puissante agence de renseignement. Pour autant, affirmera Barack Obama le 14, cette liaison n'a pas eu « *a priori* » de conséquences sur la sécurité nationale.

David Petraeus a eu une liaison avec Paula Broadwell. Éminente spécialiste du terrorisme, cette journaliste est aussi la biographe de l'ancien général. On les voit ici posant ensemble en juillet 2011.

Une coalition pour relayer la rébellion armée syrienne

DOHA, DIMANCHE 11 C'est sous le parrainage pour le moins insistant des États-Unis, et sous la surveillance du Premier ministre du Qatar Hamad bin Jassim al-Thani et du ministre turc des Affaires étrangères Ahmet Davutoglu, que la « Coalition nationale des forces de l'opposition et de la révolution » est née au forceps. Pour les pays occidentaux, les monarchies pétrolières et la Turquie, il s'agissait en réalité de convaincre le Conseil national syrien (CNS), dominé par les Frères musulmans et dont la représentativité était discutée, de se joindre à une instance plus large. Autrement dit, il s'agissait de faire cohabiter des islamistes et des laïques. Avant-hier, le CNS avait fait un geste dans ce sens en se donnant pour leader un ancien communiste, le chrétien Georges Sabra. La question reste de savoir si la nouvelle coalition, dont la direction a été confiée à un sunnite « modéré », Moaz Al-Khatib, un ancien imam de la Grande Mosquée des Omeyyades, à Damas, sera suffisamment en adéquation avec la rébellion armée. C'est d'autant moins assuré que, sur le terrain, les djihadistes prennent de plus en plus d'importance. Or les États-Unis, s'ils ont bien l'intention de se débarrasser de Bachar Al-Assad, n'ont pas envie de les mettre à sa place… (→ 12.12)

Un notable corse assassiné en plein centre d'Ajaccio

AJACCIO (2A), MERCREDI 14 Nouvel assassinat dans l'île de Beauté. Vers 19 heures, Jacques Nacer (*9.3.1963) a été abattu à l'intérieur de son magasin de vêtements et de chaussures, situé dans une rue piétonne du centre-ville d'Ajaccio. Très connu dans toute l'île, présenté comme « un homme jovial et respectable », Nacer était le président de la Chambre de commerce et d'industrie de Corse du Sud. Il était également secrétaire général de l'AC Ajaccio, le club de football dirigé par Alain Orsoni. Quelques semaines seulement après l'assassinat de l'avocat Antoine Sollacaro (voir p. 101), c'est donc un autre proche de l'ancien dirigeant nationaliste qui tombe sous les balles. Faut-il pour autant voir en lui le lien entre ces deux homicides ? Les médias, en tout cas, ne s'en priveront pas… Tout comme, d'une certaine manière, le ministre de l'Intérieur Manuel Valls qui, interviewé vendredi sur RTL, sommera Alain Orsoni de parler « s'il sait des choses ». À quoi ce dernier rétorquera sur France Inter : « Je ne sais rien sur la mort de Jacques Nacer, pas plus que sur celle d'Antoine Sollacaro. On est en train de me mettre une cible sur le dos en me programmant comme la prochaine victime. On raconte n'importe quoi. On est dans le fantasme. »

Un prince rouge succédera à Hu Jintao

PÉKIN, JEUDI 15 Le 18e congrès du Parti communiste chinois a pris fin avec l'intronisation d'un nouveau secrétaire général, Xi Jinping, lequel deviendra officiellement président de la République populaire en mars 2013. Il succédera alors à l'actuel président Hu Jintao, auprès de qui il occupait les fonctions de vice-président. Ce n'est une surprise pour personne. Seules les ambitions de Bo Xilai, l'ancien chef du PCC de Chongqing, exclu du Comité central, avaient brièvement enrayé la machine du parti, avec tout de même pour conséquence un décalage de la date du congrès. En revanche, les spécialistes des subtilités de la politique chinoise ne manquent pas de faire observer que la succession de Hu Jintao représente une forme d'alternance. Alors que Hu Jintao était porté par la base du parti, Xi Jinping, lui, est un « prince rouge ». Âgé de 59 ans et marié à une chanteuse célèbre, il appartient en effet à l'aristocratie du régime. Son père, Xi Zhongxun, prit part à la révolution chinoise, devint un proche collaborateur du Premier ministre Chou En-lai, puis, après une période de disgrâce, du dirigeant réformateur Deng Xiaoping. Xi Jinping peut donc se prévaloir de cet héritage réformiste, tout en arguant de sa fidélité à l'idéal communiste. N'a-t-il pas, durant la Révolution culturelle, subi les rigueurs du retour à la terre et des camps de travail ? C'est aussi, en Chine, un gage de loyauté.

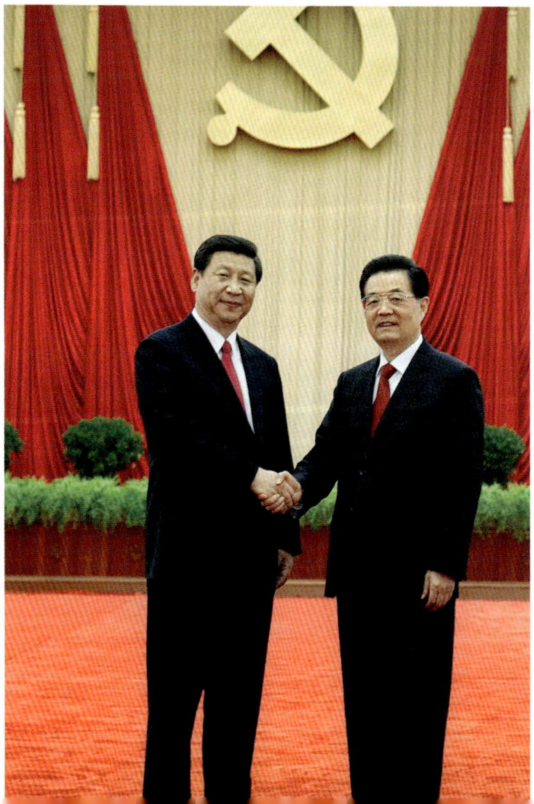

Le traditionnel passage de relais entre l'actuel président Hu Jintao (à droite) et son successeur désigné Xi Jinping.

La jeune Chloé a été retrouvée en vie !

OFFENBURG (ALLEMAGNE), VENDREDI 16 Quel soulagement ! Une semaine jour pour jour après avoir disparu de son village de Barjac (Gard), la jeune Chloé Rodriguez, 15 ans, a été retrouvée vivante dans le coffre d'une voiture par la police d'Offenburg, près de la frontière française. Originaire du Gard, son kidnappeur présumé est un homme de 32 ans déjà condamné plusieurs fois pour vols et violences, dont une fois à cinq ans d'emprisonnement (dont trois ferme) pour agression sexuelle. Il était sorti de prison en septembre. Ce matin, alors qu'il volait un ordinateur portable dans une voiture, il a été surpris par le propriétaire de celle-ci, qui a noté la plaque minéralogique de son véhicule et prévenu la police. Peu après, son Audi A3 était repérée par des policiers. S'ensuivait alors une brève course-poursuite qui s'achevait par une collision et l'arrestation de l'individu. A-t-il abusé de Chloé ? Les enquêteurs allemands affirment l'avoir découverte très apeurée, mais « en bonne forme ». Toutefois, c'est une information judiciaire pour enlèvement, séquestration et viol qui a été ouverte.

Élections à l'UMP : Copé se déclare vainqueur

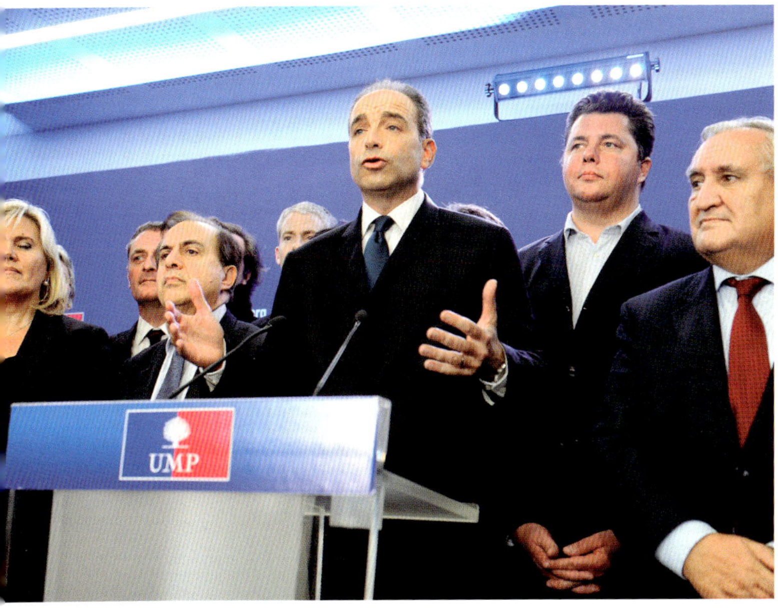

Jean-François Copé (au centre) était entouré notamment de Michèle Tabarot, Roger Karoutchi, Édouard Courtial et Jean-Pierre Raffarin (de g. à d.) quand, le dimanche 18 au soir, il a annoncé son élection à la présidence de l'UMP.

PARIS, LUNDI 19 Qui est le nouveau président de l'UMP? Hier, les quelque 300000 adhérents étaient appelés à choisir entre son secrétaire général Jean-François Copé, tenant d'une droite « décomplexée », et l'ancien Premier ministre François Fillon. Or, si ce dernier était favori dans les sondages, le scrutin s'est révélé plus serré que prévu. Au point qu'à 20 heures, chaque camp affirmait être en tête. Puis, vers 23 h 30, Jean-François Copé se déclarait vainqueur. Fin du suspense ? Non, car peu après François Fillon revendiquait à son tour la victoire. L'issue du scrutin reposait dès lors sur la Commission d'organisation et de contrôle des opérations électorales (Cocoe) de l'UMP qui, ce soir, a proclamé Jean-François Copé vainqueur avec 50,03 %, soit 98 voix seulement d'avance sur François Fillon ! En dépit d'une procédure souffrant selon lui de « nombreuses irrégularités », ce dernier a pris acte de sa défaite. Mais, coup de théâtre, il revendiquera à nouveau la victoire le 21 (avec 26 voix d'avance) quand on aura constaté que les votes de trois fédérations d'outre-mer n'ont pas été comptabilisés par la Cocoe… (→ 17.12)

Crimes de guerre à grande échelle au Nord-Kivu

GOMA (RDC), MARDI 20 Nouvelle épreuve pour la République démocratique du Congo (RDC). La province du Nord-Kivu, à la frontière du Rwanda, est sur le point de tomber entre les mains des rebelles du Mouvement du 23-Mars (M23), que le président Joseph Kabila a de bonnes raisons de croire soutenus par Kigali. Goma, capitale de la province, est passée aujourd'hui sous leur contrôle, sans que les troupes de la RDC, en déroute, s'y soient sérieusement opposées. Et ceci sous les yeux des forces de la Mission de l'Organisation des Nations unies pour la stabilisation en République démocratique du Congo (Monusco), dont le ministre congolais Alexandre Luba Thambo assure cependant qu'elles seraient intervenues « chaque fois que la population civile était concernée ». Pour comprendre les enjeux, il faut savoir que le sous-sol du Nord-Kivu regorge de ressources minières et que le M23 est accusé par l'ONG Human Rights Watch, généralement bien informée, de « crimes de guerre à grande échelle ».

L'opération Pilier de défense stoppée

GAZA, MERCREDI 21 L'opération Pilier de défense lancée par Israël contre le Hamas est terminée : une trêve a été conclue entre les belligérants, assortie de concessions. Pour l'essentiel, les Palestiniens cesseront de tirer des roquettes sur Israël, en échange de quoi les Israéliens lèveront le blocus de Gaza. Chacun des deux camps chante bien entendu victoire, mais le vrai vainqueur est le président égyptien Mohamed Morsi, qui a été l'artisan de la médiation. Laquelle met cruellement en évidence l'absence de la diplomatie européenne dans ce dossier. Exception faite pour la France, qui a adopté une position très prudente, les pays européens se sont bornés à emboîter le pas aux États-Unis et à afficher un soutien de principe à l'État hébreu. S'il est vrai que ce sont des groupes djihadistes qui ont mis le feu aux poudres, la réplique d'Israël, à partir du jeudi 15, a été foudroyante et peut-être contre-productive. La mort d'Ahmed Jaabari, chef de la branche militaire du Hamas, ne pouvait qu'envenimer la situation : Jaabari est l'homme qui œuvrait à la mise au pas des djihadistes… Le conflit, qui a fait plus de 150 victimes (dont 6 Israéliens), a mis en évidence les progrès de l'arsenal balistique du Hamas, doté de fusées iraniennes Fajr-5 (Jérusalem et Tel-Aviv ont été touchées), mais aussi l'efficacité du système antimissiles Iron Dome israélien. (→ 29)

Affaire Bettencourt : Sarkozy n'a pas été mis en examen

BORDEAUX (33), JEUDI 22 Convoqué dans le cadre de l'affaire Bettencourt, l'un des plus retentissants scandales politico-financiers français des dernières années, Nicolas Sarkozy aura été le second ex-président de la Ve République entendu par la justice pénale, après Jacques Chirac. À l'issue de plus de douze heures d'audition au palais de justice de Bordeaux, c'est sous le statut de témoin assisté qu'il a pu regagner Paris comme il l'avait quitté ce matin : en jet privé. Pour les juges d'instruction Jean-Michel Gentil, Cécile Ramonatxo et Valérie Noël, il s'agissait de déterminer si l'argent de la milliardaire Liliane Bettencourt a pu, à l'insu de celle-ci, servir à financer la campagne de Nicolas Sarkozy en 2007 dans des proportions dépassant largement les seuils légaux. Des soupçons nés du témoignage, en 2010, de l'ex-comptable des Bettencourt Claire Thibout : elle avait déclaré s'être vu réclamer 150 000 euros en liquide par l'homme de confiance de l'héritière de L'Oréal, Patrice de Maistre, qui lui aurait dit vouloir les remettre à Éric Woerth, alors trésorier de la campagne de Nicolas Sarkozy. Lequel, à la différence de ces deux derniers, a donc échappé à la mise en examen, pour le plus grand soulagement de ceux qui espèrent son retour prochain en politique.

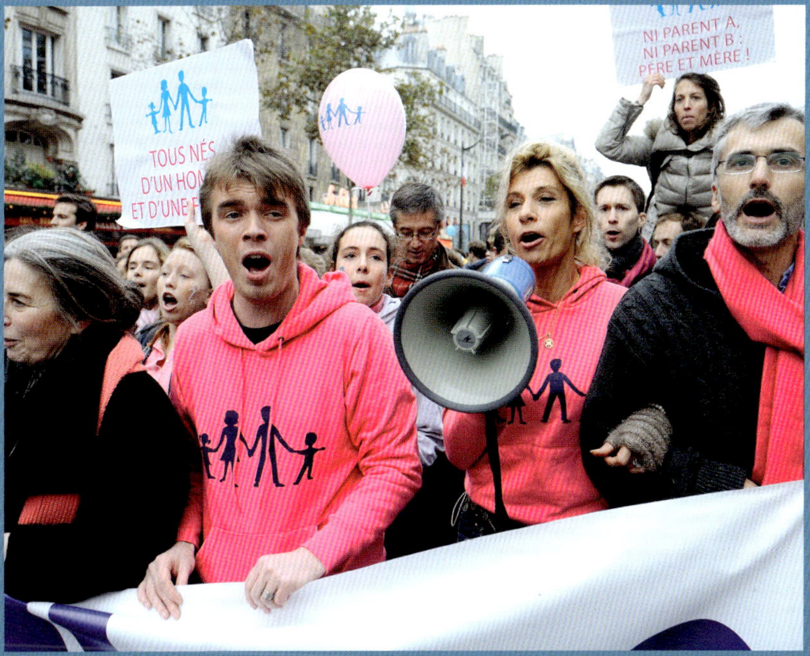

Organisée à l'instigation notamment de l'humoriste catholique Frigide Barjot (ici, à Paris, avec le mégaphone), cette « manif pour tous » se voulait apolitique, « transreligieuse » et « contre l'homophobie ». Le samedi 17, plus de 100 000 personnes ont défilé en France pour protester contre le projet du gouvernement d'ouvrir le mariage et l'adoption aux couples homosexuels. Le lendemain, une autre manifestation contre ce projet a rassemblé à Paris quelques milliers de personnes à l'appel de l'Institut Civitas, proche des catholiques intégristes. Venues les provoquer, des militantes du mouvement féministe Femen, les seins nus comme le veut leur mode d'action, ont été brutalement repoussées par des manifestants.

Les héritiers du gaullisme

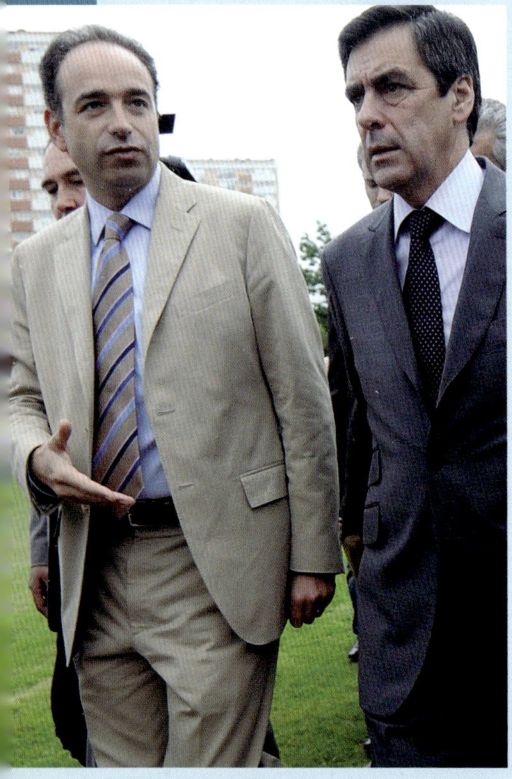

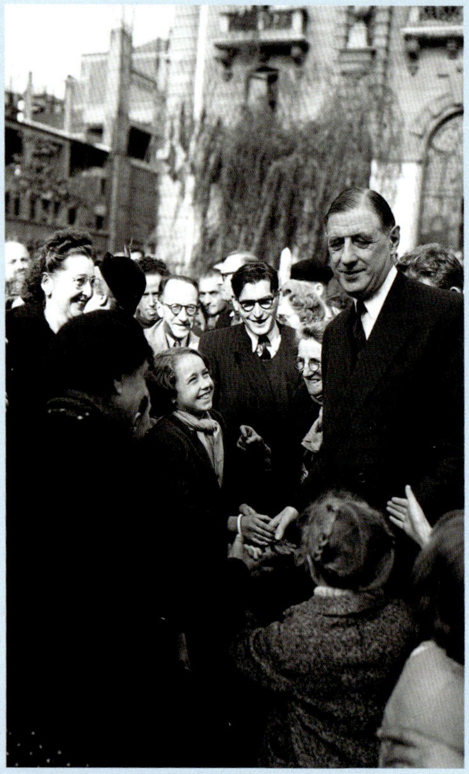

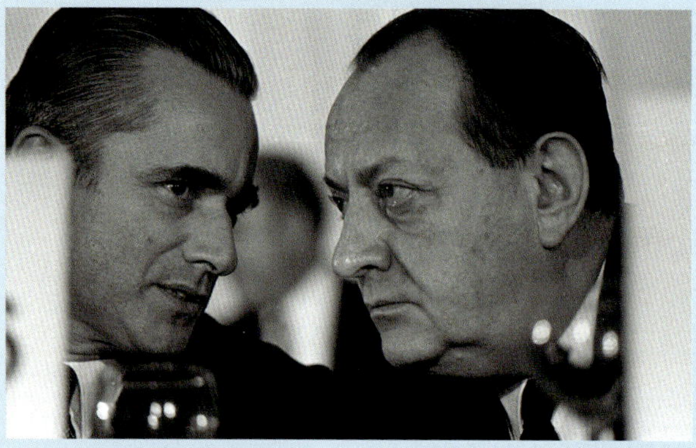

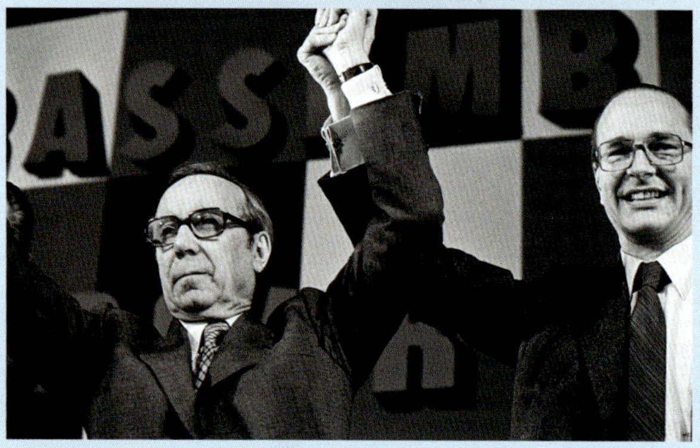

Ci-dessus : Jean-François Copé (à gauche) et François Fillon le 20 juin 2008, à Meaux (77). Ils occupaient alors respectivement les fonctions de président du groupe UMP à l'Assemblée nationale et de Premier ministre. Au centre : le général de Gaulle à Bois-Colombes (92), en octobre 1950, lors d'un congrès du RPF. À droite, en haut : Jacques Chaban-Delmas et André Malraux en 1967. Candidat gaulliste à l'élection présidentielle en 1974 contre Valéry Giscard d'Estaing, Chaban-Delmas sera battu en raison de la défection de Jacques Chirac, qui appellera à voter pour son adversaire. Lequel, une fois installé à l'Élysée, fera de Chirac son Premier ministre. Au-dessous : Jacques Chirac et le gaulliste historique Michel Debré à la fin des années 1970, à un congrès du RPR. Jacques Chirac avait alors rompu avec Valéry Giscard d'Estaing et quitté l'hôtel Matignon.

Rechercher une troisième voie entre le communisme et le capitalisme, échapper à la logique binaire des deux blocs antagonistes (soviétique et occidental), préserver l'indépendance nationale, tels étaient les objectifs du général de Gaulle au lendemain de la Seconde Guerre mondiale. Pour les atteindre, l'ancien chef de la France libre fonda en 1947 le Rassemblement du peuple français (RPF), qui se voulait moins un parti qu'un mouvement fédérateur au-delà des partis. Le RPF rencontra d'indéniables succès, il fut le fer de lance (avec le Parti communiste, son principal concurrent) de l'opposition victorieuse à la Communauté européenne de défense (CED), mais le système des partis mis en place par la IVe République lui était si défavorable qu'il finit par s'étioler. En 1953, le général de Gaulle mit fin à une expérience que ses ennemis n'avaient pas hésité à comparer au fascisme !

La décomposition de la IVe République, accélérée par la crise algérienne, entraîna en 1958 le retour du général de Gaulle aux affaires, l'instauration de la Ve République et, pour appuyer l'entreprise de rénovation du général, la création de l'Union pour la nouvelle République (UNR). L'UNR reprenait les fondements idéologiques du RPF, notamment son ambition de dépasser le vieux clivage gauche-droite. Mais cette ambition fit long feu devant la réalité du pouvoir. Et l'UNR, parti de « godillots » à l'Assemblée nationale (les députés UNR se qualifiaient ainsi eux-mêmes), devint assez rapidement le grand parti de la droite, où les sensibilités « de gauche » se trouvaient réduites à la portion congrue.

Le réflexe gaullien de Jacques Chirac

Les événements de mai 1968, puis la démission en 1969 du général de Gaulle, éloignèrent l'UNR, devenue l'Union des démocrates pour la République (UDR), de ses origines historiques, au désespoir des gaullistes de stricte observance. Ceux-ci purent reprendre quelque espoir avec la substitution, en 1976, du Rassemblement pour la République (RPR) à l'UDR. Le nouveau parti, constitué pour faire pièce au président de la République Valéry Giscard d'Estaing (dont l'antigaullisme n'était un mystère pour personne), unissait autour de Jacques Chirac d'authentiques gaullistes. Mais il apparut rapidement que le RPR avait pour principale fonction de porter l'ancien Premier ministre à l'Élysée, ce qui fut fait en 1995. Il faut reconnaître que Jacques Chirac, s'il oublia vite les promesses sociales du gaullisme, eut un réflexe gaullien lorsqu'il s'opposa en 2003, à l'ONU, à l'invasion de l'Irak.

À cette exception près, il ne restait plus grand-chose du gaullisme historique lorsque l'Union pour un mouvement populaire (UMP) prit la suite du RPR. Fondée pour assurer la réélection de Jacques Chirac en 2002, l'UMP était destinée à fondre les droites françaises au sein d'un même mouvement, au prix d'un quasi-abandon des principes souverainistes établis par le général de Gaulle.

Ce conglomérat avait sans doute pour inconvénient de faire cohabiter des courants trop différents pour ne pas être traversé par de graves conflits personnels, voire idéologiques. La querelle qui a éclaté entre François Fillon et Jean-François Copé en est à l'évidence un exemple.

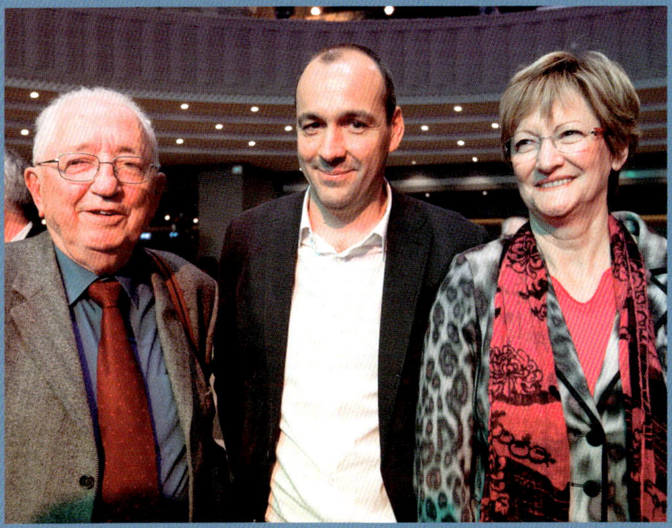

Son nom était sur toutes les lèvres depuis qu'en septembre François Chérèque avait annoncé qu'il quitterait en novembre son poste de secrétaire général de la CFDT après dix ans de bons et loyaux services. C'est donc sans surprise que le mercredi 28, au terme de la première journée de l'Assemblée générale de la confédération syndicale, à la Mutualité (Paris), Laurent Berger a officiellement pris la tête de la CFDT, dont il était depuis le mois de mars secrétaire général adjoint. Âgé de 44 ans et historien de formation, cet homme de négociations et de dossiers (au centre) pose ici après son élection avec deux de ses prédécesseurs, Edmond Maire et Nicole Notat.

Un nouveau pharaon pour une Égypte islamiste

LE CAIRE, JEUDI 22 Mohamed El-Baradei, l'ancien directeur général de l'Agence internationale de l'énergie atomique (AIEA) devenu une autorité morale en Égypte, ne mâche pas ses mots. Sur Twitter, il écrit que Mohamed Morsi a « usurpé tous les pouvoirs de l'État pour s'autoproclamer nouveau pharaon d'Égypte ». En effet, selon un décret signé par la présidence, « les déclarations constitutionnelles, les décisions et lois émises par le président sont définitives et ne sont pas sujettes à appel ». Ce qui, en clair, signifie que la Haute Cour constitutionnelle égyptienne ne peut plus examiner le moindre recours. En particulier, elle ne pourra pas juger de la légitimité de l'Assemblée constituante, épurée de ses éléments non islamistes et dont l'opposition laïque demande la dissolution. Disposant désormais des pouvoirs législatifs, exécutifs et judiciaires, Mohamed Morsi a immédiatement limogé le procureur général, Abdel Meguid Mahmoud. Il l'a remplacé par Talaat Ibrahim Abdallah qui, à peine nommé, a déclaré son intention de refaire le procès d'Hosni Moubarak. (→8.12)

L'ex-entraîneur de tennis Régis de Camaret condamné

LYON (69), VENDREDI 23 L'avocate générale avait requis de dix à douze ans de réclusion et la défense avait plaidé l'acquittement au bénéfice du doute. Finalement, la cour d'assises du Rhône a condamné Régis de Camaret à huit ans de prison pour « viols et tentatives de viol ». Aujourd'hui âgé de 70 ans, l'ex-entraîneur vedette du Tennis-Club des Marres de Saint-Tropez (Var) a en outre écopé d'une interdiction d'exercer et il a fait l'objet d'un mandat de dépôt. Au cours des neuf jours du procès, 26 anciennes élèves de Régis de Camaret, âgées de 10 à 13 ans au moment des faits (de 1977 à 1989), sont venues témoigner des attouchements et autres abus sexuels dont l'entraîneur s'était rendu coupable. Parmi elles, l'ancienne numéro 2 du tennis français, Isabelle Demongeot, qui avait été la première à porter plainte contre lui. Toutefois, seules deux de ces victimes, Stéphanie Carrouget et Karine Pomares, étaient parties civiles, les faits étant prescrits pour toutes les autres.

Bataille rangée à Notre-Dame-des-Landes

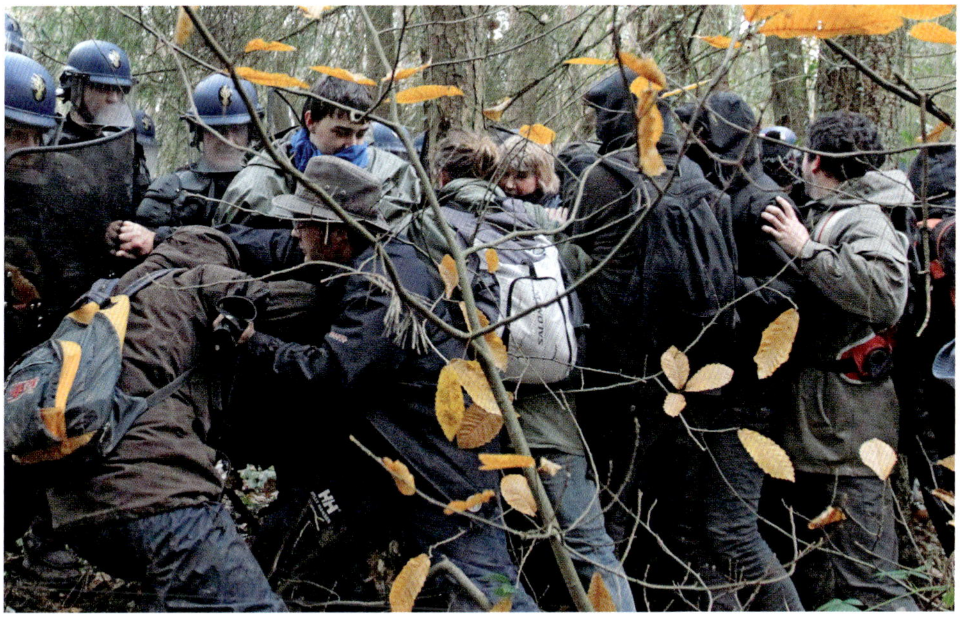

Violent corps-à-corps, le 24, entre forces de l'ordre et opposants à la construction de ce qu'ils ont surnommé « l'ayraultport ». L'opération lancée le 23 par les autorités visait à évacuer trois sites occupés illégalement : La Lande de Rohanne, La Châtaigneraie et Le Rosier, lieu emblématique de la lutte contre le projet défendu par le gouvernement.

NOTRE-DAME-DES-LANDES (44), SAMEDI 24 Après deux journées et une nuit de vifs affrontements entre des forces de l'ordre déployées en grand nombre et des opposants au projet d'aéroport de Notre-Dame-des-Landes, le gouvernement de Jean-Marc Ayrault, « dans un souci d'apaisement », a annoncé ce soir la mise en place d'une « commission de dialogue », tandis que les premiers travaux de défrichement, qui devaient commencer en janvier 2013, ont été repoussés de six mois. Quoique diversement accueillies par les manifestants, ces annonces vont quelque peu faire baisser le niveau de violence, qui a atteint un pic durant cette journée de samedi, où l'on dénombre au moins sept blessés. Les heurts avaient commencé hier à l'aube, dès le début de la vaste opération de destruction des squats lancée par les forces de l'ordre. Il s'agissait d'expulser les militants de la zone du futur aéroport, notamment ceux qui y avaient pris pied lors de la grande « manifestation de réoccupation » du samedi 17. Une manifestation à laquelle avaient participé, selon les sources, de 13 500 à 30 000 personnes.

Les nationalistes catalans vainqueurs mais divisés

BARCELONE, DIMANCHE 25 Artur Mas avait fait le pari d'organiser des élections anticipées pour disposer au Parlement de Catalogne de la très large majorité sur laquelle il pourrait s'appuyer pour organiser un référendum sur l'indépendance. Mais le président de la Généralité de Catalogne a perdu son pari. La coalition indépendantiste de centre droit Convergence et Union (CiU) qu'il dirige ne remporte que 50 sièges, soit 12 de moins que dans l'assemblée élue en 2010. Ces élections ne constituent toutefois pas un échec pour la cause nationaliste. Si la formation d'Artur Mas recule, les indépendantistes de la Gauche républicaine de Catalogne (ERC) doublent pratiquement le nombre de leurs élus, qui passent de 10 à 21. À quoi s'ajoutent les 3 sièges conquis par les Candidats d'unité populaire (CUP). De quoi construire une majorité, si les frères ennemis de la gauche et de la droite parvenaient à s'entendre… Par contre, le Parti des socialistes de Catalogne (PSC), satellite du Parti socialiste ouvrier espagnol (PSOE) et hostile à l'indépendance, a enregistré un indéniable revers, perdant 8 des 28 sièges dont il bénéficiait dans la précédente assemblée. Ce sont d'autres anti-indépendantistes de gauche qui en profitent : le Parti des citoyens passe de 3 à 9 députés.

La Palestine est devenue un État observateur de l'ONU

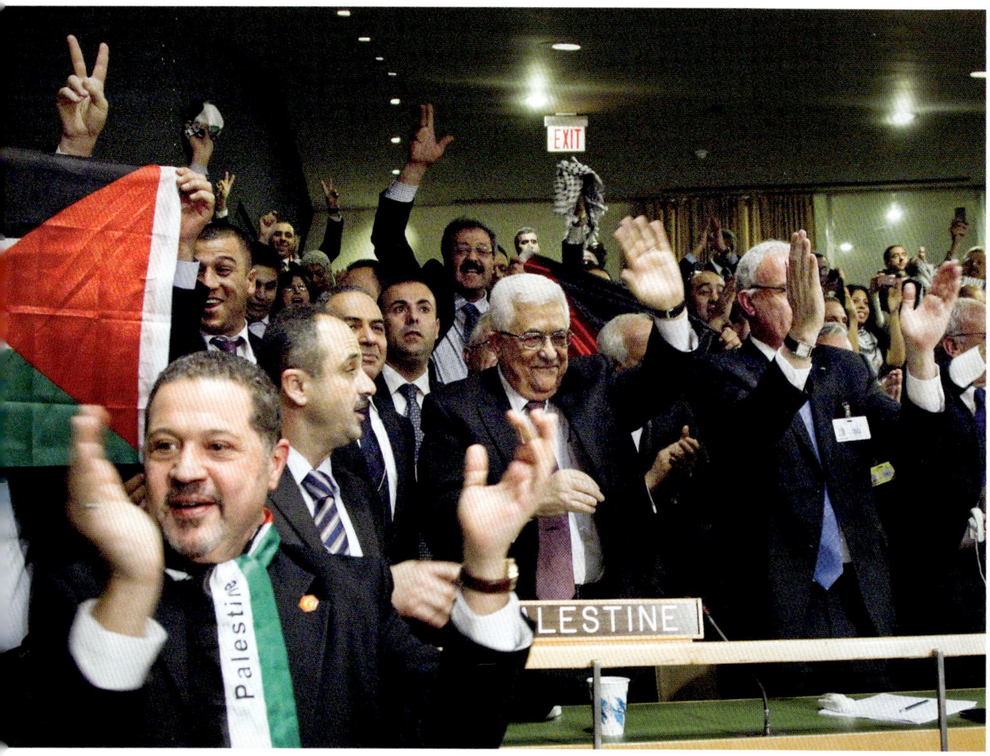

NEW YORK, JEUDI 29 Le jour de gloire est arrivé pour le président de l'Autorité palestinienne Mahmoud Abbas et la date restera dans l'histoire. À une écrasante majorité, les Nations unies ont accordé à la Palestine le statut d'État observateur non membre, le même que celui du Vatican. Ce n'est pas une reconnaissance pleine et entière, et Susan Rice, l'ambassadrice des États-Unis à l'ONU, n'a pas tort lorsqu'elle dit avec aigreur : « Cette résolution ne fait pas de la Palestine un État. » Mais un grand pas a été franchi dans cette direction. Ce vote, lorsqu'on l'analyse, est une défaite pour Barack Obama. Le président américain ne se faisait pas d'illusion quant au résultat, mais il espérait que le camp des non serait plus étoffé. Or, outre les États-Unis et Israël, seulement sept États ont voté contre le statut, dont un seul pays de l'Union européenne, la République tchèque. Le Royaume-Uni et l'Allemagne, sur lesquels comptaient pourtant Washington et Tel Aviv, se sont abstenus. Après quelque hésitation, la France a finalement voté oui. Mais on constate que, avec 14 oui, 1 non et 12 abstentions, l'Union européenne a été, une fois de plus, incapable de parler d'une seule voix… Le décompte total est le suivant : 138 pays ont voté pour le statut, 9 ont voté contre, 41 se sont abstenus. (→ 8.12)

Entourant Mahmoud Abbas, la délégation palestinienne a explosé de joie à l'ONU, à l'annonce du résultat. Au même moment, la rue palestinienne était en liesse.

Dossier Florange : les hauts-fourneaux sont-ils sauvés ?

PARIS, VENDREDI 30 C'est à Florange (57) que le candidat François Hollande s'était engagé à faire voter une loi contraignant les groupes qui ferment les usines à les céder à un repreneur. C'est dire la valeur symbolique que revêt le sauvetage du site pour le gouvernement. Or, ce vendredi constituait la date butoir fixée par ArcelorMittal : si à ce jour aucun repreneur n'était trouvé pour la filière liquide de Florange, le géant de l'acier commencerait à y fermer les hauts-fourneaux. Après des jours d'âpres négociations, le Premier ministre Jean-Marc Ayrault a annoncé ce soir que Mittal s'est engagé à préserver l'emploi à Florange. Le groupe y investira en outre 180 millions sur cinq ans et maintiendra les hauts-fourneaux en l'état dans l'attente de la réalisation du projet de captage et de stockage de CO_2, baptisé Ulcos. Le site de Florange est-il sauvé ? Il faut dire que l'annonce de cet accord a été accueillie sur place avec circonspection… Une chose est sûre : elle sonne comme un désaveu pour le ministre du Redressement productif Arnaud Montebourg, dont aucune des deux solutions évoquées ces derniers jours (l'arrivée d'un nouvel investisseur puis la nationalisation temporaire du site) n'a été retenue.

Nicolas Sarkozy somme Fillon et Copé de s'entendre

PARIS, VENDREDI 30 À présent, ça suffit ! Deux semaines maintenant après le début d'une guerre ouverte pleine de rebondissements entre Jean-François Copé et François Fillon pour la présidence de l'UMP, c'est un véritable ultimatum que Nicolas Sarkozy a lancé aux deux hommes. « Je vous laisse jusqu'à mardi 4 décembre pour trouver une solution. Passé cette date, je dirai publiquement que vous êtes tous deux "disqualifiés" pour diriger le parti », leur a dit en substance l'ancien président de la République, dont le retrait de la politique est à l'origine de cette crise sans précédent à l'UMP. Pourquoi le 4 décembre ? Parce que c'est précisément ce jour-là que doit être officialisé à l'Assemblée nationale le RUMP, le groupe de députés fillonistes (distinct de celui de l'UMP), créé mardi 27 par l'ancien premier ministre. En tapant ainsi sur la table et en mettant tout son poids dans la balance, Nicolas Sarkozy va-t-il parvenir à mettre enfin un point final à cette désastreuse guerre des chefs d'un parti toujours plus près de l'implosion ? Et ainsi réussir là où a échoué Alain Juppé qui, accepté non sans mal comme médiateur par les deux rivaux, avait fini par jeter l'éponge dimanche 25 ? (→ 17.12)

Contestation sociale en Tunisie

TUNISIE, VENDREDI 30 Le président tunisien Moncef Marzouki est intervenu à la télévision pour tenter de calmer la colère des habitants de Siliana. Cette petite ville située à 127 km au sud-ouest de Tunis est depuis lundi dernier le théâtre de violents affrontements entre la police et une population désespérée par la montée du chômage et la paupérisation, mais aussi exaspérée par l'impuissance d'Ennahda, le parti islamiste au pouvoir, face aux problèmes du pays. Avant-hier, les policiers ont tiré au fusil de chasse sur les manifestants, des jeunes pour la plupart. L'armée est entrée en scène aujourd'hui, apparemment dans un souci d'apaisement. La tension reste très vive, malgré les efforts de l'Union générale tunisienne du travail (UGTT), la grande centrale syndicale, pour encadrer la contestation et lui donner des débouchés politiques. Selon le ministère de la Santé, les émeutes de Siliana ont fait à ce jour plus de 250 blessés. Moncef Marzouki, dont il faut rappeler que les pouvoirs sont limités, n'a pas caché qu'il redoutait une extension des troubles à d'autres villes.

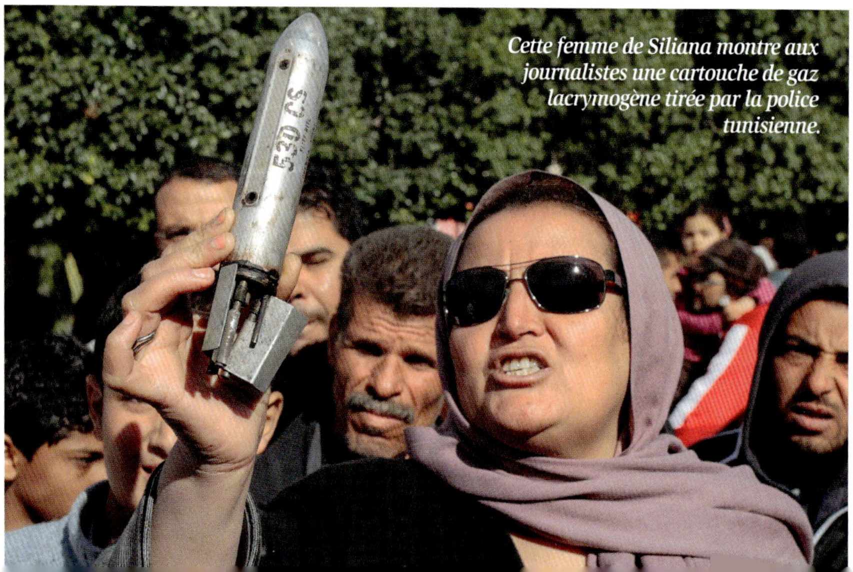

Cette femme de Siliana montre aux journalistes une cartouche de gaz lacrymogène tirée par la police tunisienne.

Novembre

FRANCE

TOULOUSE (31), JEUDI 1er En présence du Premier ministre israélien Benyamin Nétanyahou, François Hollande déclare que « la garantie de la sécurité des juifs est une cause nationale ».

LOURDES (65), SAMEDI 3 À l'ouverture de l'assemblée générale de la Conférence des évêques, Mgr André Vingt-Trois dénonce le « mariage pour tous » et appelle les fidèles à la mobilisation.

PARIS, LUNDI 5 Remise au président de la République du rapport de Louis Gallois sur la compétitivité.

CAUSSOLS (06), MARDI 6 Un éleveur déclare que les attaques de loups lui ont fait perdre 86 brebis depuis le mois de juillet.

PARIS, MARDI 6 Le Premier ministre Jean-Marc Ayrault annonce une hausse de la TVA pour réduire le coût du travail.

PARIS, MARDI 6 La maire socialiste de Lille et ancienne ministre Martine Aubry est mise en examen pour « homicides involontaires » dans l'affaire de l'amiante. Elle aurait tardé à transposer une directive européenne de 1983 quand elle était directrice des relations du travail en 1984-1987.

PARIS, MERCREDI 7 Thierry Lepaon succède à Bernard Thibault à la tête de la CGT.

PARIS, VENDREDI 9 Lionel Jospin remet au président de la République un rapport sur les réformes institutionnelles. Il préconise l'introduction d'une dose de 10 % de proportionnelle aux législatives.

BAYONNE (64), SAMEDI 10 Environ 15 000 personnes manifestent pour dénoncer le traitement réservé aux prisonniers basques et demander la libération d'Aurore Martin.

PARIS, MARDI 13 Lors d'une conférence de presse, François Hollande annonce que la France fera 60 milliards d'économie sur le quinquennat, que le projet de loi sur le vote des étrangers est différé et que la France reconnaît la Coalition nationale syrienne (elle est le premier pays occidental à le faire).

PARIS, MERCREDI 14 Dans un rapport remis à François Hollande, l'ancien ministre des Affaires étrangères Hubert Védrine préconise le maintien de la France dans l'Otan.

PARIS, JEUDI 15 Le gouvernement crée 49 nouvelles zones de sécurité prioritaires (ZSP).

AJACCIO (20), LUNDI 26 La ministre de la Justice Christiane Taubira et le ministre de l'Intérieur Manuel Valls sont en Corse pour renforcer la lutte contre l'affairisme et le banditisme, et veiller à une meilleure coopération des policiers et des gendarmes.

PARIS, MARDI 27 Le ministre de la Défense Jean-Yves Le Drian annonce la création de la mention « mort pour le service de la nation ». Elle honorera les agents de l'État morts en mission en France.

PARIS, MARDI 27 La Cour des comptes accuse la RATP d'avoir perdu 190 millions d'euros faute d'avoir fait jouer la concurrence sur le marché des nouvelles rames du RER A.

PARIS, JEUDI 29 Le Conseil constitutionnel valide la loi faisant du 19 mars une « journée nationale du souvenir » à la mémoire des victimes de la guerre d'Algérie.

UNION EUROPÉENNE

MUNICH (ALLEMAGNE), JEUDI 8 Mise en accusation de Beate Schäpe, militante néonazie soupçonnée de participation aux meurtres de neuf commerçants grecs et turcs et d'une policière allemande, entre 2000 et 2007.

LONDRES, VENDREDI 9 Justin Welby, un ancien cadre d'Elf Aquitaine, est nommé archevêque de Cantorbéry par la reine Élisabeth II. C'est le nouveau chef spirituel de l'Église anglicane.

ATHÈNES, LUNDI 12 Le Parlement grec adopte dans la nuit du 11 au 12 un budget d'austérité pour 2013, tandis que la foule manifeste à l'extérieur du bâtiment.

ROYAUME-UNI, JEUDI 15 Pour la toute première fois, des commissaires de police sont élus en Angleterre (sauf à Londres) et au pays de Galles.

MADRID, DIMANCHE 18 Des dizaines de milliers de médecins, infirmières et autres professionnels de santé manifestent contre les coupes budgétaires opérées dans leur secteur.

LONDRES, MARDI 20 L'ancien trader Kweku Adoboli est condamné à sept ans de prison pour avoir fait perdre 2,3 milliards de dollars (= 1,8 milliard d'euros) à l'UBS.

LONDRES, MARDI 20 L'Église anglicane écarte toute possibilité pour une femme de devenir évêque.

NAPLES (ITALIE), MERCREDI 21 Les États membres de l'Agence spatiale européenne (ESA) s'accordent sur le lancement du programme Ariane 6.

MADRID, JEUDI 22 Le ministre de la Justice Alberto Ruiz-Gallardón annonce que les descendants de juifs expulsés en 1492 pourront demander la nationalité espagnole.

BRATISLAVA, VENDREDI 23 La Banque centrale slovaque décide de rétablir les auréoles et les croix des saints Cyrille et Méthode figurant sur les pièces de 2 euros slovaques, que la Commission européenne lui avait fait retirer par souci de laïcité.

INTERNATIONAL

LONDRES, VENDREDI 2 Vidéo à l'appui, Amnesty International dénonce un « crime de guerre potentiel » en Syrie, où des soldats syriens auraient été liquidés par des rebelles près de Saraqeb.

BUENOS AIRES, VENDREDI 2 Le Parlement argentin abaisse le droit de vote de 18 à 16 ans. Mais contrairement à leurs aînés, les moins de 18 ans n'auront pas l'obligation de voter.

MER DE CHINE, DIMANCHE 4 Intrusion de quatre navires chinois dans les eaux territoriales des Senkaku, îlots dont la souveraineté est revendiquée à la fois par la Chine et le Japon.

ÉGYPTE, DIMANCHE 4 Élection par tirage au sort de Théodore II, nouveau patriarche d'Alexandrie et pape de l'Église copte orthodoxe.

MANAMA, MERCREDI 7 Le gouvernement du Bahreïn déchoit 31 personnalités chiites de leur nationalité.

VIENTIANE, MERCREDI 7 Le Laos relance la construction du barrage de Xayaburi, sur le Mékong. Cet ouvrage est très critiqué par les écologistes et les pays voisins.

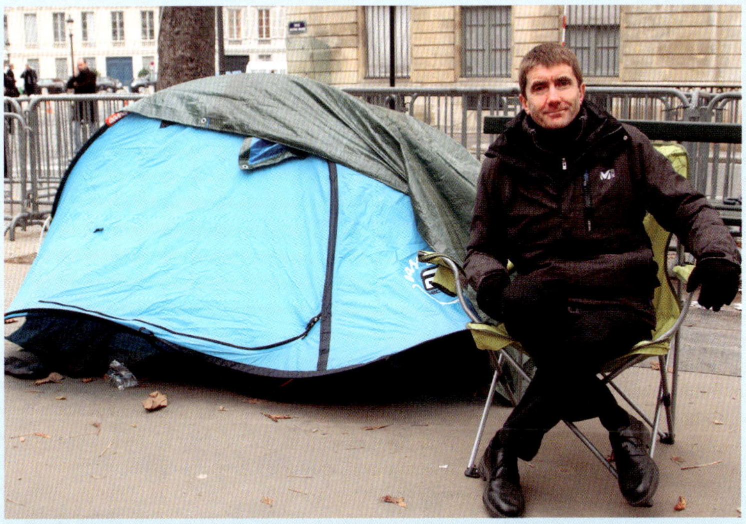

Vendredi 9, le maire EELV de Sevran (93) Stéphane Gatignon entame une grève de la faim près de l'Assemblée nationale, à Paris. Il accuse le gouvernement d'indifférence face à la situation financière catastrophique de sa commune. Il y mettra fin jeudi 15, après avoir obtenu du gouvernement une dotation de 5 millions d'euros.

EL RECREO (GUATEMALA), MERCREDI 7 Un séisme fait 52 morts et 22 disparus.

ROME, JEUDI 8 La Française Mireille Ballestrazzi est élue à la présidence d'Interpol.

COLOMBO, VENDREDI 9 Au moins 27 morts et 43 blessés dans la mutinerie d'une prison du Sri Lanka.

SYRIE, DIMANCHE 11 L'armée israélienne riposte à des tirs syriens qui ont touché le plateau du Golan (territoire syrien occupé par Israël depuis 1967).

BRASÍLIA, LUNDI 12 La Cour suprême brésilienne condamne à dix ans et dix mois de prison José Dirceu, bras droit de l'ancien président Luiz Inácio Lula da Silva, pour faits de corruption.

UKRAINE, JEUDI 15 L'ancienne Premier ministre Ioulia Timochenko met un terme à une grève de la faim.

NEW YORK, JEUDI 15 BP accepte de payer une amende de 4,5 milliards de dollars aux autorités américaines pour la marée noire provoquée par la plate-forme *Deepwater Horizon* en 2010. Cet accord met fin aux poursuites pénales.

LA HAYE, VENDREDI 16 Les généraux croates Ante Gotovina et Mladen Markac, condamnés respectivement à 24 et 18 ans de prison par le Tribunal pénal international pour l'ex-Yougoslavie (TPIY) en première instance, sont acquittés en appel.

WASHINGTON, VENDREDI 16 Les États-Unis lèvent leur embargo sur les importations de Birmanie.

FREETOWN, SAMEDI 17 Réélection d'Ernest Koroma à la présidence de la Sierra Leone.

MALI, MARDI 20 Le Français Gilberto Rodriguez Léal est enlevé par les islamistes à l'ouest du pays. Sept otages français sont désormais entre leurs mains.

NIJRAB (AFGHANISTAN), MARDI 20 Le Groupement tactique interarmes (GTIA) de l'armée française en Kapisa évacue sa dernière base de combat.

PAKISTAN, MERCREDI 21 Série d'attaques des talibans à l'occasion du D-8, sommet réunissant à Rawalpindi les dirigeants de huit pays musulmans émergents. Le bilan est de 35 morts et de dizaines de blessés.

DACCA, SAMEDI 24 Un incendie dans une usine de prêt-à-porter de la banlieue de la capitale du Bangladesh fait 110 victimes.

KAMPALA, SAMEDI 24 Un accord de paix est négocié dans la capitale de l'Ouganda entre le président congolais Joseph Kabila et les rebelles du M23.

RAMALLAH (PALESTINE), MARDI 27 Exhumation de la dépouille de Yasser Arafat en présence d'experts internationaux et de trois juges français, suite à la plainte pour assassinat déposée par sa veuve.

SYRIE, MERCREDI 28 Un avion syrien est abattu par les rebelles près de Daret Ezza. Ce fait confirme que la rébellion dispose d'un armement antiaérien.

LA HAYE, JEUDI 29 Le TPIY acquitte l'ancien Premier ministre du Kosovo Ramush Haradinaj, dit « Rambo ».

DOHA, JEUDI 29 Pour avoir critiqué l'émir du Qatar, le poète Ibn Al-Dhib est condamné à la prison à vie.

JÉRUSALEM, VENDREDI 30 En réponse au vote de l'ONU en faveur de la Palestine, Israël annonce la construction de 3 000 nouveaux logements en Cisjordanie occupée.

ÉCONOMIE

PARIS, MERCREDI 7 Annonce de la reprise de Lacoste par le suisse Maus.

PARIS, JEUDI 8 Sanofi détrône Total au palmarès des dix premières capitalisations boursières françaises.

NEW YORK, LUNDI 19 L'agence de notation Moody's retire à la France son triple A et la rétrograde à AA1.

CULTURE

PARIS, LUNDI 5 Patrick Deville remporte le prix Femina pour son roman *Peste & Choléra*

PARIS, MERCREDI 7 Emmanuelle Pireyre remporte le prix Médicis pour *Féerie générale*.

PARIS, MERCREDI 7 Scholastique Mukasonga remporte le prix Renaudot pour *Notre-Dame du Nil*.

PARIS, MERCREDI 14 Philippe Djian remporte le prix Interallié pour *Oh…*

SPORTS

MILAN (ITALIE), DIMANCHE 4 Le *Corriere della Sera* révèle que le coureur cycliste kazakh Alexandre Vinokourov a « acheté » sa victoire dans la classique Liège-Bastogne-Liège en 2010.

PRAGUE, DIMANCHE 18 En tennis, la République tchèque remporte la première Coupe Davis de son histoire en battant l'Espagne par 3 victoires à 2.

PARIS, DIMANCHE 25 Aux Championnats du monde de karaté, la France termine en tête devant le Japon, avec 5 médailles d'or, 2 d'argent et 2 de bronze.

CHARTRES (28), DIMANCHE 25 Aux Championnats d'Europe de natation en petit bassin, la France termine en tête avec 12 médailles d'or, 6 d'argent et 11 de bronze.

SCIENCES

PARIS, MARDI 6 Annonce de la découverte en juillet du squelette entier d'un mammouth à Changis-sur-Marne (77). Il a été baptisé Helmut.

WASHINGTON, VENDREDI 16 Une étude publiée par la revue *Science* révèle que des pointes de lance en pierre taillée découvertes en Afrique du Sud entre 1979 et 1982 ont été datées de 500 000 ans.

LONDRES, MERCREDI 21 Selon une étude publiée par la revue *Nature*, 70 % des espèces d'arbres sont menacées de disparition par « embolie », la sécheresse empêchant la circulation de la sève.

DÉCÈS

NEW YORK, MARDI 6 Elliott Carter, compositeur américain (*11.12.1908).

LA PALUD-SUR-VERDON (04), VENDREDI 16 Patrick Edlinger, grimpeur français (*15.6.1960).

DALLAS (TEXAS), VENDREDI 23 Larry Hagman, acteur américain (*21.9.1931).

PARIS, MARDI 27 Érik Izraelewicz, directeur du journal *Le Monde* (*6.2.1954).

Décembre

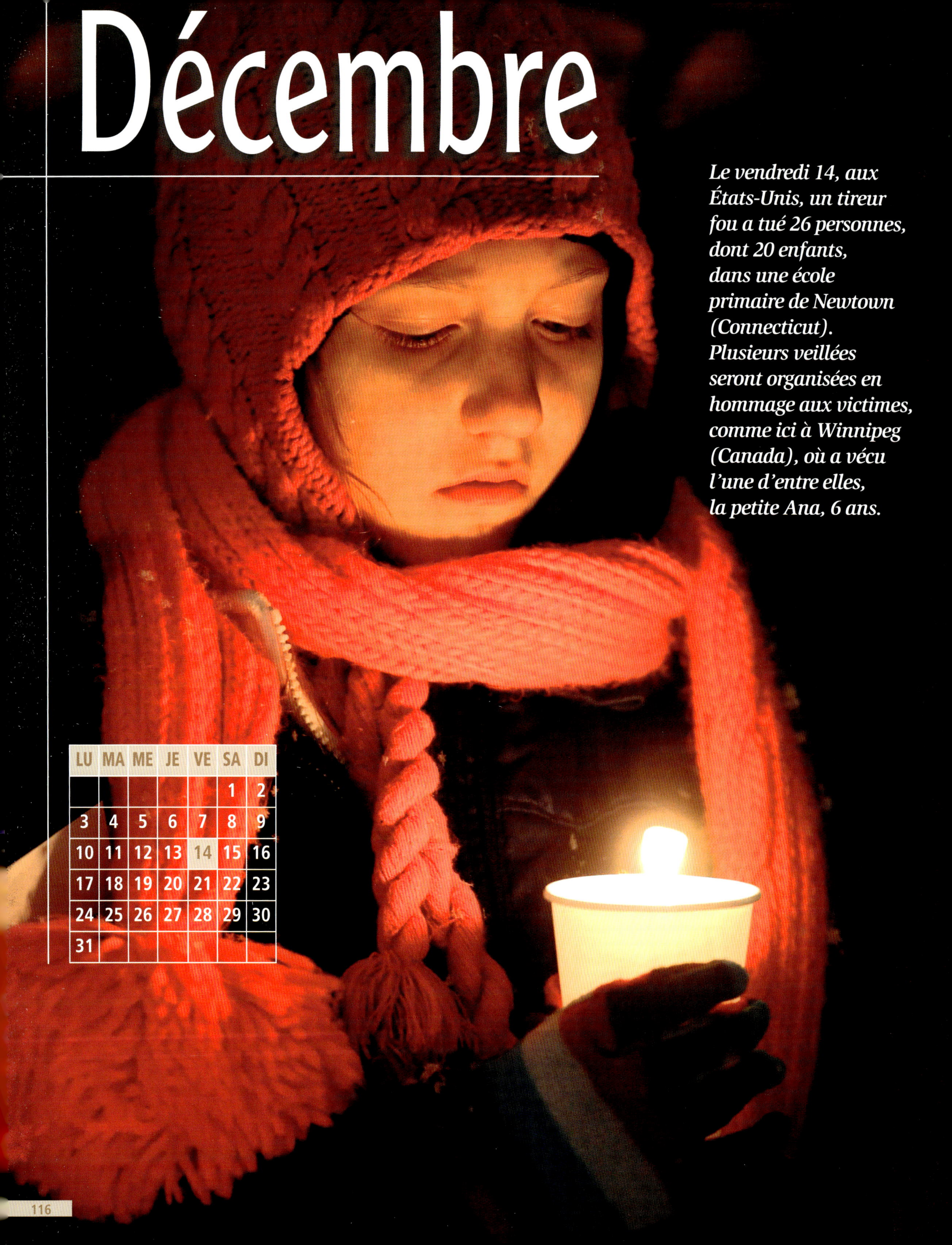

Le vendredi 14, aux États-Unis, un tireur fou a tué 26 personnes, dont 20 enfants, dans une école primaire de Newtown (Connecticut). Plusieurs veillées seront organisées en hommage aux victimes, comme ici à Winnipeg (Canada), où a vécu l'une d'entre elles, la petite Ana, 6 ans.

LU	MA	ME	JE	VE	SA	DI
					1	2
3	4	5	6	7	8	9
10	11	12	13	14	15	16
17	18	19	20	21	22	23
24	25	26	27	28	29	30
31						

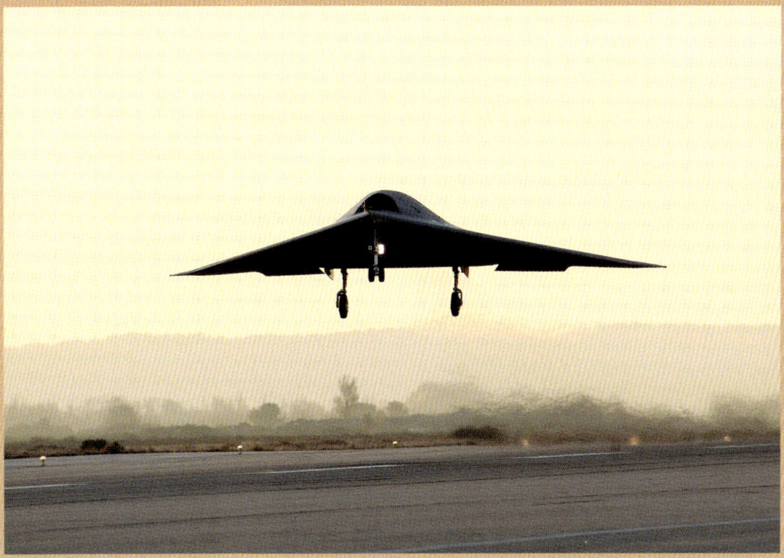

Il était 8 h 24 sur la base d'Istres (13), samedi 1er, lorsque le Neuron a décollé. Il s'est posé à 8 h 45. Le Neuron, dont c'était le premier vol, est un démonstrateur de drone de combat issu d'un programme européen dont la maîtrise d'œuvre a été confiée à Dassault Aviation, et auquel ont participé Saab Aeronautics (Suède), Alenia Aeronautica (Italie), EADS Casa (Espagne), HAI (Grèce) et Ruag (Suisse). Ce vol inaugural était entièrement automatique, mais, à tout instant, deux pilotes et un opérateur installés en bout de piste dans un shelter pouvaient sortir du mode automatique et reprendre la main. Ce ne fut pas nécessaire. Avec une longueur de 10 mètres et un poids à vide de 5 tonnes (7 tonnes maximales avec ses armements en soute), le Neuron peut voler à Mach 0,8 et offre une signature radar dont Dassault estime qu'elle n'est pas supérieure à celle d'un moineau… Ce programme, au budget de 405 millions d'euros, est considéré comme une transition expérimentale en vue du Système de combat aérien futur (Scaf) franco-britannique.

Le tireur était sous antidépresseurs et devait se lever tôt

SÈTE (34), SAMEDI 1er Scène d'horreur dans un appartement sétois. Excédé par le bruit qui l'empêche de dormir alors qu'il doit se lever à 4 heures pour aller travailler, Charles fait irruption vers 2 heures du matin chez ses voisins, qui fêtent alors un anniversaire entre amis. Il tient à la main un pistolet de calibre 11,43. Et il tire, à sept reprises. Quatre convives sont touchés ; deux d'entre eux, des hommes de 36 ans et 42 ans, décéderont ce soir. Un couple qui est parvenu à se cacher sous une table est indemne, de même qu'un enfant de trois ans qui dormait dans une chambre voisine. Charles, selon ses dires, a arrêté de tirer lorsque, voyant le sang de ses victimes, il a pris conscience de ses actes. Il est alors rentré chez lui pour « attendre la police ». Il a été interpellé peu après sans opposer de résistance. À son domicile, les policiers ont découvert six armes et 5 000 munitions détenues en toute légalité : agent de service de nettoyage jusque-là sans histoires, Charles est aussi instructeur dans un club de tir, et il collectionne les armes. Soigné pour dépression depuis plusieurs mois, c'est sous l'effet de ses médicaments, et dans un état second, qu'il aurait selon lui, commis l'irréparable.

L'EPR va coûter encore beaucoup plus cher que prévu

PARIS, LUNDI 3 Compte tenu des problèmes techniques et des retards subis par le chantier, EDF a relevé de deux milliards d'euros son estimation du coût total du réacteur nucléaire EPR (pour « réacteur pressurisé européen ») de Flamanville (50). Ce qui porte désormais à 8,5 millions d'euros la facture du réacteur de troisième génération, qui sera le premier de ce type sur le sol français. Une facture qui, évaluée à 3,3 millions au moment du lancement du projet en 2005, avait déjà été pratiquement multipliée par deux (6 millions) en 2011 en raison d'une mauvaise évaluation initiale et d'audits lancés à la suite de la catastrophe de la centrale japonaise de Fukushima. Farouchement opposés à la réalisation de ce réacteur – alors que François Hollande s'est engagé à la mener à son terme, les écologistes ne pouvaient manquer de manifester leur indignation face à ce nouveau surcoût. Et ils ne s'en sont pas privés. Noël Mamère a ainsi estimé que cette annonce « signe la fin de Flamanville ». Pour Greenpeace et France Nature Environnement, elle marque avant tout la fin du « mythe » d'un nucléaire plus économique que les énergies renouvelables.

L'Église réquisitionnée pour les sans-abri ?

PARIS, LUNDI 3 Le cardinal André Vingt-Trois n'en est pas revenu. Ce matin, l'archevêque de Paris a lu dans *Le Parisien* une interview de la ministre du Logement Cécile Duflot qui, prévoyant un hiver très difficile pour les sans-abri, se déclare disposée à réquisitionner certains locaux « quasi vides » de l'archevêché de Paris. Et la ministre de préciser : « Je ne comprendrais pas que l'Église ne partage pas nos objectifs de solidarité. » Ce qui n'a pas manqué, dès aujourd'hui, de susciter des réactions indignées dans les médias catholiques, qui rappellent à l'envi l'ancienneté des traditions caritatives de l'Église. Quant à l'accusation d'un manque de solidarité face à la situation actuelle, un des journalistes de *Famille chrétienne*, Aymeric Pourbaix, y répondra par des chiffres samedi prochain : « Il existe déjà seize paroisses en Île-de-France qui accueillent chaque soir des personnes de la rue, pour les faire bénéficier du gîte et du couvert pendant l'hiver. Quelle autre institution peut en dire autant ? » Pour être tout à fait objectif, il faut ajouter que Cécile Duflot vise également la SNCF, qui disposerait de logements de cheminots vacants, et qu'elle est prête à chercher des places jusque dans les casernes de gendarmerie !

Mediapart accuse Jérôme Cahuzac

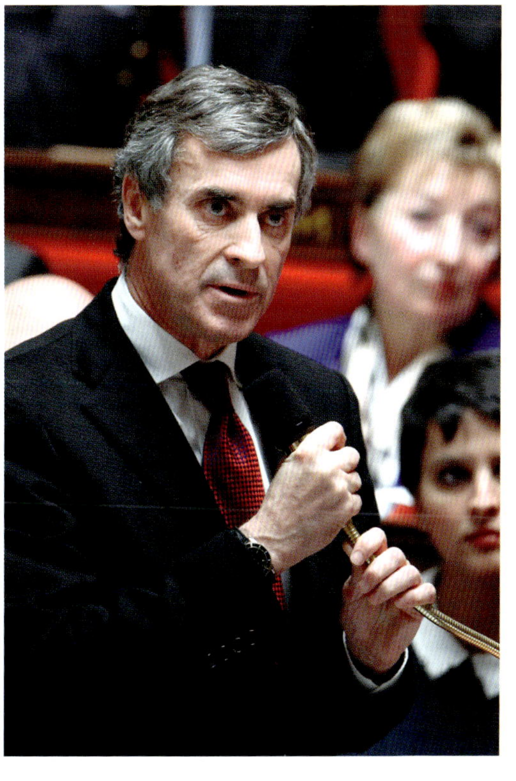

PARIS, MARDI 4 Jérôme Cahuzac, qui a fait de la lutte contre la fraude fiscale un de ses chevaux de bataille, a-t-il détenu pendant de longues années un compte bancaire non déclaré à l'Union des banques suisses (UBS) de Genève ? C'est en tout cas ce qu'affirme Mediapart. Si l'on en croit le site d'investigation d'Edwy Plenel, le compte en question, qui a peut-être été utilisé pour financer l'achat d'un appartement à Paris, aurait en effet été ouvert entre 1988 et 1991, et fermé début 2010, juste avant que l'actuel ministre du Budget ne devienne président de la commission des finances de l'Assemblée nationale. Les avoirs auraient ensuite été déplacés vers un paradis fiscal asiatique. Et Mediapart de préciser que ces révélations s'appuient sur de nombreux éléments « probants ». Dont le mémoire rédigé en 2008 par un agent du fisc, où il est déjà question de ce compte, et un enregistrement sonore (qui sera rendu public demain soir), daté selon Mediapart de 2000 : on y entend un homme qui affirme être Jérôme Cahuzac et qui reconnaît détenir un compte chez UBS. Le ministre socialiste a dès aujourd'hui réfuté les accusations du site, contre lequel il déposera jeudi une plainte en diffamation.

Le 5, à l'Assemblée nationale, Jérôme Cahuzac a de nouveau démenti avoir eu un compte à l'étranger.

Les drones de l'armée française

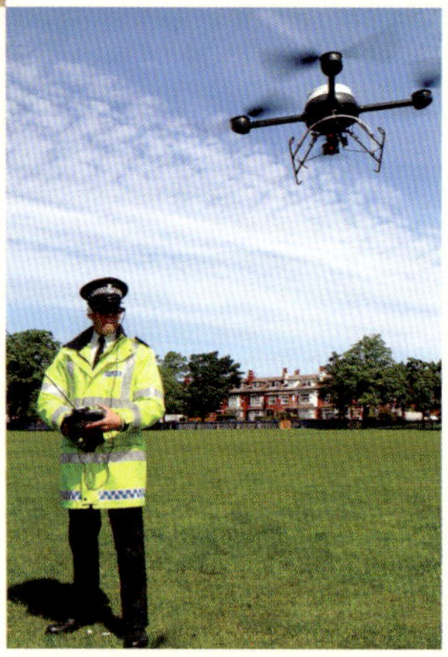

Ci-dessus : toutes les polices du monde, dont bien sûr la police française, utilisent désormais des microdrones pour la surveillance de zones sensibles (un md4-200 du constructeur allemand Microdrones GmbH est ici utilisé par la police britannique).

Les guerres d'Afghanistan et d'Irak, la guerre de Libye ou encore la lutte que la CIA a engagée contre les talibans au Pakistan ont établi l'importance des drones dans l'arsenal militaire moderne, que ce soit pour le renseignement ou pour le combat (quand ils sont armés). La gamme de ces engins volants sans pilote (qu'ils soient automatisés ou guidés) est très étendue, puisqu'elle va de microdrones tenant dans le creux d'une main jusqu'au gigantesque Global Hawk, le drone HALE (haute altitude, longue endurance) de l'US Air Force.

L'armée française, assez tard venue dans ce domaine, dispose de deux principaux modèles de drones, en petite quantité, le SDTI et le Harfang. Le SDTI (pour « système de drone tactique intérimaire ») est un engin assez rustique, construit par Sagem, entré en service en 2005 et déployé par le 61e régiment d'artillerie pour le réglage des tirs d'artillerie. Quant au Harfang de l'Armée de l'air, il s'agit d'un drone MALE (moyenne altitude, longue endurance) construit par EADS sous licence et adapté aux besoins nationaux. Entré en service en 2008, le Harfang est dérivé du Heron conçu par Israel Aerospace Industries (IAI). C'est un drone dédié à la reconnaissance et au renseignement, qui n'emporte pas d'armements. Comme le SDTI, il a été engagé en Afghanistan où il a rendu de bons et loyaux services. Mais comme le SDTI, il est appelé à être remplacé par un engin plus performant.

Le SDTI pourrait bien avoir trouvé son successeur avec le Watchkeeper WK450, drone britannique ISTAR (« intelligence, surveillance, target acquisition, reconnaissance ») fabriqué par Thales UK, mais basé sur le drone israélien Hermes 450 conçu par Elbit Systems. Mis en œuvre au Royaume-Uni par le 32 Regiment Royal Artillery, il est actuellement expérimenté par le 61e RA.

Quel choix pour le nouveau MALE français ?

Quant au prochain drone MALE français, qui devrait être capable de procéder à des frappes aériennes (missiles), les pouvoirs publics ont hésité entre deux solutions. Soit, comme le propose Dassault, adapter le Eitan israélien (lui-même constituant une modernisation du Heron), soit acheter « sur étagères » le Reaper, drone américain construit par General Atomics. Alors que le gouvernement de François Fillon s'était prononcé pour la solution franco-israélienne, celui de Jean-Marc Ayrault s'orientait, fin 2012, vers la solution américaine. Mais dans les deux cas, il s'agit d'une solution transitoire, l'objectif de la France étant de se doter du Scaf franco-britannique (voir page précédente) que doivent construire conjointement Dassault et BAE Systems pour la cellule, et Snecma et Rolls-Royce pour le moteur. Et ce, en conformité avec le traité de Londres du 2 décembre 2010, portant sur la coopération des deux pays en matière de programmes militaires.

Le Neuron de Dassault et le Taranis de BAE Systems (premier vol prévu en 2013) seraient alors la préfiguration de ce drone qui pourrait être opérationnel entre 2030 et 2040. Si les budgets militaires suivent…

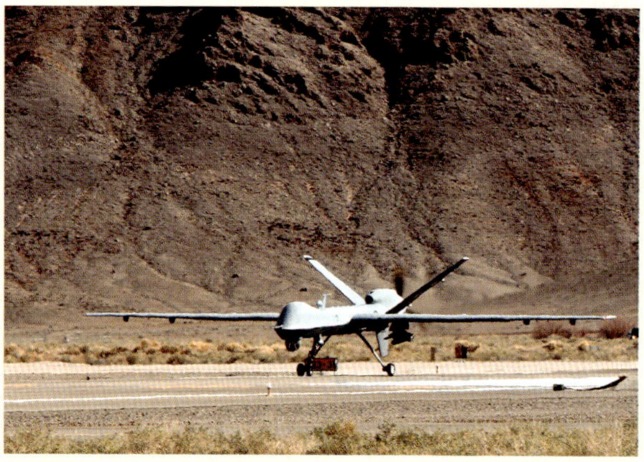

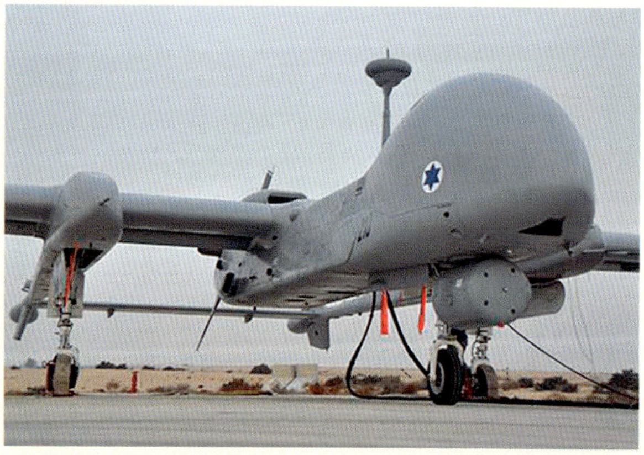

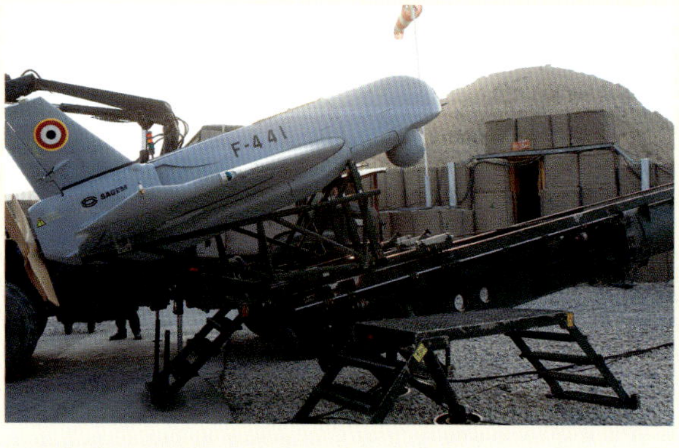

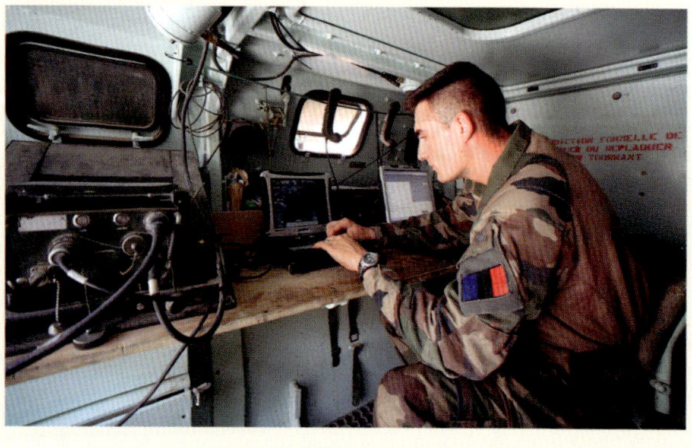

Ci-contre, en haut, à gauche : le General Atomics MQ-9 Reaper dont la France pourrait se porter acquéreur. En service dans l'US Air Force et la Royal Air Force, ce drone MALE est dérivé du fameux MQ-1 Predator. À droite : le Eitan israélien, dérivé du Heron, est un exemple de l'avance prise par l'industrie israélienne dans le domaine des drones, dont elle domine le marché avec les États-Unis. Ci-contre, en bas à gauche : l'un des SDTI français déployés en Afghanistan par le 61e régiment d'artillerie de Chaumont (52). À droite : l'opérateur du SDTI montré sur la photo précédente.

Mindanao ravagée par le typhon Bopha

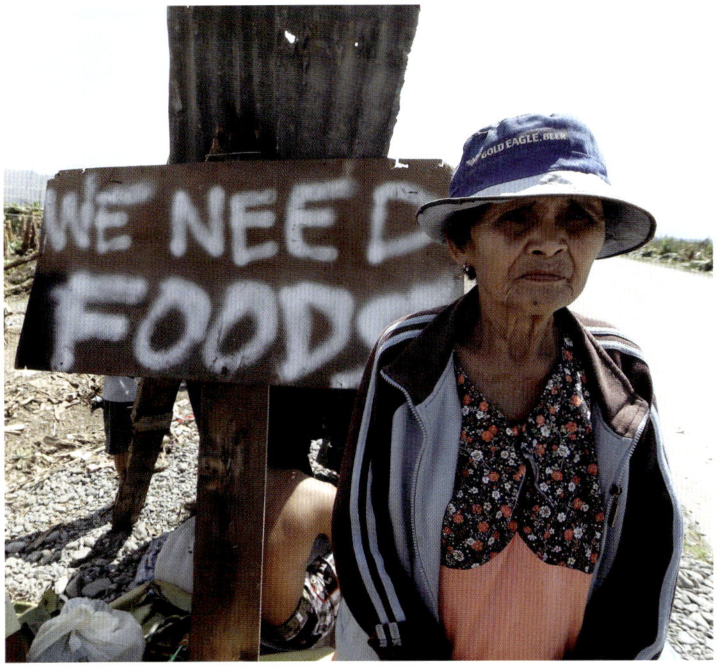

Touchés par le typhon, ces habitants de l'est de l'île de Mindanao attendent le passage d'automobilistes pour leur demander une aide alimentaire.

PHILIPPINES, MERCREDI 5 Les Philippines subissent tous les ans une vingtaine de typhons. Mais l'île de Mindanao, dans le sud-est de l'archipel, est généralement épargnée. Malgré l'appel à la plus grande prudence lancé lundi soir par le président philippin Benigno Aquino, ses habitants n'étaient donc pas véritablement préparés à l'arrivée de Bopha. Le typhon, de loin le plus puissant de l'année, a cette nuit frappé l'île de plein fouet. Ses vents dépassant les 200 km/h et les pluies torrentielles qui les accompagnaient ont littéralement ravagé une bande de terre de 700 km. Le bilan humain est très lourd, et il ne cessera de croître dans les jours à venir. Le dimanche 16, on fera ainsi état de plus de 1 000 personnes tuées par les inondations ou les glissements de terrain, et de plus de 800 disparus, dont la moitié sont des marins partis en mer avant l'arrivée du typhon. À quoi il faut encore ajouter quelque 250 000 habitants privés de toit après le passage du typhon. Bopha a causé des dégâts considérables dans les villes et les villages, mais aussi dans les campagnes. À Mindanao, il a détruit le quart des bananeraies des Philippines, troisième exportateur mondial de bananes.

Verdict sans appel pour la prison des Baumettes

PARIS, JEUDI 6 Défauts de conception et de construction, insalubrité extrême, absence d'hygiène, surpopulation, violences carcérales : les conditions de détention au centre pénitencier marseillais des Baumettes sont si effroyables que le contrôleur général des lieux de privation de liberté Jean-Marie Delarue avait envoyé en novembre des recommandations en urgence au gouvernement. Une procédure très rare, mais d'autant plus justifiée à ses yeux que la situation aux Baumettes constitue sans aucun doute, dit-il, « une violation grave des droits fondamentaux, notamment au regard de l'obligation incombant aux autorités publiques [...] de préserver les personnes détenues de tout traitement inhumain et dégradant ». Véritable cri d'alarme, le rapport de Jean-Marie Delarue a été publié aujourd'hui au *Journal officiel*, accompagné d'une réponse de Christiane Taubira. La ministre de la Justice rappelle qu'un programme de restructuration de la prison marseillaise est en cours et qu'il doit s'achever en 2017.

Prison avec sursis dans l'affaire Mahé

PARIS, VENDREDI 7 L'armée française a vécu l'un des moments les plus sombres de son histoire. La cour d'appel de Paris a infligé des peines de prison avec sursis au colonel Éric Burgaud (cinq ans), à l'adjudant-chef Guy Raugel (quatre ans) et au brigadier-chef Johannes Scheier (un an), tandis que le brigadier Lianrifou Ben Youssouf était acquitté. Les militaires étaient poursuivis pour le meurtre, le 13 mai 2005, de Firmin Mahé, un « coupeur de route » qui terrorisait la région de Côte d'Ivoire où opéraient les troupes françaises de la force Licorne. Blessé et fait prisonnier, Mahé avait été achevé par Guy Raugel et Johannes Scheier, qui l'ont asphyxié avec un sac en plastique, dans le véhicule blindé que conduisait Lianrifou Ben Youssouf. Et cela en exécution d'un ordre donné par le colonel Burgaud. Le procès a mis en relief les dissensions qui régnaient au sein de la force Licorne. Selon le colonel Burgaud, lui-même ne faisait qu'obéir à un ordre de son supérieur, le général Henri Poncet. Ce que ce dernier a nié, en taxant son subordonné de « décrochage du sens moral ». La clémence surprenante du verdict tient au contexte particulier de l'affaire. Une Ivoirienne venue témoigner a même été jusqu'à dire que les quatre hommes auraient dû être décorés !

L'Égypte s'installe dans un climat de guerre civile

LE CAIRE, SAMEDI 8 Le président égyptien Mohamed Morsi renonce finalement aux pouvoirs quasi illimités que lui conférait le décret du 22 novembre (voir page 113). Il a cédé à la pression de la rue, où s'affrontent pratiquement tous les jours deux camps irréductibles : les Frères musulmans d'où est issu Mohamed Morsi et les laïques (ou simplement libéraux) qui, plus que les islamistes, ont été les fers de lance de la révolution de février 2011. Un climat de guerre civile où l'armée a fait preuve de neutralité, se bornant à empêcher la tension de dégénérer. Ce fut le cas mercredi dernier quand la foule des protestataires s'est portée aux abords du palais présidentiel, contraignant son hôte à s'en échapper pour assurer sa sécurité. Les heurts avec les partisans du président se sont poursuivis le lendemain, et pas seulement dans la capitale : de graves incidents se sont produits à Ismaïlia et à Suez, où les locaux du Parti de la liberté et de la justice (PLJ), la structure politique des Frères musulmans, ont été incendiés. La marche arrière de Mohamed Morsi n'est pas jugée suffisante par l'opposition, qui exige aussi l'annulation du référendum sur la nouvelle Constitution, toujours fixé aux samedis 15 et 22 prochains. (→ 22)

Khaled Mechaal de retour à Gaza

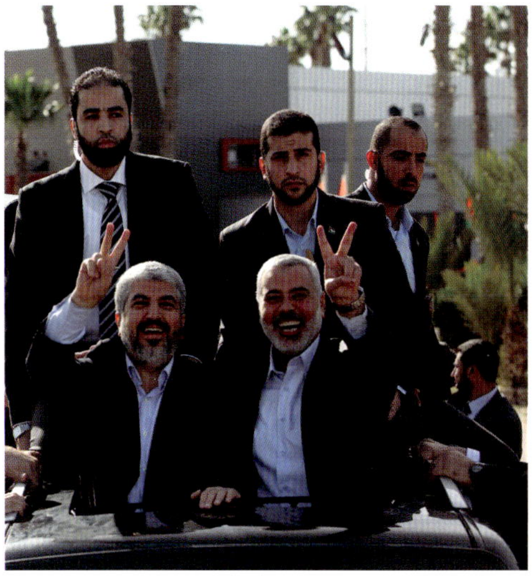

Arrivée triomphale à Gaza, hier, de Khaled Mechaal (à gauche), accompagné du Premier ministre gazaoui Ismaïl Haniyeh. En 1997, les services secrets israéliens avaient tenté de l'assassiner.

GAZA, SAMEDI 8 Le Hamas fêtait aujourd'hui à Gaza le 25e anniversaire de sa création, dans une ambiance de victoire. Pour les 100 000 Palestiniens rassemblés place de la Katiba, il ne fait en effet aucun doute que la récente confrontation avec Israël s'est conclue par une défaite de l'ennemi… Mais le héros du jour était Khaled Mechaal. Le chef du Hamas en exil n'avait pas foulé le sol de son pays depuis 37 ans ! Il est arrivé hier depuis l'Égypte, par le terminal de Rafah, avec la bénédiction de l'Égypte, bien entendu, mais aussi d'Israël, ce qui doit être souligné. Y aurait-il du changement dans l'air ? Peut-être. Par-delà la rhétorique guerrière chère aux islamistes, Khaled Mechaal a marqué un attachement inattendu à l'Organisation de libération de la Palestine (OLP), qui reconnaît Israël depuis 1993.

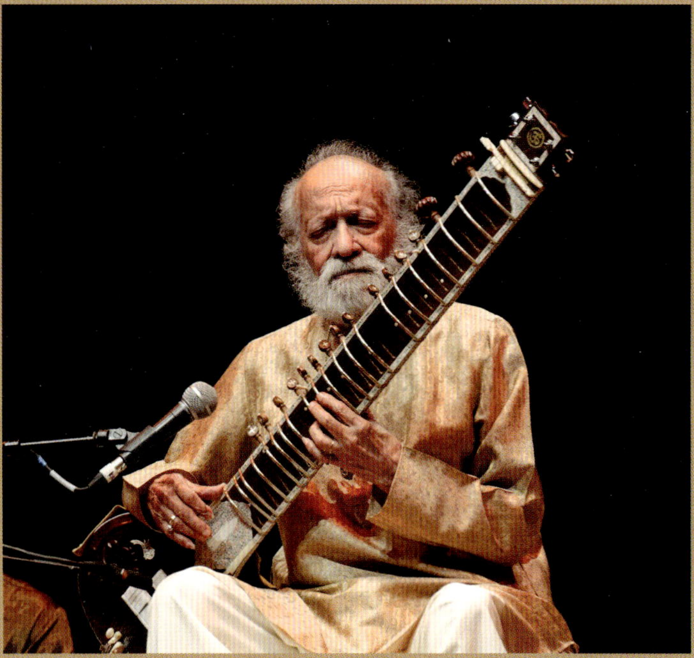

*C'était à sa façon une star des « musiques du monde ». Le sitariste indien Ravi Shankar est mort mardi 11 à San Diego, en Californie (*7.4.1920). Issu d'une grande famille de brahmanes, il était un maître du râga, le cadre technique et spirituel de la musique traditionnelle indienne. Mais tout en étant attaché à la tradition, Ravi Shankar était passionné par les contacts avec d'autres musiques que la sienne. C'est ainsi qu'il enregistra le disque* West Meets East *(1967) avec le violoniste Yehudi Menuhin ou l'album* Shankar Family & Friends *(1973) avec George Harrison, l'un des Beatles. Il a aussi influencé le saxophoniste de jazz John Coltrane, ainsi que le compositeur minimaliste américain Philip Glass. Ravi Shankar était le père de la chanteuse et actrice américaine Norah Jones.*

Un chèque pour clore l'affaire DSK

NEW YORK, LUNDI 10 Le 14 mai 2011, dans la suite 2806 du Sofitel de Manhattan, Dominique Strauss-Kahn a-t-il vraiment agressé sexuellement Nafissatou Diallo comme elle l'en a accusé ? Hormis les deux intéressés, nul ne le saura jamais. Car à l'issue d'une audience qui n'aura duré que cinq minutes, le juge Douglas McKeon a officialisé l'accord financier négocié entre l'ancien directeur du Fonds monétaire international, absent à l'audience, et la femme de chambre de l'hôtel new-yorkais qui, elle, était présente. Dominique Strauss-Kahn a-t-il accepté de débourser jusqu'à 6 millions de dollars, comme l'évoquait la presse française la semaine dernière ? On ne le saura jamais non plus, l'accord étant strictement confidentiel. Ce que l'on sait en revanche, c'est qu'en refermant (d'une façon très courante aux États-Unis) le dossier civil de cette affaire, cet accord met un terme à l'un des plus grands scandales politico-judiciaires de ces dernières années. Faute de preuves suffisantes, le procureur de New York avait en effet, dès août 2011, mis fin à la procédure pénale visant DSK.

Cheick Modibo Diarra « démissionné »

BAMAKO, MARDI 11 Ce n'est pas un coup d'État ordinaire. Le Premier ministre du Mali Cheick Modibo Diarra a été dans un premier temps arrêté par les hommes du capitaine Amadou Sanogo, l'ex-chef de la junte militaire, puis, dans un second temps, il est apparu à la télévision nationale pour annoncer sa démission et présenter ses excuses au peuple malien. En fait, il s'agit du dénouement de la crise qui couvait depuis des semaines à Bamako. Cheick Modibo Diarra avait fait l'unanimité contre lui en se désintéressant de la dissidence du Nord et en jouant un jeu personnel contraire au mandat qui lui a été confié (voir page 36). Ses ambitions présidentielles indisposaient la classe politique, ainsi que le président par intérim Dioncounda Traoré. C'est sans doute avec leur assentiment que les militaires, dont le poids politique est resté très fort, l'ont déposé.

Une avancée pour les rebelles syriens

MARRAKECH (MAROC), MERCREDI 12 Pour la Coalition nationale syrienne, la réunion du groupe des « Amis de la Syrie » qui s'est déroulée à Marrakech est un grand succès diplomatique. Elle est désormais reconnue comme seul représentant légitime du peuple syrien par une centaine d'États arabes et occidentaux, dont la France, le Royaume-Uni et les États-Unis. Cette reconnaissance n'entraîne toutefois pas une aide militaire officielle à la rébellion, et la réunion de Marrakech a mis en évidence les réserves de Washington à ce sujet. Les États-Unis ont en effet placé le groupe djihadiste Jabhat Al-Nosra sur la liste des organisations terroristes. Or, Jabhat Al-Nosra est indéniablement à la pointe du combat contre le régime de Bachar Al-Assad. Le ministre français des Affaires étrangères Laurent Fabius a regretté la décision américaine en expliquant que, sur le terrain, les djihadistes faisaient « un bon boulot ». À quoi les Américains répondent que Jabhat Al-Nosra reste une émanation de la banche irakienne d'Al-Qaida et que son objectif est moins de libérer la Syrie de la dictature baasiste que d'y établir un « califat islamique ».

Silvio Berlusconi est-il encore de retour ?

ROME, MERCREDI 12 Mais que cherche donc à faire Silvio Berlusconi ? Samedi 8, signifiant le retrait du soutien apporté depuis un an par son parti, le Peuple de la liberté (PDL), au gouvernement technique de Mario Monti, il annonçait son intention de se présenter comme candidat du centre droit aux législatives de 2013. Et donc, en cas de victoire, de retrouver à 76 ans le poste de président du Conseil quitté en novembre 2011 sous les huées. Conséquence, Mario Monti faisait part aussitôt de sa décision « irrévocable » de démissionner après le vote du budget 2013, qui doit intervenir d'ici la fin de l'année. Comme on pouvait s'y attendre, ce double coup de théâtre a provoqué bien des remous en Italie, mais aussi en Europe et sur les marchés financiers. Or, ce mercredi, Silvio Berlusconi a semé davantage encore la confusion en se disant prêt à s'effacer si Mario Monti présentait sa candidature… tout en citant comme possible Premier ministre le chef du PDL, Angelino Alfano ! Une chose est sûre : désireux de voir l'Italie persister dans la voie des réformes, les dirigeants européens ont depuis longtemps fait leur choix entre le sulfureux Cavaliere et le professeur Monti. Du reste, c'est un soutien appuyé que, réunis à Bruxelles, ils apporteront à ce dernier demain et vendredi.

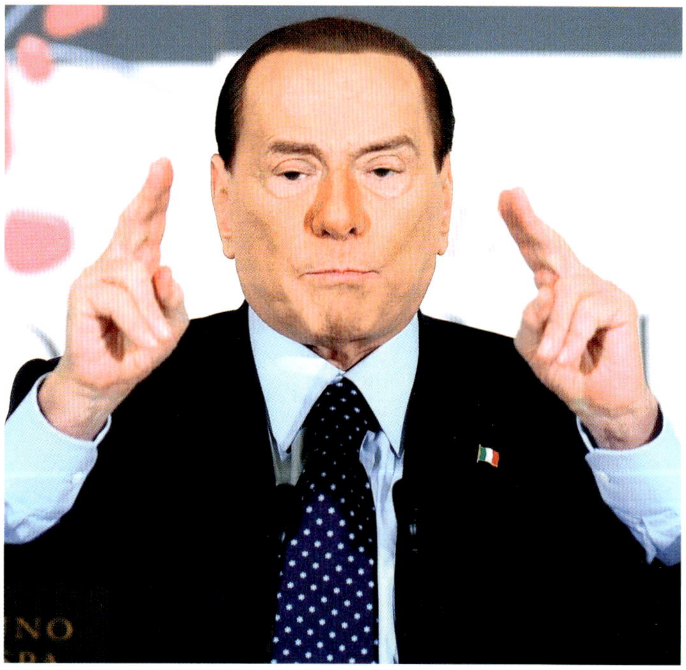

Silvio Berlusconi (ici le 12) avait annoncé samedi retourner à la vie publique « avec tristesse », mais « une nouvelle fois par sens des responsabilités »…

La Corée du Nord devient une puissance spatiale

SOHAE (CORÉE DU NORD), MERCREDI 12 Avec la mise sur orbite du satellite Kwangmyongsong-3, la Corée du Nord fait une entrée remarquée dans le club restreint des puissances spatiales. La fusée porteuse Unha-3 a été lancée depuis le site de Sohae, sur la côte ouest du pays. Une première tentative, le 13 avril dernier, s'était soldée par un échec. Pour le secrétaire général de l'ONU Ban Ki-moon, ce lancement constitue une « violation claire de la résolution 1874 du Conseil de sécurité dans laquelle le Conseil demande à la Corée du Nord de ne pas procéder à des lancements utilisant la technologie de missiles balistiques ». Toutefois, le Conseil de sécurité s'est gardé de voter des sanctions contre Pyongyang, estimant que la poursuite de discussions demeurait la « réponse appropriée à apporter ». Mais les États-Unis, la Corée du Sud et le Japon (qui affirme qu'Unha-3 a violé son espace aérien) réagissent de façon beaucoup plus alarmiste : ils estiment que la satellisation de Kwangmyongsong-3 est un leurre et que le but réel de l'expérience est de tester un missile à vocation militaire. Ce que corroborerait le fait que le satellite est inerte. Autrement dit, Unha-3, qui reste un engin relativement rudimentaire, serait appelé à devenir un missile intercontinental (ICBM), porteur d'une charge nucléaire…

Tuerie dans une école primaire américaine

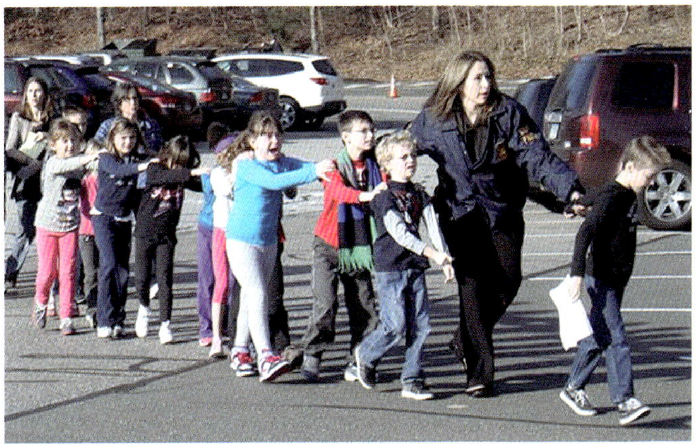

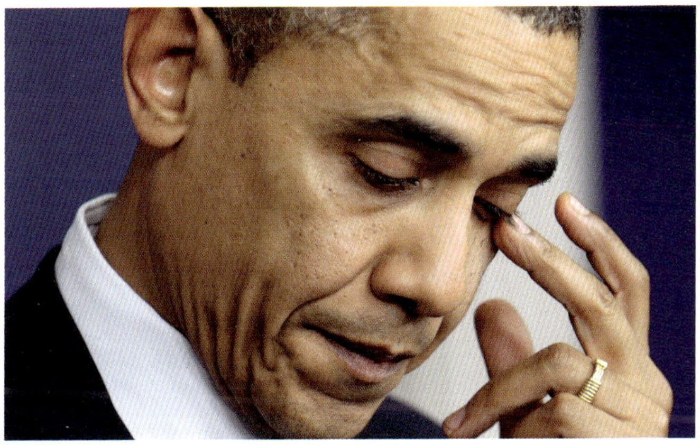

NEWTOWN (CONNECTICUT), VENDREDI 14 Les États-Unis sont sous le choc. Ce matin vers 9 h 20, Adam Lanza, 20 ans, a fait irruption dans une école primaire de Newtown armé d'un fusil d'assaut et de deux armes de poing. Et il y a abattu vingt enfants, âgés de 6 et 7 ans, ainsi que six adultes. Puis il s'est donné la mort. Décrit comme timide et parfois étrange, mais inconnu des services de police, cet étudiant vivait à Newtown avec sa mère, qui aura été sa première victime : il l'a tuée peu avant de partir pour son équipée sauvage. Causant un immense émoi dans le pays compte tenu de l'âge de la plupart des victimes, cette tuerie qui fait suite à tant d'autres (dont celle du 20 juillet, voir p. 71) va rallumer le débat sur le contrôle des armes à feu aux États-Unis, où le deuxième amendement de la Constitution (adopté en 1791) garantit « le droit qu'a le peuple de détenir et de porter des armes » pour se protéger. Le 16, la sénatrice démocrate de Californie Dianne Feinstein proposera de réactiver une loi bannissant les fusils d'assaut, une proposition soutenue le 18 par Barack Obama. Quant à la National Rifle Association (NRA), la puissante association des détenteurs d'armes à feu, elle se bornera le 21 à prôner le déploiement de gardes armés dans toutes les écoles américaines…

En haut : ces enfants terrorisés sont conduits par une policière hors de la Sandy Hook Elementary School, peu après la fusillade.
Ci-contre : quelques heures après le drame, c'est un Barack Obama bouleversé qui s'est adressé au pays.

Gérard Depardieu s'exile et pousse un grand coup de gueule

PARIS, DIMANCHE 16 Jusqu'où ira l'« affaire Depardieu » ? Le 9, on apprenait l'exil fiscal du monstre sacré du cinéma français pour le village belge de Néchin, situé à un kilomètre de la frontière française. Aussitôt, cette annonce suscitait une très vive polémique à laquelle, le 12, Jean-Marc Ayrault prenait part en qualifiant d'« assez minable » le départ annoncé de l'acteur. Ce qui n'a pas été du goût de ce dernier. S'estimant « injurié », Gérard Depardieu a, dans son style inimitable, sèchement répliqué au Premier ministre dans une lettre ouverte publiée dans le *Journal du dimanche*. « Qui êtes-vous pour me juger ainsi ? » peut-on y lire. « Je n'ai jamais tué personne, je ne pense pas avoir démérité, j'ai payé 145 millions d'euros d'impôts en quarante-cinq ans. » Et le comédien d'annoncer vouloir rendre son passeport français. Est-ce à dire pour autant qu'il envisage de demander la nationalité belge ? Oui, à en croire le maire de Néchin. À moins qu'il ne souhaite plutôt obtenir un passeport russe ? Si tel est le cas, déclarera le 20, le plus sérieusement du monde, le président russe Vladimir Poutine, « c'est une affaire réglée, et de manière positive ». À suivre, donc…

Copé et Fillon ont finalement enterré la hache de guerre

PARIS, LUNDI 17 Il était temps. Affolés par leur chute dans les sondages auprès des militants de l'UMP, Jean-François Copé et François Fillon ont conclu un armistice qui met fin à la crise. Jean-François Copé a cédé sous une menace de l'ancien président de l'Assemblée nationale Bernard Accoyer : organiser un référendum auprès des parlementaires UMP sur le « revote » exigé par François Fillon. Craignant de voir le parti se disloquer un peu plus, Jean-François Copé a fait une demi-marche arrière, et François Fillon un demi-pas en avant. Il y aura bien un nouveau vote pour la présidence du parti, mais il n'aura pas lieu avant l'été, comme l'aurait souhaité Fillon, ni avant les municipales du printemps 2014, ce dont Copé ne voulait à aucun prix. Finalement, les militants « revoteront » le 15 septembre 2013, et le processus électoral sera profondément réformé. En attendant, Copé reste président. Il a toutefois accepté d'accueillir dans son équipe les « fillonistes » Laurent Wauquiez et Valérie Pécresse.

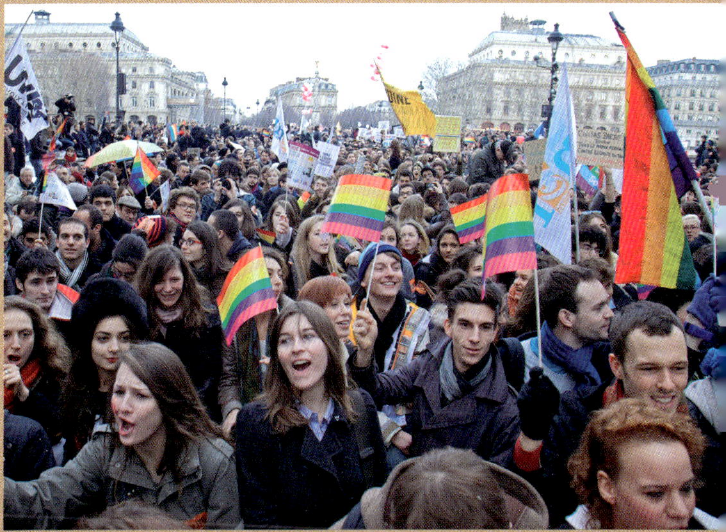

L'objectif des LGBT (lesbiennes, gays, bi et trans) était de faire aussi bien que les opposants au projet de loi ouvrant le mariage et l'adoption aux homosexuels. Les « anti » étaient plus de 100 000 le 17 novembre, les « pro » ont fait jeu égal dimanche 16, en additionnant les chiffres de Paris (ici sur le pont au Change) et de la province dans les deux cas. Les manifestants avaient bénéficié du soutien des partis de gauche et de plusieurs syndicats, dont la CGT et la CFDT, et de nombreux élus étaient à leurs côtés, à commencer par le maire de Paris Bertrand Delanoë.

François Hollande à Alger

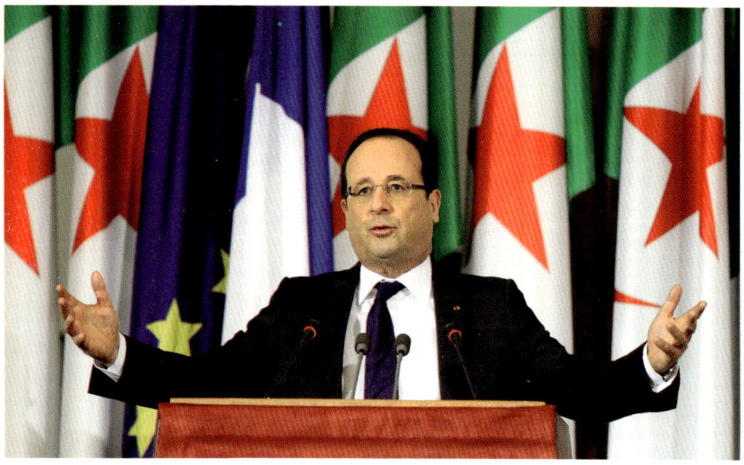

« Nous devons le respect à toutes les mémoires », a tenu à insister François Hollande.

ALGER, JEUDI 20 Le pays comptant parmi les principaux partenaires des entreprises françaises, la première visite d'État de François Hollande en Algérie n'était pas dénuée d'enjeux économiques. Mais en cette année du cinquantenaire de l'indépendance de l'Algérie, et alors que les relations entre les deux pays sont depuis longtemps tendues, c'est surtout sur la question sensible de la mémoire coloniale que le président français était attendu. Comme il l'avait annoncé à son arrivée hier, il n'a pas présenté les excuses de la France, ni fait acte de repentance. Mais ce jeudi, à la tribune du Palais des nations d'Alger et devant les parlementaires des deux chambres réunies, il a reconnu « les souffrances » que la colonisation (un « système profondément injuste et brutal ») « a infligées au peuple algérien ». Poliment applaudi par l'assistance, ce discours qui se voulait consensuel a été, en France, reçu avec déception et amertume par les pieds-noirs et les harkis, dont le sort n'a pas été évoqué par le chef de l'État.

John Kerry à la tête de la diplomatie des États-Unis

WASHINGTON, VENDREDI 21 Hillary Clinton ne souhaitait pas poursuivre sa mission au secrétariat d'État au-delà du premier mandat de Barack Obama. Souffrante depuis le 7 décembre, elle sera hospitalisée le 30 pour une thrombose consécutive à une commotion cérébrale. Pour la succession de cette femme de tête, Obama avait pensé à Susan Rice, ambassadrice des États-Unis à l'ONU. Mais la diplomate avait été très critiquée pour avoir sous-estimé les tenants et aboutissants de l'attaque meurtrière du consulat américain de Benghazi, le 11 septembre dernier. Ce n'est donc pas Susan Rice qui dirigera la diplomatie américaine, mais John Kerry. Âgé de 69 ans, le sénateur démocrate du Massachusetts n'est pas un inconnu. Il fut l'adversaire malheureux de George W. Bush à l'élection présidentielle de 2004. On le sait attaché à la France (dont il parle la langue) et à la vieille Europe, et bon connaisseur des complexes affaires du Moyen-Orient, où il a effectué de discrètes missions pour Barack Obama. John Kerry pourrait être l'homme du second mandat, celui qui donnerait enfin un peu d'air à une politique étrangère américaine par trop unilatéraliste. En outre, il bénéficie d'un préjugé favorable : des poids lourds du Parti républicain, comme John McCain, soutiennent sa nomination.

La nouvelle Constitution égyptienne a été adoptée

LE CAIRE, SAMEDI 22 Une partie du pays avait voté le 15, l'autre partie s'est rendue aux urnes aujourd'hui. Mais le résultat ne laissait guère de doute. Les électeurs égyptiens ont approuvé par 63,8 % des suffrages la nouvelle Constitution rédigée par les Frères musulmans, majoritairement représentés au Parlement par le Parti liberté et justice, leur vitrine politique, avec la neutralité bienveillante de leurs concurrents salafistes. On s'en souvient, ce référendum avait donné lieu, ces dernières semaines, à des affrontements violents entre partisans et adversaires du président Mohamed Morsi. Libéraux et laïques reprochaient au projet de Constitution d'ouvrir la voie à l'islamisation de la société, à des atteintes aux droits des minorités religieuses et à une régression du statut de la femme. Ce n'est évidemment pas faux, mais on observe que les juges conservent un certain pouvoir de défiance. Beaucoup plus inquiétante, par contre, est la faculté concédée à l'armée de juger des civils dans ses propres tribunaux, ce qui traduit une alliance de fait entre les Frères musulmans et les militaires. La participation au scrutin a été de 32,9 % des inscrits. C'est l'expression d'un désenchantement politique, d'un profond désir de retour au calme, et aussi de la faiblesse de l'opposition.

La République centrafricaine est au bord du chaos

BANGUI, LUNDI 31 Sur l'ordre du président François Hollande, 600 soldats français ont été déployés en République centrafricaine (RCA) pour protéger l'ambassade de France, qui a été « caillassée » mercredi dernier, et, si besoin, évacuer les ressortissants français expatriés en RCA. La France est accusée de ne rien faire pour empêcher les rebelles de la coalition Séléka de se rapprocher de la capitale Bangui. Cette rébellion hétéroclite et composée principalement de « coupeurs de route » n'a guère rencontré de résistance de la part des forces armées centrafricaines, et les villes sont tombées les unes après les autres depuis le 10 décembre, date du début de l'offensive. Quant à l'armée tchadienne, censée appuyer les militaires centrafricains, elle a surtout brillé par sa discrétion. Quels sont les buts des rebelles ? Seule la volonté de renverser le président François Bozizé les unit. Sentant son pouvoir vaciller, Bozizé a proposé hier d'intégrer les rebelles dans un gouvernement d'union nationale. Mais ce lundi, il attendait toujours une réponse.

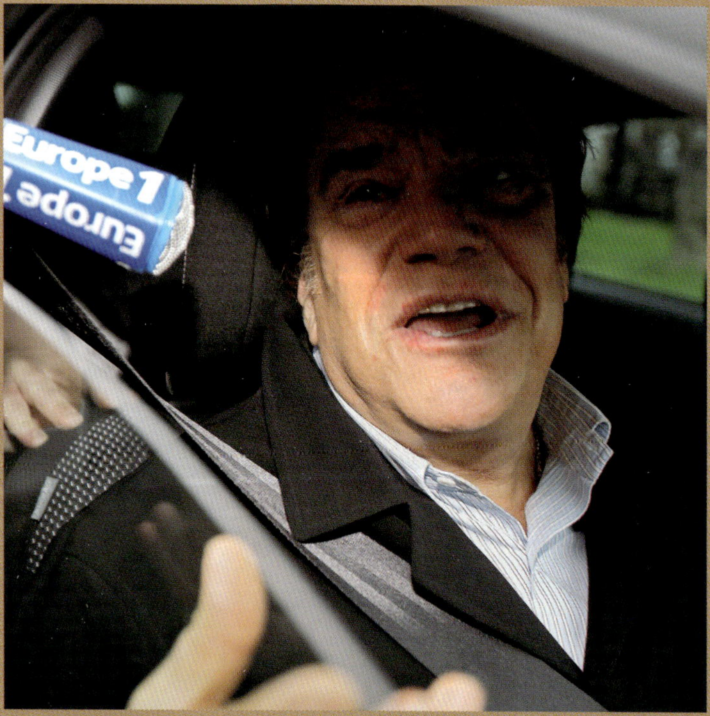

C'est le grand retour de Bernard Tapie, 69 ans, aux affaires et à Marseille. Mercredi 19, les banques créancières du Groupe Hersant Média (GHM) ont accepté l'offre de reprise à 50 millions d'euros qu'il avait présentée conjointement avec la famille Hersant. Cette reprise fait de l'ancien président de l'Olympique de Marseille le patron des quotidiens La Provence, Nice-Matin, Corse-Matin, *ainsi que de titres aux Antilles et en Nouvelle-Calédonie. Un tremplin pour les municipales à Marseille en 2014 ? Pas du tout, répondra Tapie qui, par ailleurs, accusera le ministre du Redressement productif Arnaud Montebourg d'avoir tout fait pour lui barrer la route. Mais dans quelles conditions, exactement, s'est fait ce rachat ? Décidé à le savoir, Patrick Mennucci, député et maire socialiste du 1er secteur de Marseille, demandera lundi 24 la création d'une commission d'enquête parlementaire chargée de se pencher sérieusement sur la question…*

Décembre

FRANCE

PARNOUVILLE (95), SAMEDI 1er Mgr André Vingt-Trois, archevêque de Paris, pose la première pierre d'une église chaldéenne destinée aux fidèles venus d'Irak et de Turquie.

PARIS, LUNDI 3 Adoption définitive par l'Assemblée nationale du projet de loi de financement de la Sécurité sociale (PLFSS) pour 2013, prévoyant de ramener le déficit de l'assurance-maladie à 11,4 milliards d'euros.

PARIS, MARDI 4 Selon un rapport de l'Observatoire de l'Institut national de la jeunesse et de l'éducation populaire (Injep), le taux de pauvreté des 18-24 ans atteint 22,5 % (en progression de 5 points depuis 2004).

PARIS, MARDI 4 Une étude de l'Association de surveillance de la qualité de l'air en Île-de-France (Airparif) montre que 40 000 écoliers, malades ou retraités parisiens sont dangereusement exposés à la pollution de l'air, leurs locaux se trouvant à proximité de grands axes routiers.

PARIS, MARDI 4 Marine Le Pen présente la charte du Rassemblement Bleu Marine, qui sera ouvert aux adhésions individuelles le 1er janvier 2013.

LILLE (59), MARDI 4 Un temple protestant occupé depuis plus d'une semaine par des centaines de sans-papiers est évacué par la police.

PARIS, JEUDI 6 Le président François Hollande nomme Nicolas Hulot « envoyé spécial pour la protection de la planète ».

PARIS, JEUDI 6 Le ministre de l'Intérieur Manuel Valls édicte un code de déontologie pour la police et la gendarmerie dans le but de normaliser leurs rapports avec la population.

CORSE, VENDREDI 7 Une vingtaine de résidences secondaires appartenant à des Français de métropole sont détruites dans des attentats revendiqués par le FLNC.

PARIS, VENDREDI 7 Le Conseil constitutionnel rejette le recours de Marine Le Pen, qui demandait l'annulation de l'élection législative dans la 11e circonscription du Pas-de-Calais (Hénin-Beaumont), où elle avait été battue de 118 voix par le socialiste Philippe Kemel.

TOULON (83), SAMEDI 8 Une chapelle de la Marine nationale est profanée par des inconnus.

PARIS, MARDI 11 François Hollande et Manuel Valls témoignent par courrier en faveur de Valérie Trierweiler dans le procès qu'elle a intenté à Alix Bouilhaguet et Christophe Jakubyszyn, auteurs de *La Frondeuse*, pour « diffamation et atteinte à la vie privée ».

LA POTERIE-CAP-D'ANTIFER (76), MARDI 11 Le chalutier géant allemand *Maartje Theadora* est arraisonné et ramené à Cherbourg. Il a pris illégalement en baie de Seine 1 585 tonnes de poisson. L'armateur, Doggerbank Seefischerei, sera condamné à 595 000 euros d'amende.

PARIS, MARDI 11 Jacques Servier est mis en examen pour « blessures et homicides involontaires ». L'affaire du Mediator est relancée.

FRANCE, MERCREDI 12 Lancement de six nouvelles chaînes gratuites de la TNT.

PARIS, MERCREDI 12 Le Sénat lève l'immunité parlementaire de Jean-Noël Guérini.

PARIS, JEUDI 13 Fin du procès de l'Arche de Zoé. Deux ans de prison sont requis contre Éric Breteau et Émilie Lelouch, qui ne s'étaient pas présentés.

MARSEILLE (13), VENDREDI 14 Le tribunal administratif ordonne une réfection de la prison des Baumettes.

FRANCE, DIMANCHE 16 L'opposition remporte trois élections législatives partielles: dans l'Hérault (Élie Aboud), les Hauts-de-Seine (Patrick Devedjian) et le Val-de-Marne (Sylvain Berrios).

PARIS, LUNDI 17 Selon le Conseil d'orientation des retraites (COR), le déficit des caisses de retraite devrait atteindre 18,8 milliards d'euros en 2017.

DOUAI (59), MERCREDI 19 La cour d'appel de Douai confirme la mise en examen de Dominique Strauss-Kahn dans l'affaire du Carlton de Lille.

PARIS, MERCREDI 19 Marc Machin est acquitté en révision par la cour d'assises de Paris. Il avait été condamné à deux reprises à dix-huit ans de réclusion criminelle pour un crime qu'il n'avait pas commis.

PARIS, VENDREDI 21 *L'Express* révèle que la Commission nationale des comptes de campagne et des financements politiques (CNCCFP) a rejeté les comptes de campagne de Nicolas Sarkozy.

PARIS, SAMEDI 29 Le Conseil constitutionnel censure la taxation à 75 % des revenus supérieurs à 1 million d'euros prévue dans le budget 2013.

UNION EUROPÉENNE

LJUBLJANA, DIMANCHE 2 Le social-démocrate Borut Pahor est élu président de la République de Slovénie.

ROME, DIMANCHE 2 L'ancien communiste Pier Luigi Bersani remporte la primaire du Parti démocrate (PD) pour conduire la gauche aux élections générales italiennes organisées en 2013.

BERLIN, DIMANCHE 2 Dans *Bild am Sonntag*, la chancelière Angela Merkel n'exclut pas un effacement de la dette grecque, mais après les législatives allemandes du 22 septembre 2013.

LONDRES, LUNDI 3 Kate Middleton, duchesse de Cambridge, est enceinte. L'annonce est cette fois officielle.

STOCKHOLM, MERCREDI 5 Le Parlement suédois reconnaît la République arabe sahraouie démocratique. C'est une première en Europe, qui entraîne de vives réactions au Maroc mais dont la portée réelle est limitée.

BUCAREST, DIMANCHE 9 Victoire de la coalition de centre gauche aux élections législatives roumaines.

FRANCFORT (ALLEMAGNE), MERCREDI 12 Perquisition à la Deutsche Bank (première banque allemande) dans le cadre d'une enquête pour « fraude fiscale, blanchiment d'argent et obstruction à la justice ». Cinq mandats d'arrêt ont été lancés contre des salariés.

LONDRES, JEUDI 13 Le gouvernement britannique autorise l'extraction de gaz de schiste.

ROME, VENDREDI 21 Mario Monti démissionne de la présidence du Conseil, comme prévu, après le vote du budget de 2013. Le 28, il déclarera qu'il parrainera une liste centriste aux législatives et qu'il se tiendra prêt à reprendre les rênes de l'Italie.

MADRID, SAMEDI 22 La militante basque française Aurore Martin est libérée sous caution.

ROME, SAMEDI 22 Le pape gracie son majordome, Paolo Gabriele, qui aura passé 117 jours en prison.

INTERNATIONAL

MEXICO, SAMEDI 1er Le nouveau président mexicain Enrique Peña Nieto renonce à l'option militaire pour la lutte contre le narcotrafic.

JÉRUSALEM, SAMEDI 1er Le gouvernement israélien bloque le transfert des droits de douane et des taxes qu'il perçoit pour l'Autorité palestinienne.

COLOMBIE, SAMEDI 1er Alors que les négociations avec la rébellion se poursuivent à La Havane, l'armée colombienne bombarde trois camps des Farc.

GOMA (RDC), SAMEDI 1er Les rebelles du M23 quittent Goma en emportant un important butin. Retour de l'armée régulière de la République démocratique du Congo.

SYRIE, LUNDI 3 Défection de Jihad Makdissi, principal porte-parole du régime de Bachar Al-Assad.

TÉHÉRAN, LUNDI 3 Le Parlement iranien vote une proposition de loi qui vise à empêcher le président Mahmoud Ahmadinejad d'imposer son successeur en la personne d'Esfandiar Rahim Mashaie.

BRUXELLES, MARDI 4 L'Otan autorise le déploiement de missiles antimissiles Patriot en Turquie, à proximité de la frontière syrienne.

OUAGADOUGOU, MARDI 4 Sous l'égide du Burkina Faso, le Mali, Ansar Dine et le MNLA s'accordent sur l'intégrité du Mali et le rejet du terrorisme.

CARACAS, SAMEDI 8 Le président vénézuélien Hugo Chávez annonce une récidive de son cancer.

SYRIE, DIMANCHE 9 Prenant l'Armée syrienne libre (ASL) de vitesse, des djihadistes s'emparent de la base Cheikh Souleimane, au nord d'Alep.

ACCRA, DIMANCHE 9 Réélection du président du Ghana John Dramani Mahama.

ALEXANDRIA (VIRGINIE), MARDI 11 Selon l'étude annuelle de Progress in International Reading Literacy Study (PIRLS), la France n'est que 29e au classement de la lecture à l'âge de 10 ans, et en dessous de la moyenne européenne.

LA HAYE, MERCREDI 12 Le général serbe Zdravko Tolimir, ancien bras droit du général Radtko Mladic, est condamné à la prison à perpétuité par le Tribunal pénal international pour l'ex-Yougoslavie (TPIY).

JÉRUSALEM, VENDREDI 14 Démission du ministre des Affaires étrangères israélien Avigdor Lieberman. Il est poursuivi pour abus de confiance et fraude.

VENEZUELA, SAMEDI 15 Victoire du Parti socialiste unifié du Venezuela (PSUV) aux élections régionales. Le parti d'Hugo Chávez remporte 20 États sur 23.

TOKYO, DIMANCHE 16 Large victoire du Parti libéral-démocrate (conservateur) aux élections législatives japonaises.

PAKISTAN, MARDI 18 Sept vaccinateurs sont assassinés par les talibans, qui considèrent la vaccination comme une entreprise criminelle de l'Occident.

SÉOUL, MERCREDI 19 Park Geun-hye, fille de l'ex-dictateur Park Chung-hee, est élue présidente de la Corée du Sud.

RIMI (NIGERIA), MERCREDI 19 L'ingénieur français Francis Colump est enlevé par la milice islamiste Ansaru.

NEW YORK, JEUDI 20 Le Conseil de sécurité autorise le déploiement d'une force internationale au Mali.

CHINE, MERCREDI 26 Ouverture de la ligne de TGV Pékin-Canton, la plus longue du monde (2 298 km).

SYRIE, MERCREDI 26 Le général Abdel Aziz Jassem Al-Challal, chef de la police militaire syrienne, fait défection.

NEW DELHI, SAMEDI 29 Nouvelles manifestations après l'annonce de la mort de l'étudiante victime d'un viol collectif le 16. Les manifestants dénoncent l'impunité dont jouissent les violeurs en Inde.

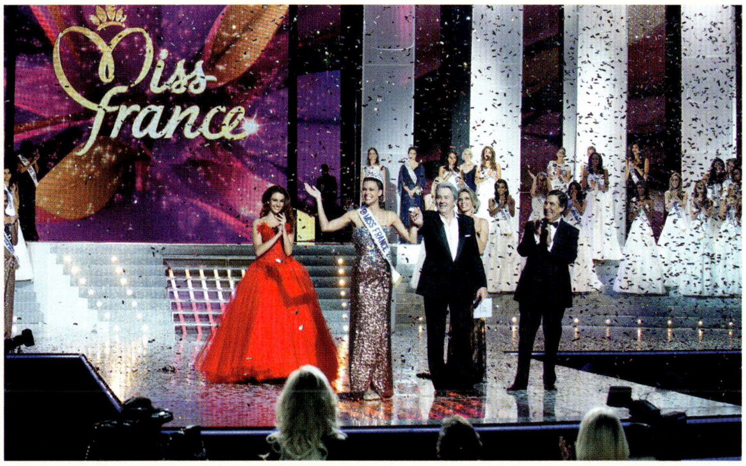

Samedi 8, au Zénith de Limoges (87), c'était l'élection de Miss France 2013 devant les caméras de TF1. La couronne a été décrochée par Marine Lorphelin, Miss Bourgogne. De gauche à droite: Delphine Wespiser (Miss France 2012), la lauréate, Alain Delon, Sylvie Tellier et Jean-Pierre Foucauld, l'animateur de cette soirée.

ÉCONOMIE

LEYDE (PAYS-BAS), MERCREDI 5 Recomposition du capital d'EADS: la France et l'Allemagne seront désormais à égalité, avec chacune 12 % des actions.

TURIN (ITALIE), VENDREDI 7 Fiat annonce la suppression de 1 500 postes dans son usine de Tychy, en Pologne.

BRASÍLIA, VENDREDI 7 La Bolivie devient le sixième État membre du Mercosur.

BRUXELLES, JEUDI 13 Les ministres des Finances de l'Union européenne décident la supervision de 150 à 200 banques par la Banque centrale européenne (BCE).

PARIS, MARDI 18 Louis Gallois entre au conseil de surveillance de PSA Peugeot Citroën en tant que représentant de l'État.

NEW YORK, MARDI 18 Standard & Poor's relève la note de la Grèce de six points. Elle passe à B-.

SAINT-NAZAIRE (44) La Royal Caribbean International commande aux chantiers navals STX un paquebot géant de classe « Oasis », pour plus d'1 milliard d'euros.

CULTURE

BRUXELLES, MERCREDI 5 La justice belge déboute le Conseil représentatif des associations noires de France (Cran) et Bienvenu Mbutu Mondodo qui demandaient l'interdiction de *Tintin au Congo*. La cour d'appel a estimé que l'album d'Hergé ne traduisait « aucune volonté […] de véhiculer des idées à caractère raciste ».

PARIS, MERCREDI 12 Étienne Mougeotte est nommé directeur de Radio Classique.

DÉCÈS

CHICLANA DE LA FRONTERA (ESPAGNE), SAMEDI 1er José Benazeraf, cinéaste français (*8.1.1922).

LEWES (ROYAUME-UNI), MARDI 4 Jonathan Harvey, compositeur britannique (*3.5.1939).

RIO DE JANEIRO, MERCREDI 5 Oscar Niemeyer, architecte brésilien (*15.12.1907).

NORWALK (CONNECTICUT), MERCREDI 5 Dave Brubeck, pianiste de jazz américain (*6.12.1920, David Warren Brubeck, dit).

BEYROUTH, MERCREDI 5 Ignace IV Hazim, patriarche grec orthodoxe d'Antioche (*4.4.1920).

MOSCOU, MARDI 11 Galina Vichnevskaïa, soprano russe (*25.10.1926).

SENLIS (60), JEUDI 13 Georges Bellec (*18.3.1918). Il était l'avant-dernier survivant des Frères Jacques.

NEUILLY-SUR-SEINE (92), JEUDI 13 Maurice Herzog, alpiniste et homme politique français (*15.1.1919).

ROME, DIMANCHE 30 Rita Levi-Montalcini, neurologue italienne, prix Nobel de médecine 1986 (*22.4.1909).

SALVADOR DALÍ mystificateur et génie

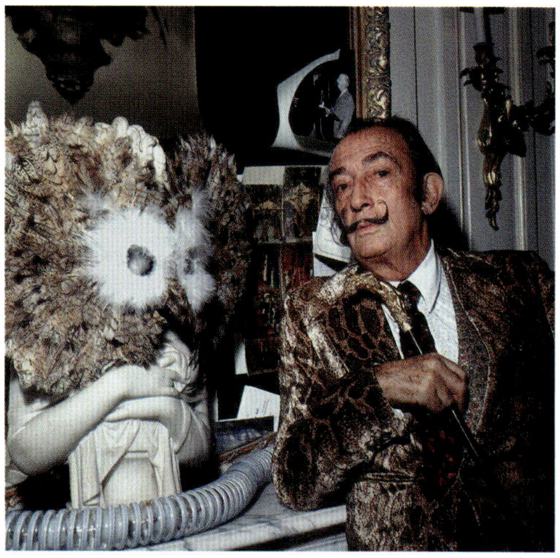

C'était vraiment l'exposition à ne pas rater à Paris, à la fin de 2012 ! La rétrospective consacrée à Salvador Dalí au Centre Georges-Pompidou nous offre l'occasion de clôturer l'année avec ce petit album d'images.

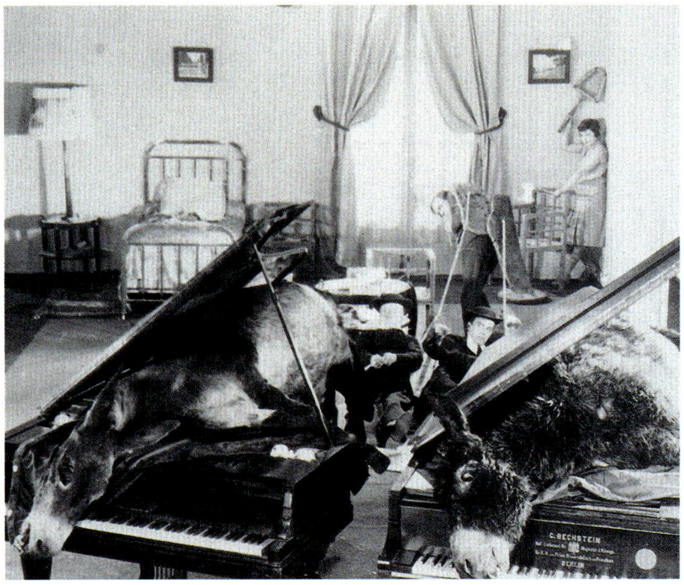

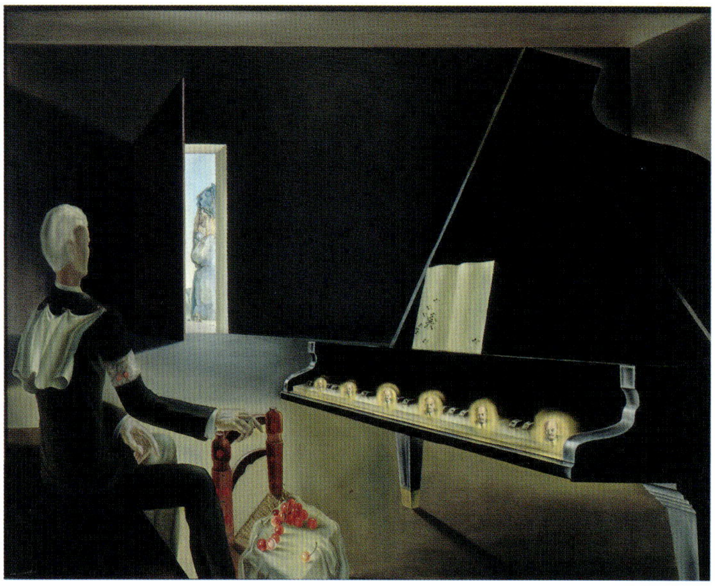

Un génie ? Un histrion ? Un mégalomane ? Un homme d'affaires avisé ? Un anarchiste ? Un fasciste ? Un blasphémateur ? Un catholique fervent ? Les mots manquent pour qualifier cet artiste espagnol (1904-1989) qui, comme son compatriote Picasso, a marqué le XXe siècle. Du 21 novembre 2012 au 25 mars 2013, une grande rétrospective lui rend hommage au Centre national d'art et de culture Georges-Pompidou, à Paris. Une rétrospective qui, par son ampleur, met en lumière les innombrables facettes d'un Salvador Dalí irréductible aux étiquettes dont on l'a successivement affublé et qui, lui-même, n'a cessé de donner le change sous de multiples masques. Alliant une technique rigoureusement académique à des visions fantastiques, narcissiques et psychanalytiques – la fameuse méthode « paranoïaque-critique » qu'il a inventée à son usage exclusif –, Dalí reste incontestablement le plus authentiquement surréaliste des grands artistes surréalistes, même s'il fut exclu en 1934 du groupe dirigé par André Breton… Premier créateur « multimédia » de toute l'histoire de l'art occidental, Dalí a ainsi laissé son empreinte au cinéma, en collaborant avec Luis Buñuel pour *Un chien andalou* (1929) et *L'Âge d'or* (1930), deux monuments de l'avant-garde cinématographique, mais aussi avec Alfred Hitchcock pour *La Maison du docteur Edwardes* (1945). Et s'il est impossible de faire chez lui la part de la farce et de la provocation, c'est que celles-ci étaient consubstantielles à sa personnalité et indissociables de ses obsessions existentielles et esthétiques. Qui était Dalí ? Les deux premières lignes de son autobiographie, ***La Vie secrète de Salvador Dalí*** (1952), donnent un élément de réponse : « À six ans je voulais être cuisinière. À sept, Napoléon. Depuis, mon ambition n'a cessé de croître comme ma folie des grandeurs. » Tel quel !

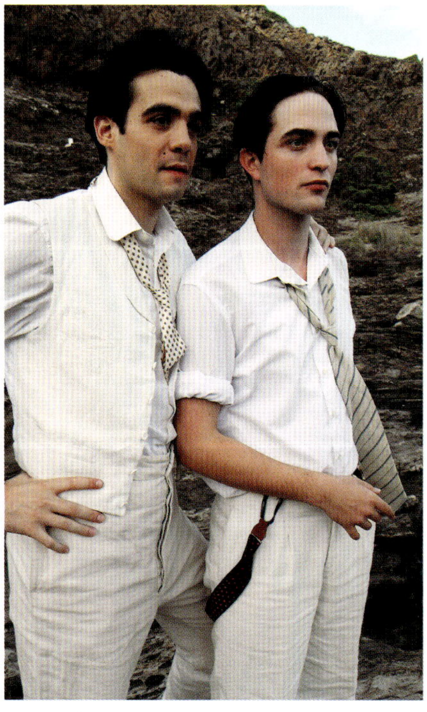

Ci-dessus : **Hallucination partielle. Six images de Lénine sur un piano** *(1931). Ce tableau, l'un des plus mystérieux de Salvador Dalí, date de sa grande période surréaliste.*
*À gauche : une scène d'*Un chien andalou*, un film de Luis Buñuel qui doit autant à l'inspiration du peintre qu'à celle du cinéaste.*
Ci-contre : Javier Beltrán (à gauche) et Robert Pattinson incarnent le poète Federico García Lorca et Salvador Dalí dans Little Ashes *(2008), film de Paul Morrison inédit en France.*
En haut : Dalí à Paris, dans les années 1970. Sur le miroir est accrochée une photo de l'artiste avec le général Franco, auquel il vouait une grande admiration !

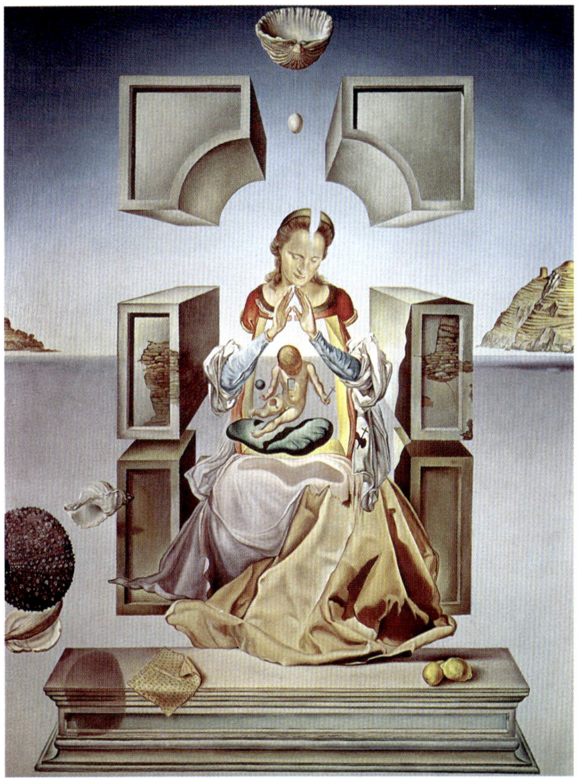

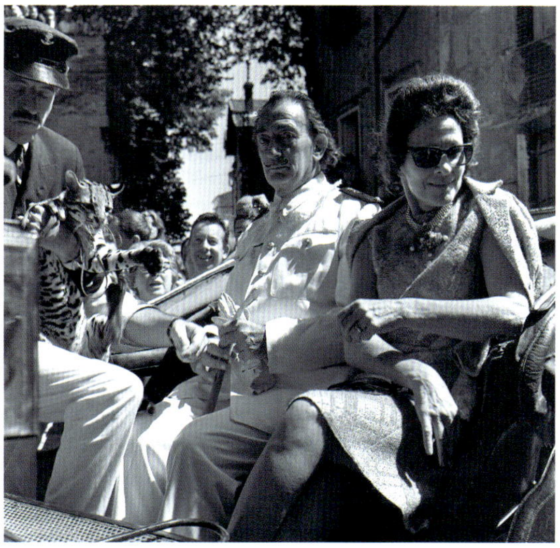

Ci-contre : Salvador Dalí et son épouse Gala avec leur chauffeur et leur bébé léopard… Une exhibition dans les rues de Céret, dans les Pyrénées-Orientales, en août 1965. De son vrai nom Elena Ivanovna Diakonova, Gala avait été mariée à Paul Éluard avant de devenir la muse et la compagne, puis l'épouse (en 1958), de Dalí.
À gauche : La Madone de Port Lligat *(1949), tableau dont Dalí exécuta deux versions et dont le modèle n'était autre que Gala. On retrouvera son visage dans bien d'autres œuvres.*

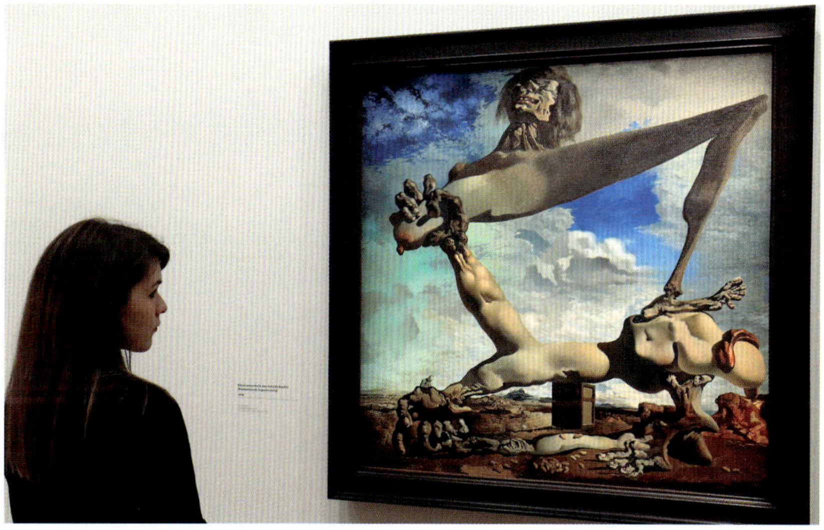

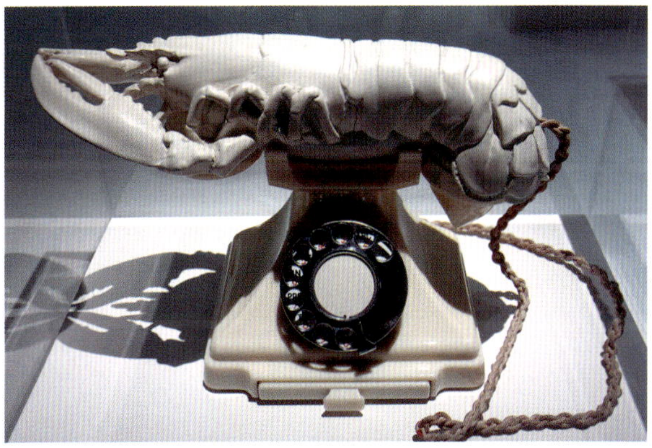

Ci-dessus : une visiteuse de l'exposition du Centre Georges-Pompidou devant l'une des peintures les plus célèbres et les plus saisissantes de Salvador Dalí, Construction molle avec haricots bouillis, *intitulée également* Prémonition de la guerre civile *(1936).*
Ci-contre : Téléphone aphrodisiaque *(ou* Téléphone-homard*), exécuté par Dalí en 1938.*

Ci-contre : Rosella Hightower et André Eglevsky dans Colloque sentimental, *ballet de George Balanchine sur une musique de l'écrivain américain Paul Bowles. Les décors et les costumes sont de Salvador Dalí. Créé à New York en 1944, ce ballet est ici repris en 1948 par le Grand Ballet de Monte-Carlo du marquis de Cuevas.*
À droite : la statue de Dalí à Cadaqués, sur la Costa Brava, en Espagne, est due au sculpteur catalan Joaquim Ros Sabaté.

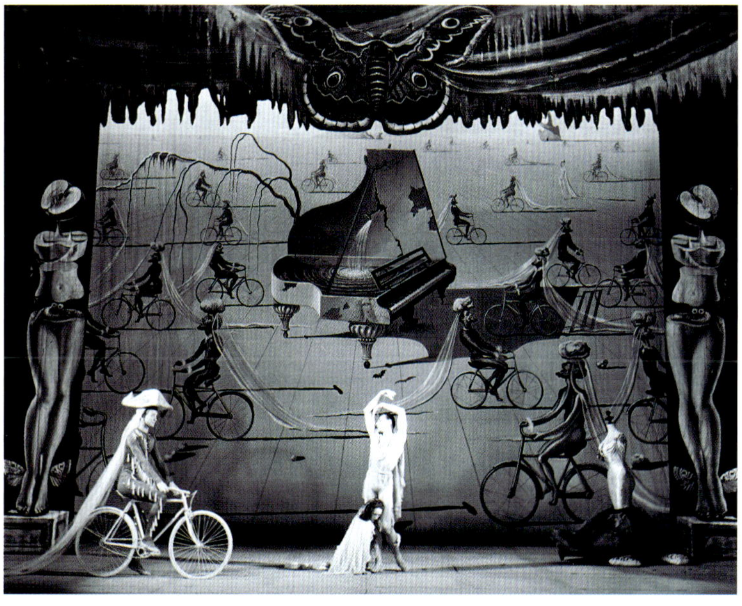

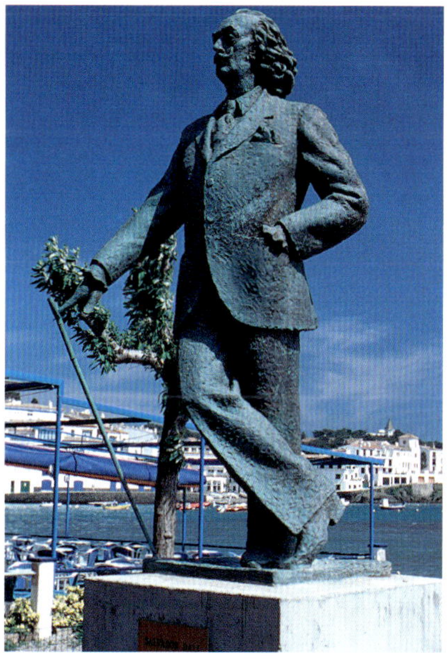

Les disparus

THEO ANGELOPOULOS
Athènes, 24 janvier

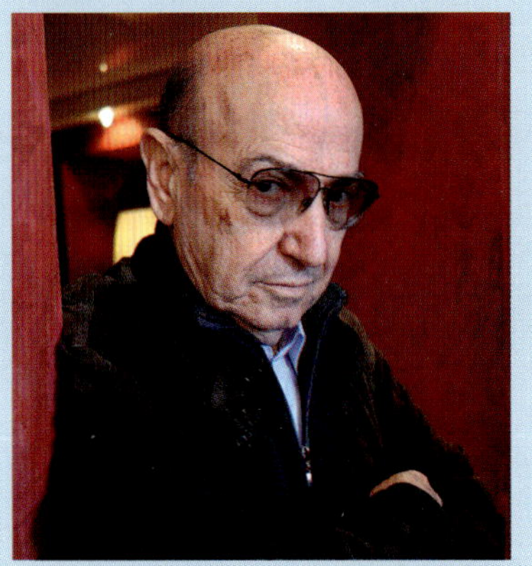

Un banal accident de la circulation a enlevé au cinéma européen l'un de ses auteurs les plus exigeants et les plus féconds. Reconnu comme un maître dès *Le Voyage des comédiens* (1975), le cinéaste grec Theo Angelopoulos (*27.4.1935) a livré dans une forme très personnelle une réflexion grave et profonde sur l'histoire grecque contemporaine (***Alexandre le Grand***, 1980). Contempteur du totalitarisme, il a donné à son propos des résonances métaphysiques (*L'Apiculteur*, 1986). Il a reçu la Palme d'or à Cannes pour *L'Éternité et un jour* (1998).

OSCAR LUIGI SCALFARO
Rome, 29 janvier

À une époque où les scandales dévastaient la classe politique italienne, Oscar Luigi Scalfaro (*9.9.1918) fut aux yeux de tous un modèle d'intégrité, de pondération et de tenue. Antifasciste sous Mussolini, catholique fervent et pratiquant, cette figure de la démocratie-chrétienne fut plusieurs fois ministre avant d'être président de la République de 1992 à 1999. Dans ses fonctions aux pouvoirs limités, il contribua à assainir les institutions et à lutter contre la corruption. Il fut également l'adversaire courtois mais déterminé du président du Conseil Silvio Berlusconi.

BEN GAZZARA
New York, 3 février

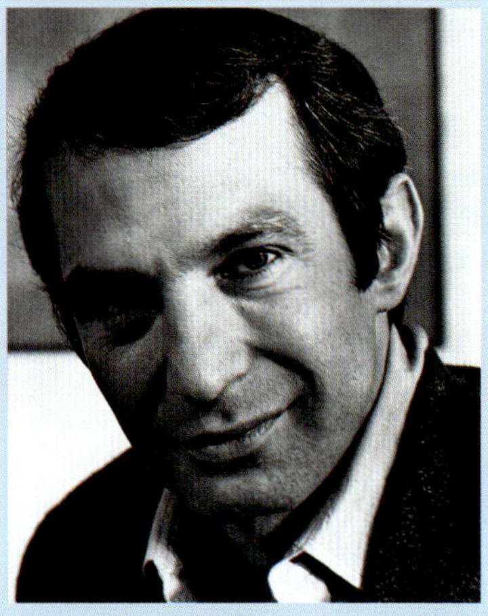

De son vrai nom Biagio Anthony Gazzara (*28.8.1930), cet acteur américain d'origine italienne fut formé à l'Actors Studio, joua au théâtre sous la direction d'Elia Kazan et fut révélé par *Autopsie d'un meurtre*, un chef-d'œuvre d'Otto Preminger (1959). Devenu l'acteur fétiche de John Cassavetes, il imposa sa sensibilité discrète dans des films comme *Husbands* (1970) ou *Meurtre d'un bookmaker chinois* (1976). Avec Gena Rowlands, Peter Falk et Cassavetes lui-même, il formait une « petite bande » unique dans le cinéma américain. Type même de l'acteur indépendant, il a réalisé *Oltre l'oceano* (1990).

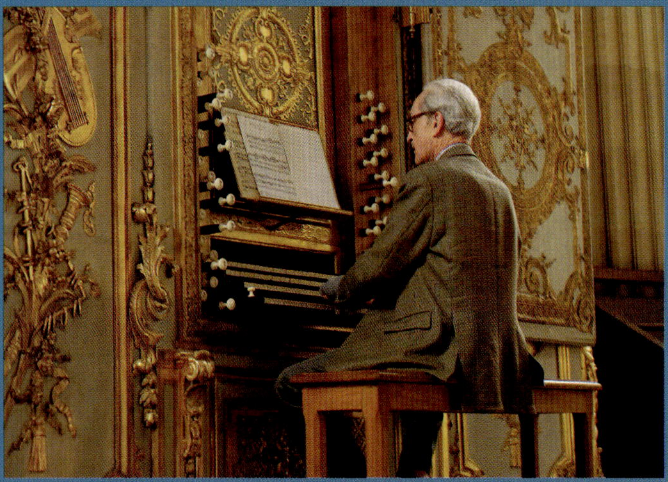

Organiste, claveciniste et chef d'orchestre, le Néerlandais Gustav Leonhardt, né à 's-Graveland le 30 mai 1928 et décédé le 16 janvier 2012 à Amsterdam, fut l'un des principaux protagonistes du renouveau du répertoire baroque et du retour aux instruments anciens (dont il était un grand collectionneur). Spécialiste de Jan Pieterszoon Sweelinck et de Jean-Sébastien Bach, il fonda avec le violoniste Sigiswald Kuijken l'orchestre La Petite Bande, dont l'enregistrement inaugural fut **Le Bourgeois gentilhomme*****, la comédie-ballet de Molière et Lully (1972). Il participa également à l'enregistrement de l'intégrale des cantates de Bach avec un autre grand « baroqueux », Nikolaus Harnoncourt, et interpréta le rôle de Bach lui-même dans le film*** **Chronique d'Anna Magdalena Bach** ***de Jean-Marie Straub et Danièle Huillet (1968). Il est ici à l'orgue de la chapelle royale du château de Versailles.***

ANTONI TÀPIES
Barcelone, 6 février

Dans les années 1950, ce peintre catalan fut salué en Europe comme l'un des maîtres de l'abstraction. De son nom complet Antoni Tàpies i Puig (*12.12.1923), il avait été profondément influencé par son compatriote catalan Joan Miró. Son art, qui associait une écriture calligraphique à l'emploi de matériaux « pauvres » ou triviaux (chiffons, pièces de bois, etc.), n'était pas sans rappeler certaines expériences dadaïstes, mais il y avait chez Tàpies une véhémence, voire une brutalité qui lui venaient peut-être du traumatisme que lui avait causé la guerre d'Espagne. Ce qui n'excluait pas un souci d'élégance. Il avait été anobli par le roi Juan Carlos Ier.

WHITNEY HOUSTON
Beverly Hills (Californie), 11 février

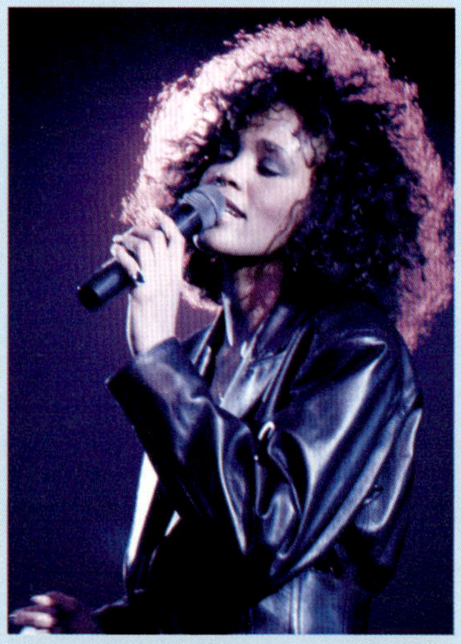

Retrouvée morte dans sa baignoire, Whitney Houston (*9.8.1963) était une star de la pop, qui avait battu des records de vente avec son album *Whitney Houston* (1985). Issue d'une famille afro-américaine, cousine de Dionne Warwick, elle avait été formée à l'école du gospel avant de devenir la référence soul et R&B de deux générations. Elle sut s'imposer aussi comme top model au début des années 1980. Un autre grand succès fut la BO du film *The Bodyguard* (1992), où elle jouait au côté de Kevin Costner. Son mariage avec le chanteur Bobby Brown fut désastreux.

SOPHIE DESMARETS
Paris, 13 février

Populaire actrice du théâtre de boulevard, Sophie Desmarets (*7.4.1922) enchanta le public par son charme mutin, son esprit et ses bonnes manières. Elle triompha dans les pièces d'André Roussin, d'Armand Salacrou et surtout de Barillet et Grédy (notamment *Fleur de cactus*, 1964). Épouse du critique de cinéma Jean de Baroncelli, elle fut aussi une figure sympathique du grand et du petit écran. On se souvient qu'elle était la ravissante secrétaire de Nestor Burma dans *120, rue de la Gare* (1946), d'après Léo Malet.

MAURICE ANDRÉ
Bayonne (64), 25 février

Il était la musique faite homme. Né dans une famille de mineurs (*21.5.1933), il descendit lui-même dans la mine avant de se consacrer à cet instrument populaire par excellence qu'était alors la trompette. Après être passé par la case Conservatoire, il portera les qualités symphoniques de son instrument à un niveau inédit. Maurice André, en association avec l'orchestre de Jean-François Paillard, sera l'un des grands acteurs du renouveau de la musique baroque. Il jouera aussi avec l'organiste Marie-Claire Alain, sans dédaigner pour autant le répertoire populaire.

FÉLICIEN MARCEAU
Le Coudray (28), 7 mars

Écrivain français d'origine belge, membre de l'Académie française et de son vrai nom Louis Carette, Félicien Marceau (*16.9.1913) fut d'abord un romancier dont la fluidité de style, la délicatesse psychologique et une certaine insolence de ton brillèrent dans *Bergère légère* (1953), *Les Élans du cœur* (1955) ou *Creezy* (1969), qui obtint le prix Goncourt. Il connut un vif succès au théâtre avec *L'Œuf* (1956), une pièce très originale. On doit également à Félicien Marceau des essais littéraires de tout premier plan, tels *Casanova ou l'anti-Don Juan* (1949) et *Balzac et son monde* (1970). Sa correspondance avec son confrère Michel Déon a été publiée en 2011.

MICHEL DUCHAUSSOY
Paris, 13 mars

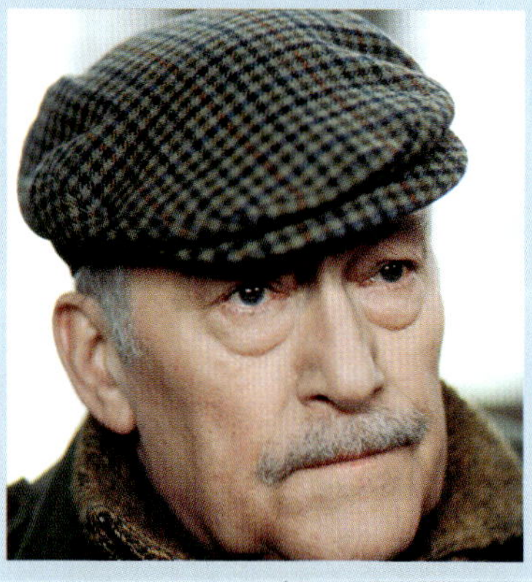

Pensionnaire puis sociétaire de la Comédie-Française, Michel Duchaussoy (*29.11.1938) a joué sur la scène les modernes aussi bien que les classiques, de William Shakespeare à Paul Valéry dont il assura la réincarnation dans *Monsieur Teste* (1974). La sobriété et la sûreté de son jeu, alliées à une silhouette à la fois discrète et bien reconnaissable, lui ont valu de prolonger à la télévision sa carrière théâtrale, notamment dans l'émission « Au théâtre ce soir». Il fut un acteur également recherché au cinéma. Michel Duchaussoy excellait dans les rôles ambigus que lui réservait en particulier Claude Chabrol.

PIERRE SCHOENDOERFFER

14 mars, page 24

ANTONIO TABUCCHI

Lisbonne, 25 mars

Antonio Tabucchi (*24.9.1943) est principalement connu en France pour son roman *Nocturne indien* (1984), qui a obtenu le prix Médicis étranger en 1987 et dont Alain Corneau tira un film en 1989. Cet écrivain italien a marqué son engagement à gauche avec *Pereira prétend* (1994), roman historique antifasciste, et par son opposition à Silvio Berlusconi. Antonio Tabucchi est aussi connu pour avoir été le grand traducteur en italien du poète portugais Fernando Pessoa. Le Portugal était du reste devenu sa seconde patrie, et c'est même en portugais qu'il a écrit *Requiem*, son grand roman «lisboète».

CLAUDE MILLER

Paris, 4 avril

Les films de Claude Miller (*20.2.1942) n'ont certes rien de révolutionnaire et leur facture reste dans la lignée de l'académisme français. Mais la qualité de ses scénarios et le soin de sa mise en scène lui ont attiré la faveur du grand public et l'estime de la critique. Ses titres de gloire resteront *Garde à vue* (1981), *Mortelle Randonnée* (1983), ainsi que les deux films où il révéla le talent de Charlotte Gainsbourg, *L'Effrontée* (1985) et *La Petite Voleuse* (1988). Il est mort avant la sortie de son dernier film, *Thérèse Desqueyroux* (2012), une adaptation controversée du roman de François Mauriac.

RAYMOND AUBRAC

10 avril, page 35

AHMED BEN BELLA

Alger, 11 avril

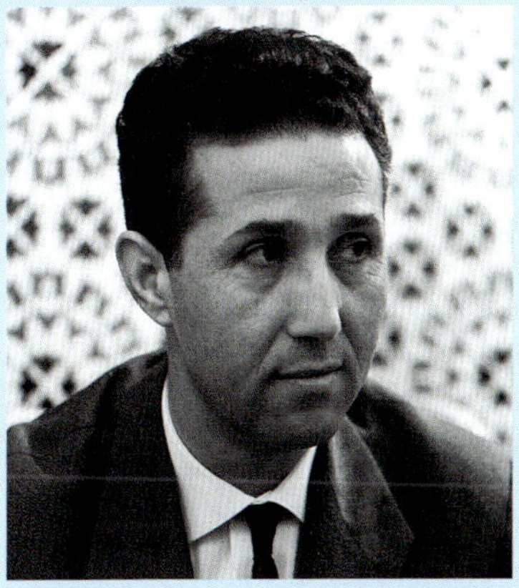

Ancien sous-officier de l'armée française et footballeur prometteur, ce fils d'agriculteurs berbères est né en Algérie, en 1916. Il se couvrit de gloire pendant la campagne d'Italie et fut décoré par le général de Gaulle. Mais l'ingratitude dont les combattants algériens avaient été selon lui victimes le rallia dès 1945 à la cause nationaliste. Devenu l'un des chefs du Front de libération nationale (FLN), il fut arrêté en 1956. Libéré en 1962, il devint en 1963, après les accords d'Évian (voir p. 26), le premier président de l'Algérie indépendante. Il fut renversé en 1965 par le colonel Houari Boumédiène.

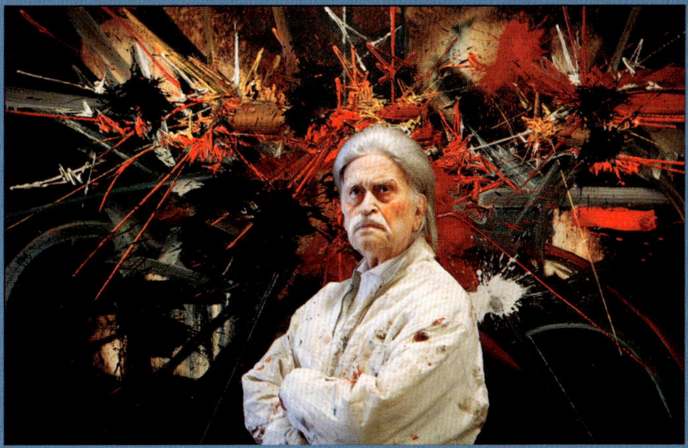

André Malraux disait de lui qu'il était le «premier calligraphe occidental», tandis que Jean Cocteau saluait «l'homme qui court plus vite que la beauté». Né à Boulogne-sur-Mer (62) le 27 janvier 1921, Georges Mathieu est mort le 10 juin 2012 à Boulogne-Billancourt (92). Il était l'inventeur de l'abstraction lyrique, le terme désignant à la fois un mode d'expression, fondé sur la vitesse d'exécution par projection directe de la couleur sur la toile, et une philosophie en rupture avec la tradition rationaliste. Il avait fait sensation en publiant dans la revue L'Œil un manifeste intitulé «D'Aristote à l'abstraction lyrique» (avril 1959). Dandy excentrique, ce peintre professait des convictions catholiques et monarchistes et donnait à ses grands tableaux des titres volontiers empruntés à l'histoire de France (La Victoire de Denain, 1963).

ÉRIC CHARDEN

Paris, 29 avril

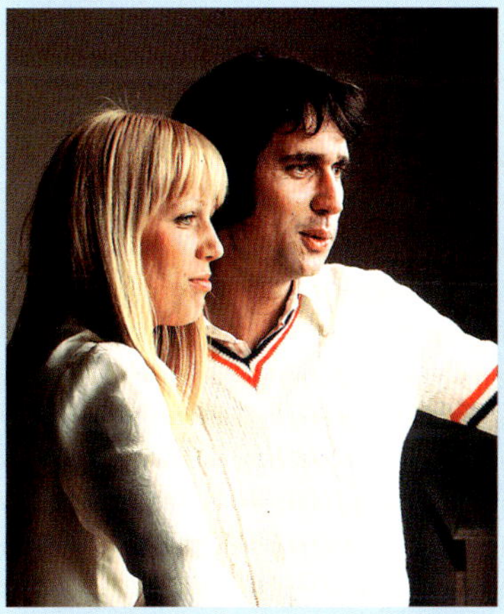

Né le 15 octobre 1942 sous son vrai nom de Jacques Puissant, Éric Charden était demeuré une vedette de la pop française. Il était, dans cette catégorie, un vrai auteur-compositeur. Associé dans ses grandes années à la chanteuse Stone (ci-dessus), qu'il épousera, il fut un chanteur particulièrement heureux dès son deuxième album, *Amour limite zéro*, en 1965. Charden saura évoluer avec la mode et connaîtra de beaux succès au théâtre avec des comédies musicales comme *Mayflower* (1975). Il laisse également une œuvre picturale qui n'est pas à dédaigner.

CARLOS FUENTES

Mexico, 15 mai

Par ses romans, Carlos Fuentes (*11.11.1928) s'est fait le héraut de la conscience nationale mexicaine. Mais c'est une conscience critique virulente qui se trouve développée dans *La Plus Limpide Région* (1958) ou dans *Les Années avec Laura Diaz* (1999). Son œuvre évoque aussi les racines européennes de la culture mexicaine (*Terra Nostra*, 1975), et son héritage précolombien (*Tous les chats sont gris*, 1971). Ambassadeur en France de 1975 à 1977, Carlos Fuentes était un homme engagé, s'attachant à dénoncer les ingérences des États-Unis en Amérique latine.

DIETRICH FISCHER-DIESKAU

18 mai, page 50

ROBIN GIBB

Londres, 20 mai

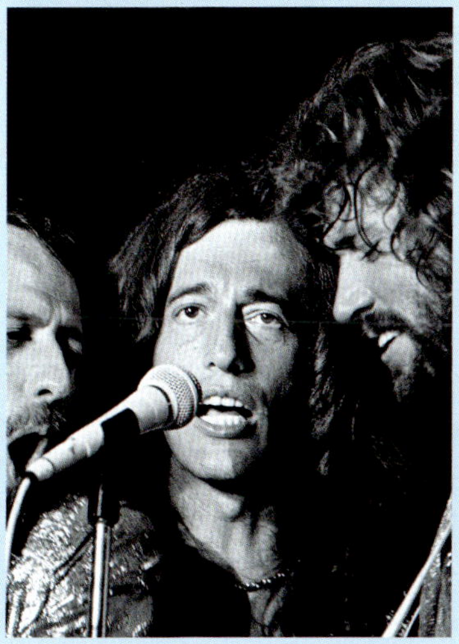

Avec son frère jumeau Maurice (décédé en 2003) et leur frère aîné Barry, Robin Gibb (*22.12.1949) avait formé les Bee Gees, l'un des trios les plus populaires de la scène pop internationale, qui évolua vers le disco et connut un succès phénoménal avec la BO de *La Fièvre du samedi soir* (1978). Robin Gibb, qui avait tenté sans grand succès une carrière en solo en 1969 (avec *Robin's Reign*, 1970), était vite revenu dans la fratrie. Il était travailliste de conviction, végétalien et militant des droits des animaux.

RAY BRADBURY

Los Angeles (Californie), 5 juin

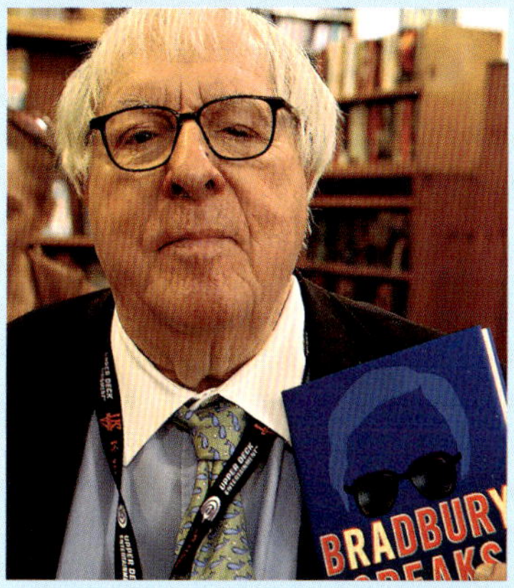

Raymond «Ray» Bradbury (*22.8.1920) n'était pas à proprement parler un auteur de science-fiction dans la mesure où la science ne l'intéressait pas particulièrement… En revanche, le sort de l'humanité et les dérives politiques auxquelles elle est exposée le préoccupaient. D'où ces fables «futuristes» où l'écrivain américain a donné le meilleur de lui-même, comme les nouvelles de *Chroniques martiennes* (1950) ou son célèbre *Fahrenheit 451* (1953), parabole géniale sur le totalitarisme, digne de George Orwell et d'Aldous Huxley. Ce roman, qui est désormais un classique, a été très intelligemment porté à l'écran par François Truffaut en 1966, avec OsKar Werner et Julie Christie.

THIERRY ROLAND

16 juin, page 57

ROBERT SABATIER

Boulogne-Billancourt (92), 28 juin

Ancien résistant et ayant travaillé dès l'âge de 13 ans, Robert Sabatier (*17.8.1923) a été peut-être surtout un merveilleux poète (*Les Châteaux de millions d'années*, 1969), bien qu'il ait connu le succès avec ses romans sur les mythes de l'enfance, dont *Les Allumettes suédoises* (1969) et *Trois Sucettes à la menthe* (1972). Membre de l'Académie Goncourt depuis 1971, Robert Sabatier a laissé avec *Les Années secrètes de la vie d'un homme* (1984) une œuvre hantée par le problème de la souffrance et du mal, problème également évoqué dans les maximes de son *Livre de la déraison souriante* (1991). On lui doit enfin une monumentale et précieuse *Histoire de la poésie française des origines à nos jours* en 9 volumes (1975-1988).

Les disparus

YITZHAK SHAMIR
Tel-Aviv (Israël), 30 juin

Figure clé de la naissance d'Israël, Yitzhak Shamir (*15.10.1915) combattit les Arabes et les Britanniques en Palestine, puis, après la proclamation de l'État d'Israël (1948), devint un dirigeant des services secrets. Membre du Likoud, il fut à deux reprises Premier ministre (1983-1984 et 1986-1992). Bien que considéré comme un «faucon», il fut l'un des principaux artisans des négociations qui aboutirent en 1979 au traité de paix entre l'Égypte et Israël. Il était né en Biélorussie.

JEAN-LUC DELARUE
Neuilly-sur-Seine (92), 23 août

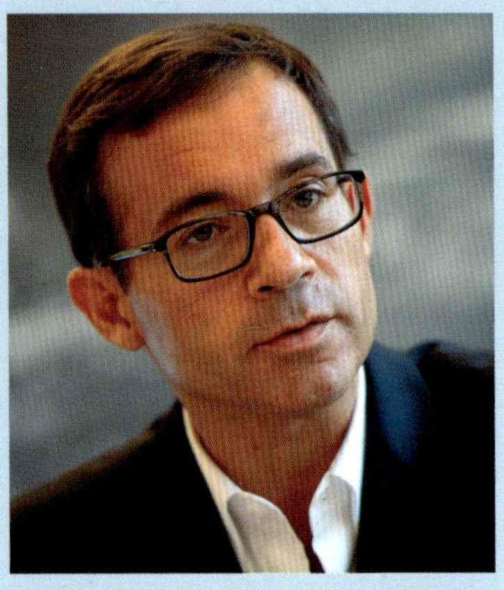

Omniprésent sur Canal +, puis sur France 2, producteur et animateur d'émissions populaires comme *Ça se discute*, Jean-Luc Delarue (*24.6.1964) était le «wonder boy» du paysage audiovisuel français. Il en était aussi l'enfant terrible, comme en témoignent ses démêlés à répétition avec la justice, liés à son addiction à l'alcool et à la drogue. Décédé des suites d'un cancer, il a été inhumé dans le quartier musulman du cimetière de Thiais (94). Son éventuelle conversion à l'islam a été imputée à son épouse, l'ex-mannequin Anissa Khel.

SUN-MYUNG MOON
Gapyeong (Corée du Sud), 3 septembre

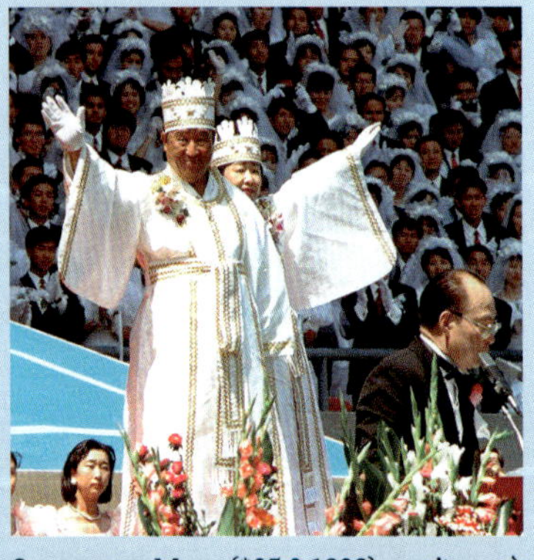

Sun-myung Moon (*25.2.1920) aurait reçu à l'âge de 15 ans la visite du Christ qui lui aurait demandé d'unifier la chrétienté et d'établir son royaume sur la Terre. Victime de persécutions en Corée du Nord, il fonda en 1954 à Séoul l'Association du Saint-Esprit pour l'unification du christianisme mondial (ou Église de l'unification) qui, partie de rien, devint une entreprise multinationale, que ses ressources financières ont fait apparenter à une secte – ce qui a coûté à son fondateur dix-huit mois de prison aux États-Unis. Moon était célèbre pour les mariages collectifs qu'il célébrait avec son épouse Hak Ja Han.

PIERRE MONDY
Paris, 15 septembre

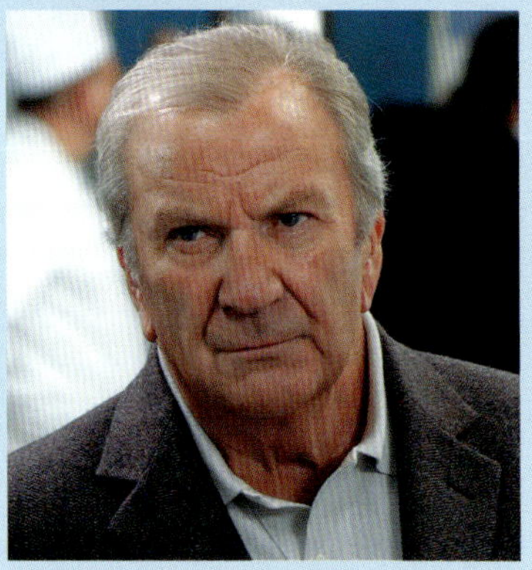

De son vrai nom Pierre Cuq (*10.2.1925), il était la personnification même du Français «moyen», bonhomme mais ne s'en laissant pas compter, bougon mais généreux. Il fit une belle carrière au théâtre et joua dans une centaine de films populaires. De façon plus surprenante, il incarna Napoléon dans *Austerlitz* d'Abel Gance (1960). Mais c'est à la télévision que Pierre Mondy connut son plus grand succès avec les séries *Les Cordier, juge et flic* et *Commissaire Cordier*, dont il assumait impeccablement le rôle-titre.

ÉDOUARD LECLERC
17 septembre, pages 93 et 94

NORODOM SIHANOUK
Pékin, 15 octobre

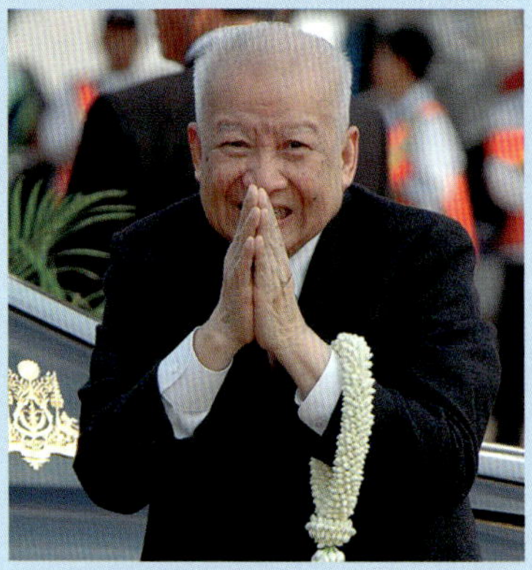

Sa vie aura été un roman extraordinaire. Mis sur le trône du Cambodge par les Français en 1941, Norodom Sihanouk (*31.10.1922) fut un habile politicien qui conduisit son pays à l'indépendance en 1953. Il renonça en 1955 à la couronne, mais non au pouvoir, et il fut même le président du Kampuchéa démocratique (1975-1976), comme les Khmers rouges avaient rebaptisé son pays. Après le retour du Cambodge à la démocratie, Norodom Sihanouk retrouva sa couronne en 1993. Il l'abandonna en 2004 en faveur de son fils Norodom Sihamoni. Curieux de mille choses et attaché à la francophonie, Norodom Sihanouk était un passionné de cinéma. Il a réalisé plusieurs films, dont *Revoir Angkor et mourir* (1993).

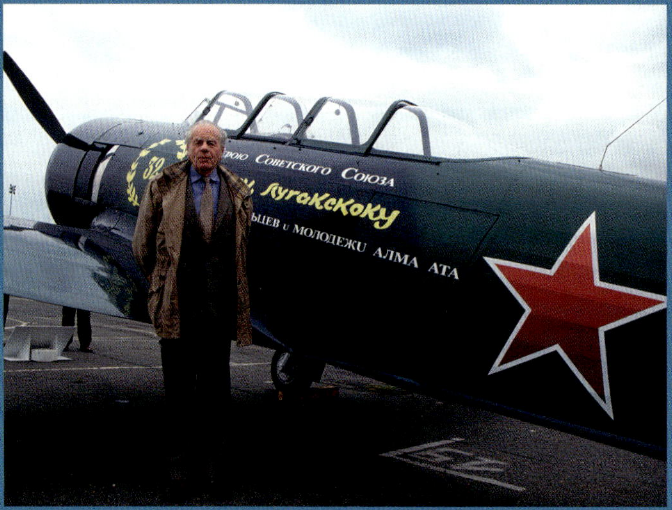

*Un héros et un génie, tel était Roland de La Poype, de son nom complet Roland Paulze d'Ivoy de La Poype (*28.7.1920). Mort le 23 octobre à Saint-Tropez (83), cet aristocrate avait 19 ans quand il s'engagea dans l'aviation en 1939, et dès juin 1940 il rallia la France Libre. Pilote de chasse dans la Royal Air Force, La Poype fut volontaire pour faire partie du groupe de chasse Normandie-Niémen formé en 1942 en Russie. Il s'illustra avec quatorze victoires (dont quatre le 16 octobre 1944). Compagnon de la Libération et Héros de l'Union soviétique, il révéla la fertilité de son esprit après la guerre en inventant des emballages en matière plastique et en créant le Marineland d'Antibes (06). On le voit ici en 1994 devant un appareil soviétique restauré.*

SYLVIA KRISTEL
Amsterdam, 17 octobre

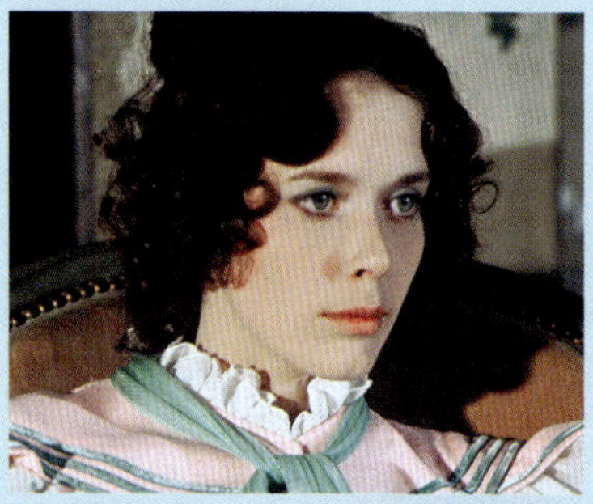

Sélectionnée pour incarner à l'écran l'héroïne d'Emmanuelle Arsan, cette modeste actrice néerlandaise (*28.9.1952) devint du jour au lendemain une vedette internationale et le symbole de la libération des mœurs avec le film *Emmanuelle* de Just Jaeckin (1974), dont le succès fut phénoménal. Suivirent *Emmanuelle : l'antivierge* (1975) et *Goodbye Emmanuelle* (1977). La suite de sa carrière ne devait pas tenir les promesses de ce coup d'éclat.

OSCAR NIEMEYER
Rio de Janeiro (Brésil), 5 décembre

Il aurait eu 105 ans dans dix jours ! Né à Rio de Janeiro le 15 décembre 1907, Oscar Ribeiro de Almeida de Niemeyer Soares était un maître de l'architecture moderne. Influencé par Le Corbusier, il privilégiait la lisibilité des lignes. Il conçut les principaux bâtiments de Brasília, nouvelle capitale du Brésil inaugurée en 1960, et réalisa le siège du Parti communiste français à Paris (achevé en 1980).

MAURICE HERZOG
Neuilly-sur-Seine (92), 13 décembre

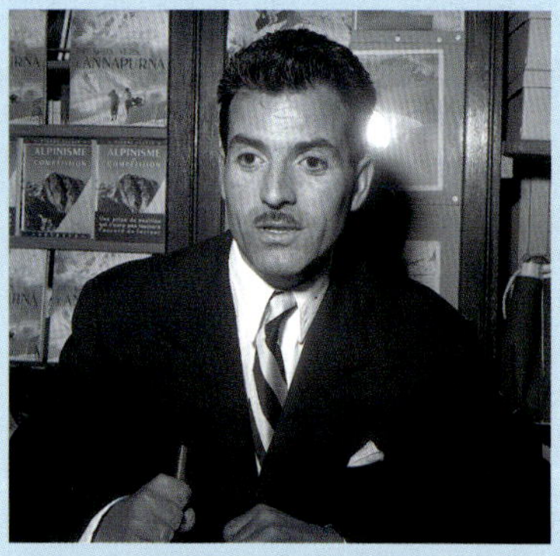

Maurice Herzog (*15.1.1919) est devenu du jour au lendemain un héros populaire français après qu'il eut vaincu l'Annapurna, l'un des plus dangereux sommets de l'Himalaya, avec son camarade Louis Lachenal (qui lui sauva la vie). C'était le 3 juin 1950. Depuis, l'exploit a été controversé, la question étant posée de savoir si le sommet a été réellement atteint. Ce fut néanmoins, pour Maurice Herzog (qui eut les pieds et les mains gelés), le tremplin d'une grande carrière médiatique et politique. Il fut un efficace secrétaire d'État à la Jeunesse et aux Sports de 1958 à 1965.

RAVI SHANKAR
11 décembre, page 120

OSCARS

26 FÉVRIER
Meilleur film
The Artist
Meilleur réalisateur
The Artist: Michel Hazanavicius
Meilleure actrice
La Dame de fer (The Iron Lady): Meryl Streep
Meilleur acteur
The Artist: Jean Dujardin
Meilleure actrice dans un second rôle
La Couleur des sentiments (The Help): Octavia Spencer
Meilleur acteur dans un second rôle
Beginners: Christopher Plummer
Meilleur film d'animation
Rango de Gore Verbinski
Meilleur film en langue étrangère
Une séparation (Jodaeiye Nader az Simin) de Asghar Farhadi (Iran
Meilleur scénario original
Minuit à Paris (Midnight in Paris): Woody Allen
Meilleur scénario adapté
The Descendants: Alexander Payne, Nat Faxon, Jim Rash
Meilleur documentaire de long métrage
Undefeated: T.J. Martin, Dan Lindsay, Richard Middlemas
Meilleur documentaire de court métrage
Saving Face: Daniel Junge, Sharmeen Obaid-Chinoy
Meilleur montage
Millénium, les hommes qui n'aimaient pas les femmes (The Girl with the Dragon Tattoo): Kirk Baxter, Angus Wall
Meilleure photo
Hugo Cabret (Hugo): Robert Richardson
Meilleurs décors
Hugo Cabret: Dante Ferretti, Francesca Lo Schiavo
Meilleurs costumes
The Artist: Mark Bridges
Meilleure musique de film
The Artist: Ludovic Bource
Meilleure chanson originale
Les Muppets, le Retour (The Muppets): «Man or Muppet»
Meilleur maquillage
La Dame de fer: Mark Coulier, J. Roy Helland
Meilleur son
Hugo Cabret: Philip Stockton, Eugene Gearty
Meilleur montage sonore
Hugo Cabret: Tom Fleischman, John Midgley
Meilleurs effets spéciaux
Hugo Cabret: Rob Legato, Joss Williams, Ben Grossman, Alex Henning
Meilleur court métrage d'animation
The Fantastic Flying Books of Mr. Morris Lessmore de William Joyce, Brandon Oldenburg
Meilleur court métrage de fiction
The Shore de Terry George, Oorlagh George
Oscars d'honneur
James Earl Jones, Dick Smith
Jean Hersholt Humanitarian Award
Oprah Winfrey

CÉSARS

24 FÉVRIER
Meilleur film
The Artist de Michel Hazanavicius
Meilleur réalisateur
Michel Hazanavicius pour *The Artist*
Meilleur acteur
Omar Sy dans *Intouchables*
Meilleure actrice
Bérénice Bejo dans *The Artist*
Meilleur film étranger
Une séparation d'Asghar Farhadi
Meilleur premier film
Le Cochon de Gaza de Sylvain Estibal
Meilleur scénario original
Pierre Schoeller pour *L'Exercice de l'État*
Meilleur film documentaire
Tous au Larzac de Christian Rouaud
Meilleur second rôle masculin
Michel Blanc dans *L'Exercice de l'État*
Meilleur second rôle féminin
Carmen Maura dans *Les Femmes du sixième étage*
Meilleure adaptation
Roman Polanski et Yasmina Reza pour *Carnage*
Meilleur film d'animation
Le Chat du rabbin de Joann Sfar et Antoine Delesvaux
Meilleur espoir masculin
Grégory Gadebois dans *Angèle et Tony*
Meilleur espoir féminin
Clotilde Hesme dans *Angèle et Tony*, Naidra Ayadi dans *Polisse*
Meilleur montage
Laure Gardette, Yann Dedet pour *Polisse*
Meilleure musique de film
Ludovic Bource pour *The Artist*
Meilleur son
Olivier Hespel, Julie Brenta, Jean-Pierre Laforce pour *L'Exercice de l'État*
Meilleure photo
Guillaume Schiffman pour *The Artist*
Meilleurs costumes
Anaïs Romand pour *L'Apollonide (Souvenirs de la maison close)*
Meilleurs décors
Laurence Bennett pour *The Artist*
Meilleur court métrage
L'Accordeur d'Olivier Treinery
César d'honneur
Kate Winslet

VICTOIRES DE LA MUSIQUE

3 MARS
Artiste interprète masculin de l'année
Hubert-Félix Thiéfaine
Artiste interprète féminine de l'année
Catherine Ringer
Groupe ou artiste révélation du public de l'année
Orelsan
Groupe ou artiste révélation scène de l'année
Brigitte
Album de chansons/variétés de l'année
Suppléments de mensonge (Hubert-Félix Thiéfaine)
Album rock de l'année
So much trouble (Izia)
Album de musiques urbaines de l'année
Le Chant des sirènes (Orelsan)
Album de musiques du monde de l'année
Cantina Paradise (Jehro)
Album de musiques électroniques de l'année
Audio Video Disco (Justice)
Chanson originale de l'année
Jeanne (Laurent Voulzy)
Spectacle musical/tournée/concert de l'année
Roc' éclair Tour (Jean-Louis Aubert)
Vidéo-clip de l'année
La Seine (Vanessa Paradis & M)
DVD musical de l'année
Les Saisons de passage (M)

VICTOIRES DE LA MUSIQUE CLASSIQUE

20 FÉVRIER
Artiste lyrique de l'année
Stéphane Degout (baryton)
Révélation artiste lyrique de l'année
Julie Fuchs (soprano)
Soliste instrumental de l'année
Alexandre Tharaud (piano)
Révélation soliste instrumental de l'année
Thomas Leleu (tuba)
Compositeur de l'année
Philippe Manoury, pour la création à l'Opéra national du Rhin de l'opéra *La Nuit de Gutenberg* en septembre 2011
Enregistrement de l'année
Les Années de pèlerinage de Franz Liszt, par le pianiste Bertrand Chamayou (Naïve)
Victoire d'honneur
Renée Fleming (soprano)

MOLIÈRES

CÉRÉMONIE ANNULÉE

VICTOIRES DU JAZZ

26 JUILLET
Artiste ou formation instrumentale de l'année
Bojan Z
Révélation de l'année
Sandra Nkake
Victoire d'honneur
Maceo Parker, Jean-Philippe Allard

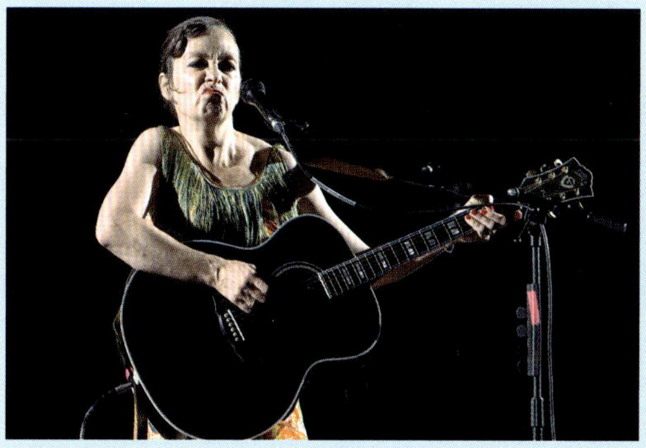

Catherine Ringer, qui a lancé une carrière solo après la fin des Rita Mitsouko, est élue artiste interprète de l'année aux Victoires de la musique 2012.

PRIX NOBEL

Médecine (8 octobre)
Shinya Yamanaka (Japon), John B. Gurdon (Grande-Bretagne)
Physique (9 octobre)
Serge Haroche (France), David J. Wineland (États-Unis)
Chimie (10 octobre)
Robert Lefkowitz, Brian Kobilka (États-Unis)
Littérature (10 octobre)
Mo Yan (Chine)
Paix (12 octobre)
Union européenne
Économie (15 octobre)
Alvin E. Roth, Lloyd S. Shapley (États-Unis)

PRIX LITTÉRAIRES

Grand Prix du roman de l'Académie française (25 octobre)
Joël Dicker, *La Vérité sur l'affaire Harry Quebert* (Fallois)
Prix Goncourt (7 novembre)
Jérôme Ferrari, *Le Sermon sur la chute de Rome* (Actes Sud)
Goncourt des lycéens (15 novembre)
Joël Dicker, *La Vérité sur l'affaire Harry Quebert* (Fallois)
Prix Renaudot (7 novembre)
Scholastique Mukasonga, *Notre-Dame du Nil* (Gallimard)
Prix Renaudot de l'essai (7 novembre)
Franck Maubert, *Le Dernier Modèle* (Mille et Une Nuits)
Prix Médicis (6 novembre)
Emmanuelle Pireyre, *Féerie générale* (L'Olivier)
Médicis étranger (6 novembre)
Avraham B. Yehoshua, *Rétrospective* (Grasset)
Médicis de l'essai (6 novembre)
David Van Reybrouck, *Congo, une histoire* (Actes Sud)
Prix Femina (5 novembre)
Patrick Deville, *Peste & Choléra* (Seuil)
Femina étranger (5 novembre)
Julie Otsuka, *Certaines n'avaient jamais vu la mer* (Phébus)
Femina essai (5 novembre)
Tobie Nathan, *Ethno-roman* (Grasset)
Prix Interallié (14 novembre)
Philippe Djian, *Oh...* (Gallimard)

La France et l'Allemagne, des amies de cinquante ans

22 JANVIER Le 22 janvier 1963, le général de Gaulle, président de la République française, et le chancelier allemand Konrad Adenauer, entre lesquels un climat de confiance et d'amitié s'était instauré, signaient un traité historique à l'Élysée. Historique car il scellait la réconciliation de deux ennemis héréditaires, qui en moins d'un siècle s'étaient fait la guerre à trois reprises (1870-1871, 1914-1918 et 1939-1945), avec des millions de morts à la clef. Mais cet accord était aussi historique dans la mesure où il constituait l'acte de naissance du couple franco-allemand. Un couple qui allait devenir à la fois le pivot et le moteur de la future Union européenne, et au sein duquel la coopération allait se renforcer au fil des années dans de très nombreux domaines. Ce sont donc cinquante ans d'amitié que célébreront les deux pays en 2013. Du reste, ils ont déjà commencé à le faire le 22 septembre 2012 quand, marquant ainsi le véritable départ de l'année franco-allemande, le président français François Hollande et la chancelière allemande Angela Merkel ont commémoré à Ludwigsburg le cinquantenaire du discours fondateur prononcé au même endroit par le général de Gaulle devant la jeunesse allemande. Ils se retrouveront à Berlin le 22 janvier 2013 pour l'anniversaire du traité de l'Élysée en compagnie des ministres et parlementaires des deux pays. Mais l'année franco-allemande, c'est également les très nombreuses manifestations organisées de part et d'autre du Rhin dans les écoles, les théâtres, les gymnases, etc., et dont on peut découvrir le détail sur le site Internet officiel : 50ans.france-allemagne.fr.

La classe ouvrière coulée dans le bronze

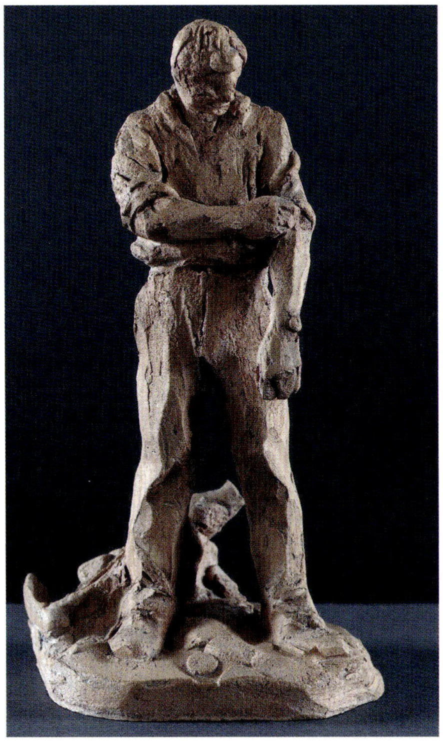

22 MARS La seconde moitié du XIXe siècle a vu l'émergence du monde du travail dans l'art occidental. Deux sculpteurs en ont été des représentants particulièrement illustres, le Belge Constantin Meunier (1831-1905) et le Français Jules Dalou (1838-1902). C'est le 22 mars, aux musées royaux des Beaux-Arts de Bruxelles, que s'ouvrira une rétrospective de l'œuvre de Constantin Meunier (jusqu'au 7 juillet). Pour ceux qui, en France, ne connaissent pas cet artiste, ce sera une découverte bouleversante. D'une facture classique et très minutieuse, ses sculptures célèbrent la noblesse et l'héroïsme des hommes de la mine et de l'industrie, sans grandiloquence. La rétrospective rappellera aussi qu'il fut un peintre de valeur, même si sa peinture n'atteint pas le niveau de sa sculpture. Quant à Jules Dalou, dont tous les Parisiens peuvent admirer le magnifique *Triomphe de la République* à la Nation, le Petit-Palais lui consacrera à partir du 18 avril, à Paris, une alléchante exposition intitulée « Le sculpteur de la République » (jusqu'au 13 juillet). Cet ancien communard, ami de Courbet, était un pur démocrate, qui trouva dans le peuple et dans les idéaux républicains le meilleur de son inspiration. De par son style qui tient à une alliance parfaite entre la fidélité à la nature et un sens aigu de la forme, Jules Dalou fait le pont entre ces deux géants de la statuaire française que sont Rude et Rodin.

Cette esquisse, intitulée* Bineur debout, *donne toute la mesure de la vigueur et de la sobriété du talent de Jules Dalou.

Un Ring de la mondialisation à Bayreuth

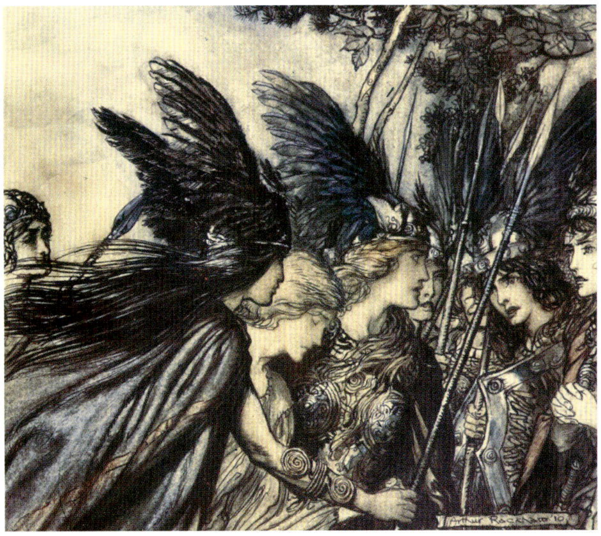

Scène de La Walkyrie, *deuxième opéra de la tétralogie formée par* Der Ring des Nibelungen *(« L'Anneau du Nibelung ») et créée dans son intégralité en 1876 au Festspielhaus de Bayreuth, le palais des festivals construit pour Richard Wagner par le roi Louis II de Bavière. Illustration d'Arthur Rackham (1910).*

22 MAI Le bicentenaire de la naissance de Richard Wagner mobilisera les scènes internationales, à commencer, à tout seigneur tout honneur, par le Festspielhaus de Bayreuth. Le *Ring des Nibelungen* y fera l'objet d'une nouvelle production, sous la direction musicale de Kirill Petrenko et dans une mise en scène de Frank Castorf. Ce dernier, qui est avant tout un homme de théâtre, était connu en Allemagne pour ses mises en scène de Brecht, de Shakespeare ou de Sartre. Mais il a décidé de ne pas passer inaperçu pour sa grande entrée sur la scène lyrique. Son *Ring* aura un fort parfum d'actualité : l'or du Rhin équivalant à ses yeux à l'or noir, Siegfried (Lance Ryan), Wotan (Wolfgang Koch) et Brünnhilde (Catherine Foster) évolueront dans un univers évoquant la mondialisation, de l'Alexanderplatz de Berlin à Wall Street ! Les festivités auront lieu du 25 juillet au 28 août à Bayreuth, les autres opéras de Wagner (*Lohengrin*, *Parsifal*…) étant aussi au programme.

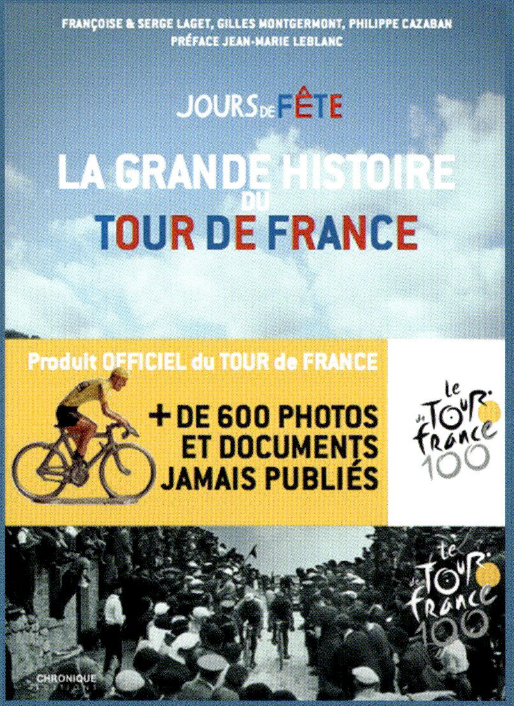

Le 29 juin, le 100e Tour de France partira de Porto-Vecchio, en Corse. Un anniversaire qui ne manquera pas de faire resurgir les plus belles pages de la légende forgée par les Coppi, les Bobet, les Bartali et autres Anquetil… Ce livre édité spécialement par Chronique en est l'illustration !

La gloire de Verdi est immortelle

10 OCTOBRE Giuseppe Verdi, qui aurait eu 200 ans le 10 octobre 2013, sera fêté avec éclat en Italie et dans le reste du monde. Peu de musiciens ont incarné dans leur œuvre l'âme d'une nation comme l'auteur d'*Aïda*, de *Nabucco*, de *La Traviata*, de *Rigoletto* ou de *Falstaff*. De son vivant même, il était considéré par ses compatriotes comme le père spirituel de l'Italie. On se souvient que dans *Senso*, le grand film de Luchino Visconti (1954), les patriotes italiens manifestaient contre l'occupation autrichienne au théâtre de La Fenice, à Venise, pendant une représentation du *Trouvère*… Tous les mélomanes ne pourront évidemment pas courir d'un opéra à l'autre à travers toute l'Europe pour se gorger d'arias et de chœurs. Ils pourront se consoler en examinant leurs programmes de télévision : Arte, notamment, diffusera des représentations en direct de Vérone, d'Aix-en-Provence, de Milan ou de Salzbourg.

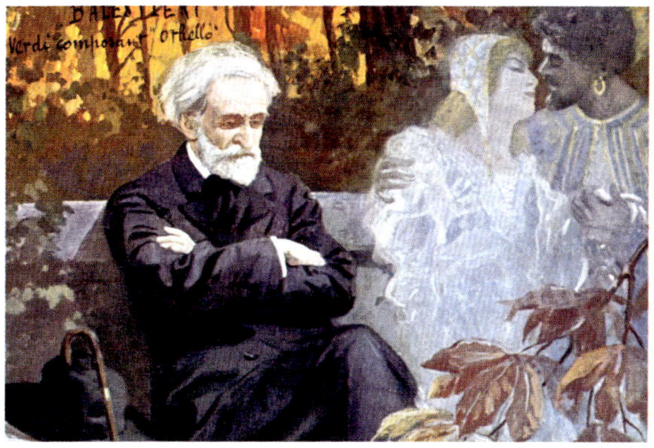

Quand Verdi rêvait à Otello… *Peinture de Lionello Balestrieri (1872-1958).*

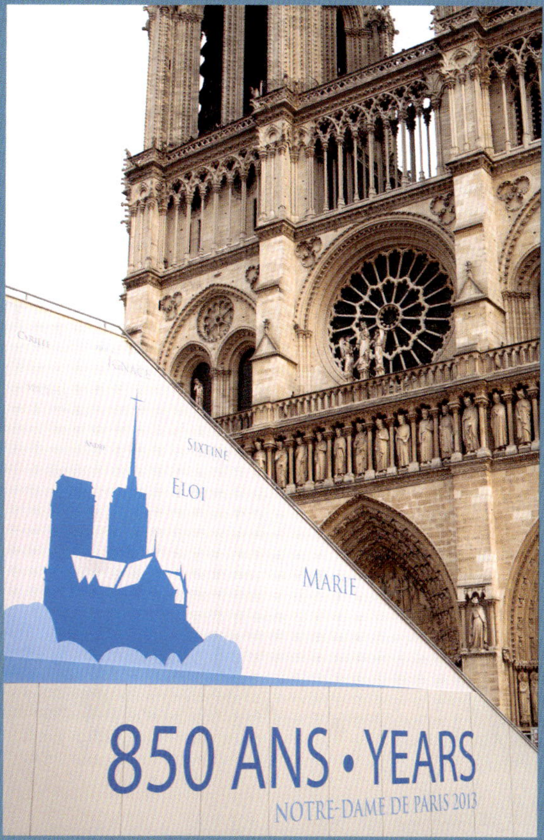

C'est en 1163 qu'à l'initiative de l'évêque de Paris Maurice de Sully est posée la première pierre d'un édifice destiné à devenir un joyau de l'architecture gothique : Notre-Dame de Paris. L'année 2013 marquera donc les 850 ans de la cathédrale, aujourd'hui le monument le plus visité de Paris. À cette occasion, un « chemin du jubilé » a été dressé sur le parvis. Et de nombreuses festivités, dont le coup d'envoi a été donné le 12 décembre 2012, seront organisées jusqu'au 24 novembre 2013.

Un séjour à Londres pour aller voir Paul Klee ?

15 OCTOBRE L'œuvre de Paul Klee, l'une des plus déterminantes de la première moitié du XXe siècle, participe à la fois du cubisme, du surréalisme, de l'expressionnisme et de l'abstraction. Pour autant, le peintre allemand, né le 18 décembre 1879 à Münchenbuchsee (Suisse), est toujours resté en marge des grands courants de l'art. Il faut dire que les sources d'inspiration de cet inépuisable créateur de formes, que les surréalistes – qui furent d'ailleurs les premiers à le faire connaître en France – considèrent comme un précurseur, étaient trop multiples, et sa conception de la création artistique bien trop personnelle pour qu'il se laissât « enfermer » dans telle ou telle école de peinture… Du 15 octobre 2013 au 9 mars 2014, la magnifique Tate Modern de Londres consacrera une grande exposition à ce coloriste hors pair, qui fut aussi un écrivain et un musicien, et qui enseigna au Bauhaus, à Weimar puis à Dessau, de 1921 à 1931. Conservé à Berne, le tableau ci-dessous s'intitule *Voyage sombre en bateau*. Paul Klee l'a peint quelques mois seulement avant de s'éteindre dans un hôpital de Muralto (Suisse), le 29 juin 1940.

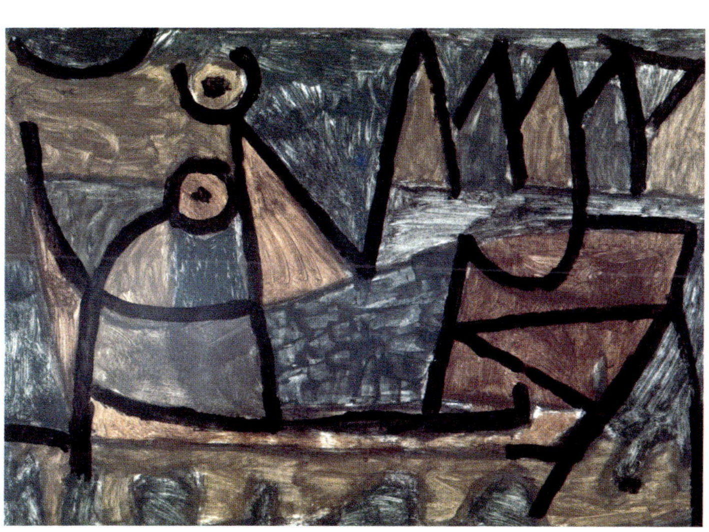

Le centenaire d'Albert Camus

Une grande exposition consacrée à Albert Camus ouvrira-t-elle ses portes à Aix-en-Provence en novembre 2013 ? Mystère. Car après bien des rebondissements qui ont vu, l'été 2012, l'État puis Marseille-Provence 2013 se retirer du projet, la mairie d'Aix-en-Provence laissait entendre en octobre que celui-ci verrait bien le jour…

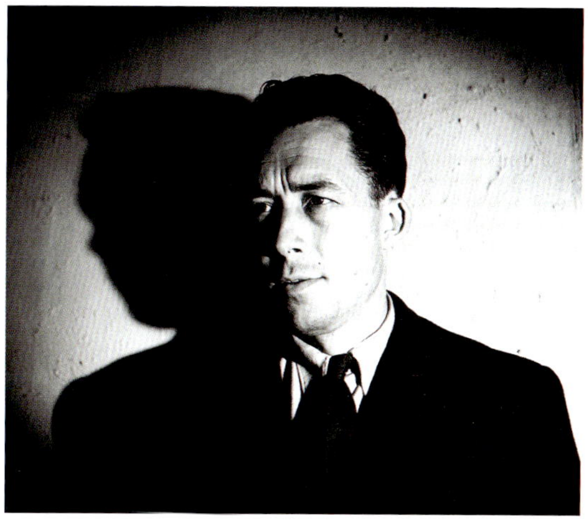

7 NOVEMBRE Marcel Camus est né le 7 novembre 1913 à Mondovi, en Algérie française. Mais c'est dans le village provençal de Lourmarin (84), où il avait acquis une maison, que le Prix Nobel de littérature 1957 repose depuis l'accident de la route qui lui coûta la vie le 4 janvier 1960. Capitale européenne de la culture, Marseille-Provence 2013 ne pouvait donc pas manquer de lui rendre hommage pour son centenaire. Dans le cadre du Festival Présences de Radio France, quatre soirées de concert intitulées « Camus le Méditerranéen » seront ainsi proposées en janvier à Aix-en-Provence (13) ; y seront donnés *La Peste* de Roberto Gerhard, d'après le roman éponyme de Camus, et *Retour à Tipasa* d'Henri Tomasi, tiré de son essai *L'Été*. En mars, ce sera au tour du rappeur Abd Al Malik de se produire à Aix-en-Provence avec son spectacle *L'Art et la Révolte* inspiré de l'œuvre de Camus, dont *L'Étranger* fera en novembre l'objet d'un spectacle de danse d'Emio Greco et Pieter C. Schalten…

Index analytique

Les folios en italique renvoient à des articles illustrés

Index analytique

A

B

Index alphabétique

Index alphabétique

H

I

J

K

L

M

Index alphabétique

S

T

Index iconographique

Malgré toute notre attention, des erreurs ont pu se glisser dans cet index. Dans ce cas, nous prions les agences de bien vouloir nous en excuser et de nous notifier les corrections aux fins de rectifications. La position des images est indiquée par les lettres : h = haut, b = bas, g = gauche, d = droite, m = milieu, pp = pleine page.

Couverture - hg :NIVIERE/CHAMUSSY/SIPA – mhg : Andrea Sinibaldi/AP/SIPA - mbg1 : Chris Radburn/AP/SIPA – mbg2 : CEBOLLA/ALF/TARGET PRESS SIPA – mmg : Peter Brooker/Rex Fea/REX/SIPA – mmdh : Christophe Ena/AP/SIPA – mmdb : ANDREU DALMAU/EFE/SIPA – md : N.A.S.A./SIPA – bg : CHINE NOUVELLE/SIPA – bm : François Mori/AP/SIPA – bd : ZHANG JUN/CHINE NOUVELLE/SIPA
4e de couverture, de g. à d. : BEN GURR/THE TIMES/SIPA – ALFRED/SIPA – VILLALONGA KARINE/SIPA – Balazs Gardi/AP/SIPA – Nasser Ishtayeh/AP/SIPA – Baba Ahmed/AP/SIPA – CHAMUSSY/NIVIERE/SIPA – Zha Chunning/AP/SIPA
4 – pp : HO/AP/SIPA
5 – h : LE SAUX LIONEL/SIPA – b : EULER-POOL/SIPA
6 – h : DUPUY FLORENT/SIPA – b : Jacques Brinon/AP/SIPA
7 – h : Gregorio Borgia/AP/SIPA – b : Laurent Cipriani/AP/SIPA
8 – hg : James D. Morgan/Rex F/REX/SIPA – hd : Rex Features/REX/SIPA – m : Luigi Costantini/AP/SIPA – b : Joe Cavaretta/AP/SIPA
9 – h : CHESNOT/SIPA – b : Vahid Salemi/AP/SIPA
10 – hg : Thibault Camus/AP/SIPA – hm : Christophe Ena/APSIPA – hd : Remy de la Mauviniere/AP/SIPA – b : SIPA
11 – b : CHINE NOUVELLE/SIPA
12 – pp : Mark J. Temill/AP/SIPA
13 – h : CHAMUSSY/SIPA – b : YAGHOBZADEH RAFAEL/SIPA
14 – h : SICHOV/SIPA – mg : PAPANANIAS NICK/SIPA – md : LEUKER/VARIO IMAGES/SIPA – bg : BEN GURR/THE TIMES/SIPA – bm : TRIPETT/SIPA – bd : JACKSON LEE/STARMAX/SIPA
15 – h : Tim Sooke / Rex Feature/REX/SIPA – b : Dimitri Messinis/AP/SIPA
16 – h : STR/AP/SIPA – b : Stéphane Corvaja/AP/SIPA
17 – hg : Chris Pizzello/AP/SIPA – hm : Prod DB ©La Petite Reine-Studio 37-La Classe Américaine-JD Prod/DR – hd : VILLARD/BERNAROCH/SIPA – m : Prod DB ©La Petite Reine-Studio 73-La Classe Américaine-JD Prod/DR – b : NIVIERE/SIPA
18 – h : MAISONNEUVE/SIPA – b : CARLOS OSORIO/AP/SIPA
19 – b : CEBOLLA/ALF/TARGET PRESS/SIPA
20 – g : © Roger-Viollet – d : Cyril Courgeau Cartographe
21 – hg : Fadi Zaidan/AP/SIPA – hd : TURKPIX/SCANPIX SUEDE/SIPA – m : Mohammad Hannon/AP/SIPA – b : AAR/SIPA
22 – pp : Alberto Di Lolli/AP/SIPA
23 – h : Francois Lenoir/AP/SIPA – b : Villard/SIPA
24 – h : © Rue des Archives/RDA – b : WITT/SIPA
25 – h : OSNOWYCZ AUDE/SIPA – b : ANTOINE BRULE/SIPA
26 – hg : DALMAS/SIPA – hm : © Roger-Viollet – hd : © Toopfoto/ Roger-Viollet – m : DALMAS/SIPA – b : DALMAS/SIPA
27 – hhg : SALOM-GOMIS SEBASTIEN/SIPA – hhd : FAYOLLE PASCAL/SIPA – hbg : POL EMILE/SIPA – hbd : REVELLI-BEAUMONT/SIPA – mg : DUPUY FLORENT/SIPA – md : SAUTIER PHILAIPPE/SIPA – bhg : Jacques Brinon/AP/SIPA – bhd YAGHOBZADEH RAFAEL/SIPA – bbg : REVELLI-BEAUMONT/SIPA – bbd : Michel Euler/AP/SIPA
28 – hg : SIPA – hd : LANCELOT FREDERIC/SIPA – bg : Jacques Brinon/AP/SIPA – bd : LANCELOT FREDERIC/SIPA
29 – h : Rebecca Blackwell/AP/SIPA – b : ALEJANDRO ERNESTO/EFE/SIPA
30 – h : Luana Di Mecco – b : LANCELOT FREDERIC/SIPA
31 – b : Mark Thiessen/AP/SIPA
32 – pp : CHINE NOUVELLE/SIPA
33 – h : PETER NICHOLLS/THE TIMES/SIPA – m : PETER NICHOLLS/THE TIMES/SIPA – b : F. LEPAGE/SIPA
34 – h : Elizabeth Williams/AP/SIPA – b : Gian Mattia D'Alberto/AP/SIPA
35 – h : BALTEL/SIPA – b : Hakon Mosvold Larsen/AP/SIPA
36 – h : Paul White/AP/SIPA – b : SAUTIER PHILIPPE/SIPA
37 – hg : RUET/STORY BOX PHOTO/SIPA – hd : Michel Splingler/AP/SIPA – mg : ETIENNE LAURENT/CHINE NOUVELLE/SIPA – mm : Christophe Ena/AP/SIPA – md ALFRED/SIPA
38 – h : Handout/EPN/NEWSCOM/SIPA – b : Paul Chiasson/AP/SIPA
39 – hg : CHINE NOUVELLE/SIPA – hd : Thomas Yau/EPN/NEWSCOM/SIPA – mh : CHINE NOUVELLE/SIPA – mb : CCP/COLOR CHINA PHOTO/SIPA – b : AP/SIPA
40 – h : SALOM-GOMIS SEBASTIEN/SIPA – b : COLLOT/SIPA
41 – b : Eraldo Peres/AP/SIPA
42 – h : Nils Jorgensen/Rex Features
43 – m : MANU FERNANDEZ/AP/SIPA – b : Francisco Seco/AP/SIPA
44 – pp : CHAMUSSY/SIPA
45 – h : Frank Franklin II/AP/SIPA – b : London News Pictures/REX/SIPA
46 – h : François Mori/AP/SIPA – m : Christophe Ena/AP/SIPA – bg : ALFRED/SIPA – bd : Jacques Brinon/AP/SIPA
47 – hg : RUET/STORY BOX PHOTO/SIPA – hd : CHESNOT/SIPA – mhg : LESAGE/NECO/SIPA – mhd : © Louis Monier/Rue des Archives – mb : VILLARD/NEBINGER/SIPA – b : © Jean-Paul Guilloteau/Roger-Viollet
48 – h : Bassem Tellawi/AP/SIPA – b : BALTEL/SIPA
49 – h : CHESNOT/CHAMUSSY/SIPA – b : Thibault Camus/AP/SIPA
50 – h : Richard Drew/AP/SIPA – b : © Ullstein Bild/Roger-Viollet
51 – h : Lionnel Cironneau/AP/SIPA – bg : ESCHER RODOLPHE/JDD/SIPA – bd : AGF s.r.l./ Rex Features/REX/SIPA
52 – h : Luca Bruno/AP/SIPA – b : N.A.S.A/SIPA
53 – b : Lionel Bonaventure/AP/SIPA
54 – pp : LUDOVIC-POOL/SIPA
55 – h : Tajesh Kumar Singh/AP/SIPA – b : Uncredited/AP/SIPA
56 – h : François Mori/AP/SIPA – b : BERNARD BISSON/JDD/SIPA
57 – h : PARFAIT/SIPA – b : ALAIN ROBERT/APERCU/SIPA
58 – h : Petros Giannakouris/AP/SIPA – b : CHINE NOUVELLE/SIPA
59 – h : ALFRED/SIPA – b : CHAMUSSY/CHESNOT/SIPA
60 – h : Paul Faith/AP/SIPA – b : Joel Bouopda Tatou/AP/SIPA
61 – h : © Albert Harlingue/Roger-Viollet – m : © Alinari/Roger-Viollet – bg : Gilles Gesquiere/AP/SIPA – bd : © Alinari/Roger-Viollet
62 – h : Guido Bergmann/AP/SIPA – b : TRAVERS/SIPA
63 – h : AP/SIPA
64 – h : WHITEWOLF/SIPA – b : WITT/SIPA
65 – hg : REMY GABALDA/AP/SIPA – hd : FABRE/SIPA
66 – pp : ANTONIOL ANTOINE/SIPA
67 – h : PICASSO CARLOS/SIPA – b : Matt Dunham/AP/SIPA
68 – h : Rex Features/REX/SIPA b : © Pascal GELY CDDS Enguerand
69 – hg : AP/SIPA – hm : DARIO FUSARO/SINTESI/SIPA – hd : CHAMUSSY/SIPA – m : BEN GURR/THE TIMES/SIPA – bg : Paul Riddle/View Pict/REX/SIPA – bd : PITAMITZ/SIPA
70 – h = ANTONIOL ANTOINE/SIPA – b : BEBERT BRUNO/SIPA
71 – h : LEMOUTON-POOL/SIPA – b : LANCELOT FREDERIC/SIPA
72 – h : Christophe Ena/AP/SIPA – m : Laurent Cipriani/AP/SIPA – bg : Laurent Rebours/AP/SIPA – bmg : Christophe Ena/AP/SIPA – bmd : Laurent Cipriani/AP/SIPA – bd : Laurent Rebours/AP/SIPA
73 – h : NIVIERE/CHAMUSSY/SIPA – b : AP/SIPA
74 – h : © Bernard Michel PALAZON CDDS Enguerand – m : © Pascal GELY CDDS Enguerand – b : Octav Ganea/AP/SIPA
75 – b : ANTONIOL ANTOINE/SIPA
76 – pp : VILLALONGA KARINE/SIPA
77 – h : N.A.S.A./SIPA – b : BAZIZ CHIBANE/SIPA
78 – h : HAMMI/SIPA – b : Tony Kyriacou/Rex Features/REX/SIPA
79 – h : Gallo Images/Rex Features/REX/SIPA – b : Mikhail Metzel/AP/SIPA
80 – h : FAYOLLE PASCAL/SIPA – b : Bill Ingalls/NASA/Rex/REX/SIPA
81 – hg : NASA/NEWSCOM/SIPA – hd : NASA/NEWSCOM/SIPA – m : NASA/NEWSCOM/SIPA – bg : Eddie Adams/AP/SIPA – bd : Michael Conroy/AP/SIPA
82 – h : ISOPIX/SIPA – m : Charles Dharapak/AP/SIPA – b : Lynne Sladky/AP/SIPA
83 – b : URS FLUEELER/AP/SIPA
84 – h : Mark J. Terrill/AP/SIPA – mg : Matt Rourke/AP/SIPA – md : NIVIERE/CHAMUSSY/SIPA – bg : CHAMUSSY/NIVIERE/SIPA – bd : CHAMUSSY/NIVIERE/SIPA
85 – hg : CHAMUSSY/NIVIERE/SIPA – hd : Matt Slocum/AP/SIPA – m : NIVIERE/CHAMUSSY/SIPA – bg : Kirsty Wigglesworth/AP/SIPA – bd : Heathcliff O'Malley/R/REX/SIPA
87 – bd : CHAMUSSY/NIVIERE/SIPA
88 – pp : Naser Ishtayeh/AP/SIPA
89 – h : Paul Chiasson/AP/SIPA – b : DOUG SEEBURG/THE SUN/SIPA
90 – h : Carolyn Kaster/AP/SIPA – b : Alberto Di Lolli/AP/SIPA
91 – h : BALTEL/SIPA – b : Emilio Morenatti/AP/SIPA
92 – h : YOUTUBE/SIPA – mh : Mohammad Hannon/AP/SIPA – mb : Rahmat Gul/AP/SIPA – b : OSNOWYCZ AUDE/SIPA
93 – h : Patrick AVENTURIER/GAMMA-RAPHO – b : Kentaro Aoyama/AP/SIPA
94 – hg : © Rue des Archives/AGIP – hm : APESTEGUY/SIPA – hd : BORDAS/SIPA – bg : APESTEGUY/SIPA – bd : LE DROFF/SIPA
95 – h : JACK HILL/THE TIMES/SIPA – b : REVELLI-BEAUMONT/SIPA
96 – h : STR/AP/SIPA – b : G. VERELA/20 MINUTES/SIPA
97 – b : Alastair Grant/AP/SIPA
98 – pp : Balazs Gardi/AP/SIPA
99 – h : Laurent Cipriani/AP/SIPA – b : FAYOLLE PASCAL/SIPA
100 – h : REVELLI-BEAUMONT/SIPA – b : Geert Vanden Wijngaert/AP/SIPA
101 - h : RED BULL STRATOS/RED BULL/SIPA – b : Pascal Palet
102 – h : WITT/SIPA – b : Michael Thomas/AP/SIPA
103 – h : Gero Breloer/AP/SIPA – b : LANCELOT FREDERIC/CHAMUSSY/SIPA
104 – hd : © Rue des Archives/AGIP – hg : Koji Sasahara/AP/SIPA – mg : SIERAKOWSKI/SOPIX/SIPA – md : Imagewise Ltd/Rex Features/REX/SIPA – b : Rick Rowell/AP/SIPA
105 – h : Ray Tang/Rex Features/RAX/SIPA
106 – h : © Colin Jones/TopFoto/Roger-Viollet – m : © DANJAQ/DR
107 – h Prod DB © Eon-Danjaq/DR – mh : Prod DB © Eon-Danjaq/DR – mb : Prod DB © Eon-Danjaq/DR – b : Prod DB © MGM-Columbia Pictures-Eon Prod.-Danjaq/DR
108 – pp : Norikazu Tateishi/AP/SIPA
109 – h : Susan Walsh/AP/SIPA – b : Thibault Camus/AP/SIPA
110 – h : ISAF via CNP/Rex Features/REX/SIPA – b : CHINE NOUVELLE/SIPA
111 – h : WITT/SIPA – b : WITT/SIPA
112 – hg : Jacques Brinon/AP/SIPA – hm : UNIVERSAL PHOTO/SIPA – hdh : VALTAT/SIPA – hdb : UNIVERSAL PHOTO/SIPA
113 – h : PRM/SIPA – b : Laetitia Notarianni/AP/SIPA
114 – h : SIPA USA/SIPAUSA/SIPA – b : Amine Landoulsi/AP/SIPA
115 – hb : SEVGI/SIPA
116 – pp : Trevor Hagan/AP/SIPA
117 – h : Remy Michelin/AP/SIPA – b : Thibault Camus/AP/SIPA
118 – h : Fraser Spratt/Rex Features/REX/SIPA – mg : L. Crespo/USAF/SIPA – md : IDF/Chameleons Eye/NEWSCOM/SIPA – bg : NICOLAS JOSE/SIPA – bm : NICOLAS JOSE/SIPA
119 – h : Bullit Marquez/AP/SIPA – b : APAimages/rex Features/RECX/SIPA
120 – h : Donald Cooper/Rex Features/REX/SIPA – b : MARIANELLA MARCO/OLYCOM/SIPA
121 – h : Shannon Hicks/AP/SIPA – m : Charles Dharapak/AP/SIPA – b : MOREL-FORT/SIPA
122 – h : CHESNOT/SIPA – b : Lionel Cironneau/AP/SIPA
123 – DUPUY FLORENT/SIPA
124 – h : GALMICHE/SIPA – mg : © Iberfoto/Photoaisa/Roger-Viollet – md : © Centre Pompidou, MNAM-CCI, Dist. RMN-Grand Palais/Jacques Faujour – b : © Rue des Archives/BCA
125 – hg : SUPERSTOCK/SUPERSTOCK/SIPA – hd : COLLECTION RIBIERE/SIPA – mg : PMG/SIPA – md : François Mori/AP/SIPA – bg : LIDO/SIPA – bd : FRILET/SIPA
126 – h : AGF s.r.l./Rex Features/REX/SIPA – mh : AP/SIPA – mb : Graham Whitshire/Rex/REX/SIPA – bg : BALTEL/SIPA – bd : T.F.1-PUGNET/SIPA
127 – hg : Raphael GAILLARDE/GAMMA – hd : MARCOCCHI GIULIO/SIPA – bg : DALMAS/SIPA – bm : MINGAM/SIPA – bd : Phil Sandlin/AP/SIPA
128 – hg : A. GELEBART/20 MINUTES/SIPA – hmg : MAZEAU JEAN MARIE/SIPA – hmd : Xia Lin/AP/SIPA – hd : NANA PRODUCTIONS/SIPA – bg : AHN YOUNG-JOON/AP/SIPA – bm : Xavier ROSSI/GAMMA – bd : ECLAIR MONDIAL/SIPA
129 – b : SYSPEO/SIPA
130 – h : © Françoise Cochennec et Eric Emo/Petit Palais/Roger-Viollet – bg : © Colette Masson/Roger-Viollet – bd : EDITIONS CHRONIQUE
131 – hg : © Mary Evans/Rue des Archives – hd : Laurent Palet – bg : Willi Peter/SUPERSTOCK/SIPA – bd : LIDO/SIPA